어서와
파이썬은 처음이지! 2판

지은이 소개

천인국

서울대학교 전자공학과에 입학하여 1983년에 공학사 학위를 취득하였고, 한국과
학기술원 대학원에 입학하여 1985년에 전기 및 전자공학과 석사 학위를, 1993년
에 박사 학위를 취득하였다. 1985년부터 1988년까지 삼성전자의 종합연구소에
서 주임 연구원으로 재직하였고, 1993년부터 현재까지 순천향대학교 컴퓨터공학
과 교수로 재직 중이다. 2005년에는 캐나다 UBC에서 방문 교수를 지냈다.

저서로는 『인공지능 2판』(2023, 인피니티북스), 『HTML5+CSS3+JavaScript
로 배우는 웹프로그래밍 기초 2판』(2023, 인피니티북스), 『Power JAVA 3판』
(2022, 인피니티북스), 『인공지능』(2020, 인피니티북스), 『스크래치로 배우는 컴
퓨팅 사고와 문제해결』(2019, 인피니티북스), 『OpenCV를 이용한 디지털 영상처
리』(2019, 인피니티북스), 『Power Java Compact』(2018, 인피니티북스), 『어
서와 C++는 처음이지!』(2018, 인피니티북스), 『문제해결과 컴퓨팅 사고』(2017,
인피니티북스), 『문제해결과 컴퓨팅 사고를 위한 스크래치』(2017, 인피니티북스),
『문제해결과 컴퓨팅 사고를 위한 파이썬』(2017, 인피니티북스), 『어서와 파이썬
은 처음이지!』(2016, 인피니티북스), 『어서와 Java는 처음이지!』(2015, 인피니티
북스), 『어서와 C언어는 처음이지!』(2015, 인피니티북스), 『HTML5+CSS3+Ja-
vaScript로 배우는 웹프로그래밍 기초』(2014, 인피니티북스), 『C++ Espresso』
(2010, 인피니티북스), 『Power C++』(2010, 인피니티북스), 『쉽게 풀어쓴 C언어
Express』(2007, 생능출판사), 『C언어로 쉽게 풀어쓴 자료구조』(2005, 생능출판
사) 등이 있다.

어서와 파이썬은 처음이지! 2판

인쇄 2024년 01월 05일 2판 1쇄
발행 2024년 01월 19일 2판 1쇄

지은이 천인국
발행인 채희만
기획편집팀 임민정, 임유리, 강미연 | **마케팅팀** 한석범, 성희령 | **경영관리팀** 이승희
발행처 INFINITYBOOKS | **주소** 경기도 고양시 일산동구 하늘마을로 158, 대방트리플라온 C동 209호
대표전화 02)302-8441 | **팩스** 02)6085-0777

도서문의 및 A/S지원
홈페이지 www.infinitybooks.co.kr | **이메일** helloworld@infinitybooks.co.kr

ISBN 979-11-92373-26-3 | **등록번호** 제 2021-000018호 | **판매정가** 33,000원

머리말

최근에 등장한 ChatGPT와 같은 인공지능에 우리는 깜짝 놀라고 있다. 또 Dall-E나 Stable Diffusion과 같은 생성형 AI들은 인간의 창의성에도 도전하고 있다. 인공지능이 발전하면 프로그래머도 필요 없게 될까? 인공지능의 발전으로 프로그래머의 역할은 변할 수 있지만 완전히 없어지는 것은 절대 아니다. 인공지능은 특정 작업을 자동화하여 인간을 잡무에서 해방시켜 주겠지만, 사람의 창의성과 융합된 아이디어가 필요한 부분에서는 아직까지 인간의 개입이 필요하다. 또 프로그래머들은 인공지능을 개발하고 유지보수하는 일에 집중하거나, 더 복잡하고 창의적인 작업에 집중할 수 있다.

파이썬은 인공지능 시대에 꼭 필요한 언어이다. 간결하며 읽기 쉽고, 직관적인 코드를 작성할 수 있다. 쉬운 언어이지만 성능은 강력하다. 리스트나 딕셔너리와 같은 고수준의 자료구조들이 내장되어 있고 네트워킹, 과학 계산, 웹 프로그래밍 등 여러 분야에서 고품질의 라이브러리들이 제공되고 있기 때문이다. 특히 파이썬은 파이토치(PyTorch)나 텐서플로(TensorFlow)와 같은 인공지능을 구동하는 기초 언어로 앞으로도 많은 사용이 기대된다.

개정판을 저술하면서 역점을 두었던 몇 가지는 다음과 같다.

- 기존의 LAB들을 좀 더 흥미로운 LAB으로 교체하였다.
- 워드 클라우드, SQLite, 맷플롯립(MatplotLib) 등 다양한 외부 라이브러리를 소개하였다.
- 데이터 분석의 기초가 되는 넘파이(NumPy)와 판다스(Pandas)를 소개하였다.
- 딥러닝 라이브러리인 케라스(Keras)를 소개하였다.
- 파이게임(PyGame)을 이용하여 좀 더 흥미로운 게임을 작성하게 하였다.
- 핵심 정리에서 학습한 중요한 내용을 그림과 표를 활용하여 효과적으로 요약하였다.

이 책이 만들어지기까지 많은 도움이 있었다. 항상 새로운 책에 대하여 적극적으로 지원해 주신 인피니티북스 여러분께 깊은 감사를 표한다. 책이 발간될 때마다 오류를 지적해 주시고 격려해 주시는 많은 분들께도 깊은 감사를 드린다. 아무쪼록 많은 이들이 이 책을 통하여 인공지능이라는 흥미진진한 분야로 쉽게 입문할 수 있다면 필자에게는 큰 보람이 될 것이다.

2024년 1월
지은이 천인국

이 책은 파이썬 입문자들을 위하여 기술되었다. 입문자들이 쉽게 개념을 이해하고 실력을 기를 수 있도록 다양한 학습 장치들을 배치하였다.

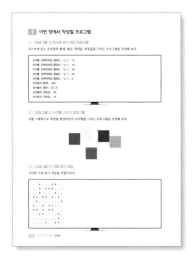

이 장에서 작성할 프로그램

각 장을 본격적으로 학습하기에 앞서 어떤 내용을 접하게 될지 가볍게 확인한다.

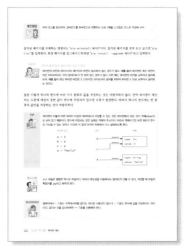

중간점검, NOTE, TIP, 참고사항, WARNING

다양한 구성요소로 빈틈없이 이해할 수 있다. 중간점검과 NOTE로 배운 내용을 확인하고, TIP과 참고사항으로 보충하며, WARNING으로 주의해야 할 점을 살펴볼 수 있다.

LAB(실습 예제)

다양한 외부 라이브러리 활용을 포함한 총 140개의 LAB으로 이론을 학습하는 것뿐만 아니라, 직접 실습해 보면서 프로그래밍 실력을 끌어올릴 수 있다.

도전문제

제시된 LAB을 응용한 도전문제를 통해, 해결했던 예제를 다시 한번 다양한 측면에서 바라보고 창의적으로 문제를 해결할 수 있다.

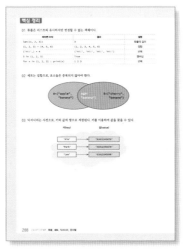

핵심 정리

각 장에서 가장 중요했던 내용들을 3~4개로 정리하여, 한 장을 마무리하면서 해당 내용을 다시 복습해 볼 수 있다.

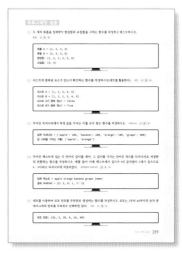

프로그래밍 실습

학습한 내용을 점검하고 테스트해 볼 수 있도록 각 장의 마지막에 프로그래밍 실습을 추가하였다.

목차

CHAPTER **07** 　튜플, 세트, 딕셔너리, 문자열 　247

CHAPTER **10**

내장 함수와 모듈 387

Introduction to **PYTHON**

파이썬 소개

학습목표

- 파이썬의 특징을 설명할 수 있다.
- 컴퓨터에 파이썬을 설치하여 프로그래밍 환경을 구축할 수 있다.
- 첫 번째 프로그램 "Hello World"를 작성하고 실행할 수 있다.

컴퓨터의 장점

인간은 예전부터 컴퓨터와 같은 범용적인 기계를 원하고 탐구해왔다. 고대 문명에서도 여러 가지 계산을 하는 도구들이 사용되었다. 19세기의 찰스 배비지(Charles Babbage)는 해석 엔진(Analytical Engine)이라는 범용 컴퓨터 개념을 고안했고, 에이다 러브레이스(Ada Lovelace)는 이를 프로그래밍할 수 있는 알고리즘을 제안했다. 현대의 컴퓨터 기술은 이러한 인간의 열망으로부터 발전하게 되었다.

프로그램 개념 때문에 컴퓨터는 다양한 작업을 할 수 있습니다.

컴퓨터의 핵심은 범용성이다. 범용성이란, 동일한 기계를 사용하여 다양한 작업을 하는 것이다. 컴퓨터는 다른 전자 기기와는 아주 다르다. 세탁기는 세탁만 할 수 있고 냉장고는 음식을 냉장 보관하는 역할만 한다. 하지만 컴퓨터는 그렇지 않다! 예를 들어 피처폰과 스마트폰을 비교해 보자. 피처폰은 주로 통화 및 문자 메시지를 주요 기능으로 하는 전화 기기이다. 피처폰에서 인터넷 접속, 앱 설치, 고급 카메라 기능 등과 같은 추가적인 기능은 제한적이다. 이에 반해 스마트폰은 통화 및 문자 메시지뿐만 아니라 인터넷 접속, 이메일, 소셜 미디어, 게임, 멀티미디어 재생, 고급 카메라 등 다양한 기능을 제공한다. 스마트폰이 이렇게 많은 기능을 제공할 수 있는 이유는 무엇인가? 스마트폰에는 컴퓨터처럼 다양한 앱을 설치할 수 있고, 이 앱들이 추가적인 기능과 서비스를 제공하기 때문이다. 핵심은 애플리케이션(application), 즉 프로그램(program)이다.

나는 앱만 바꾸면 뭐든지 할 수 있어, 너는?

그림 1.1 피처폰 vs 스마트폰

프로그램

그렇다면 컴퓨터 프로그램은 어떤 일을 하는 것일까? 컴퓨터는 아직까지 스스로 생각할 수 없기 때문에, 컴퓨터에 일을 시키려면 인간이 자세한 명령어(instruction)들을 담은 문서를 만들어서 컴퓨터에게 주어야 한다. 이것을 프로그램(program)이라고 한다. 프로그램을 전문적으로 작성하는 사람은 프로그래머(programmer)라고 한다. 프로그램은 요리 레시피와 비슷하다. 요리 레시피는 요리 방법을 단계별로 나열한 명령어들의 리스트이다. 프로그램도 비슷하게, 컴퓨터에게 원하는 작업을 단계별로 설명하는 명령어들의 시퀀스이다.

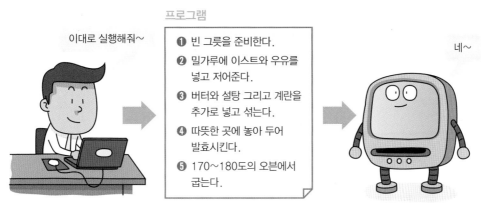

그림 1.2 프로그래머, 명령어, 프로그램

자연어, 프로그래밍 언어, 기계어

앞에서 프로그램은 명령어들의 리스트라고 하였다. 그런데 명령을 어떤 언어로 적으면 좋을까? 인간은 자연어를 사용하지만, 컴퓨터는 자연어를 정확하게 알아듣기 힘들다. 물론 요즘은 ChatGPT와 같은 무시무시한 챗봇이 등장해서 상당한 수준으로 자연어를 인식하고 이해하지만, 아직도 어떤 복잡한 작업을 컴퓨터에 정확하게 이해시키는 것은 역부족이다. 자연어에는 항상 모호성이 존재하기 때문이다. 컴퓨터가 가장 정확하게 잘 알아듣는 언어는 0과 1로 이루어진 기계어다. 하지만 인간이 기계어로 프로그램을 작성하려면 보통 문제가 아니다. 따라서 우리는 적당한 타협으로 자연어와 기계어 중간에 위치하는 언어를 만들어서 사용한다. 이것을 프로그래밍 언어라고 한다. 프로그래밍 언어를 사용하면 인간이 하고자 하는 작업을 굉장히 정확하게 컴퓨터에 전달할 수 있다.

- **자연어(Natural Language):** 우리가 일상적으로 사용하는 언어다. 우리가 말하거나 쓰는 언어를 말한다. 예를 들어 한국어, 영어 등이 자연어에 해당된다.
- **프로그래밍 언어(Programming Language):** 컴퓨터와 통신하기 위해 사용하는 형식화된 언어이다. 프로그래밍 언어는 컴퓨터에게 명령을 전달하고 원하는 작업을 수행할 수 있도록 한다. 예를 들어 파이썬, 자바, C, C++, JavaScript 등이 프로그래밍 언어에 해당한다.
- **기계어(Machine Language):** 컴퓨터가 이해하는 언어로, 0과 1로 이루어진 이진 코드이다. 기계어는 컴퓨터의 하드웨어를 직접 구동할 수 있는 언어이다.

파이썬 인터프리터

파이썬으로 소스 코드를 작성해서 컴퓨터에게 주면, 컴퓨터는 바로 실행할 수 있을까? 컴퓨터는 소스 코드를 바로 실행하지는 못한다. 우리가 알다시피 컴퓨터는 근본적으로 0과 1만을 인식할 수 있다. 따라서 우리가 만든 소스 코드를 해석하여 0과 1로 만들어주는 소프트웨어가 필요하다. 파이썬에서 인터프리터가 이 일을 담당한다. 파이썬 인터프리터는 소스 코드를 한 줄씩 읽고, 각 줄을 0과 1로 이루어진 기계어로 바꾸어서 실행시킨다. 파이썬에서 소스 코드가 실행되는 과정은 그림 1.3과 같다.

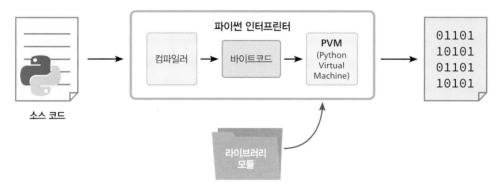

그림 1.3　파이썬에서 소스 코드가 실행되는 과정

ChatGPT vs 프로그래머

인간의 말을 알아듣는 ChatGPT가 나왔으니 이제 프로그래머들은 필요 없을까? ChatGPT와 같은 자연어 처리 모델은 프로그래머들에게 도움이 될 수 있지만, ChatGPT가 나왔다고 해서 프로그래머들이 필요 없어진다고는 할 수 없다. 먼저, ChatGPT는 자연어 이해와 생성에 탁월한 성능을 보여주지만, 이 모델은 특정한 문제에 대해 정확한 해결책을 제공하지는 않는다. 예를 들어 ChatGPT는 일반적인 질문에 답변하는 데 도움이 되지만, 복잡한 소프트웨어 문제를 해결하거나 대규모 시스템을 설계하는 데 필요한 전문적인 지식과 기술은 프로그래머들이 제공해야 한다. 또한 ChatGPT와 같은 모델은 데이터에 기반한 학습을 통해 작동한다. 적절한 데이터를 수집하고, 전처리하고, 모델을 훈련시키는 등의 과정에서 프로그래머들의 기술과 전문성이 필요하다. 따라서 ChatGPT와 같은 자연어 처리 모델은 프로그래머들을 보완하고 지원할 수 있지만, 프로그래머의 필요성을 완전히 대체하지는 않을 것으로 예상된다.

ChatGPT와 같은 생성형 AI가
프로그래머를 대체할까?

No! 생성형 AI는 특정 작업을 자동화하는 데 많은
도움을 줄 수 있지만, 프로그래머들은 필수적인 역
할을 수행하고 있으며, AI와 협력하여 더 나은 솔
루션을 개발하는 데에 중요한 역할을 할 것입니다.

 중간점검

❶ 컴퓨터가 다른 전자 제품과 결정적으로 다른 점은 무엇인가?

❷ 자연어, 프로그래밍 언어, 기계어를 설명해 보자.

❸ 파이썬 인터프리터가 하는 역할은 무엇인가?

2 파이썬 소개

파이썬의 역사

파이썬은 1991년에 네덜란드계 엔지니어인 귀도 반 로섬(Guido van Rossum)이 개발한 고급 프로그래밍 언어이다. 귀도 반 로섬은 강력하고 범용적인 언어를 만들기 위해 파이썬을 설계하였으며, 파이썬을 개발하기 위한 몇 가지 핵심 디자인 원칙을 정했다. 이들은 디자인 원칙으로 간결하고 명확한 문법, 코드 가독성, 모듈화와 재사용성 등을 강조했다. 또한 파이썬은 사용자 친화적인 언어로 개발되어야 한다는 원칙을 가지고 있었다.

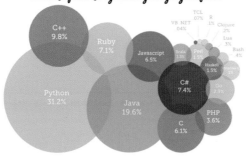

파이썬이라는 이름은 제가 좋아하던 TV쇼
이름 〈Monty Python's Flying Circus〉
에서 따온 것입니다.

그림 1.4　파이썬의 개발자 귀도 반 로섬(출처: http://www.techtechnik.com)

파이썬은 개인의 취미 프로젝트로 시작되었지만, 1991년에는 인터넷 상의 커뮤니티에서 파이썬이 공식적으로 발표되면서 세계 각국에서 활발한 개발과 활용이 이루어졌다. 현재는 Python Software Foundation이라는 비영리 단체에서 관리하고 있으며 파이썬 개발자들의 참여와 오픈 소스를 기반으로 발전하고 있다. 그림 1.5의 그래프에서 알 수 있듯이 파이썬은 현재 가장 인기 있는 언어 중 하나이다.

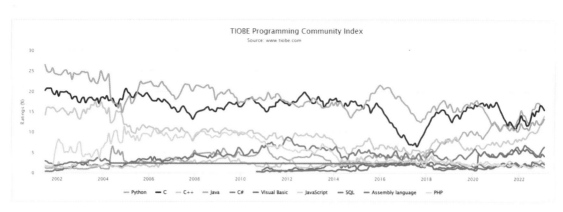

그림 1.5　프로그래밍 언어 순위(출처: www.tiobe.com)

파이썬의 특징

파이썬은 범용 프로그래밍 언어이다. 최근에 파이썬이 전 세계적으로 각광받는 이유는 무엇일까? 가장 큰 이유는 파이썬의 생산성이 뛰어나기 때문이다. 파이썬을 이용하게 되면 간결하면서도 효율적인 프로그램을 빠르게 작성할 수 있다. 개발자들은 다른 언어로는 20줄을 작성해야 하는 프로그램을 파이썬으로는 단한 줄로 작성했다고 증언하고 있다. 파이썬의 주요 특징은 다음과 같다.

- **간결하고 가독성이 좋은 문법:** 파이썬은 간결하고 읽기 쉬운 문법을 가지고 있다. 불필요한 세미콜론이나 괄호를 사용하지 않아도 되기 때문에 코드가 간결해지며, 들여쓰기를 강제로 적용하여 가독성을 높인다. 또한 문법이 쉬워서 코드를 보면 직관적으로 알 수 있는 부분이 많다. 아주 대표적인 예를 들어보자. 우리는 아직 파이썬을 학습하지 않았지만 다음과 같은 코드가 무엇을 하는지 이해할 수 있다.

```
if "사과" in ["딸기", "바나나", "포도", "사과"] :
    print("사과가 있습니다")
```

위의 코드를 우리말로 바꾼다면, "만약 "사과"가 "딸기, 바나나, 포도, 사과" 중에 있으면 "사과가 있습니다"를 출력한다."가 된다. 물론 코드를 읽을 때 파이썬의 문법을 알아야 하지만, 다른 프로그래밍 언어와 비교했을 때는 인간이 사용하는 언어와 유사하여 파이썬이 더 읽기 쉽다.

- **동적 타이핑:** 파이썬은 동적 타입 언어로, 변수의 타입을 미리 선언하지 않고 실행 중에 자동으로 타입을 결정한다. 이로 인해 개발자는 타입 선언에 신경 쓰지 않아도 되므로 유연하게 코드를 작성할 수 있다.
- **객체지향 프로그래밍(OOP) 지원:** 파이썬은 객체지향 프로그래밍을 지원하여 코드의 모듈화, 재사용성, 유지 보수성을 향상시킨다. 클래스와 객체를 사용하여 데이터와 관련된 메소드를 캡슐화할 수 있으며 상속, 다형성 등 객체지향 개념을 활용할 수 있다.
- **풍부한 표준 라이브러리:** 파이썬은 풍부한 표준 라이브러리를 제공한다. 이러한 라이브러리는 다양한 작업을 간편하게 처리할 수 있는 함수와 모듈을 포함하고 있으며 데이터 분석, 웹 개발, 자동화, 인공지능 등 다양한 영역에서 활용할 수 있다.
- **크로스 플랫폼 지원:** 파이썬은 다양한 운영체제(윈도우, 리눅스, 맥OS)에서 동작한다. 이는 개발자가 특정 운영체제에 종속되지 않고 이식성 있는 코드를 작성할 수 있음을 의미한다.
- **커뮤니티와 생태계:** 파이썬은 활발하고 열린 커뮤니티를 가지고 있으며 많은 개발자들이 지속적으로 패키지, 라이브러리, 프레임워크 등을 개발하고 공유하고 있다. 이로 인해 다양한 도구와 지원을 받을 수 있다.

파이썬의 용도

파이썬은 다양한 분야에서 사용한다. 몇 가지 예를 들면 다음과 같다.

- **데이터 분석과 인공지능:** 파이썬은 데이터 분석과 머신러닝, 딥러닝 같은 인공지능 분야에서 많이 사용한다. 넘파이 (NumPy), 판다스(Pandas), 맷플롯립(Matplotlib), 사이킷런(Scikit-learn), 텐서플로(TensorFlow), 파이토치 (PyTorch) 등의 라이브러리와 풍부한 데이터 분석 도구를 제공하여 데이터 처리, 시각화, 예측 모델링 등을 수행할 수 있다.
- **과학과 공학 계산:** 파이썬은 수학, 과학, 공학 분야에서 계산과 모델링을 위해 사용한다. 사이파이(SciPy), 넘파이 (NumPy), 심파이(SymPy) 등의 라이브러리는 수치 계산, 선형 대수, 심볼릭 연산 등에 활용한다.
- **웹 개발:** 파이썬은 웹 애플리케이션 개발에 널리 사용한다. Django, Flask 등의 웹 프레임워크를 활용하여 웹 애플리케이션을 빠르고 효율적으로 구축할 수 있다. 간결한 문법과 풍부한 라이브러리 생태계의 파이썬은 웹 개발을 위한 선택적 언어로 인기를 얻고 있다.
- **자동화와 스크립팅:** 파이썬은 작업 자동화와 스크립팅에 이상적인 언어이다. 간단하고 복잡한 작업을 자동화할 수 있는 강력한 기능을 제공한다.
- **게임 개발:** 파이썬은 게임 개발에도 사용한다. 파이게임(Pygame)과 같은 라이브러리를 활용하여 2D 게임을 만들 수 있으며 Pyglet, Panda3D, PyOpenGL 등을 사용하여 3D 게임도 개발할 수 있다.

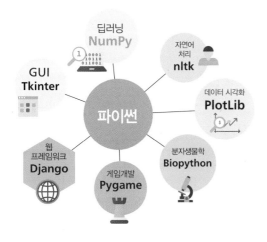

파이썬은 다양한 분야에서 사용합니다. 파이썬의 다양한 라이브러리와 프레임워크를 이용하면 여러 가지 일을 쉽게 처리할 수 있습니다.

중간점검

❶ 파이썬의 특징을 한 가지만 이야기해 보자.

❷ 파이썬을 주로 사용하는 분야는 어떤 분야인가?

파이썬 설치하기

파이썬을 설치해 보자. 파이썬은 아주 다양한 환경에서 사용할 수 있다. 윈도우, 리눅스, 맥OS에서 사용이 가능하다. 이 책은 윈도우 10에서 파이썬을 사용하는 것으로 가정하였다. 파이썬은 설치도 비교적 간단하다.

1. 파이썬을 설치하려면 윈도우에서 웹브라우저를 실행한 다음, http://www.python.org/에 접속하고 윈도우용 [Python 3.12.0]을 선택하여 다운로드한다. 버전 번호는 달라도 된다. 최신 버전을 설치하도록 하자.

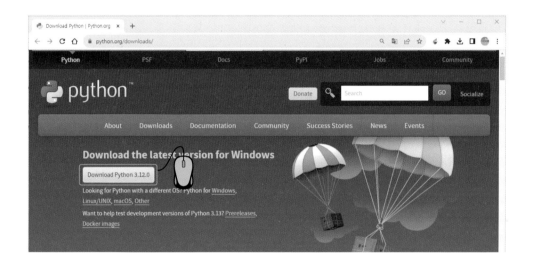

2. 다운로드받은 python-3.12.0-amd64.exe 파일을 더블 클릭하여 파이썬을 설치한다. 파일 이름은 달라질 수 있다.

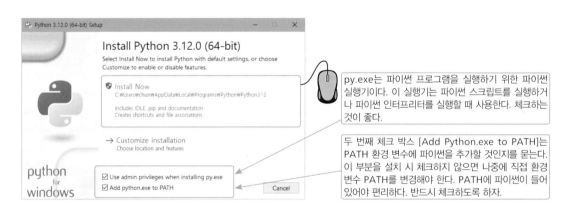

py.exe는 파이썬 프로그램을 실행하기 위한 파이썬 실행기이다. 이 실행기는 파이썬 스크립트를 실행하거나 파이썬 인터프리터를 실행할 때 사용한다. 체크하는 것이 좋다.

두 번째 체크 박스 [Add Python.exe to PATH]는 PATH 환경 변수에 파이썬을 추가할 것인지를 묻는다. 이 부분을 설치 시 체크하지 않으면 나중에 직접 환경 변수 PATH를 변경해야 한다. PATH에 파이썬이 들어 있어야 편리하다. 반드시 체크하도록 하자.

위의 화면에서 [Add python.exe to PATH] 체크 박스를 반드시 체크하도록 하자. 이후에는 모든 것을 기본으로 설정하면 된다. 다른 언어에 비하면 파이썬의 설치는 너무 쉽다. 이제 파이썬 프로그래머가 되기 위한 모든 준비가 완료되었다.

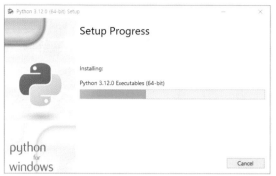 

 참고사항

파이썬의 버전은 계속해서 업그레이드되고 있다. 이 책을 집필할 때는 파이썬의 최신 버전이 3.12.0이었지만 여러분이 1장을 읽을 때는 버전이 좀 더 증가하였을 것이다. 따라서 3. 다음에 붙는 숫자는 신경쓰지 않아도 된다.

4 첫 번째 프로그램 작성하여 실행하기

Hello World 프로그램

앞에서 우리는 파이썬을 설치하였다. 파이썬에는 프로그램을 개발할 수 있는 환경이 포함되어 있는데 이것을 IDLE라고 한다. IDLE(Integrated Development Environment)은 '통합 개발 환경'이라는 의미로 개발자를 위한 도구라고 생각하면 된다. 우리는 이 도구를 이용하여 파이썬 프로그램을 개발할 것이다. 윈도우의 시작 버튼을 누르고 [모든 프로그램] → [Python 3.12] → [IDLE(Python 3.12 64-bit)]을 클릭한다.

IDLE은 개발자를 위한 통합 개발 환경입니다.

IDLE이 시작되면 다음과 같은 윈도우가 등장한다. 파이썬의 버전 정보가 출력되고 >>> 옆에 커서가 깜빡인다. 다음과 같은 화면을 **파이썬 쉘(Python Shell)**이라고 부른다. >>>는 프롬프트라고 부르며, 여기에 우리가 명령을 입력하고 엔터키를 누르면 명령이 실행되고 결과가 화면에 출력된다. >>> 옆에 커서가 깜빡이는 것을 보고 컴퓨터가 개발자의 명령을 기다린다고 생각할 수 있다. 마치 컴퓨터와 대화하는 것과 같다.

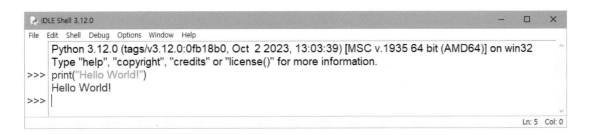

파이썬에 첫 번째 명령을 주어보자. 화면에 "Hello World!"를 출력하여 첫인사를 하는 것은 개발자들의 오랜 전통이다. 다음과 같이 명령어를 입력하고 키보드의 엔터키를 눌러보자.

이것은 아주 유명한 프로그램으로, 프로그래머들이 개발 환경 설치를 마치면 가장 먼저 작성하여 실행해 보는 프로그램이다. 인터프리터가 올바르게 동작하고 있는지를 체크하는 역할도 한다.

위의 코드에서 따옴표("...")를 틀리지 않게 입력해야 한다. 컴퓨터는 한 글자만 틀려도 실행하지 못한다. 위와 같은 실행 결과가 나오면 올바르게 실행된 것이다. 컴퓨터는 여러분의 명령어를 실행한 후에 결과를 내보내고 다음 명령어를 받을 준비가 되었다는 것을 알리기 위하여 >>>를 하나 더 출력한다. "Hello World!"는 문자열이다. 일상생활에서 단어, 이름, 주소 등을 표현할 때 문자열을 사용한다. 예를 들어 "홍길동"이나 "서울시"는 문자열이다. 파이썬에서 문자열은 반드시 작은따옴표나 큰따옴표로 감싸져 있어야 한다.

Hello World 프로그램 설명

여기서는 앞에서 입력하여 실행한 문장들을 설명해 볼 것이다. 이 절의 내용이 이해되지 않아도 상관없다. 이 절에 등장하는 용어와 개념은 되풀이하여 설명할 것이다. 파이썬 프로그램은 여러 줄의 명령어로 이루어진다. 한 줄의 명령어를 **문장(statement)**이라고 부른다. 문장들은 파이썬 인터프리터에 의하여 실행된다. 우리가 처음으로 입력한 문장은 다음과 같았다.

```
print("Hello World!")
```

이 문장은 "Hello World!"를 화면에 출력한다. 이 문장에서 우리는 print()라는 이름의 함수를 호출하게 된다. **함수(function)**는 특별한 작업을 수행하는 명령어들의 모임이다. print() 함수는 파이썬 언어에 의하여 기본적으로 제공되는 함수로, 텍스트를 화면에 출력하는 작업을 한다.

파이썬에서 함수를 사용하려면(이것을 '함수를 호출한다'고 한다) 다음과 같은 과정이 필요하다.

1) 함수의 이름을 적어준다. 여기서는 print이다.
2) 함수가 작업을 수행하는 데 필요한 데이터를 괄호 안에 적어준다. 여기서는 "Hello World!"를 적어주었다. 이것을 함수의 **인자(argument)**라고 한다.

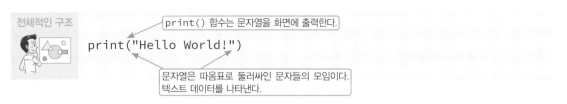

앞에서 설명한 대로, 큰따옴표("...")나 작은따옴표('...') 안에 들어 있는 글자들은 **문자열(string)**이라고 한다. 따옴표를 사용하는 이유는 문자열을 함수나 변수(아직 학습하지 않았다)와 구분하기 위해서이다. 우리가 그냥 Hello라고 쓰면 파이썬은 이것을 함수나 변수의 이름이라고 생각한다. "Hello"라고 적어야 문자열이라고 생각한다. 컴퓨터는 생각보다 그렇게 똑똑하지 않으며 아직도 혼동을 많이 한다. 만약 우리가 문자열을 표시하는데 따옴표를 빠뜨리면 다음과 같은 오류가 발생한다.

SyntaxError는 문법적인 오류로, 지켜야 할 문법이 있는데 지키지 않았다는 의미이다. 오류의 내용을 보면 혹시 쉼표를 잊어버렸는지 물어보고 있다. 컴퓨터는 이미 오류의 내용을 어느 정도 알고 있지만 절대 스스로 고치지는 않는다. 프로그래머한테 힌트를 제공할 뿐이다. 오류가 발생하면 당황하지 말고 오류의 내용을 읽어본 뒤 대처하면 된다.

여러 가지 계산을 해보자

지금부터 무엇을 하면 좋을까? 컴퓨터는 기본적으로 계산하는 기계이다. 일단 쉬운 계산부터 시켜보자. 100+200을 시켜보도록 한다.

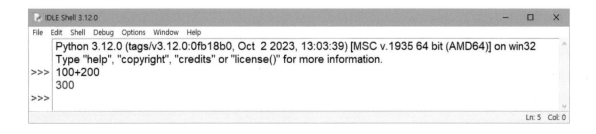

파이썬에서 덧셈, 뺄셈, 곱셈, 나눗셈을 나타내는 기호는 각각 +, -, *, /이다. 이제 계산기가 없어도 우리는 파이썬을 이용하여 산술 계산을 할 수 있게 되었다. 이렇게 한 줄씩 입력하여 엔터키를 눌러서 실행하는 모드를 인터프리트 모드(Interpret Mode)라고 한다. 인터프리트 모드는 초보자에게 아주 편리한 기능이다. 이 책에서도 초반에는 인터프리트 모드로 여러 가지 프로그램을 소개할 것이다. 파이썬에서 제곱 연산자도 제공된다. ** 기호가 제곱 연산자이다. 자신의 BMI를 계산해 보자. BMI는 자신의 체중(kg)을 키 (m)의 제곱으로 나눈 값이다. 만약 자신의 키가 1.75m이고 체중이 70kg이라면 다음과 같이 계산할 수 있다.

print() 함수는 여러 개의 값들을 화면에 차례대로 출력하는 기능을 가지고 있다. 출력될 값들은 쉼표로 분리되어야 한다.

2*7은 2와 7을 곱하라는 의미이다. 출력되는 값들 사이에는 빈칸이 출력된다. 현재 20살인 철수군이 자신의 이름과 12년 후 몇 살이 되는지를 한 줄에 전부 출력하려고 한다. 이때, 다음과 같이 쉼표를 사용할 수 있다.

IDLE을 종료하려면 [File] → [Exit IDLE]을 사용한다.

문자열 처리하기

이번에는 숫자 계산 말고 다른 것도 해보자. 2개의 텍스트를 합쳐본다. 다음과 같은 코드를 입력하고 실행해 보자.

위의 코드에서 "강아지"는 문자열이다. 문자열에 + 연산자를 적용하면 문자열과 문자열이 연결된다. 문자열은 작은따옴표('...')나 큰따옴표("...")로 표시할 수 있지만, 콘솔이 문자열을 표시할 때는 항상 작은따옴표('...')를 사용한다. 이번에는 문자열에 * 기호를 사용해 보자.

"Hello"가 10번 반복해서 출력되었다. 문자열 뒤에 *가 붙고 숫자가 있으면 그 숫자만큼 문자열을 반복한다. 컴퓨터는 계산도 잘하지만 어떤 것을 반복하는 것에도 소질이 있다.

TIP

실습할 때마다 시작 메뉴에서 파이썬을 찾아 실행해도 되지만 작업 표시줄에 아이콘으로 만들어두면 편리할 것이다. 시작 메뉴에서 파이썬 IDLE을 찾아서 마우스 오른쪽 버튼을 누르고 [작업 표시줄에 고정]을 선택한다. 아니면 바탕 화면에 아이콘으로 만들어두자. 시작 메뉴에서 파이썬 IDLE 항목을 찾은 뒤 항목 위에서 마우스 오른쪽 버튼을 누르고 [보내기] → [바탕 화면에 바로 가기 만들기]를 클릭하면 바탕 화면에 단축 아이콘이 생성된다.

참고사항 **문자열이란?**

컴퓨터가 저장할 수 있는 가장 기본적인 데이터 형태는 숫자와 텍스트이다. 컴퓨터 분야에서 텍스트를 문자열(string)이라고 한다. '텍스트'라는 용어는 일반적인 용어이다. 따라서 혼동을 피하기 위하여 프로그래밍 분야에서 문자들의 시퀀스를 문자열이라고 한다.

참고사항 **함수란?**

print()는 파이썬에서 기본으로 제공하는 함수 중 하나이다. 파이썬에서 함수(function)란, 어떤 특정한 작업을 수행하는 코드의 블록(block)이다. 함수는 재사용성을 높이고 코드의 가독성과 유지보수성을 향상시키는 데에 매우 유용하다.

중간점검

❶ IDLE을 사용하여 100 + 200 × 3 + 100 / 3을 계산해 보자.
❷ IDLE을 사용하여 반지름이 100인 원의 면적을 계산해 보자.

5 스크립트 모드

앞 절과 같이 명령어를 한 줄씩 입력하여 실행하는 인터프리트 모드는 초보 프로그래머한테 아주 편리한 기능이다. 실행 결과를 즉시 알 수 있으며 현재 상태를 언제든지 파악할 수 있다. 하지만 코드가 복잡해지면 한 줄씩 입력하여 실행하는 것은 아주 번거로운 일이다. 프로그램이 수천 줄의 코드로 이루어져 있다면 어떻게 하는 것이 좋을까?

```
tirangle.py

import turtle
t = turtle.Turtle()

t.shape("turtle")
t.forward(100)
t.left(120)
t.forward(100)
t.left(120)

...
```

이렇게 한 줄씩 입력하다간 손가락이 남아나질 않겠어!

이런 경우에는 텍스트 에디터를 이용하여 명령어들을 파일에 저장한 후에, 파일을 읽어서 한꺼번에 실행하는 스크립트 모드를 사용한다. 명령어들이 저장된 파일을 **소스 파일(Source File)**이라고 한다. 소스 파일은 어떻게 작성할 수 있을까? 소스 파일은 단순한 텍스트 파일이다. 따라서 어떤 텍스트 에디터로도 작성이 가능하다. 예를 들어 윈도우의 메모장을 사용해도 된다. 파일의 이름은 어떤 것이라도 상관없지만 파일의 확장자는 반드시 .py이어야 한다.

에디터

파이썬 소스 파일
(확장자는 .py)

어떤 텍스트 에디터도 사용할 수 있습니다.

대부분의 개발자는 소스 코드 작성에 도움을 주는 기능이 있는 에디터를 사용한다. 선택할 수 있는 많은 에디터가 있지만 우리는 IDLE에 포함된 기본 에디터를 사용할 것이다. 소스 파일에는 텍스트 형태의 명령어가 들어 있고, 이것은 컴퓨터가 직접 처리할 수 없다. 따라서 소스 파일을 컴퓨터가 실행할 수 있는 0과 1로 이루어진 기계어로 변환하는 작업이 필요하다. 이것은 파이썬 인터프리터가 담당한다. 소스 파일을 통째로 읽어서 기계어로 변환하는 기능도 인터프리터에 포함되어 있다. 이상의 내용을 정리하면 다음과 같다.

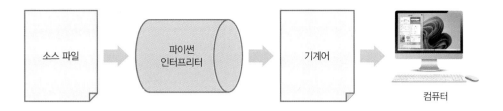

Step 1: 새로운 소스 파일 생성하기

간단한 프로그램을 작성하고 이것을 소스 파일로 저장했다가 실행해 보자. IDLE을 실행하면 파이썬 쉘 (Python Shell)이 나타난다. 파이썬 쉘의 메뉴 중에서 [File] → [New File]을 선택한다. 그러면 새로운 윈도우가 열리는데, 이 윈도우에 우리는 프로그램 코드를 입력할 수 있다. 우리나라에서 온도를 나타낼 때는 섭씨온도를 사용하지만, 미국에서는 화씨온도를 사용한다. 화씨온도를 받아서 섭씨온도로 바꾸는 프로그램을 작성해 보자.

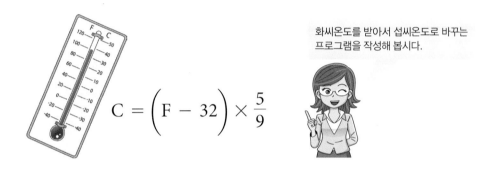

화씨온도를 받아서 섭씨온도로 바꾸는 프로그램을 작성해 봅시다.

$$C = \left(F - 32 \right) \times \frac{5}{9}$$

다음과 같이, 윈도우에 코드를 입력해 보자. 아직 코드를 이해하지 못해도 상관없다. 정확하게만 입력하면 된다.

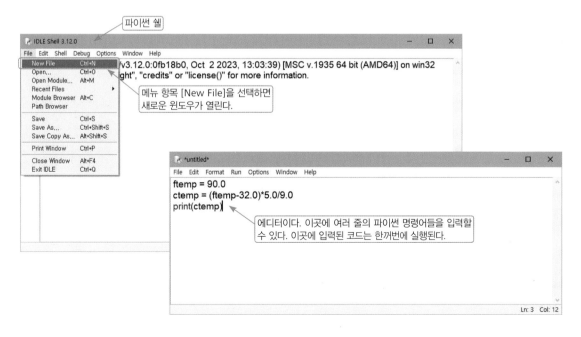

파이썬 쉘

메뉴 항목 [New File]을 선택하면 새로운 윈도우가 열린다.

```
ftemp = 90.0
ctemp = (ftemp-32.0)*5.0/9.0
print(ctemp)
```

에디터이다. 이곳에 여러 줄의 파이썬 명령어들을 입력할 수 있다. 이곳에 입력된 코드는 한꺼번에 실행된다.

작성한 코드를 파일로 저장하기 위하여 메뉴 [File] → [Save]를 선택한다. 파일 이름을 묻는 대화 상자가 화면에 등장하면 'temp.py'라는 이름으로 적당한 폴더에 저장한다. 윈도우의 제목이 소스 파일의 이름으로 변경된다. 소스 파일은 어떤 폴더에도 저장할 수 있다.

Step 2: 소스 파일 실행하기

이제 저장된 소스 파일을 실행하는 방법을 살펴보자. 위의 윈도우에서 메뉴 [Run] → [Run Module]을 선택한다. 파이썬에서 소스 파일을 **모듈(module)**이라고 부른다.

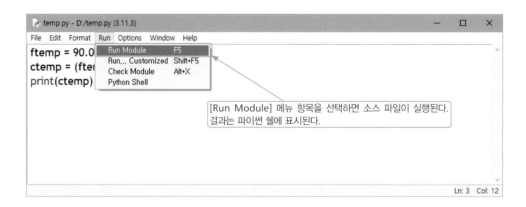

메뉴 [Run] → [Run Module]을 선택하면 파이썬 쉘이 파일 안의 명령어들을 실행한 후에 다음과 같은 실행 결과를 보여줄 것이다. 실행 결과는 파이썬 쉘에 나타난다.

만약 여러분이 인터넷에서 파이썬 소스 코드를 다운로드했다고 하자. 이것을 실행해 보고 싶은 경우에는 IDLE의 메뉴 중에서 [File] → [Open]을 선택하여 다운로드된 소스 코드를 읽은 후에 메뉴 [Run] → [Run Module]을 선택하여 실행하면 된다. 이 책에 첨부된 소스 코드를 실행할 때도 마찬가지로 하면 된다. 축하한다! 여러분은 이제 복잡한 소스 코드도 입력하여 실행할 수 있게 되었다. 일반적인 프로그램은 사용자로부터 데이터를 받아서 처리하고, 처리된 결과를 출력한다. 우리의 온도 변환 프로그램에서도 화씨온도를 섭씨온도로 변환하여 화면에 출력하고 있다.

프로그램의 간단한 설명

앞에서 우리가 입력하여 실행한 프로그램에 대해 대략적인 설명을 해보자. 만약 이 부분이 이해하기 어렵다면 건너뛰어도 된다. 앞에서 만든 프로그램을 좀 더 자세히 설명해 보면 다음과 같다.

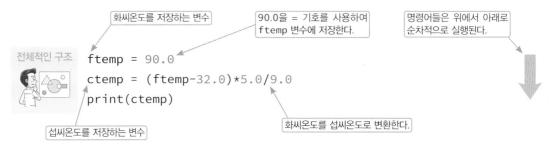

여러분은 아마 프로그램에 나오는 ftemp, ctemp가 무엇인지 궁금할 것이다. ftemp, ctemp는 화씨온도와 섭씨온도를 저장하는 데 사용하는 **변수(variable)**이다. 변수는 컴퓨터의 메모리 안에 만들어지는 공간으로, 우리는 여기에 숫자나 문자를 저장할 수 있다. 아래 그림에서 하나의 상자가 변수에 해당한다.

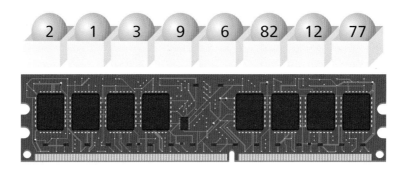

변수는 왜 필요할까? 프로그램은 컴퓨터 안에 여러 가지 값들을 저장하면서 처리를 하게 된다. 예를 들어 사용자가 입력하는 숫자들의 합계를 출력하는 프로그램을 작성한다고 가정해 보자. 우리는 사용자가 입력하는 숫자들을 저장할 공간이 필요하다. 또한 숫자들의 합을 저장하는 공간도 필요하다. 바로 이럴 경우에 변수가 필요하다. 컴퓨터는 메모리를 가지고 있고 이곳에 저장하면 된다.

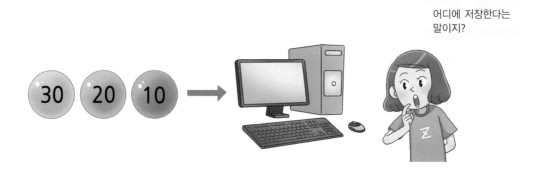

변수에 값을 저장할 때는 = 기호를 사용한다. 예를 들어 `ftemp` 변수에 90.0을 입력하려면 다음과 같이 한다.

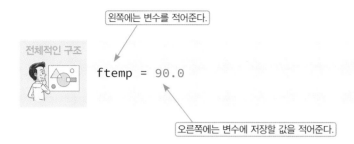

전체적인 구조

왼쪽에는 변수를 적어준다.

`ftemp = 90.0`

오른쪽에는 변수에 저장할 값을 적어준다.

설명을 보아도 위의 프로그램이 이해되지 않을 수 있다. 이때는 전체 소스 코드를 한꺼번에 실행하지 말고 소스 코드를 한 줄씩 입력하면서 변수의 값을 조사해 보는 것이 좋다. 파이썬 쉘에서 변수 이름을 입력하고 엔터키를 누르면 화면에 변수의 값이 출력된다.

```
>>> ftemp
90.0
>>> ctemp = (ftemp-32.0)*5.0/9.0
>>> ctemp
32.22222222222222
>>>
```

소스 코드를 한 줄씩 입력하면서 실행시킨다.
중간중간 변수의 값을 출력해 보자.

WARNING

컴퓨터에서 = 기호는 수학에서처럼 같다는 의미로 사용되지 않는다. = 기호는 변수에 값을 저장하라는 의미이다. 같다는 것을 검사하려면 == 기호를 사용해야 한다.

참고사항

소스 파일은 평범한 텍스트 파일이다. 따라서 메모장을 이용해서도 얼마든지 만들 수 있다. 저장할 때 파일의 확장자를 .py라고 해주면 된다.

중간점검

위의 코드를 참조하여, 섭씨온도를 화씨온도로 변환하는 프로그램을 스크립트 모드로 작성해 보자.

print() 함수를 사용하여 다음과 같이 출력하는 소스 코드를 작성해 보자. 9*8 연산을 해서 결과를 print() 함수로 출력해 본다.

안녕하세요? 여러분.

저는 파이썬을 무척 좋아합니다.

9*8은 72 입니다.

안녕히 계세요.

파이썬의 문장들은 순차적으로 실행된다. 따라서 출력문을 4개 작성하면 된다. 화면에 출력할 때는 print() 함수를 호출한다. 첫 번째 줄을 출력하는 문장은 다음과 같다.

```
print("안녕하세요? 여러분.")
```

hello.py print() 함수 실습

```
print("안녕하세요? 여러분.")
print("저는 파이썬을 무척 좋아합니다.")
print("9*8은", 9*8, "입니다.")
print("안녕히 계세요.")
```

소스 파일에서 각 문장들은 순차적으로 실행된다.

도전문제   자신의 이름과 나이를 변수에 저장하고, print() 함수를 사용하여 파이썬 쉘에 출력하는 프로그램을 작성해 보자.

6 터틀 그래픽

파이썬이 초보자에게 좋은 점 중 하나는 화면에 그림을 그리기가 쉽다는 점이다. 파이썬에서 **터틀 그래픽(Turtle Graphic)**이 지원된다. 터틀 그래픽은 화면에서 거북이를 이용하여 그림을 그리는 기능이다. 거북이가 펜을 가지고 있기 때문에 우리가 화면에서 거북이를 움직이면 그림이 그려진다.

터틀 그래픽은 거북이가 화면 위를 지나가면서 그림을 그리는 것이라고 생각하면 됩니다.

터틀 그래픽은 다음과 같이 동작한다.

1. 터틀 그래픽을 시작하면 종이 한 가운데에 거북이가 나타난다.
2. 거북이에게 명령을 내리면 거북이가 움직인다. 예를 들어 '앞으로 전진', '뒤로 후진', '왼쪽으로 방향 전환' 등의 명령을 사용할 수 있다.
3. 거북이가 움직이면서 종이 위에 그림이 그려진다. 거북이가 펜을 가지고 움직인다고 생각하면 된다.

스크립트 모드로 다음과 같이 입력하고 실행해 보자. 거북이가 보이는 별도의 윈도우가 나타난다. # 기호는 주석을 나타낸다. 주석은 소스 코드를 설명하는 글이다.

turtle1.py 터틀 움직이기

```python
import turtle          # ❶
t = turtle.Turtle()    # ❷
t.shape("turtle")      # ❸
t.forward(100)         # ❹
t.left(90)             # ❺
t.forward(50)

turtle.done()          # ❻
```

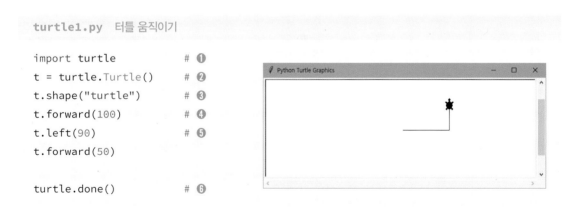

❶ "import turtle" 문장은 turtle 라이브러리를 불러들인다.

❷ "t = turtle.Turtle()" 문장은 turtle 라이브러리의 Turtle() 함수를 실행하여 거북이를 하나 생성한다는 의미이다. t는 생성된 거북이의 이름으로 생각하자.

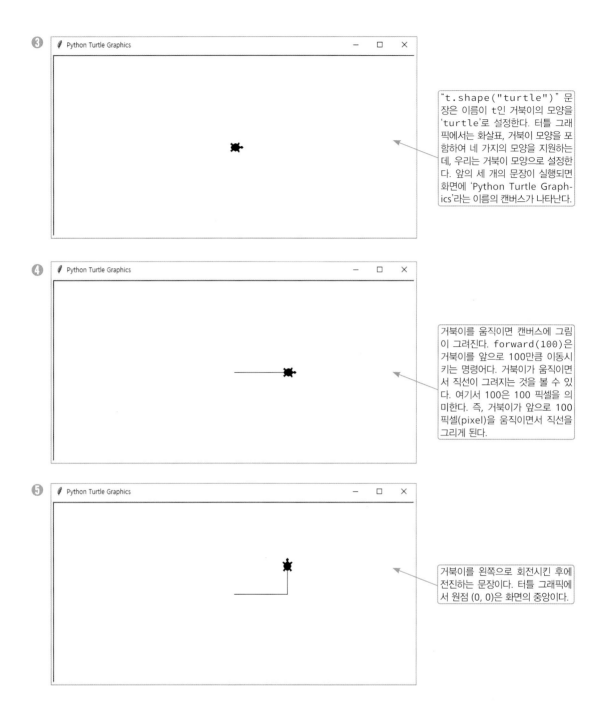

❸ "t.shape("turtle")" 문장은 이름이 t인 거북이의 모양을 'turtle'로 설정한다. 터틀 그래픽에서는 화살표, 거북이 모양을 포함하여 네 가지의 모양을 지원하는데, 우리는 거북이 모양으로 설정한다. 앞의 세 개의 문장이 실행되면 화면에 'Python Turtle Graphics'라는 이름의 캔버스가 나타난다.

❹ 거북이를 움직이면 캔버스에 그림이 그려진다. forward(100)은 거북이를 앞으로 100만큼 이동시키는 명령어다. 거북이가 움직이면서 직선이 그려지는 것을 볼 수 있다. 여기서 100은 100 픽셀을 의미한다. 즉, 거북이가 앞으로 100 픽셀(pixel)을 움직이면서 직선을 그리게 된다.

❺ 거북이를 왼쪽으로 회전시킨 후에 전진하는 문장이다. 터틀 그래픽에서 원점 (0, 0)은 화면의 중앙이다.

❻ 이 문장은 터틀 그래픽을 종료하는 문장이다. 윈도우 상단의 X 모양 아이콘을 눌러서 터틀 그래픽 윈도우를 닫는다.

NOTE 픽셀이란?

픽셀(pixel)은 컴퓨터 이미지를 이루는 가장 작은 단위인 점을 뜻한다. 픽셀은 그림(picture)의 원소(element)라는 의미를 가진다. 한자로는 화소라고 번역할 수 있다.

LAB 02 터틀 그래픽으로 삼각형 그리기

터틀 그래픽을 이용하여 삼각형을 그려보자. 삼각형의 좌표는 신경 쓰지 말고 모습이 정삼각형이 되도록 거북이를 움직여 보자.

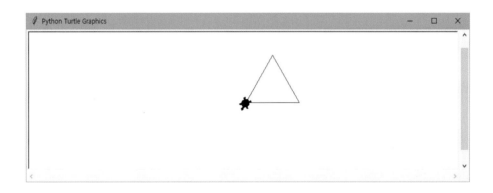

삼각형을 그리는 데 필요한 명령은 전부 입력하여 실행시키는 것으로 하자. 터틀 그래픽으로 그림을 그리기 위해서는 다음과 같이 터틀 그래픽 모듈을 불러들이고 거북이를 생성한 후에 거북이를 움직이면 된다. 거북이를 회전시키는 명령은 left()와 right()다. left()와 right()는 입력받은 각도만큼 거북이를 회전시킨다.

SOLUTION

triangle.py 삼각형 그리기

```
import turtle            # turtle 모듈을 불러온다.
t = turtle.Turtle()      # 거북이 객체를 생성한다.
t.shape("turtle")        # 거북이의 모양을 거북이로 설정한다.

t.forward(100)           # 거북이를 100 픽셀만큼 앞으로 이동시킨다.
t.left(120)              # 거북이를 왼쪽으로 120도 회전시킨다.
t.forward(100)           # 거북이를 다시 100 픽셀만큼 앞으로 이동시킨다.
t.left(120)              # 거북이를 다시 왼쪽으로 120도 회전시킨다.
```

```
    t.forward(100)          # 거북이를 마지막으로 100 픽셀만큼 앞으로 이동시킨다.

    turtle.done()           # 그림을 완성하고 창을 닫는다.
```

 도전문제

❶ 거북이를 움직여서 정사각형을 그려보자. 회전하는 각도를 몇 도로 해야 하는가?

❷ 거북이를 움직여서 육각형을 그려보자. 회전하는 각도를 몇 도로 해야 하는가?

LAB 03 | 예제 프로그램 실행하기

스크립트 모드에서 [Help] → [Turtle Demo]를 누르면 다음과 같은 터틀 그래픽 예제들이 등장한다. [Examples]에서 예제를 선택하고 화면 하단의 [START] 버튼을 눌러본다.

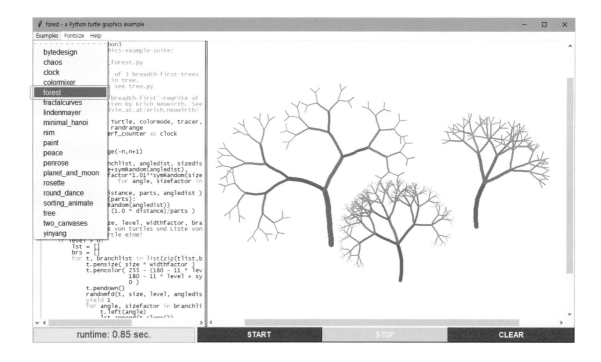

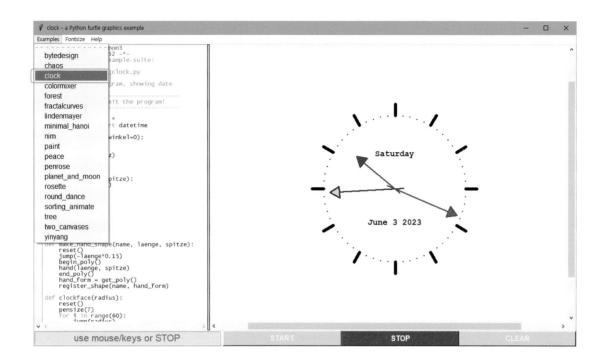

7 외부 라이브러리 설치하는 방법

파이썬은 외부 라이브러리가 풍부하기로 유명하다. 또 외부 라이브러리를 설치하기가 무척 편리하다. 패키지를 설치할 때 가장 많이 사용하는 도구가 바로 pip이다. 다른 언어는 라이브러리를 설치하기가 만만치 않지만, 파이썬은 너무나도 간단하다. pip는 파이썬에 기본적으로 포함되는 설치 도구이다. 파이썬을 설치할 때 PATH를 변경하겠다고 체크했어야 어디서나 pip를 실행할 수 있다.

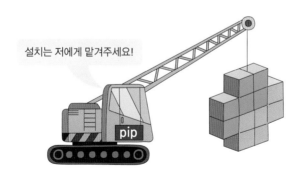

설치는 저에게 맡겨주세요!

예를 들어 텍스트를 음성으로 출력하는 라이브러리인 gtts를 설치해 보자. 명령 프롬프트를 열고 다음과 같이 입력하면 gtts가 설치된다.

```
C:\> pip install gtts ←───────── [C:\> pip install 설치를 원하는 패키지 이름]
Collecting gtts
    Downloading gTTS-2.3.2-py3-none-any.whl (28 kB)
```

```
Collecting requests<3,>=2.27 (from gtts)
...
```

설치된 패키지를 삭제하는 명령어는 "pip uninstall 패키지"이다. 설치된 패키지를 전부 보고 싶으면 "pip list"를 입력한다. 특정 패키지를 업그레이드하려면 "pip install --upgrade 패키지"라고 입력한다.

 NOTE **만약 패키지가 설치되지 않는다면?**

파이썬의 버전과 라이브러리 패키지의 버전이 일치하지 않는 경우가 많다. 예를 들어 파이썬은 최신 버전이지만 라이브러리는 아직 업데이트가 안 되어 있는 경우가 많다. 이런 때는 파이썬의 버전을 낮추어서 설치해 보자. 예를 들어 최신 파이썬 버전은 3.12이지만 라이브러리 설치를 위하여 파이썬 3.10으로 낮추어서 설치하는 것이다.

gtts를 사용해 보자

설치한 gtts를 사용해 보자. 다음과 같은 코드를 IDLE에 스크립트 모드로 입력하고 실행해 보자. 아래의 코드는 아직 이해하지 못해도 상관없다.

gttstest.py gTTS 사용하기

```
from gtts import gTTS
tts = gTTS(text="안녕하세요? 잘 부탁드립니다.", lang="ko")
tts.save("test.mp3")
```

이 코드는 파이썬에서 텍스트를 음성으로 변환하고 그 결과를 MP3 파일로 저장하는 데 사용하는 gTTS 라이브러리를 활용한 예제이다. 코드를 실행하면 "안녕하세요? 잘 부탁드립니다."라는 한국어 문장이 음성으로 변환되어 'test.mp3'라는 MP3 파일로 저장된다. 이 MP3 파일을 재생하면 텍스트가 음성으로 들릴 것이다. 코드를 단계별로 설명해 보자.

1) `from gtts import gTTS`: 먼저 gtts 라이브러리에서 gTTS 클래스를 가져온다. 클래스는 객체를 생성하는 틀과 같은 것이다. 객체가 있어야 파이썬에서 작업을 시킬 수 있다. 현재는 이렇게만 알아두자. gtts는 'Google Text-to-Speech'의 약자로, 텍스트를 음성으로 변환하는 데 사용한다.

2) `tts = gtts.gTTS(text="안녕하세요? 잘 부탁드립니다.", lang="ko")`: gTTS 클래스의 객체를 생성한다. 여기서는 한국어로 텍스트를 제공하고, `lang` 매개변수를 `"ko"`로 설정하여 한국어로 음성을 생성하도록 지정한다.

3) `tts.save("test.mp3")`: gTTS 인스턴스의 `save()` 메소드를 호출하여 음성을 MP3 파일로 저장한다. 파일 이름은 `"test.mp3"`로 지정되었다. 이 코드를 실행하면 현재 작업 디렉토리에 'test.mp3'라는 파일이 생성된다.

Pillow는 파이썬 이미지 처리 라이브러리로, 이미지를 열고 저장하며 다양한 이미지 조작 작업을 수행하는 데 사용한다. 먼저 pip를 사용하여 Pillow를 설치한다.

```
C\> pip install Pillow
...
```

Pillow가 설치되었으면 다음과 같은 코드를 입력하여 실행해 본다. 현재 작업 디렉토리에 dog.jpg 파일이 있다고 가정한다.

pillow.py 이미지 크기 변경하기

```
from PIL import Image

img = Image.open("dog.jpg")      # 이미지 열기
img.thumbnail((200, 200))        # 이미지 크기 조절
img.save("thumbnail.jpg")        # 조절된 이미지 저장
```

　　　　　dog.jpg　　　　　　　　　　　　　　　thumbnail.jpg

도전문제

위의 코드에 rotated_img = img.rotate(90) 문장을 추가하면 90도 회전된 이미지를 얻을 수 있다. 회전된 이미지를 저장하는 코드도 추가하여 실행해 보자.

8　파이썬 튜터

프로그래밍을 배울 때, 가장 어려운 순간은 자신이 작성한 프로그램이 제대로 동작하지 않을 때이다. 어떻게 해야 할까? 노련한 개발자 같으면 디버거(debugger)를 동작하여 버그를 잡을 수 있을 것이다. 하지만 초보 프로그래머들한테는 디버거도 어렵다.

파이썬 튜터(Python Tutor)는 필립 구오(Philip Guo)에 의하여 제작된 아주 훌륭한 도구이다. 파이썬 소

스 코드를 입력으로 받아 한 줄씩 실행하면서 어떤 작업들이 이루어지는지를 그림으로 보여준다. 웹 브라우저만 있으면 누구나, 어디서나 실행이 가능하다. 현재 180개국에서 150만의 프로그래머가 사용하는 도구이다. 파이썬 튜터는 **http://www.pythontutor.com/**에 접속하면 바로 사용이 가능하다.

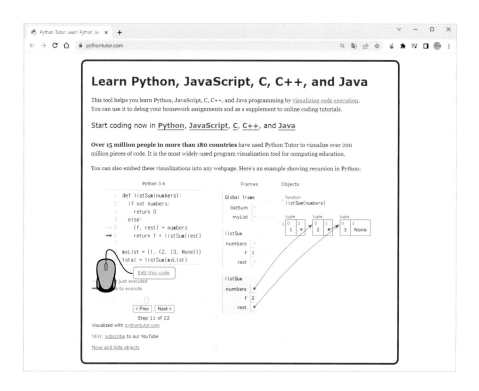

1. 간단한 예제를 가지고 파이썬 튜터를 사용하는 방법을 살펴보자. 이 소스 코드는 이해하지 못해도 상관없다. 먼저 위 화면의 [Edit this code]를 클릭한다.

2. 다음 화면에서 **[Python 3.6]을 선택한다.** 그리고 **여기에 소스 코드를 입력한다.**

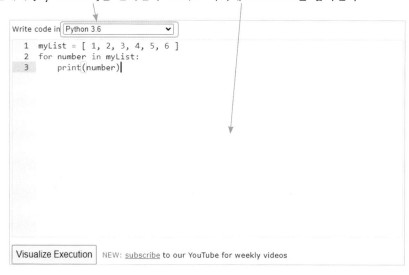

화면 하단의 **[Visualize Execution] 버튼**을 누른다.

3. 다음 화면에서 [Next>] 버튼을 클릭하면 한 줄씩 실행되면서 실행 상황이 오른쪽에 그림으로 표시된다.

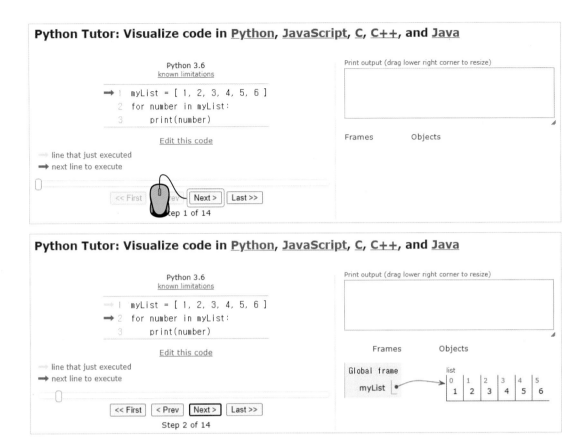

4. 마지막 화면으로 가려면 [Last>>] 버튼을 누른다.

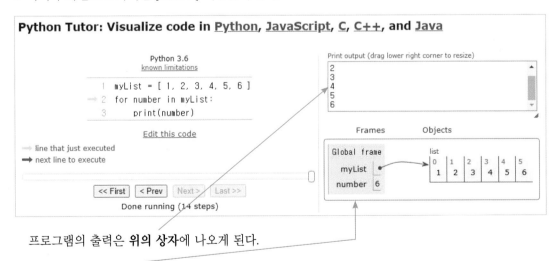

프로그램의 출력은 **위의 상자**에 나오게 된다.

5. 변수의 값은 **여기**에서 확인할 수 있다.

01 프로그램은 명령어들로 이루어진 텍스트 파일 형태로 작성한다.
이것을 소스 파일이라고 한다.

명령어 #1

명령어 #2

명령어 #3

. . .

02 파이썬 인터프리터는 소스 파일을 해석해서 컴퓨터가 이해할 수 있는 기계어 파일로 변환해 생성한다.

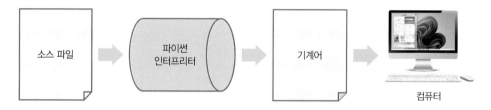

소스 파일 → 파이썬 인터프리터 → 기계어 → 컴퓨터

03 외부 라이브러리를 설치하려면 pip 도구를 사용한다. 예를 들어 라이브러리 gtts를 설치하는 명령어
는 다음과 같다.

```
C:\> pip install gtts
...
```

01 다음의 수식을 계산하여 결과를 출력하는 프로그램을 작성하시오. IDLE 사용 상 중 하

$$\frac{2.3 \times 6 - 3.9}{9.1 + 3.2}$$

결과: 0.8048780487804876

02 반지름이 6.0인 원의 넓이와 둘레를 계산하는 프로그램을 작성하시오. 스크립트 모드 상 중 하

반지름이 6.0 인 원의 넓이는: 113.09733552923255
반지름이 6.0 인 원의 둘레는: 37.69911184307752

03 터틀 그래픽에서 t.circle(100)이라고 입력한 뒤 실행하면 화면에 반지름이 100인 원이 그려진
다. 그리고 t.goto(100, 200)이라고 입력하면 터틀이 화면 좌표 (100, 200)으로 이동한다. 터틀이
이동할 때 선이 그려지지 않게 하려면 t.penup()하여 터틀이 가지고 있는 펜을 들 수 있다. 반대로
t.pendown()은 펜을 내려놓는 명령어이다. 이들 명령어를 조합하여 화면에 오륜기를 그리는 프로그
램을 작성하시오. 터틀 그래픽 상 중 하

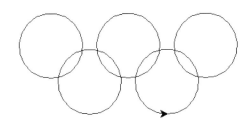

Introduction to **PYTHON**

변수와 계산

학습목표

· 변수의 개념을 이해할 수 있다.
· 변수의 선언과 할당하는 방법을 이해할 수 있다.
· 변수의 데이터 타입을 이해할 수 있다.
· 연산자를 사용하여 계산을 할 수 있다.
· 연산자의 우선순위와 결합 법칙을 이해할 수 있다.
· 입력 함수 input()을 사용하여 사용자로부터 값을 입력받을 수 있다.
· 문자열과 수치값을 구별할 수 있다.
· 문자열을 수치값으로, 수치값을 문자열로 변환할 수 있다.

학습목차

1 이번 장에서 작성할 프로그램

1 [프로그램 1] 사칙 연산이 가능한 계산기

사칙 연산이 가능한 계산기를 만들어 보자. 사용자로부터 2개의 정수를 받아서 더하기, 빼기, 곱하기, 나누기 등을 계산한다. 추가적으로 x의 y제곱값도 계산해 본다.

```
첫 번째 정수를 입력하시오: 10
두 번째 정수를 입력하시오: 2
10 + 2 = 12
10 - 2 = 8
10 * 2 = 20
10 / 2 = 5
```

2 [프로그램 2] 입력한 크기에 맞는 사각형 그리기

사용자로부터 사각형의 크기를 입력받아서 크기에 맞는 사각형을 그려보자. 사용자가 200을 입력했다면 다음과 같이 각 변의 길이가 200 픽셀인 사각형을 화면에 그린다.

3 [프로그램 3] 로봇 기자 프로그램

로봇 기자 프로그램을 만들어 보자.

```
도시명을 입력하세요: 서울
기온을 입력하세요(예: 20.5): 25.0
날씨 상태를 입력하세요: 화창

오늘 서울의 날씨는 화창이며, 기온은 25.0도입니다. 적당한 날씨입니다. 즐거운 하루 되세요!
```

2 변수의 소개

변수(variable)는 프로그램에서 값을 저장하는 공간(상자, 컨테이너)으로 생각할 수 있다. 우리는 변수에 값을 저장했다가 필요할 때 꺼내 쓸 수 있다. 변수에 있는 값은 언제든지 다른 값으로 바뀔 수 있다.

변수는 이름 붙인 메모리 공간으로, 우리는 여기에
값을 저장할 수 있습니다.

어떤 경우에 변수가 필요한가? 우리가 파이썬으로 게임을 제작한다고 하자. 사용자의 점수는 게임을 하는 도중에 수시로 변경될 것이다. 예를 들어 사용자가 10점짜리 아이템을 획득하였다면 점수가 10점 증가되어야 한다. 점수가 증가하려면 이전의 점수를 알아야 하고 점수가 어딘가에 저장되어야 가능하다. 이때 프로그램에서 점수가 저장되는 장소가 변수이다. 변수는 프로그램의 상태를 추적하거나 중간 계산 결과를 저장하는 데 사용한다.

파이썬에서 변수를 만드는 과정은 정말 간단하다. 변수의 이름을 정하고 등호(=)를 사용하여 값을 저장하면 된다. 변수에 값을 저장하는 문장을 **할당문(Assignment Statement) 또는 대입문**이라고 한다. = 연산자는 같다는 의미가 아니라 변수에 값을 저장한다는 의미이다. 예를 들어 20을 저장하는 변수 score를 생성하려면 파이썬 쉘에서 다음과 같이 입력한다. score라는 이름의 변수가 생성되고 20이 할당된다.

```
>>> score = 20
```

변수에 저장된 값을 확인하려면 파이썬 쉘에서 다음과 같이 변수 이름만 입력하고 엔터키를 누르면 되고, 스크립트 모드에서 print() 함수를 이용하면 된다.

```
>>> score
20
>>> print(score)
20
```

생성된 변수에는 얼마든지 다른 값을 저장할 수 있다. 예를 들어 사용자가 게임에서 10점짜리 아이템을 획득해서 점수를 10만큼 증가시켜야 한다고 하자. 우리는 생성된 변수 score의 값을 30으로 변경할 수 있다.

```
>>> score = 30
>>> score
30
```

처음에 우리는 score에 20이라는 값을 저장하였다. 이후에 우리는 score에 30을 저장하였다. 이때 변수 score에 있었던 값 20은 지워지고 30이 새롭게 저장된다. 변수는 언제든지 값을 변경할 수 있기 때문에 '변수(변할 수 있는 수)'라는 이름이 붙은 것이다.

변수에는 다른 변수의 값도 저장할 수 있고 수식의 값도 저장할 수 있다. 예를 들어 사각형의 가로 길이와 세로 길이를 나타내는 변수를 만들고, 여기에 값을 저장한 후에, 이 변수들을 사용해서 사각형의 면적을 계산하여 변수 area에 저장해 보자.

```
>>> width = 10
>>> height = 20
>>> area = width * height     ← 수식의 값이 변수 area에 저장되었다.
>>> area
200
```

위의 코드에서 변수 width에 10이 저장되고 변수 height에는 20이 저장된다. 변수 area에는 수식(width * height)의 값이 저장된다.

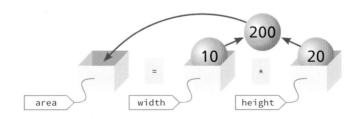

파이썬의 변수에는 정수뿐만 아니라 문자열도 저장할 수 있다. 사실은 어떤 값이라도 변수에 저장이 가능하다.

```
>>> s = '안녕하세요?'     ← 문자열은 '...' 작은따옴표를 사용해도 된다.
>>> s
안녕하세요?
>>> pi = 3.141592
```

```
>>> pi
3.141592
```

NOTE 수학에서의 변수와 차이점

프로그래밍의 변수는 수학에서의 변수 개념과 직접적으로 일치하지 않을 수 있다. 수학에서의 변수는 저장 위치와 같은 물리적 객체에 대한 참조가 없는 추상적 개념이다. 프로그래밍에서 변수의 값은 수학에서처럼 방정식이나 공식의 일부일 필요는 없다. 프로그래밍의 변수는 긴 이름을 사용하여 상대적으로 사용을 설명하는 반면, 수학의 변수는 종종 간결함을 위해 1-문자 또는 2-문자 길이의 이름을 갖는다.

NOTE 파이썬 쉘은 사용자가 생성한 모든 변수를 기억한다. 따라서 예전에 생성된 변수도 살아있다. 만약 초기 상태로 시작하고 싶으면 [Shell] → [Restart Shell] 메뉴 항목을 선택해야 한다.

중간점검
❶ 변수를 설명해 보자.
❷ 변수 a에 200을, 변수 b에 100을 저장한 후에 (a-b)하여 결과를 출력하는 프로그램을 작성해 보자.
❸ 밑변이 10이고 높이가 10인 삼각형의 면적을 계산하는 프로그램을 작성해 보자.

3 변수와 상수

변수가 저장하는 것

파이썬에서 변수는 어떤 데이터든지 저장할 수 있다. 먼저 수치값을 저장할 수 있는데, 두 종류의 수를 저장할 수 있다. 하나는 정수(integer)이다. 정수는 2와 같이 소수점이 없는 수이다. 0.345와 같이 소수점이 있는 수가 필요하면 부동소수점(floating-point)을 사용하면 된다. "Power is dangerous unless you have humility."와 같은 문자열도 저장할 수 있다. 데이터의 종류는 데이터 타입(Data Type)이라고 한다.

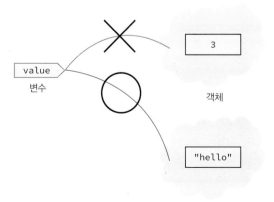

파이썬에서 데이터 타입이란, 변수가 가리키는 값의 종류입니다. 변수의 종류가 아닙니다.

파이썬에서는 변수에 어떤 데이터 타입의 값이든지 저장할 수 있다. 파이썬에서 데이터 타입은 값과 연관되고 변수와는 연관되지 않는다. 예를 들어 변수 value가 정수값을 가지고 있다고 하자.

```
value = 3
```

동일한 변수 value에 부동소수점값을 저장할 수도 있다.

```
value = 3.14
```

숫자를 저장하였던 동일한 변수 value에 문자열도 저장할 수 있다.

```
value = "hello"
```

물론 이렇게 하나의 변수에 여러 가지 종류의 값을 저장하는 것은 바람직하지 않다. 만약 파이썬이 계산하는 도중에 예상치 못한 값이 변수에 저장되어 있으면 오류가 발생한다. 따라서 하나의 변수에는 한 종류의 값만을 저장하는 것이 바람직하다.

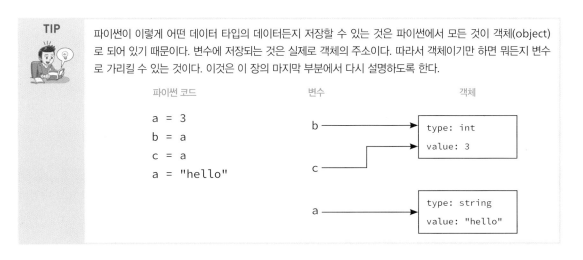

TIP 파이썬이 이렇게 어떤 데이터 타입의 데이터든지 저장할 수 있는 것은 파이썬에서 모든 것이 객체(object)로 되어 있기 때문이다. 변수에 저장되는 것은 실제로 객체의 주소이다. 따라서 객체이기만 하면 뭐든지 변수로 가리킬 수 있는 것이다. 이것은 이 장의 마지막 부분에서 다시 설명하도록 한다.

변수의 이름

파이썬에서 변수 이름을 지을 때는 다음과 같은 규칙을 따르는 것이 좋다.

나의 이 빛깔과 향기에
알맞은 이름을 지어다오.

변수의 이름을 선정할 때는, 변수의 역할을 가장
잘 설명하는 이름을 선택해야 합니다.

- **영문자와 숫자 사용**: 변수 이름은 영문자(대소문자 구분), 숫자 그리고 언더바(_)로 구성할 수 있다. 하지만 변수 이름은 숫자로 시작할 수 없다.
- **공백 없이 작성**: 변수 이름에는 공백을 포함할 수 없다. 대신 언더바(_)를 사용하여 단어를 구분할 수 있다.
- **예약어 피하기**: 파이썬에서 이미 예약된 키워드는 변수 이름으로 사용할 수 없다. 이러한 예약어는 프로그래밍 언어에서 특별한 용도로 예약되어 있으므로 변수 이름으로 사용하면 오류가 발생할 수 있다. 파이썬의 일부 예약어로 and, or, if, while, for, def, class가 있다.
- **의미 있는 이름 사용**: 변수 이름은 해당 변수가 저장하는 데이터의 의미를 잘 나타내야 한다. 의미 있는 이름을 사용하면 코드의 가독성과 이해도가 향상된다.
- **소문자와 단어 구분**: 파이썬의 변수 이름 규칙에서 변수 이름을 소문자로 작성하는 것이 일반적이다. 단어를 구분하기 위해 언더바(_)를 사용할 수도 있지만, 일반적으로 카멜 표기법(Camel Case)도 사용한다. 카멜 표기법에서 단어의 첫 글자를 소문자로 작성하고, 나머지 단어의 첫 글자를 대문자로 작성한다. 예를 들어 my_variable, user_name, phoneNumber 등이 올바른 변수 이름의 예이다.

다음과 같은 것들은 파이썬에서 유효한 변수 이름이다.

- **score**: 유효한 변수 이름이다. 알파벳으로 시작하고 첫 글자가 숫자가 아니다.
- **user_age**: 유효한 변수 이름이다. 알파벳으로 시작하고 언더바(_)를 사용하여 단어를 구분한다.
- **totalAmount**: 유효한 변수 이름이다. 알파벳으로 시작하고 단어를 구분하기 위해 대문자를 사용하는 카멜 표기법을 따른다.

다음과 같은 것들은 유효하지 않은 변수 이름이다.

- **123abc**: 잘못된 변수 이름이다. 숫자로 시작할 수 없다.
- **my-variable**: 잘못된 변수 이름이다. 변수 이름에 하이픈(-)을 사용할 수 없다.
- **def**: 잘못된 변수 이름이다. 파이썬 예약어인 'def'를 변수 이름으로 사용할 수 없다.

TIP 카멜 표기법

개발자들이 변수의 이름을 지을 때 카멜 표기법을 많이 사용한다. 카멜 표기법은 변수의 첫 글자는 소문자로, 나머지 단어의 첫 글자는 대문자로 적는 방법이다. 예를 들면, myNewCar처럼 첫 'm'은 소문자로, 나머지 단어들의 첫 글자는 대문자로 표기한다.

TIP 상수

파이썬에는 상수(constant)라는 공식적인 개념은 없다. 상수는 한 번 정의되면 값이 변경되지 않는 변수를 의미한다. 즉, 프로그램 실행 도중에 값을 변경할 수 없는 변수이다. 파이썬에서 상수를 공식적으로 제공하지는 않는다. 하지만 관례적으로 상수로 취급되는 변수를 만들 수 있다. 보통 이러한 상수는 대문자와 언더바로 구성된 이름을 사용하여 변수와 구별한다. 예를 들어 다음과 같이 상수로 취급되는 변수를 선언할 수 있다.

```
PI = 3.14
MAX_VALUE = 100
```

주석

주석(comment)은 소스 코드에 붙이는 설명글와 같은 것으로, 프로그램이 하는 일을 설명한다. 주석은 프로그램의 실행 결과에 영향을 끼치지 않으며, 반드시 있어야 되는 부분은 아니다. 컴파일러는 주석을 무시하며 주석에 대한 기계어 코드를 전혀 생성하지 않는다. 파이썬에서 #을 적으면 주석이 된다.

```
width = 10      # 사각형의 가로 길이
height = 20     # 사각형의 세로 길이
# 사각형의 면적 계산
area = width * height
```

> 주석은 컴파일러에게 무시되지만 프로그램에 대한 설명이나 메모를 하기 위해 붙이는 것이다.

그렇다면 주석은 있어도 되고 없어도 되는 것일까? 주석은 매우 중요하다. 그 이유는 나중에 프로그램을 재검토하여 수정하려고 할 때, 프로그램을 만든 지 오래 됐다면 만든 사람이라고 하더라도 내용을 잘 기억하지 못하는 경우가 있기 때문이다. 또, 다른 사람이 프로그램을 봤을 때 주석이 있다면 훨씬 쉽게 프로그램의 내용을 알 수 있다. 따라서 주석은 프로그램에 반드시 추가하는 편이 좋다.

주석의 용도가 하나 더 있다. 만약 코드 중에서 실행하고 싶지 않은 문장이 있다면, 앞에 # 기호를 넣으면 주석으로 처리된다.

sum1.py 정수의 합 계산하기

```
##
# 이 프로그램은 2개의 정수의 합을 계산한다.
#
x = 100
y = 200
sum = x + y
# diff = x - y
print("합은 ", sum)
```

> 이 문장은 실행되지 않는다.

```
합은 300
```

WARNING

파이썬에서 값으로 할당되지 않은 변수를 사용한다면 오류가 발생한다.

```
>>> print(trouble)
...
NameError: name 'trouble' is not defined
>>>
```

중간점검

❶ 변수 이름으로 #1_prize가 적절하지 않은 이유는 무엇인가?

❷ 파이썬에서 주석을 만들기 위한 기호는 무엇인가?

4 산술 연산자와 비교 연산자

컴퓨터의 가장 기본적인 기능은 계산이다. 파이썬으로 계산을 할 수 있을까? 물론이다. 우리는 파이썬 인터프리터를 계산기처럼 사용할 수 있음을 1장에서 확인하였다.

파이썬을 이용하여 계산을 할 수 있습니다.

아래 표에 덧셈, 뺄셈, 곱셈, 나눗셈, 나머지 연산을 수행하는 산술 연산자들을 정리하였다.

연산자	기호	사용 예	결과값
덧셈	+	7 + 4	11
뺄셈	–	7 – 4	3
곱셈	*	7 * 4	28
정수 나눗셈	//	7 // 4	1
실수 나눗셈	/	7 / 4	1.75
나머지	%	7 % 4	3

계산 결과와 텍스트를 동시에 출력할 때는 몇 가지의 방법이 있지만, f-문자열이 제일 편하다. f-문자열은 문자열 안에 중괄호 {}를 사용하여 변수나 수식을 포맷팅하는 방법이다. 중괄호 안에 변수 또는 수식을 넣고, 문자열 앞에 f 접두사를 붙인다. 문자열에서 추가로 설명한다.

```
>>> x = 10
>>> print(f"결과: {x}")          # "결과: "와 변수 x를 f-문자열로 포맷팅하여 출력
결과: 10
>>> print("결과: " + str(x))     # "결과: "와 변수 x를 문자열로 연결하여 출력
결과: 10
>>> print("결과: %d" % x)        # 변수 x의 값을 %d 형식(십진수)으로 출력
결과: 10
```

나눗셈

파이썬에서 / 연산자와 // 연산자는 둘 다 나눗셈 연산을 수행하지만, 그 결과가 다르다.

- / 연산자는 일반적인 나눗셈 연산을 수행한다. 연산 결과는 항상 부동소수점(float) 형태로 반환된다. 예를 들어 5 / 2의 결과는 2.5이다.

- // 연산자는 정수 나눗셈을 수행한다. 나눗셈 결과에서 소수점 이하를 버리고 정수 부분만 반환한다. 예를 들어 5 // 2의 결과는 2이다.

div1.py 나눗셈 연산

```
# 일반 나눗셈
result1 = 5 / 2
print(result1)        # 출력: 2.5
# 정수 나눗셈(버림 나눗셈)
result2 = 5 // 2
print(result2)        # 출력: 2
```

지수 연산자

파이썬에서의 지수 연산자는 ** 기호로 표시된다. 지수 연산자는 하나의 숫자(기본값)를 다른 숫자(지수)로 거듭제곱하는 데 사용한다. 예를 들어 a ** b는 a를 b번 거듭제곱한 값을 반환한다.

```
>>> 2 ** 3        # 2를 3번 거듭제곱: 결과는 8
8
>>> 4 ** 0.5      # 4를 0.5번 거듭제곱(제곱근): 결과는 2.0
2.0
```

지수 연산자는 연산자 우선순위가 높기 때문에 다른 산술 연산자보다 먼저 계산된다. 따라서 복잡한 수식에서 지수 연산자를 사용할 때는 적절한 괄호를 사용하여 연산의 우선순위를 명확하게 지정해 줘야 한다.

```
>>> 2 + 3 ** 2    # 먼저 3 ** 2가 계산되고, 그 결과인 9가 2와 더해져 결과는 11
11
>>> (2 + 3) ** 2  # 괄호 안의 연산인 2 + 3을 먼저 수행하고, 그 결과인 5를 거듭제곱하여 결과는 25
25
```

간단한 예로 지수 연산자를 사용하여 반지름이 5.0인 원의 면적을 계산해 보자.

```
>>> 3.14 * 5.0 ** 2
78.5
```

40^{39}과 39^{40} 중에서 어떤 값이 더 클까? 파이썬에는 지수 연산자가 있어 아주 쉽게 알아볼 수 있다.

```
>>> 40 ** 39
30223145490365729367654400000000000000000000000000000000000000
```

```
>>> 39 ** 40
4391210751020776509051788510566673337277492103548664163388126401
```

파이썬에서 정수도 객체로 되어 있어 아주 큰 정수까지도 문제없이 계산할 수 있다.

나머지 연산자

나머지 연산자 %는 생각보다 많이 사용하는 중요한 연산자이다. x%y는 x를 y로 나누어 남은 나머지를 반환한다. 예를 들어 11%2는 1이다. 11을 2로 나누면 몫은 5이고 나머지는 1이 된다. 나머지 연산은 모듈러스(modulus) 연산이라고도 불린다. % 연산자는 퍼센트와는 전혀 관련이 없다.

```
>>> 11 % 2 ◄──────── 11을 2로 나누어 나머지 1을 반환한다.
1
```

나머지 연산자를 이용하면 짝수와 홀수를 쉽게 구분할 수 있다. 즉, 어떤 수 x를 2로 나누어 나머지가 0이면 짝수이다.

```
>>> 8 % 2
0
```

정수 나눗셈 연산자 //와 나머지 연산자 %를 이용하면 나눗셈에서 몫과 나머지를 계산할 수 있다. 즉, x//y는 x를 y로 나눌 때의 몫이고, x%y는 x를 y로 나눌 때의 나머지이다. 예를 들어 11을 2로 나눈 몫과 나머지를 계산하는 코드는 다음과 같다.

mod.py 몫과 나머지 계산하기

```
x = 11
y = 2
q = x // y
r = x % y
print(f"{x}을 {y}로 나눈 몫={q}")
print(f"{x}을 {y}로 나눈 나머지={r}")
```

11을 2로 나눈 몫=5
11을 2로 나눈 나머지=1

또 다른 예를 보자. 오늘이 일요일이다. 오늘로부터 10일 후는 무슨 요일일까? 상당히 난해한 문제처럼 보이지만 나머지 연산자를 사용하면 쉽게 해결된다. 일요일이 숫자로 0이므로 숫자로 3이라면 일(0), 월(1), 화(2), 수(3)가 되기 때문에 수요일이 된다.

mod1.py 나머지 연산자 #1

```
today = 0
print((today + 10) % 7)
```

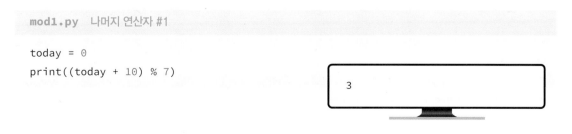

3

또 다른 예로 현재 5,000원이 있고 사탕의 가격이 120원이라고 하자. 최대한 살 수 있는 사탕의 개수와 나머지 돈은 얼마인가?

candy.py 나머지 연산자 #2

```python
myMoney = 5000
candyPrice = 120
numCandies = myMoney//candyPrice        # 최대한 살 수 있는 사탕 수
print(numCandies)
change = myMoney % candyPrice           # 최대한 사탕을 구입하고 남은 돈
print(change)
```

```
41
80
```

divmod()는 파이썬의 내장 함수로서, 두 개의 인자를 받아서 나눗셈 연산과 나머지 연산을 동시에 수행하는 함수이다. divmod() 함수는 몫과 나머지를 묶어서 반환한다.

divmod.py 몫과 나머지 계산하기

```python
# divmod() 함수 예제
a = 10
b = 3
quotient, remainder = divmod(a, b)
print(f"{a}을 {b}으로 나눈 몫: {quotient}")
print(f"{a}을 {b}으로 나눈 나머지: {remainder}")
```

```
10을 3으로 나눈 몫: 3
10을 3으로 나눈 나머지: 1
```

복합 할당 연산자

복합 할당 연산자란, +=처럼 할당 연산자와 다른 연산자를 합쳐 놓은 연산자이다. num += 2는 num = num + 2와 같다. 복합 연산자는 소스 코드를 간결하게 만들 수 있고, 할당 연산자에 다양한 연산자를 조합할 수 있다. 복합 할당 연산자는 오른쪽 식을 먼저 계산하고, 그 결과를 왼쪽 변수의 현재값에 지정된 산술 연산을 한 후 대입한다.

```python
>>> x = 1000
>>> x += 2          # x는 1002가 된다.
>>> x -= 2          # x는 다시 10000이 된다.
```

비교 연산자

비교 연산자는 두 개의 값 사이의 관계를 계산하는 데 사용한다. 비교 연산자는 항상 부울값(Boolean Value)을 반환하며, 결과에 따라 참(True) 또는 거짓(False)을 나타낸다. 다음은 파이썬에서 사용하는 비교 연산자이다.

표 2.1 비교 연산자

연산	의미	수학적 표기
x == y	x와 y가 같은가?	=
x != y	x와 y가 다른가?	≠
x > y	x가 y보다 큰가?	>
x < y	x가 y보다 작은가?	<
x >= y	x가 y보다 크거나 같은가?	≥
x <= y	x가 y보다 작거나 같은가?	≤

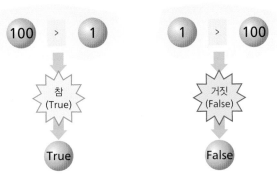

그림 2.1 비교 연산자

비교 연산자는 숫자 비교뿐만 아니라 문자열, 리스트, 튜플 등의 다양한 데이터 타입을 비교하는 데도 사용할 수 있다. 두 값이 서로 같거나 대소 관계가 성립하는지를 확인하는 등 다양한 비교 작업에 활용한다. 아래는 관계 연산자의 간단한 사용 예시이다.

```python
x = 5
y = 10
print(x == y)     # False
print(x != y)     # True
print(x < y)      # True
print(x > y)      # False
print(x <= y)     # True
print(x >= y)     # False
```

부울 변수

비교 연산자의 결과값은 True 아니면 False인 부울값이다. 이 값은 변수에 저장될 수 있다. 예를 들어 변수 radius의 값이 32보다 큰지 작은지를 부울 변수 flag에 저장한 후 출력해 보자.

bool1.py 부울 변수 사용하기

```python
radius = 100
flag = (radius > 32)
print(flag)
```

True

부울값을 저장하는 변수를 부울 변수라고 한다. 부울 변수는 True와 False 중에서 하나의 값을 가진다. 우리는 변수에 True와 False를 직접 저장할 수도 있다. 다음 문장은 powerOn 변수에 True값을 저장하는 명령문을 나타낸다.

```
powerOn = True
```

NOTE

부동소수점수를 사용할 때는 계산이 부정확할 수도 있음을 알아야 한다. 예를 들어 파이썬에서 다음과 같은 수식을 계산해 보자.

```
>>> 1.2-1.0
0.19999999999999996
```

놀랍게도 0.2가 나오지 않는다. 일반 사람들은 이것을 파이썬의 버그로 생각할 수도 있다. 하지만 아니다. 이것은 컴퓨터 내부에서 실수를 나타낼 때 2진법을 사용하고 제한된 개수의 비트를 사용하기 때문에 0.1과 같은 실수는 이진수로 정확하게 표현할 수 없는 것이다. 10진법에서 1/3이 0.33333...으로 계산되는 것과 마찬가지이다.

중간점검

❶ 10%6의 값은 무엇인가?

❷ 나눗셈 연산인 10//3의 값은 무엇인가?

❸ 다음의 할당문에서 무엇이 잘못되었는가?

```
3 = x
```

❹ 10의 3제곱값을 계산하는 문장을 작성해 보자.

5 연산자의 우선순위

우선순위

파이썬에서 연산자 우선순위는 연산자들 사이에서 어떤 연산자가 먼저 계산되어야 하는지를 결정하는 규칙이다. 파이썬은 다양한 연산자를 제공하며, 각각의 연산자는 고유한 우선순위를 가지고 있다. 일반적으로 사용하는 연산자 우선순위는 다음과 같다. 상위 우선순위부터 하위 우선순위 순서로 나열했다.

우선순위	연산자	설명
가장 높음	( )	괄호
	**	지수 연산자
	-x, +x, ~x	단항 연산자
	*, /, //, %	곱셈, 나눗셈, 나머지 연산자
	+, -	덧셈, 뺄셈 연산자
	<<, >>, &, ^, |	비트 연산자
	<, <=, >, >=, ==, !=	비교 연산자
	in, not on, is, is not	멤버십 연산자, 식별 연산자
	and, or, not	논리 연산자
가장 낮음	=, +=, -=, *=, /=, //=, %=	할당 연산자

만약 수식에 여러 개의 연산자가 혼합되어 있다면, 우선순위 규칙에 따라 계산이 수행된다. 우선순위를 변경하고 싶다면 괄호를 사용하여 원하는 연산 순서를 명시할 수 있다. 괄호로 둘러싸인 부분은 가장 먼저 계산되며, 그 결과를 다른 연산에 사용할 수 있다.

```
>>> result = 2 + 3 * 4        # 곱셈이 덧셈보다 먼저 수행됨: 2 + (3 * 4) = 14
14
>>> result = (2 + 3) * 4      # 괄호 안의 연산이 곱셈보다 먼저 수행됨: (2 + 3) * 4 = 20
20
>>> result = 2 + 3 ** 2       # 지수 연산이 덧셈보다 먼저 수행됨: 2 + (3 ** 2) = 11
11
```

결합 법칙

또한 동일한 우선순위를 가진 연산자가 수식에 여러 번 사용될 때는 결합 법칙에 의하여 연산자의 적용 순서가 달라진다. 예를 들어 /와 * 연산자는 왼쪽에서 오른쪽으로 계산된다. 이러한 규칙을 '왼쪽 결합성'이라고 한다. 다음 문장을 살펴보자. 어떤 결과가 나올까?

```
result = 100 / 10 * 10
print(result)        # 결과: 100.0
```

위 수식에서 /와 * 연산자는 우선순위가 같다. 따라서 왼쪽 결합성에 의해 / 연산자가 먼저 적용되어서 100/10이 먼저 계산되고, (100/10)*10과 같이 계산된다. 최종적으로 result 변수에는 100.0이 할당된다 (1.0이 아니다).

반대로 지수 연산자인 **는 오른쪽 결합성을 가지고 있다. 다음은 이를 보여주는 예제이다.

```
result = 2 ** 3 ** 2
print(result)        # 결과: 512
```

위의 예제에서 2 ** (3 ** 2)와 같이 평가된다. 즉, 오른쪽 결합성으로 인해 3의 제곱(9)이 먼저 계산되고, 그 결과를 바탕으로 2의 9제곱(512)이 계산된다.

산술 연산자와 비교 연산자를 함께 사용하는, 다음과 같은 코드는 어떻게 계산될까?

prio.py 연산자 우선순위 알아보기

```
a = 3
b = 5
c = 7

result = a + b < c
print(result)        # 출력: False
```

이 경우, +와 < 연산자가 함께 사용되었다. 연산자 우선순위에 따라 산술 연산인 a + b가 먼저 수행되고, 그 결과와 c를 비교하는 < 연산이 수행된다.

> **중간점검**
> ❶ ∗ 연산자와 ∗∗ 연산자 중에서 어떤 연산자의 우선순위가 높은가?
> ❷ + 연산자와 = 연산자 중에서 어떤 연산자의 우선순위가 높은가?
> ❸ 우선순위가 생각나지 않으면 어떻게 하는 것이 좋은가?

LAB 01 복리 계산

1626년, 아메리카 인디언들이 탐험가 페터르 미노이트(Peter Minuit)에게 뉴욕의 맨하탄섬을 단돈 60길더(약 24달러)에 팔았다고 한다. 382년 정도 경과한 2008년 맨하탄 땅값은 약 600억 달러로(부동산 폭등 전), 인디언들은 큰 손해를 보았다고 할 수 있다.

하지만 만약 인디언이 24달러를 은행의 정기예금에 입금해두었다면 어떻게 되었을까? 예금 금리는 복리로 6%라고 가정하고, 382년 후의 원리금을 계산해 보자.

SOLUTION

복리로 원리금을 계산하는 식은 (투자원금 × (1 + 이율)∗∗투자 기간)이다. 이것을 파이썬 계산기로 계산해 보면 다음과 같다.

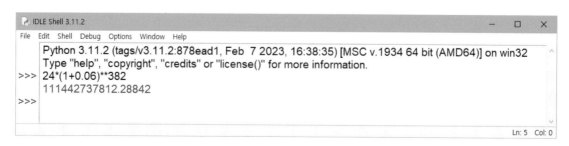

놀랍게도 380년이 지나면 원리금은 1,114억 달러가 되어 2008년의 땅값을 넘어서게 된다. 만약 이율이 약간이라도 더 높으면 그 차이는 더 벌어질 것이다. 이것이 바로 '복리효과'이다. 재투자가 이루어지면 재산이 급격하게 증식되는 것이다.

우리는 인디언이 맨하탄을 판 금액을 은행에 복리로 저축했을 경우, 382년이 흘렀을 때 얼마가 되는지를 계산해 보았다. 계산식은 (투자원금 × (1 + 이율)**투자 기간)이었고 다음과 같이 계산하였다.

```
>>> 24*(1+0.06)**382
111442737812.28842
```

위의 식에서 숫자들을 변수로 바꾸어 보고, 다음과 같이 변수들을 초기화하자.

```
>>> init_money = 24
>>> interest = 0.06
>>> years = 382
```

수식을 변수를 이용하여 다시 작성해 보자.

```
>>> init_money*(1+interest)**years
111442737812.28842
```

동일한 결과가 출력된다. 그러면 우리는 왜 변수를 사용하는 것일까?

예를 들어 이율이 6%에서 7%로 증가되었다고 가정하자. 변수를 사용하지 않았다면 전체 수식을 다시 입력해야 한다.

```
>>> 24*(1+0.07)**382
4025448895228.3027
```

하지만 변수를 사용하였다면 좀 더 편리하게 계산할 수 있다. 이 경우에는 다음과 같이 interest 변수의 값을 변경하고 동일한 수식을 계산하면 변경된 값을 순식간에 얻을 수 있다(파이썬에서 수식은 [Ctrl + C]로 복사하고 [Ctrl + V]로 붙여 넣을 수 있다).

```
>>> interest=0.07
>>> init_money*(1+interest)**years     # 복사하여 붙인다.
4025448895228.3027
```

이율이 0.01%만 올라도 382년이 흐른 뒤에는 엄청난 차이가 발생하는 것을 쉽게 알 수 있다. 또한 변수를 사용하는 편이 전체 수식을 다시 입력하는 것보다 훨씬 쉽다는 것을 알 수 있다.

도전문제

복리 계산 예제에서 초기 저축액이나 기한을 나타내는 변수의 값을 변경하며 수식의 값이 어떻게 변경되는지 실습해 보자. 즉, init_money나 years의 값을 변경하여 총 금액이 어떻게 바뀌는지를 관찰해 보자.

6 함수 호출이란?

함수(function)란, 특별한 작업을 담당하는 명령어들의 모임이다. 우리는 이제까지 print() 함수와 input() 함수를 사용해왔다. 함수는 입력을 받아서 처리한 후에 결과를 외부로 반환하는 블랙박스로 생각할 수 있다. 파이썬은 많은 내장 함수를 가지고 있다. 절댓값을 계산하는 함수 abs()를 그림으로 그리면 다음과 같다.

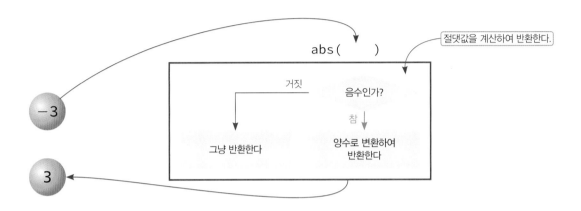

함수는 작업을 마치면 함수를 호출한 곳으로 결과값을 반환할 수 있다. 예를 들어 abs() 함수는 자신에게 전달된 값의 절댓값을 계산하여 반환한다. 함수가 반환한 값은 print()를 통해 출력하거나 다른 수식에서 사용할 수 있다.

```
>>> value = abs(-3)
>>> value
3
```

max() 함수는 주어진 수 중에서 최댓값을 구하여 반환한다.

```
>>> max(10, 20)
20
```

min() 함수는 최솟값을 계산하여 반환한다. 예를 들어 인터넷에서 가장 저렴한 상품 가격을 계산하려면 min()을 사용한다.

```
>>> min(10, 20, 30, 40, 50)
10
```

우리가 프로그래밍을 하다보면 제곱근을 계산해야 하는 경우도 있다. 파이썬은 제곱근을 계산하는 함수도 제공할까? 물론이다. 하지만 사용하기 전에 다음과 같은 문장을 추가해야 한다.

```
>>> from math import *    # 한 번만 하면 된다.
>>> sqrt(4.0)
2.0
```

sqrt()와 같은 수학적인 함수들은 math라고 하는 라이브러리에 저장되어 있다. 파이썬에서 이것을 **모듈 (module)**이라고 부른다. math 라이브러리에는 사인 함수 sin(), 코사인 함수 cos(), 로그 함수 log() 등의 함수가 존재한다. 이것을 사용하면 다양한 수학적 계산을 할 수 있다. 예를 들어 $\sqrt{x^2 + y^2}$의 값을 계산해 보자.

```
>>> x = 2.0
>>> y = 3.0
>>> sqrt(x**2+y**2)
3.605551275463989
```

7 input() 함수 사용하기

우리는 앞 절에서 산술 연산을 하고 그 결과를 화면에 출력하는 프로그램을 학습하였다. 그런데 문제가 있다! 앞의 프로그램은 항상 똑같은 산술 연산만을 한다. 사용자와의 상호작용은 전혀 없다! 사용자와 상호작용이 없는 프로그램은 큰 효용가치가 없다. 항상 똑같은 결과만을 출력하기 때문이다. 상황에 맞는 연산을 하지 못한다. 만약 사용자로부터 2개의 정수를 받아서 합을 계산한 후에 결과를 출력하는 프로그램이라면 어느 정도 쓸모가 있다. 결론적으로 우리는 사용자로부터 데이터를 얻는 방법을 알아야 한다.

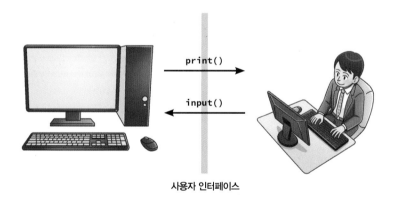

사용자 인터페이스

파이썬은 키보드에서 입력을 받는 input() 함수를 제공한다. input()은 입력을 받기 전에 사용자에게 출력하는 프롬프트 문자열을 가질 수 있다.

프롬프트 문자열이 출력되고 사용자의 입력이 변수에 저장됩니다.

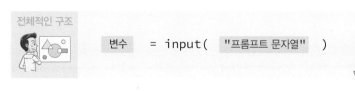

전체적인 구조

변수 = input("프롬프트 문자열")

input()이 호출되면 프로그램의 실행은 사용자가 입력할 때까지 잠시 중지된다. 사용자가 입력을 끝내고 엔터키를 누르면 프로그램의 실행이 다시 시작된다. input()은 사용자가 입력한 문자열을 반환한다.

문자열 입력

예를 들어보자. 사용자의 이름을 물어보고 인사를 하는 프로그램을 작성해 보자.

greeting.py 인사하는 프로그램

```
name = input("이름이 무엇인가요? ")
print("만나서 반갑습니다. " + name + "씨!")
```

위의 프로그램을 파일에 저장하고 실행시키면 다음과 같은 실행 결과를 얻게 된다.

```
이름이 무엇인가요? 홍길동
만나서 반갑습니다. 홍길동씨!
```

숫자 입력

항상 고정된 수를 더하는 것보다는 다음과 같이 사용자로부터 받은 정수들을 더한 후에 결과를 출력하다면 보다 유용한 프로그램이 될 것이다. input() 함수를 사용하여 다음과 같이 작성해 보자.

sum2.py 정수의 합 계산하기 #1

```
x = input("첫 번째 정수를 입력하시오: ")
y = input("두 번째 정수를 입력하시오: ")
sum = x + y
print("합은 ", sum)
```

```
첫 번째 정수를 입력하시오: 300
두 번째 정수를 입력하시오: 400
합은  300400
```

하지만 충격적인 결과 '300400'이 나왔다. 어째서 이런 일이 발생한 것일까? 자세히 관찰해보면 파이썬은 '300'과 '400'을 문자열로 간주하여 서로 연결한 것 같다. 파이썬에서 문자열 '300'과 정수 300은 아주 다르다. 컴퓨터 안의 내부적인 표현도 아주 달라진다. 따라서 위의 문제를 해결하려면 문자열 '300'을 정수 300으로 변환해야 한다. int() 함수는 문자열을 받아서 정수로 변환하는 함수이다. 파이썬 셸에서 다음과 같이 입력해서 실험해 보자.

```
>>> int("300")
300
```

따라서 input() 함수가 반환하는 문자열을 int() 함수에 넘겨서 정수로 변환해야 한다. 올바른 프로그램은 다음과 같다.

```
x = int(input("첫 번째 정수를 입력하시오: "))     # 문자열을 정수로 변환한다.
y = int(input("두 번째 정수를 입력하시오: "))     # 문자열을 정수로 변환한다.
sum = x + y
print("합은 ", sum)
```

```
첫 번째 정수를 입력하시오: 300
두 번째 정수를 입력하시오: 400
합은  700
```

LAB 02 | 간단한 계산기 만들기

이제 첫 번째 프로그램을 작성할 준비가 되었다. 사칙 연산이 가능한 계산기를 만들어 보자. 사용자로부터 2개의 정수를 받아서 덧셈, 뺄셈, 곱셈, 나눗셈을 한다.

```
첫 번째 정수를 입력하시오: 10
두 번째 정수를 입력하시오: 2
10+2=12
10-2=8
10*2=20
10/2=5.0
```

사칙 연산을 위한 연산자는 이미 알고 있을 것이다. +, -, *, /이다. 우리는 이미 사용자로부터 입력을 받는 방법도 알고 있다. 변수의 값과 문자열을 혼합하여 화면에 출력하려면 f-문자열을 사용한다.

```
print(f"{x}+{y}={result}")
```

cal.py 정수 사칙 연산

```python
x = int(input("첫 번째 정수를 입력하시오: "))      # 문자열을 정수로 변환한다.
y = int(input("두 번째 정수를 입력하시오: "))      # 문자열을 정수로 변환한다.


result = x + y
print(f"{x}+{y}={result}")


result = x - y
print(f"{x}-{y}={result}")


result = x * y
print(f"{x}*{y}={result}")


result = x / y
print(f"{x}/{y}={result}")
```

도전문제

❶ 위의 프로그램에 주석을 붙여서 프로그램을 설명해 보자.

❷ result 변수를 사용하지 않고 다음과 같이 연산의 값을 직접 출력해 보자.

```python
print(f"{x}+{y}={x+y}")
```

❸ 지수 연산자 **를 추가해 보자.

LAB 03 사각형 그리기

변수의 첫 번째 용도는 사용자로부터 입력받은 값을 저장하는 것이다. 사용자로부터 사각형의 크기를 입력받아서 크기에 맞는 사각형을 그려보자.

사각형의 크기는 얼마로 할까요? 200

사각형의 크기를 변수에 저장해두면 편리하다. 사각형의 크기를 변경하기 위해서는 단순히 size 변수의 값만 변경하면 된다.

rect.py 사각형 그리기 프로그램

```python
import turtle
t = turtle.Turtle()
t.shape("turtle")

# 사용자로부터 사각형의 크기를 받아서 size라는 변수에 저장한다.
# 사각형의 크기는 정수이므로 input()이 반환하는 문자열을 int()를 통하여 정수로 변환하였다.
size = int(input("사각형의 크기는 얼마로 할까요? "))

# 사각형을 다음과 같은 코드로 그린다. 이때 변수 size를 사용하자.
t.forward(size)     # size만큼 거북이를 전진시킨다.
t.right(90)         # 거북이를 오른쪽으로 90도 회전시킨다.
t.forward(size)
t.right(90)
t.forward(size)
t.right(90)
t.forward(size)

turtle.done()
```

도전문제

❶ 사각형의 높이와 너비를 별도로 입력받아보자.

❷ 그려지는 도형을 육각형으로 변경해 보자.

8 데이터 타입

앞에서 파이썬에서 사용하는 데이터에는 여러 가지 형태가 있다고 하였다. 첫 번째로 정수형(integer)이 있다. 이것은 int형이라고 불린다. 0.123과 같은 부동소수점형(floating-point)도 있다. 이것은 float형이라고 불린다. 그리고 "Hello World!"와 같은 문자열(string)도 존재한다. 이것을 str형이라고 한다. int형, float형, str형은 파이썬이 기본적으로 제공하는 중요한 데이터 타입이다. 이외에도 그림 2.2와 같은 아주 다양한 데이터 타입들이 제공된다.

그림 2.2 파이썬 데이터 타입

이러한 기본 데이터 타입은 파이썬에서 아주 많이 사용되며, 각각의 특징과 사용 방법을 이해하는 것이 중요하다. 이번 장에서 int형, float형, str형까지만 다루고 다른 데이터 타입은 차후 설명하기로 한다.

데이터 타입 확인

데이터의 데이터 타입을 알고 싶으면 type() 함수를 사용하면 된다. 결과가 class로 시작하는 것에 유의하자. 값들은 모두 객체 형태로 저장되고 객체는 클래스(class)로 생성한다.

```
>>> type(17)
<class 'int'>
>>> type(3.2)
<class 'float'>
>>> type("Hello World!")
<class 'str'>
```

파이썬의 변수는 어차피 객체의 참조값만을 가지고 있기 때문에, 어떤 데이터 타입의 데이터든지 참조할 수 있다.

```
>>> x = 17
>>> x = 3.2
>>> x = "Hello World!"
```

정수형

정수형은 소수점이 없는 수로 1, −23, 0 등이 여기에 속한다. 파이썬에서 변수 선언이 따로 없으며 변수에 값을 저장하는 순간, 변수의 데이터 타입이 결정된다.

```
>>> x = 1
>>> type(x)
<class 'int'>
```

위의 코드에서 변수 x에 값을 저장하는 순간, x는 정수형 변수가 된다. 파이썬에서 정수형이 나타낼 수 있는 정수의 범위가 상당히 크다. 다른 언어와 비교하여 정말 큰 정수도 표현이 가능하다.

```
>>> x = 100**30
>>> x
1000000000000000000000000000000000000000000000000000000000000
```

위의 코드에서 알 수 있듯이, 100의 30제곱한 값도 정수형 변수에 저장할 수 있다. 이것은 정수도 객체로 구현되었기 때문에 가능하다.

파이썬에서는 다양한 진법으로 정수를 표현할 수 있다. 즉, 동일한 정수를 10진수, 16진수, 8진수, 2진수로도 표현할 수 있다. 16진수는 앞에 0x를 붙인다. 8진수는 앞에 0o를 붙인다. 2진수는 앞에 0b를 붙인다.

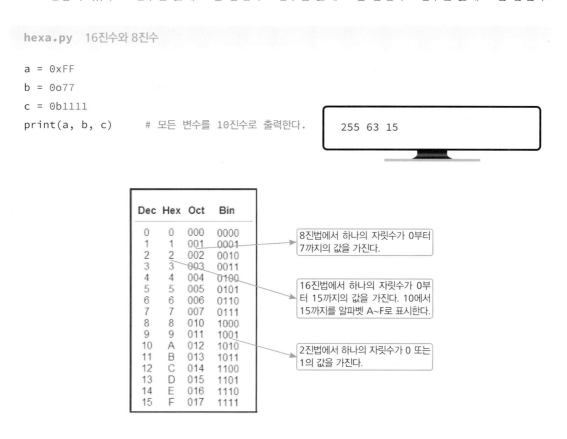

```
hexa.py    16진수와 8진수

a = 0xFF
b = 0o77
c = 0b1111
print(a, b, c)        # 모든 변수를 10진수로 출력한다.
```

```
255 63 15
```

8진법에서 하나의 자릿수가 0부터 7까지의 값을 가진다.

16진법에서 하나의 자릿수가 0부터 15까지의 값을 가진다. 10에서 15까지를 알파벳 A~F로 표시한다.

2진법에서 하나의 자릿수가 0 또는 1의 값을 가진다.

부동소수점형

부동소수점이란, 컴퓨터 안에서 실수를 표현하기 위한 하나의 방법이다. 3.14, 1.23456 등이 모두 부동소수점형에 속한다. 1.23e2와 같이 지수를 이용하여 부동소수점수를 표현할 수도 있다. 1.23e2는 1.23×10^2을 의미한다.

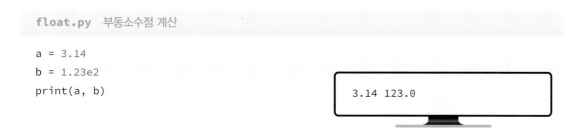

```
float.py    부동소수점 계산

a = 3.14
b = 1.23e2
print(a, b)
```

```
3.14 123.0
```

부동소수점형도 +, -, *, /와 같은 사칙 연산이 가능하다.

```
a = 3.14
b = 7.12
print(a+b, a-b, a*b, a/b)
```

```
10.26 -3.98 22.3568 0.4410112359550562
```

데이터 타입 변환과 반올림

서로 다른 데이터 타입의 피연산자를 가지고 수식을 만들면 어떻게 계산될까? 만약 정수와 부동소수점수를 동시에 사용하여 수식을 만들면 파이썬은 자동적으로 정수를 부동소수점수로 변환한다. 이것을 자동적인 타입 변환이라고 한다.

```
>>> 3 * 1.23    # 이것은 3.0 * 1.23과 같다.
3.69
```

필요하다면 데이터 타입을 강제적으로 변환하는 것도 가능하다. 수식에 int() 함수를 이용하여 강제적으로 부동소수점수를 정수로 만들거나 float() 함수를 이용하여 정수를 부동소수점수로 만들 수 있다. int() 함수는 실수에서 정수 부분만을 얻기 위하여 종종 사용한다.

```
>>> x = 3.14
>>> int(x)
3

>>> y = 3
>>> float(y)
3.0
```

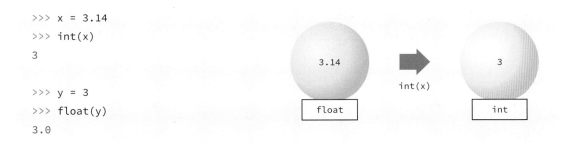

round() 함수는 파이썬 내장 함수로, 숫자를 가장 가까운 정수로 반올림하는 역할을 한다. 이 함수는 다양한 방식으로 사용할 수 있다.

```
>>> result1 = round(3.14159)
>>> result1
3
>>> result2 = round(3.14159, 2)    # 소수점 이하 2자리 반올림
>>> result2
3.14
```

int(), float(), round() 함수는 모두 변수가 가지고 있는 값을 변경하는 것은 아니다. 변수의 값을 변환시켜서 우리에게 제공할 뿐이다.

```
>>> x = 1.7
>>> round(x)
2
>>> x
1.7
```

위의 코드에서 변수 x의 값은 round() 함수 적용 이후에도 전혀 변화가 없음을 알 수 있다.

예제

하나의 예로 물건값의 7.5%가 부가세라고 하자. 물건값이 12,345원일 때, 부가세를 소수점 두 번째 자리까지 계산하는 프로그램을 작성해 보자.

tax.py 부가세 계산 프로그램

```
price = 12345
tax = price * 0.075
tax = round(tax, 2)
print(tax)
```

925.88

중간점검

❶ int형 변수 x를 float형으로 형변환하는 문장을 써보자.
❷ 하나의 수식에 정수와 부동소수점수가 섞여 있으면 어떻게 되는가?

LAB 04 | 태양빛이 지구에 도달하는 시간 계산

태양빛이 지구에 도달하는 시간을 계산해 보자. 거리 값과 빛의 속도는 부동소수점으로 표현되며, 이를 통해 많은 산술 연산들을 체험할 수 있다.

태양과 지구 사이의 평균 거리는 약 149597870.70킬로미터입니다.
태양에서 지구까지 빛이 도달하는 시간은 약 0시간 8분 19.00초입니다.

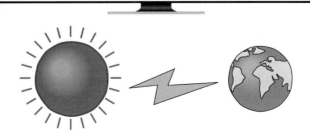

천문학에서 사용하는 숫자들은 아주 크다. 따라서 부동소수점수를 사용해야 한다.

lightyear.py 태양빛이 도달하는 시간

```python
# 평균 거리 값(단위: 킬로미터)
average_distance_km = 149597870.7

# 태양과 지구 사이의 평균 거리를 알려주는 문구 출력
print(f"태양과 지구 사이의 평균 거리는 약 {average_distance_km:.2f}킬로미터입니다.")

# 빛의 속도(단위: 초당 킬로미터)
light_speed = 299792.458

# 평균 거리를 빛의 속도로 나누어 시간을 계산
time_in_seconds = average_distance_km / light_speed

# 계산된 시간을 시간, 분, 초로 변환
minutes, seconds = divmod(time_in_seconds, 60)
hours, minutes = divmod(minutes, 60)

# 결과 출력(소수점 이하를 2자리로 제한)
print(f"태양에서 지구까지 빛이 도달하는 시간은 약 {hours:.0f}시간 {minutes:.0f}분
{seconds:.2f}초입니다.")
```

> 소수점 두 번째 자리까지 출력하라는 의미이다.

도전문제 지구에서 달까지 빛이 도달하는 시간을 계산해 보자. 지구에서 달까지의 거리는 천문학적인 관측과 실험을 통해 알려진 값인 약 384,400킬로미터이다.

9 문자열

우리는 앞에서 주로 숫자를 처리하는 파이썬 프로그램을 살펴보았다. 컴퓨터에게는 숫자가 중요하지만, 인간은 주로 문자열(string)을 사용하여 정보를 표현하고 저장하므로 문자열의 처리도 무척 중요하다. 최근에 ChatGPT는 왜 인기가 많을까? 문자열을 통하여 의사소통이 가능하기 때문이다.

많은 컴퓨터 작업들은 텍스트를 사용하여 이루어집니다.

컴퓨터   사용자

예를 들어 이메일 주소 'aaa@gmail.com'에서 '@' 문자를 중심으로 아이디와 도메인을 분리하는 문제를 생각해 보자. 다른 프로그래밍 언어에서 문자열을 처리하는 작업이 상당히 복잡하다. 하지만 파이썬은 최근에 개발된 언어인만큼 문자열을 처리하는 작업이 놀랄 정도로 간단하고 직관적이다.

문자열(string)은 **문자들의 시퀀스(Sequence of Characters)**이다. 문자들이 실로 연결된 형태를 상상하면된다. 프로그래머들만 텍스트 데이터를 **문자열(string)**이라고 부른다. 전문적인 용어를 사용해야만 혼동이 없기 때문이다. 문자열은 아래 그림처럼 일렬로 나열된 문자들이다.

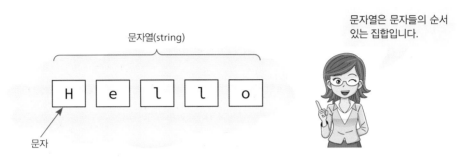

파이썬에서 텍스트를 큰따옴표("...") 또는 작은 따옴표('...')로 텍스트를 감싸면 문자열이 된다. 즉, 다음과 같이 문자열을 생성할 수 있다. 문자열도 변수에 저장할 수 있다.

```
>>> greeting = "Merry Christmas!"
>>> greeting
'Merry Christmas!'

>>> greeting = 'Happy New Year!'
>>> greeting
'Happy New Year!'
```

파이썬에서 왜 큰따옴표와 작은따옴표를 동시에 사용하여 문자열을 표시할까? 따옴표 안에 따옴표가 들어가는 경우를 처리하기 위해서이다. 예를 들어 "He said, "Hello!" " 문장을 화면에 출력해 보자. "..." 형태의 문자열 안에 "..." 형태의 문자열이 포함되면 컴파일러가 혼동을 한다.

```
>>> message = "He said, "Hello!" "
SyntaxError: invalid syntax
```

이때는 "..." 형태의 문자열 안에 '...' 형태의 문자열을 넣어주면 된다.

```
>>> message = "He said, 'Hello!' "
>>> message
"He said, 'Hello!'"
```

지금까지는 한 줄로 된 문자열을 살펴보았다. 그러나 상황에 따라서 문자열은 여러 줄에 걸칠 수 있다. 파이썬에서 여러 줄로 이루어진 문자열도 입력이 가능하다. 3개의 큰따옴표를 """..."""와 같이 사용하고 각 줄의 끝에 엔터키를 입력하면 된다. 3개의 작은따옴표 '''...'''를 사용해도 된다.

```
>>> greeting='''지난 한 해 저에게 보여주신 보살핌과 사랑에
깊은 감사를 드립니다.
새해에도 하시고자 하는 일
모두 성취하시기를 바랍니다.'''
```

문자열은 + 연산자로 합칠 수 있다. 예를 들어 다음과 같은 문장이 가능하다. 이것을 **문자열 접합(String Concatenation)**이라고 한다.

```
>>> 'Harry ' + 'Porter'
'Harry Porter'
```

변수에 저장된 문자열도 + 연산자로 합칠 수 있다.

```
>>> first_name = "길동"
>>> last_name = "홍"
>>> name = last_name + first_name
>>> name
홍길동
```

문자열 ↔ 수치값

만약 다음과 같이 문자열과 정수를 합치라고 하면 오류가 발생한다. 왜 그럴까?

```
>>> "Student"+26
Traceback (most recent call last):
  File <pyshell#16>", line 1, in <module>
    "Student"+26
TypeError: can only concatenate str (not "int") to str
```

여기서 "Student"는 문자열 타입이고 26은 정수 타입이다. 타입이 다른 데이터를 +로 합치려고 시도하면 오류가 발생한다. 이때는 str()을 이용하여 정수 26을 문자열 "26"으로 변환한 후에 합쳐야 한다.

```
>>> "Student"+str(26)
'Student26'
```

반대로 문자열을 숫자로 변환하는 함수도 있다. 예를 들어 문자열 "123"을 정수로 변환하려면 int ("123")하면 된다. 문자열을 부동소수점으로 변환하려면 float() 함수를 사용한다.

```
>>> price = int("123")
>>> height = float("3.14")
```

문자열의 반복

파이썬에서 동일한 문자열을 반복시켜 새로운 문자열을 생성할 수 있다. 예를 들어 "="을 반복하여 "==================="과 같은 줄을 손쉽게 만들 수 있다.

```
>>> line = "=" * 50
>>> print(line)
==================================================
```

어떠한 문자열도 * 연산자를 이용하여 반복시킬 수 있다. 예를 들어 "Congratulations! "를 3번 되풀이 하려면 다음과 같이 한다.

```
>>> message = "Congratulations! "
>>> print(message * 3)
Congratulations! Congratulations! Congratulations!
```

문자열 메소드

파이썬에서 모든 것은 객체이고, 문자열도 예외가 아니다. 문자열도 많은 메소드(method)를 가지고 있다. 객체 안의 함수를 메소드라고 부른다. 몇 개만 사용해 보자. 문자열은 9장에서 자세히 다룬다.

- **len():** 문자열의 길이를 계산하는 내장 함수이다.
- **upper()와 lower() 함수:** 문자열을 대문자나 소문자로 바꾼다.
- **find():** 문자열에서 어떤 단어를 찾는다. 첫 번째 문자의 위치(0부터 시작)가 반환된다.

```
>>> message = "Merry Christmas!"
>>> len(message)                    # 문자열의 길이를 반환한다.
16
>>> message.upper()                 # 문자열을 대문자로 만들어서 반환한다.
'MERRY CHRISTMAS!'
>>> message.find("Ch")              # 문자열 안에서 "Ch" 위치를 찾아 인덱스를 반환한다.
6
```

이스케이프 문자

파이썬에서 따옴표를 출력할 때 \를 사용할 수 있다. 문자 앞에 \가 붙으면 특수 문자의 의미를 잃어버린다. 예를 들어 따옴표 앞에 붙이면, 문자열을 나타내는 따옴표의 특수한 의미를 잃어버리고 하나의 문자가 된다.

```
>>> message= 'doesn\'t'            # \를 사용하여 작은따옴표를 출력한다.
>>> print(message)
doesn't
>>> message="\"Yes,\" he said."    # \를 사용하여 큰따옴표를 출력한다.
>>> print(message)
"Yes," he said.
```

\n은 줄바꿈 문자를 나타내는 특수한 문자이다. 문자열의 중간에 \n이 있으면 사용자가 엔터키를 누른 것과 마찬가지로 해석된다.

```
>>> s = '첫 번째 줄\n두 번째 줄'
>>> print(s)
첫 번째 줄
두 번째 줄
```

r-문자열

파이썬에서 r-문자열은 raw 문자열을 의미한다. r-문자열은 문자열 앞에 r 또는 R 접두사를 붙여서 생성하며, 이를 사용하면 백슬래시(\)를 이스케이프 문자로 처리하지 않고 문자 그대로 해석한다. 일반적인 문자열에서 백슬래시(\)를 이스케이프 문자로 사용하여 특수한 의미를 가진 문자를 나타낼 수 있다. 예를 들어 \n은 줄바꿈 문자, \t는 탭 문자 등이다. 하지만 때로는 문자열에 백슬래시 자체를 포함시켜야 하는 경우가 있을 수 있다. 이때 r-문자열을 사용하면 백슬래시를 이스케이프하지 않고 문자 그대로 처리하므로 특정 경로, 정규식 패턴 등에서 유용하게 사용한다.

```
>>> print('C:\some\name')      # 여기서 \n은 줄바꿈을 의미한다.
C:\some
ame

>>> print(r'C:\some\name')     # 문자열 앞에 r을 붙이면 \를 이스케이프 문자로 해석하지 않는다.
C:\some\name
```

다음 예제에서 일반적인 문자열은 백슬래시를 이스케이프 문자로 처리하여 경로를 표시하고 있다. 반면에 r-문자열은 r 접두사를 사용하여 백슬래시를 이스케이프하지 않고 문자 그대로 해석하므로 같은 결과를 출력하지만 더 간결하게 표현할 수 있다.

```
# 일반 문자열에서 백슬래시를 이스케이프 문자로 사용한 경우
normal_string = "C:\\Users\\Username\\Documents\\file.txt"
print(normal_string)         # 출력: C:\Users\Username\Documents\file.txt

# r-문자열을 사용한 경우
raw_string = r"C:\Users\Username\Documents\file.txt"
print(raw_string)            # 출력: C:\Users\Username\Documents\file.txt
```

인덱싱

문자열 중에서 하나의 문자를 추출하려면 어떻게 해야 할까? 예를 들어 암호화 프로그램에서는 문자열에서 문자를 추출하는 것이 필요하다. **인덱싱(indexing)**이란, 문자열에 [과]를 붙여서 문자를 추출하는 것이다. [과] 사이에는 인덱스라는 숫자가 들어간다. 인덱스(index)는 문자열 안의 각 문자에 매겨진 번호이다. 예를 들어 문자열 "Python"에서 각 문자의 인덱스는 다음과 같다.

P	y	t	h	o	n
0	1	2	3	4	5

첫 번째 문자의 인덱스는 0이다. 두 번째 문자는 1이고 세 번째 문자는 2가 된다. 인덱스에서 혼동하기 쉬운 부분이 0부터 시작한다는 점이다. 1부터 시작하는 것이 아니다.

```
>>> word = 'Python'
>>> word[0]
'P'
>>> word[5]
'n'
```

인덱스는 음수가 될 수 있다. 이것은 파이썬의 특별한 기능이다. 인덱스가 음수가 되면 오른쪽에서 왼쪽으로 번호가 매겨진다.

음수 인덱스도 굉장히 편리하답니다. 꼭 기억해두세요!

P	y	t	h	o	n
0	1	2	3	4	5
−6	−5	−4	−3	−2	−1

```
>>> word = 'Python'
>>> word[-1]
'n'
>>> word[-6]
'P'
```

−0은 0과 동일하기 때문에 음수 인덱스는 −1부터 시작한다. 음수 인덱스를 사용하면 문자열의 마지막 문자를 쉽게 추출할 수 있다. 무조건 word[−1]이다. 인덱싱에서 너무 큰 인덱스를 사용하게 되면 오류가 발생한다.

```
>>> word[42]
...
IndexError: string index out of range
```

파이썬 문자열은 변경이 불가능하다. 따라서 다음과 같이 문자열의 일부 글자를 바꾸려고 하면 오류가 발생한다.

```
>>> word = 'Python'
>>> word[0] = 'C'
...
TypeError: 'str' object does not support item assignment
```

f-문자열

문자열에 변수의 값을 삽입하여 출력하고 싶다면 많은 방법이 있다. 필자가 추천하는 방법은 f-문자열 (f-string)이다. 이 방법은 문자열 안에 출력하고 싶은 변수를 중괄호로 감싸서 넣는 방법이다. 문자열 맨 앞에 f를 붙여주고, 중괄호 안에 출력하고 싶은 변수를 넣으면 된다. 예를 들어 물건의 가격을 변수에 저장한 후에 "상품의 가격은 10000원입니다."와 같이 출력한다고 하자.

```
>>> price = 10000
>>> print(f"상품의 가격은 {price}원입니다.")
상품의 가격은 10000원입니다.
```

print()에서 상품의 가격이 들어갈 부분은 {price}로 표시되었다. 물론 처음부터 "상품의 가격은 10000 원입니다."라고 해도 되지만 상품의 가격은 항상 변할 수 있는 값이기 때문에 변수를 사용하는 것이 좋다. 어떤 타입의 변수라도 f-문자열로 출력할 수 있다.

2개 이상의 변수도 얼마든지 문자열에 넣을 수 있다. 다음과 같은 코드가 가능하다.

```
product = "coffee"
count = 3
price = 10000
print(f"상품 {product} {count}개의 가격은 {count*price}원입니다.")
```

상품 coffee 3개의 가격은 30000원입니다.

만약 정수나 실수의 자릿수까지 세밀하게 지정하고 싶다면 C언어에서 사용하는 형식 지정자도 f-문자열에서 사용할 수 있다. {pi:.2f}는 pi의 값을 소수점 두 번째 자리까지 출력하라는 것을 의미한다.

f_string2.py f-문자열 연습 #2

```
pi = 3.141592
print(f"원주율={pi:.2f}") # 소수점 두 번째 자리까지 출력
```

원주율=3.14

NOTE 이스케이프 문자

이스케이프 문자란, 일반 문자가 아니고 시스템을 제어하기 위한 특수한 문자이다. 파이썬에서 사용하는 이스케이프 문자에는 다음과 같은 것들이 있다.

이스케이프 문자	출력되는 문자
\\	백슬래시(\)
\'	작은따옴표(')
\"	큰따옴표(")
\n	줄바꿈 문자
\t	탭 문자

NOTE 리터럴

리터럴(literal)은 프로그래밍 언어에서 직접적으로 입력된 값을 나타내는 용어이다. 예를 들어 우리가 프로그램 소스에 16이라고 입력하면 16은 정수 리터럴이 된다. 또 "Hello World!"도 문자열 리터럴이 된다.

중간점검

❶ "HELLO"를 변수에 저장하고, 소문자로 변경하는 코드를 작성하라. 문자열의 메소드 lower()를 사용해 보자.

❷ "C:\Users\kim"을 r-문자열로 나타내 보자.

❸ 변수 count가 3을 저장하고 있다. count의 값을 넣어서 "상품의 개수는 3개"와 같이 출력하려면 어떻게 해야 하는가?

LAB 05 로봇 기자 만들기

사용자로부터 기상 정보를 입력받고, 해당 정보를 활용하여 기상 뉴스 원고를 작성하는 파이썬 프로그램을 작성해 보자.

```
도시명을 입력하세요: 서울
기온을 입력하세요(예: 20.5): 25.0
날씨 상태를 입력하세요: 화창

오늘 서울의 날씨는 화창이며, 기온은 25.0도입니다. 적당한 날씨입니다. 즐거운 하루 보내세요!
```

SOLUTION

robot.py 로봇 기자 프로그램

```python
# 사용자로부터 도시명을 입력받아 변수 city에 저장한다.
city = input("도시명을 입력하세요: ")

# 사용자로부터 기온을 입력받아 부동소수점수로 변환한 뒤 변수 temperature에 저장한다.
temperature = float(input("기온을 입력하세요(예: 20.5): "))

# 사용자로부터 날씨 상태를 입력받아 변수 weather_condition에 저장한다.
weather_condition = input("날씨 상태를 입력하세요: ")

# 입력된 정보를 사용하여 날씨 관련 뉴스 문자열을 생성한다.
news = f"\n오늘 {city}의 날씨는 {weather_condition}이며, 기온은 {temperature}도입니다. "

# 뉴스 문자열에 추가적인 문장을 덧붙인다.
news += "적당한 날씨입니다. 즐거운 하루 보내세요!"

# 생성된 뉴스 문자열을 화면에 출력한다.
print(news)
```

 도전문제 스포츠 관련 정보를 가져와서 최근 경기 결과, 선수의 퍼포먼스, 팀의 순위 등을 다루는 스포츠 기사를 작성하는 프로그램을 만들어 보자.

사용자에게 단어 3개를 입력받아서 약자(acronym: 몇 개 단어의 머리글자로 된 말)를 만들어보자. 예를 들어 'OST'도 Original Sound Track의 약자이다. 이 예제는 소스 파일로 작성하여 실행해 보자.

```
첫 번째 단어를 입력해주세요: Original
두 번째 단어를 입력해주세요: Sound
세 번째 단어를 입력해주세요: Track
OST
```

SOLUTION

acronym.py   영어 약어 만들기

```python
word1 = input("첫 번째 단어를 입력해 주세요: ")
word2 = input("두 번째 단어를 입력해 주세요: ")
word3 = input("세 번째 단어를 입력해 주세요: ")

acronym = word1[0] + word2[0] + word3[0]
print(acronym)
```

도전문제   사용자로부터 문자열을 입력받고 첫 번째 문자와 마지막 문자, 가운데 문자를 출력하는 프로그램을 작성해 보자.

10 리스트

파이썬의 리스트는 여러 개의 요소를 순서대로 담을 수 있는 데이터 구조로서 변경 가능하고 중복된 값을 허용한다. 리스트는 대괄호([])로 둘러싸여 있으며 쉼표(,)로 구분된 요소들의 집합이다. 리스트 안에는 어떤 데이터 타입의 요소도 포함할 수 있다. 리스트는 파이썬에서 매우 자주 사용되며, 데이터를 저장하고 처리하는 데 매우 유용한 자료구조이다. 예를 들어 우리가 마트에서 쇼핑하기 전에 쇼핑할 물건들의 목록을 리스트로 만든다고 가정하자.

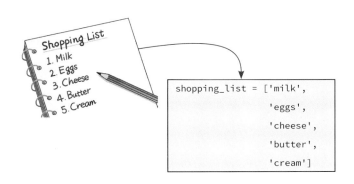

```
>>> shopping_list = ['milk', 'eggs', 'cheese', 'butter', 'cream']
>>> print(shopping_list)
['milk', 'eggs', 'cheese', 'butter', 'cream']
```

파이썬에서 리스트는 아주 유용하다. 우리는 필요에 따라서 리스트를 조작할 수 있다. 즉, 리스트의 항목을 삭제하거나 교체할 수 있다는 의미이다. 파이썬의 리스트 안에 저장된 항목은 번호(인덱스)를 가지고 있다. 인덱스는 다음과 같이 각 항목에 붙여져 있다. 문자열과 동일하다.

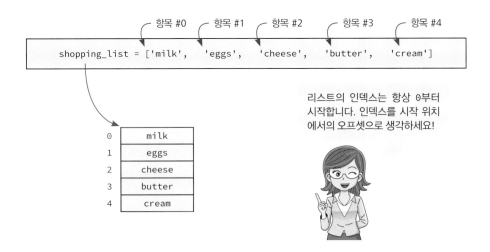

우리는 인덱스를 가지고 리스트 안의 특정한 항목을 출력할 수 있다. 예를 들어 세 번째 항목을 출력하는 문장은 다음과 같다.

```
>>> print(shopping_list[2])
cheese
```

그런데 좀 이상하다. 세 번째 항목인데 왜 shopping_list[2]라고 하였을까? 이것은 프로그래밍의 오랜 전통 때문에 그렇다. 리스트 항목의 인덱스는 0부터 시작한다. 따라서 첫 번째 항목의 인덱스는 0이고 두 번째 항목의 인덱스는 1, 세 번째 항목의 인덱스는 2인 것이다.

이번에는 약간 더 과격한 조작을 해보자. 우리에게 치즈보다 사과가 더 급하다고 가정하고, 따라서 세 번째 항목을 'apple'로 변경해 보자.

```
>>> shopping_list[2] = 'apple'
>>> print(shopping_list)
['milk', 'eggs', 'apple', 'butter', 'cream']
```

위의 문장은 인덱스 2번에 있는 항목을 'apple'로 변경한다. 리스트는 변경 가능한 객체이다.

공백 리스트에 항목 추가하기

리스트에 초깃값을 줄 수도 있지만 공백 리스트를 먼저 생성한 후에 항목을 하나씩 추가할 수도 있다. 이 때는 append()라고 하는 리스트가 가진 메소드를 사용한다.

```
>>> shopping_list = []
>>> shopping_list.append('milk')
>>> shopping_list.append('eggs')
>>> shopping_list.append('apple')
>>> print(shopping_list)
['milk', 'eggs', 'apple']
```

중간점검

❶ 정수 10, 20, 30을 저장하는 리스트를 생성해 보자.

❷ 이 리스트에서 마지막 요소를 90으로 변경해 보자.

사용자로부터 학생 3명의 성적을 입력받은 후, 최고 성적과 최저 성적을 찾는 프로그램을 작성해 보자.

학생 3명의 성적을 입력하세요:
1번 학생의 성적을 입력하세요: 10
2번 학생의 성적을 입력하세요: 20
3번 학생의 성적을 입력하세요: 30
최고 성적: 30
최저 성적: 10

SOLUTION

scores.py   최고 성적과 최저 성적 찾기

```python
scores = []
print("학생 3명의 성적을 입력하세요: ")

score = int(input("1번 학생의 성적을 입력하세요: "))
scores.append(score)

score = int(input("2번 학생의 성적을 입력하세요: "))
scores.append(score)

score = int(input("3번 학생의 성적을 입력하세요: "))
scores.append(score)

max_score = max(scores)        ← 리스트의 최댓값은 max() 함수로 계산할 수 있다.
min_score = min(scores)

                               ← 리스트의 최솟값은 min() 함수로 계산할 수 있다.
print(f"최고 성적: {max_score}")
print(f"최저 성적: {min_score}")
```

위의 코드는 사용자로부터 각 학생의 성적을 입력받아 scores 리스트에 추가한다. max() 함수를 사용하여 scores 리스트에서 최댓값을 계산하고, min() 함수를 사용하여 최솟값을 계산한다. 마지막으로, f-문자열을 사용하여 최고 성적과 최저 성적을 출력한다.

11 파이썬에서의 변수 개념(고급)

여기서 파이썬에서의 변수를 좀 더 심도 있게 살펴본다. 만약 이번 절의 내용이 이해되지 않으면 그냥 건너뛰어도 좋다. 앞에서 파이썬에서의 변수를 그릴 때 쉬운 이해를 위하여 변수를 박스 형태로 그렸지만, 파이썬에서의 변수는 실제로는 값을 저장하는 박스가 아니다. 파이썬에서의 모든 값들은 객체 형태로 저장되고, 파이썬의 변수는 객체에 대한 참조(주소)를 담고 있는 상자라고 생각해야 정확하다. 즉, 변수에는 객체가 저장되는 것이 아니고, 객체를 참조할 수 있는 참조값만 저장된다. 객체는 너무 커서 하나의 컨테이너 안에 넣을 수가 없기 때문에, 객체의 참조값만을 컨테이너에 저장하는 것이다. 이것은 특히 다른 프로그래밍 언어를 학습했던 사람들에게 혼동을 가져온다. 정확하게 변수를 그리자면 다음과 같이 그릴 수 있다.

```
x = 100
```

이는 변수가 어떤 데이터 타입의 객체라도 참조할 수 있음을 의미한다. 이것은 다른 프로그래밍 언어에서의 변수와 상당히 다른 개념이다. 파이썬에서 데이터 타입은 값과 연관되고 변수와는 연관되지 않는다. 따라서 파이썬에서 다음과 같은 코드를 작성할 수 있다. 변수 x가 정수를 가리키고 있었는데 갑자기 문자열을 가리키도록 한 것이다.

```
x = 100
x = "Hello"
```

다음과 같은 코드를 살펴보자.

```
x = 100
y = x
```

위의 코드가 실행되면 메모리에는 다음과 같은 변수와 객체가 생성된다.

이것을 알아보기 위하여 id()라는 함수를 사용할 수 있다. id()는 변수가 가지고 있는 참조값을 우리에게 반환한다. 동일한 주소가 반환되는 것을 알 수 있다.

```
>>> id(x)
1362180000
>>> id(y)
1362180000
```

위의 코드에 이어서 다음과 같은 문장을 입력하고 실행해 보자.

```
y = 200
```

이번에 변수 y는 정수 200이 저장된 객체를 가리킨다.

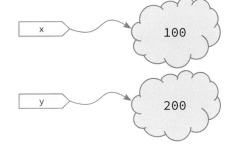

객체지향 프로그래밍

객체라는 용어가 등장하였다. 객체는 무엇일까? 객체(object)는 객체지향 프로그래밍(OOP: Object-Oriented Programming) 기법의 핵심 개념이다. 우리가 살고 있는 세상이 여러 가지 객체로 구성된 것처럼 프로그램 안에서도 여러 개의 객체를 생성시켜서 객체 간에 메시지를 주고 받으며 어떤 작업을 진행시키는 기법이 OOP이다. 실세계에는 사람, 자동차, 신호등, 텔레비전, 리모컨, 세탁기, 냉장고 등의 많은 객체가 존재한다. 예를 들면, 사람이 리모컨을 이용하여 텔레비전을 조작하는 상황을 생각해 보자. 텔레비전과 리모컨은 모두 특정한 기능을 수행하는 객체(object)라고 생각할 수 있고 텔레비전과 리모컨은 메시지(message)를 통하여 상호 작용하고 있다. 소프트웨어 개발도 이와 같이 하는 방식을 OOP라고 한다.

실세계는 객체들로 가득 차 있습니다.

리스트의 경우

다음과 같은 프로그램의 결과는 어떻게 될까?

```
>>> a = [10, 20, 30]
>>> b = a
>>> b.reverse()        # b가 가리키는 리스트를 역순으로 변환한다.

>>> print(a, b)
[30, 20, 10] [30, 20, 10]
```

첫 번째 문장에서 a라는 이름표를 리스트 [10, 20, 30]에 붙인다. 두 번째 문장에서 b라는 이름표에 a 이름표를 복사한다. a와 b는 동일한 리스트를 가리키고 있다. 세 번째 문장에서 b.reverse()하면 b가 가리키고 있던 리스트가 역순 변환을 한다. a와 b는 동일한 리스트를 가리키고 있기 때문에 a가 가리키는 리스트도 역순 변환이 된 것이다.

파이썬의 문장이 이해되지 않으면 파이썬 튜터를 실행해 보자. **http://www.pythontutor.com**에 접속하여 코드를 입력하고 [Visulaize Execution] 버튼을 누르면 된다. 위의 코드를 한 줄씩 실행하면서 파이썬 튜터의 그림을 보면 다음과 같다.

중간점검

❶ id() 함수가 반환하는 것은 무엇인가?

❷ 파이썬 변수에 정수를 저장하였다가 실수를 저장하는 것도 가능한가? 그 이유는 무엇인가?

0부터 9까지의 숫자를 이용하여 간단한 산수 퀴즈를 출제하는 프로그램을 만들어보자. 산수 계산은 치매 예방에도 도움이 된다고 한다.

```
산수 퀴즈에 오신 것을 환영합니다.

2 + 5 = 7
True
7 - 6 = 1
True
2 ** 3 = 8
True
3.0 / 1.5 = 2.0
True
```

SOLUTION

mquiz1.py 산수 퀴즈 채점 프로그램

```python
print("산수 퀴즈에 오신 것을 환영합니다.\n")

ans = int(input("2 + 5 = "))
print(ans==2+5)

ans = int(input("7 - 6 = "))
print(ans==7-6)

ans = int(input("2 ** 3 = "))
print(ans==2**3)

ans = float(input("3.0 / 1.5 = "))
print(ans==3.0/1.5)
```

도전문제

숫자가 고정되면 재미가 없다. 어떻게 하면 문제의 숫자들을 랜덤하게 할 수 있을까? 다음과 같은 코드를 이용해 보자.

```python
import random
n = random.randint(0, 10)
```

답단형 문제 채점 프로그램 만들기

몇 개의 단답형 문제를 출제하고 사용자가 대답한 답안을 채점하는 시스템을 만들어보자.

```
가장 쉬운 프로그래밍 언어는? 파이썬
True
거듭제곱을 계산하는 연산자는? **
True
파이썬에서 출력 시에 사용하는 함수 이름은? printf
False

점수 = 2
```

SOLUTION

shortquiz.py 단답형 문제 채점 프로그램

```python
score = 0

ans = input("가장 쉬운 프로그래밍 언어는? ")
check = (ans=="파이썬")
print(check)
score += int(check)

ans = input("거듭제곱을 계산하는 연산자는? ")
check = (ans=="**")
print(check)
score += int(check)

ans = input("파이썬에서 출력 시에 사용하는 함수 이름은? ")
check = (ans=="print")
print(check)
score += int(check)

print(f"점수 = {score}")
```

도전문제 문제를 추가해 보자. 또, 사용자의 점수를 백분률(%)로 표시해 보자.

01 변수의 개념을 소개하였다. 변수는 값을 저장하는 상자와 같은 것으로 변수에 저장된 값을 나중에 유용하게 사용할 수 있다.

02 다양한 산술 계산 연산자에 대하여 학습하였다. 연산자들은 우선순위를 가지고 있지만 우리는 괄호를 사용하여 연산자의 우선순위를 변경할 수 있다. 지수를 계산하는 연산자는 **이다.

연산자	기호	사용 예	결과값
덧셈	+	7 + 4	11
뺄셈	-	7 - 4	3
곱셈	*	7 * 4	28
정수 나눗셈	//	7 // 4	1
실수 나눗셈	/	7 / 4	1.75
나머지	%	7 % 4	3

03 문자열은 큰따옴표나 작은따옴표를 이용하여 표현한다. input() 함수를 이용하여 사용자로부터 문자열을 받을 수 있다. 인덱싱 연산자 []를 이용하여 각각의 문자를 추출할 수 있다.

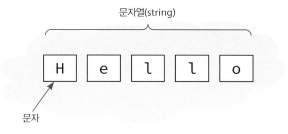

문자열(string)

문자

01 사용자로부터 두 개의 정수를 받아서 정수의 합, 정수의 차, 정수의 곱, 정수의 평균, 큰 수, 작은 수를 계산하여 화면에 출력하는 프로그램을 작성하시오. 파이썬이 제공하는 내장 함수 sum(), max(), min()을 사용해도 좋다. 다양한 연산 상 중 하

```
첫 번째 정수를 입력하세요: 5
두 번째 정수를 입력하세요: 10
정수의 합: 15
정수의 차: -5
정수의 곱: 50
정수의 평균: 7.5
큰 수: 10
작은 수: 5
```

02 원기둥의 부피를 계산하는 프로그램을 작성하시오. 원기둥의 부피는 다음과 같이 계산한다.
연산 상 중 하

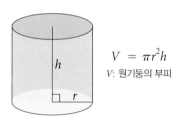

$$V = \pi r^2 h$$
V: 원기둥의 부피

```
반지름(r)을 입력하세요(미터): 2.5
높이(h)를 입력하세요(미터): 5.0
원기둥의 부피는 98.17미터^3입니다.
```

03 사용자로부터 4자리의 정수를 받아서 자릿수의 합을 계산하는 프로그램을 작성하시오. 예를 들어 사용자가 1234를 입력하였다면 1+2+3+4를 계산하면 된다. 나머지 연산자와 정수 나눗셈 연산자 //를 적극적으로 사용해 보자. 다양한 연산 상 중 하

```
4자리 정수를 입력하세요: 1234
각 자릿수의 합: 10
```

04 BMI(Body Mass Index)는 체중(kg)을 키(m)의 제곱으로 나눈 값으로, 체지방 축적을 잘 반영하기 때문에·비만도 판정에 많이 사용한다. 사용자로부터 체중과 키를 입력받아서 BMI값을 출력하는 프로그램을 작성하시오. 연산 상 중 하

```
체중(킬로그램): 86
키(미터): 1.83
당신의 BMI: 25.680074054167036
```

05 사용자로부터 두 점의 좌표 (x1, y1)과 (x2, y2)를 입력받아서 두 점 사이의 거리를 계산하는 프로그램을 작성하시오. 스크립트 모드로 작성하고, 거리는 다음 식으로 계산한다. sqrt() 함수 상 중 하

$$\sqrt{(x_1 - x_2)^2 + (y_1 - y_2)^2}$$

```
첫 번째 점의 x 좌표를 입력하세요: 3
첫 번째 점의 y 좌표를 입력하세요: 4
두 번째 점의 x 좌표를 입력하세요: 6
두 번째 점의 y 좌표를 입력하세요: 8
두 점 사이의 거리: 5.0
```

06 사용자로부터 이름과 나이를 입력받고, 입력받은 정보를 다음과 같이 포맷팅하여 출력하는 프로그램을 작성하시오. 문자열 입출력 상 중 하

```
이름을 입력하세요: Kim
나이를 입력하세요: 25
안녕하세요, 저는 Kim이고, 25살입니다.
```

07 사용자로부터 문자열과 반복 횟수를 입력받아서 해당 문자열을 입력받은 횟수만큼 반복하여 출력하는 프로그램을 작성하시오. 문자열 연산 상 중 하

```
반복할 문자열을 입력하세요: Hello, World!
반복 횟수를 입력하세요: 3
결과: Hello, World!Hello, World!Hello, World!
```

선택

학습목표

- 조건에 따라 서로 다른 문장을 실행할 수 있다.
- 관계 연산자와 논리 연산자를 사용해서 복잡한 조건을 표현할 수 있다.
- 여러 개의 문장을 묶어서 조건에 따라 실행할 수 있다.
- 조건문 안에 다른 조건문을 넣을 수 있다.
- 조건문을 연속해서 배치할 수 있다.

1 이번 장에서 작성할 프로그램

이번 장에서 파이썬의 핵심 구조 중의 하나인 조건문에 대하여 학습한다. 우리는 다음과 같은 프로그램을 작성할 것이다.

1 [프로그램 1] 신호등 프로그램

사용자가 입력한 신호에 따라 해당하는 색상의 원을 그리는 신호등 프로그램을 만들어보자.

신호를 입력하세요(red, yellow, green): red

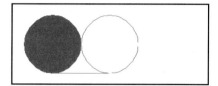

2 [프로그램 2] 가위, 바위, 보 게임

컴퓨터와 대결하는 가위, 바위, 보 게임을 작성해 보자. 사용자가 가위, 바위, 보 중에서 하나를 선택하고 컴퓨터도 난수로 가위, 바위, 보 중에서 하나를 선택한다. 사용자의 선택과 컴퓨터의 선택을 비교하여 승패를 화면에 출력한다.

가위, 바위, 보 중 하나를 선택하세요: 바위
사용자 선택: 바위
컴퓨터 선택: 가위
사용자가 이겼습니다!

3 [프로그램 3] 도형 그리기 프로그램

터틀 그래픽을 이용하여 사용자로부터 입력받은 도형을 그리는 프로그램을 작성해 보자. 사용자가 선택한 도형에 따라 다른 조건문을 활용하여 해당 도형을 그리게 된다.

어떤 도형을 그리시겠습니까? (원/사각형/삼각형): 원
반지름을 입력하세요: 100

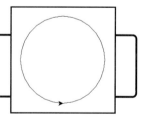

2 조건문

우리는 일상생활에서 많은 선택을 한다. 예를 들어 친구들과 식당에 간다고 가정하자. 다양한 음식이 있는 메뉴판을 보면서 선택을 해야 하는데, 이때 여러 가지 조건에 따라 다른 선택을 할 수 있다. 현재 다이어트 중이면 샐러드만 주문하고, 그렇지 않으면 풀코스 정식을 주문할 수 있다. 이것을 순서도로 그리면 다음 그림과 같다.

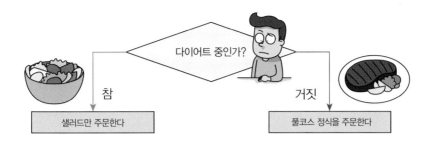

우리가 프로그래밍을 통하여 문제를 해결할 때 어떤 조건에 따라서 여러 개의 실행 경로 가운데 하나를 선택해야 하는 경우가 종종 있다. 이런 식으로 조건에 따라 하나의 문장을 선택하는 구조를 선택구조라고 하고 이러한 문장을 조건문이라고 한다. 예를 들어 점수가 60점 이상이면 합격을, 60점 미만이면 불합격을 화면에 출력하려고 한다.

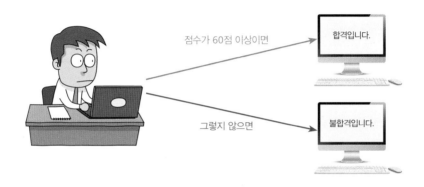

파이썬에서 if-else 문은 조건에 따라 2개 중에서 하나를 선택해야 할 때 사용하는 문장이다. 다음과 같은 구조를 가지고 있다.

if-else 문은 "만약 조건이 참이면 이것을 실행하고, 조건이 참이 아니라면 저것을 실행해!"라고 말하는 것과 같다. if-else 문에서 조건을 수식으로 표현하고, 그 수식을 '조건식'이라고 한다. 조건식은 일반적으로 'score > 60'과 같이, 결과값이 참이나 거짓인 수식을 사용한다. 조건식 뒤에는 콜론(:)이 있다. 콜론은 조건과 실행 문장을 분리하는 역할을 한다. 콜론이 없다면 조건이 어디까지인지 알 수가 없다. if-else 문은 주어진 조건식을 계산하여 조건식이 참(True)으로 계산되면 if 아래에 있는 문장을 실행한다. 만약 조건식이 거짓(False)이면 else 아래에 있는 문장을 실행한다.

간단한 예제를 살펴보자. 나이를 19살로 설정한 후에 age가 19살 이상이면 "주류를 구매할 수 있습니다."를 출력하고 그렇지 않으면 "조금 기다리세요!"를 출력하는 프로그램을 스크립트 모드로 작성해 보자.

```
ifelse1.py  조건문 #1

age = 19
if age >=  19 :
    print("주류를 구매할 수 있습니다.")
else :
    print("조금 기다리세요!")
```

주류를 구매할 수 있습니다.

파이썬 쉘에서 else를 입력할 때는 들여쓰기를 지우고 줄의 처음으로 가서 else를 입력해야 한다. 여기서 경우에 따라 else 이하는 생략될 수도 있다. 다음은 else를 생략하고 if만 사용하는 예이다. 어떤 쇼핑몰에서 2만원 이상을 구입하면 할인 쿠폰을 준다고 하자.

```
ifelse2.py  조건문 #2

amount = 30000          # 구매 총액
if amount > 20000 :
    print("할인 쿠폰이 발행되었습니다.")
```

할인 쿠폰이 발행되었습니다.

비교 연산자

if-else 문에서 조건에 해당하는 부분은 score >= 60과 같이 수식으로 나타내게 된다. 조건을 나타내기 위한 연산자가 관계 연산자이다. **비교 연산자(Comparison Operator)**는 두 개의 피연산자를 비교하는 데 사용한다. 예를 들면 '변수 x가 변수 y보다 큰지'를 따지는 데 사용한다. 비교 연산자의 결과는 **참(True)** 아니면 **거짓(False)**으로 계산된다. 비교 연산자는 2장에서 학습하였다.

실수와 실수를 비교할 때

파이썬과 같은 프로그래밍 언어에서 실수(float)를 비교할 때 주의해야 하는 이유는 부동소수점 정확도 문제 때문이다. 이 문제는 컴퓨터가 실수를 이진수로 표현하고 제한된 비트 수로 저장하기 때문에 발생한다. 부동소수점 정확도 문제로 인해 두 실수를 정확하게 같은지 비교하는 것이 어렵다. 예를 들어 다음과 같은 코드를 생각해 보자.

```
a = 0.1 + 0.1 + 0.1
b = 0.3

print(a == b)     # False 출력
```

우리가 예상하기로는 a와 b는 같아야 하지만, 이 코드를 실행하면 False가 출력된다. 이것은 컴퓨터의 부동소수점 표현 때문에 발생하는 정밀도 손실로 인한 것이다. 따라서 파이썬에서 실수를 비교할 때는 다음과 같은 접근 방법 중에서 하나를 사용하는 것이 좋다.

- 실수 비교를 수행할 때 오차 범위를 설정하여 두 실수의 차이가 오차 범위 내에 있는지를 확인한다.

```
epsilon = 1e-9          # 오차 범위
a = 0.1 + 0.1 + 0.1
b = 0.3

if abs(a - b) < epsilon :
    print("a와 b가 동일합니다.")
```

- math 모듈의 math.isclose() 함수를 사용하여 실수를 비교한다. 이 함수는 두 값 사이의 상대적인 또는 절대적인 차이를 고려하여 비교를 수행한다.

```
import math

a = 0.1 + 0.1 + 0.1
b = 0.3

if math.isclose(a, b) :
    print("a와 b가 거의 동일합니다.")
```

중간점검   사용자한테서 받은 실수가 3.14인지를 검사하는 코드를 작성해 보자. math.isclose()를 사용해 본다.

LAB 01   수하물 비용 계산

항공사에서 짐을 부칠 때, 20kg이 넘어가면 20,000원을 내야 한다고 하자. 20kg 미만이면 비용은 없다. 사용자로부터 짐의 무게를 입력받고 사용자가 지불해야 할 금액을 계산하는 프로그램을 작성해보자.

짐의 무게는 얼마입니까? 18
짐에 대한 수수료는 없습니다.
감사합니다.

짐의 무게는 얼마입니까? 30
무거운 짐은 20,000원을 내셔야 합니다.
감사합니다.

SOLUTION

`if_weight.py` 수하물 비용 계산 프로그램

```python
weight = float(input("짐의 무게는 얼마입니까? "))

if weight > 20 :
    print("무거운 짐은 20,000원을 내셔야 합니다.")
else :
    print("짐에 대한 수수료는 없습니다.")


print("감사합니다.")
```

도전문제

사용자로부터 짐의 무게를 입력받은 후, 비용 계산을 할 때 다음과 같은 조건을 추가적으로 고려하는 프로그램을 작성해 보자.

● 20kg 미만의 짐은 무료입니다.
● 20kg 이상 40kg 이하까지는 10,000원을 내야 합니다.
● 40kg 초과 짐은 20,000원을 내야 합니다.
● 사용자에게 어떤 범주에 해당하는 비용을 내야 하는지 알려줘야 합니다.

LAB 02   홀수 짝수 구별

키보드에서 입력받은 정수가 홀수인지 짝수인지를 말해주는 프로그램을 작성해 보자. 홀수와 짝수는 어떻게 구별할 수 있는가? 홀수는 2로 나누었을 때 나머지가 1이다. 짝수는 2로 나누었을 때 나머지가 0이다. 따라서 나머지 연산자 %를 이용하여 구별할 수 있다.

정수를 입력하시오: 2
입력된 정수는 짝수입니다.

even_odd.py 홀수 짝수 구별하기

```
number = int(input("정수를 입력하시오: "))

if (number % 2) == 0 :
    print("입력된 정수는 짝수입니다.")
else :
    print("입력된 정수는 홀수입니다.")
```

number를 2로 나누어 0이면 짝수다.

도전문제

위의 프로그램을 수정해서 사용자가 입력한 수가 3의 배수인지 아닌지를 출력해 보자.

3 블록

만약 조건이 참인 경우에 여러 개의 문장이 실행되어야 한다면 어떻게 해야 하는가? 즉, 예를 들어 점수가 90점 이상이면 합격과 동시에 장학금도 받을 수 있다고 출력하려면 어떻게 해야 할까? 이런 경우에는 다음과 같이 들여쓰기를 이용하여 문장들을 묶을 수 있다.

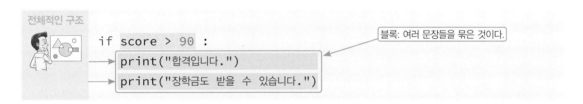

전체적인 구조

```
if score > 90 :
    print("합격입니다.")
    print("장학금도 받을 수 있습니다.")
```

블록: 여러 문장들을 묶은 것이다.

위의 코드에서 score의 값이 90 이상이면 print()를 호출하는 2개의 문장이 실행된다. 이 문장들이 동일한 개수의 공백을 가지고 있다는 것에 유의하자. 이들 모두는 동일한 **블록(block)**에 속해있다. 하나의 블록에 속하는 문장들은 모두 같이 실행된다. 블록에 있는 문장들은 그 위에 있는 문장들과 비교할 때, 앞에 4칸의 공백을 두고 있다. 이 공백들을 □로 표시해 보면 다음과 같다.

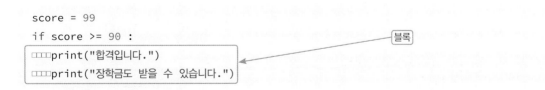

```
score = 99
if score >= 90 :
    □□□□print("합격입니다.")
    □□□□print("장학금도 받을 수 있습니다.")
```

블록

파이썬에서 문장 앞에 동일한 개수의 공백을 추가하면 이 문장들은 하나의 블록에 속하게 된다. 만약 동일한 블록에 속해야 하는데 실수로 공백을 더 많이 추가하였다면 오류가 발생한다. 예를 들어 다음과 같은 코드에서 오류가 발생한다.

```
score = 99
if score >= 90 :
□□print("합격입니다.")
□□□print("장학금도 받을 수 있습니다.")
```

SyntaxError: multiple statements found
while compiling a single statement

블록 안에 다시 새로운 블록을 만드는 것도 가능하다. 다음 그림을 참조하여 블록을 이해하도록 하자.

```
if sales > 1000 :
    discount = sales*0.1
    print(discount, "할인되었음!")
else :
    if sales > 500 :
        discount = sales*0.05
        print(discount, "할인되었음!")
    else :
        print("할인은 없습니다!")
0   1   2
```
들여쓰기 수준

TIP 소스 코드를 보기 쉽게 하려면 들여쓰기를 할 때 일관된 방법을 사용하는 것이 좋다. 즉, Tab키를 사용하였다면 프로그램의 나머지 부분에서도 Tab키를 사용하여 블록을 정의하는 것이 좋다는 의미이다. 만약 4칸의 공백으로 하였다면 나머지 코드에서도 4칸의 공백을 사용하는 것이 좋다.

중간점검 ❶ 파이썬에서 문장들이 같은 블록에 속하려면 무엇이 동일해야 하는가?
❷ 블록을 만들 때 8칸의 스페이스로도 할 수 있는가?

LAB 03 물건값 계산

인터넷 쇼핑몰에서 물건을 구입할 때, 구입액이 10만원 이상이면 5%의 할인을 해준다고 하자. 사용자에게 구입 금액을 물어보고 최종적으로 할인 금액과 지불 금액을 출력하는 프로그램을 작성해 보자.

구입 금액을 입력하시오: 100500
지불 금액은   95475.0입니다.

cal_shopping.py 할인 금액 계산

```python
sales = int(input("구입 금액을 입력하시오: "))
if sales > 100000 :
    discount = sales * 0.05
    sales = sales - discount
print("지불 금액은 ", sales, "입니다.")
```

도전문제

위의 프로그램에 사용자의 구입액이 10만원 이하인 경우에는 사용자에게 얼마만큼만 더 구입하면 5% 할인을 받을 수 있는지 알려주는 코드를 추가해 보자. 이때, else를 사용해 본다.

LAB 04 임금 계산

사용자한테 근무 시간과 시간당 임금을 물어본다. 주당 근무 시간 40시간까지는 기본 임금이고 40시간을 넘는 시간에 대해서는 1.5배의 임금을 지급해야 한다고 하자. 이번 주 근무 시간을 입력하면 총 임금을 계산하는 프로그램을 작성해 보자.

근무 시간을 입력하시오: 45
시간당 임금을 입력하시오: 5000
총 임금은   237500.0

근무 시간을 입력하시오: 30
시간당 임금을 입력하시오: 5000
총 임금은   150000.0

cal_wage.py 임금 계산

```python
hours =int(input("근무 시간을 입력하시오: "))
wage = int(input("시간당 임금을 입력하시오: "))
if hours <= 40 :
    totalWages = wage*hours
else :
    overtime = hours - 40
    totalWages = wage*40 + (1.5*wage)*overtime
print("총 임금은 ", totalWages)
```

> 들여쓰기가 동일하므로 블록이다.

도전문제 총 임금에서 세금을 제외한 실제 수입을 계산하도록 추가해 보자. 세금은 총 임금의 10%라고 하자.

4 논리 연산자

복잡한 조건은 비교 연산자만으로는 표현할 수 없다. 예를 들어 놀이공원에서 나이가 10살 이상이고 키가 165cm이어야 놀이기구를 탈 수 있다고 하자. 이 조건은 비교 연산자만으로는 표현이 불가능하다.

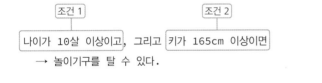

조건 1 조건 2

나이가 10살 이상이고, 그리고 키가 165cm 이상이면
→ 놀이기구를 탈 수 있다.

이러한 복잡한 조건을 표현하려면 **논리 연산자**를 사용해야 한다.

(나이가 10살 이상이다) and (키가 165cm 이상이다)
→ 놀이기구를 탈 수 있다.

and 연산자는 왼쪽과 오른쪽이 모두 참일 때 전체가 참이 되는 논리 연산자이다.

논리 연산자(Logical Operator)는 여러 개의 조건을 조합하여 참인지 거짓인지를 따질 때 사용한다. 고등학교에서 AND(논리곱), OR(논리합), NOT(논리부정)으로 학습한 내용과 같다. 예를 들어 "비가 오지 않고 휴일이면 테니스를 친다"라는 문장에는 "비가 오지 않는다"라는 조건과 "휴일이다"라는 조건이 동시에 참이면 테니스를 친다는 의미가 포함되어 있다. 파이썬에는 조건들을 다양하게 묶을 수 있는 연산자들이 준비되어 있다.

연산	의미
x and y	AND 연산, x와 y가 모두 참이면 참, 그렇지 않으면 거짓
x or y	OR 연산, x나 y 중에서 하나만 참이면 참, 모두 거짓이면 거짓
not x	NOT 연산, x가 참이면 거짓, x가 거짓이면 참

예를 들어 앞의 놀이공원에서 놀이기구를 탈 수 있는 조건을 논리 수식으로 작성해 보면 다음과 같다.

논리 연산의 결과도 참과 거짓으로 생성된다. 지금 설명하고 있는 조건을 가지고 간단히 실습해 보자.

logic_op1.py 논리 연산자 프로그램

```python
age = 20
height = 180
if age >= 10 and height >= 165 :
    print("놀이 기구를 탈 수 있습니다.")
else :
    print("놀이 기구를 탈 수 없습니다.")
```

놀이 기구를 탈 수 있습니다.

and 연산자는 조건들이 모두 참일 때만 전체 수식의 값이 참이 된다. 논리합을 나타내는 or 연산자는 하나의 조건만 참이면 전체 수식의 값이 참이 된다. 논리부정을 나타내는 not 연산자는 조건이 참이면 전체 수식값을 거짓으로 만들고, 조건이 거짓이면 전체 수식값을 참으로 만든다. 예를 들어 not (1==0)은 참이 된다. (1==0)이 거짓이지만, 앞에 not이 붙어 있으므로 전체 수식의 값은 참이 된다.

중간점검 어떤 온라인 게임에서 레벨과 경험치가 있다고 가정하자. 사용자로부터 현재 레벨과 경험치를 입력받고, 다음과 같은 조건을 만족하는지를 검사하는 프로그램을 작성해 보자.

- 레벨이 10 이상이고 경험치가 500 이상이면 "고수"라고 출력한다.
- 그 외의 경우에는 "초보"라고 출력한다.

참고사항 파이썬에서 다음과 같은 수식도 가능하다.

```python
10 <= age <= 20
```

위의 수식은 변수 age가 10 이상이고 20 이하이면 참이 된다. 하지만 위의 수식은 자바나 C언어와 같은 언어에서 상당히 다른 의미가 될 수 있다. 따라서 위의 수식은 다음과 같이 풀어서 작성하는 것을 권고한다.

```python
10 <= age and age <= 20
```

LAB 05   졸업 조건 검사

어떤 대학교를 졸업하려면 적어도 140 학점을 이수해야 하고 평점이 2.0은 되어야 한다고 할 때, 이것을 파이썬 프로그램으로 검사해 보자. 사용자에게 이수 학점 수와 평점을 물어보고 졸업 가능 여부를 출력하는 프로그램을 작성해 보자.

```
이수한 학점 수를 입력하시오: 120
평점을 입력하시오: 2.3
졸업이 힘듭니다!
```

SOLUTION

credits >= 140 and gpa >= 2.0과 같은 수식을 만들면 'credits >= 140'이 참이고 'gpa >= 2.0'이 참인 경우에만 전체 수식이 참이 될 것이다.

grad.py   졸업 조건 검사하기

```python
credits = float(input("이수한 학점 수를 입력하시오: "))
gpa = float(input("평점을 입력하시오: "))
if credits >= 140 and gpa >= 2.0 :
    print("졸업 가능합니다!")
else :
    print("졸업이 힘듭니다!")
```

도전문제

사용자의 현재 상황을 입력받아 졸업까지 남은 학점과 평점을 예측하고, 졸업을 위해 필요한 추가 노력을 제안하는 프로그램으로 업그레이드해 보자.

```
이수한 학점 수를 입력하시오: 120
평점을 입력하시오: 4.0
20 학점을 추가 이수해야 합니다!
```

LAB 06   윤년 판단

달력은 기본적으로 지구가 태양을 공전하는 시간을 기준으로 작성한다. 하지만 실제로 측정해 보니 지구가 태양을 완전히 한 바퀴 도는 데 걸리는 시간은 365일보다 1/4만큼 더 걸린다. 따라서 매 4년마다 하루 정도 오차가 생기는 셈이다. 이것을 조정하기 위하여 윤년이 생겼는데, 입력된 연도가 윤년인지 아닌지를 판단하는 프로그램을 만들어보자.

```
연도를 입력하시오: 2012
2012 년은 윤년입니다.
```

윤년 조건은 다음과 같다. 논리적인 연산자를 사용해야 한다.

- 연도가 4로 나누어지지만 100으로는 나누어 떨어지지 않는 연도
- 연도가 400으로 나누어 떨어지는 연도

SOLUTION

`cal_leapyear.py` 윤년 판단

```python
year = int(input("연도를 입력하시오: "))
if ((year % 4 == 0 and year % 100 != 0) or (year % 400 == 0)) :
    print(year, "년은 윤년입니다.")
else :
    print(year, "년은 윤년이 아닙니다.")
```

도전문제
윤년이면 추가로 "2012년은 366일입니다."라고 출력하고, 윤년이 아니면 추가로 "2012년은 365일입니다."라고 출력하도록 위의 코드를 수정해 보자.

5 중첩 if-else 문

우리는 이제까지 하나의 `if-else` 문만을 사용하였다. 하지만 만약 조건문 안에 조건문을 넣어야 한다면 어떻게 할 것인가? 예를 들어 강의실의 학생들을 남학생과 여학생으로 구분하고 남학생은 다시 군필과 미필로 구분하려면, 먼저 성별로 구분한 후 남학생 중에서 군필 여부를 가지고 다시 구분해야 한다. 이때는 `if-else` 문을 한 번 사용한 후에, 그 안에서 다시 `if-else` 문을 실행해야 한다.

우리는 `if-else` 문 안에 다른 `if-else` 문을 넣을 수 있다. 이것을 프로그래밍에서 **중첩(nesting)된 if-else 문**이라고 부른다. `if-else` 문 안에는 여러 개의 `if-else` 문이 포함될 수 있다. 들여쓰기로 내장의 수준을 알 수 있는데, 이러한 중첩이 심해지면 자칫 혼동을 불러올 수 있기 때문에 과도하게 사용하는 것은 자제해야 한다.

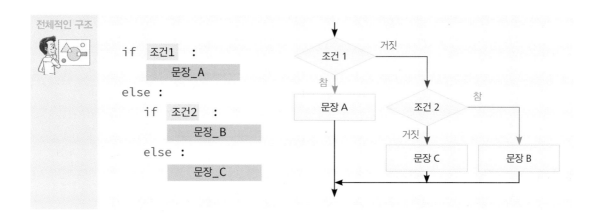

전체적인 구조

```
if  조건1  :
        문장_A
else :
    if  조건2  :
            문장_B
    else :
            문장_C
```

사용자로부터 정수를 받아서 양수인지, 음수인지, 0인지를 구분하여 출력하는 프로그램을 작성해 보자. 여러 가지 방법으로 할 수 있지만, 중첩 if-else 문을 사용해 보자.

정수를 입력하세요: 10
입력한 수는 양수입니다.

정수를 입력하세요: −5
입력한 수는 음수입니다.

posneg.py 양수 음수 구별하기

```
number = int(input("정수를 입력하세요: "))

if number > 0 :
    print("입력한 수는 양수입니다.")
else :
    if number < 0 :
        print("입력한 수는 음수입니다.")
    else :
        print("입력한 수는 0입니다.")
```

위 예제에서 사용자로부터 정수를 입력받아 변수 number에 저장한다. 중첩된 if-else 문을 사용하여 입력된 수가 양수인지, 음수인지 아니면 0인지를 판단하고 해당하는 메시지를 출력한다. 먼저, 외부의 if 문은 입력한 수가 0보다 큰지를 확인한다. 만약 참인 경우에는 "입력한 수는 양수입니다."를 출력한다. 그렇지 않은 경우에는 내부의 if-else 문이 실행된다. 내부의 if 문은 입력한 수가 0보다 작은지를 확인한다. 만약 참인 경우에는 "입력한 수는 음수입니다."가 출력된다. 그렇지 않은 경우에는 외부의 if 문에 의해 "입력한 수는 0입니다."가 출력된다.

연속적인 if-else 문

종종 우리는 구간별 처리가 필요한 경우가 있다. 예를 들어 성적에 따라 학점을 부여하거나, 나이에 따라

입장료를 설정하는 등의 경우가 있다. 값이 특정 구간에 속하는지에 따라 다른 동작을 수행해야 할 때, 중첩 if-else 문을 사용하여 각 구간에 대한 처리를 정의할 수 있다. 예를 들어 학생들의 점수를 받아서 학점을 출력하는 프로그램을 작성한다고 하자. 점수가 90점 이상이면 A 학점, 80점 이상이고 90점 미만이면 B 학점, 70점 이상이고 80점 미만이면 C 학점과 같이 결정하는 것이다.

이 경우 가장 자연스러운 방법은 if 문 다음에 else if 문을 연속적으로 사용하는 것이다. 만일 이 중 하나의 조건식이 참이면 관련된 문장이나 블록이 수행되고 더 이상의 비교는 이루어지지 않는다. 예제에서 시험 점수에 따라 학점을 부여하는 것을 이러한 구조를 사용하여 코딩하면 된다. 즉, 점수가 90 이상이면 A 학점, 80에서 89까지는 B 학점, 70에서 79까지는 C 학점, 60에서 69까지는 D 학점, 60점 미만이면 F 학점을 부여하는 순서도는 다음과 같다.

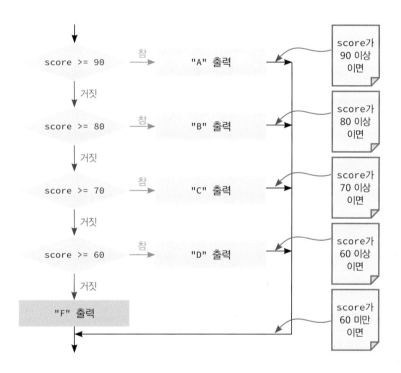

파이썬에는 else-if를 합친 키워드 elif가 있어 이것을 사용하여 다음과 같은 프로그램을 작성할 수 있다.

score.py 학점 부여하기

```
score = int(input("점수를 입력하세요: "))
if score >= 90 :
    grade = "A"
elif score >= 80 :
    grade = "B"
elif score >= 70 :
    grade = "C"
elif score >= 60 :
```

문장에서 if(score >= 80 and score < 90)이라고 할 필요가 없음에 유의하라. score가 90보다 크거나 같은 경우에는 앞의 if 문에서 이미 걸렸기 때문이다.

```
        grade = "D"
    else :
        grade = "F"
    print("당신의 학점은 ", grade, "입니다.")
```

점수를 입력하세요: 92
당신의 학점은 A 입니다.

위 예제에서 사용자로부터 점수를 입력받아 해당하는 학점을 출력한다. 입력된 점수에 따라 여러 개의 `if`
문이 차례대로 실행되어 학점을 결정한다. 먼저, 첫 번째 `if` 문은 점수가 90 이상인지 확인하고 True인 경
우 "A" 등급을 할당한다. 그 다음으로, `elif` 문을 사용하여 80 이상인 경우 "B" 등급, 70 이상인 경우 "C"
등급, 60 이상인 경우 "D" 등급을 할당한다. 마지막으로, `else` 문은 위 조건들에 모두 해당하지 않는 경우
"F" 등급을 할당한다. 각 조건은 위에서부터 차례대로 확인되며, 조건이 참일 경우 해당 등급이 할당되고
나머지 조건은 검사되지 않는다.

도전문제

어떤 학교에서는 A 학점도 점수에 따라 A⁺(95점 이상)와 A⁰로 나누어진다. B, C, D, E 학점도 마찬가지이
다. 위의 프로그램에서 A⁺와 A⁰ 학점을 구분하도록 수정해 보자.

LAB 07 회원 등급 결정

다음과 같은 규칙에 따라 회원의 등급을 결정하여 출력하는 프로그램을 작성해 보자.

- 나이가 18 이상이고 회원이며 포인트가 100 이상인 경우: "VIP 회원입니다!"
- 나이가 18 이상이고 회원인 경우: "일반 회원입니다."
- 그 외의 경우: "회원이 아닙니다."

이 예제에서 and 연산자를 사용하여 여러 조건을 동시에 검사하고, 각 조건이 참일 때에만 특정 동작이
실행되도록 한다.

나이를 입력하세요: 22
회원 여부를 입력하세요(Y/N): Y
포인트를 입력하세요: 120
VIP 회원입니다!

SOLUTION

vip.py 회원 등급 결정하기

```
age = int(input("나이를 입력하세요: "))
has_membership = input("회원 여부를 입력하세요(Y/N): ").upper() == "Y"
```

```python
points = int(input("포인트를 입력하세요: "))
# 회원 자격 조건 검사
if age >= 18 and has_membership and points >= 100 :
    print("VIP 회원입니다!")
elif age >= 18 and has_membership :
    print("일반 회원입니다.")
else :
    print("회원이 아닙니다.")
```

LAB 08 팁 결정

미국을 여행할 때는 팁 문제로 많은 고민을 하게 된다. 음식 값(달러)을 입력받고 10%, 15%, 20% 중 하나의 팁을 선택하여 팁을 계산하는 간단한 파이썬 프로그램을 작성해 보자.

```
음식 값 입력: 50.0
팁을 선택하세요:
1. 10%
2. 15%
3. 20%
팁 선택(1/2/3): 2
음식 값: $50.00
선택한 팁: 15.0%
팁 금액: $7.50
총 지불 금액: $57.50
```

SOLUTION

pos.py 팁 결정하기

```python
food_cost = float(input("음식 값 입력: "))

print("팁을 선택하세요:")
print("1. 10%")
print("2. 15%")
print("3. 20%")

tip_choice = int(input("팁 선택(1/2/3): "))
if tip_choice == 1 :
    tip_percent = 0.10
elif tip_choice == 2 :
```

연속적인 if-else 문 구조가 사용되었다.

```
    tip_percent = 0.15
elif tip_choice == 3 :
    tip_percent = 0.20
else :
    print("올바른 선택이 아닙니다. 기본값인 15%로 계산합니다.")
    tip_percent = 0.15
```

```
tip_amount = food_cost * tip_percent
total_cost = food_cost + tip_amount

print(f"음식 값: ${food_cost:.2f}")
print(f"선택한 팁: {tip_percent*100}%")
print(f"팁 금액: ${tip_amount:.2f}")
print(f"총 지불 금액: ${total_cost:.2f}")
```

LAB 09 숫자 ➡ 한글

음성 합성 장치처럼 숫자를 입력하면 한글로 읽어주는 프로그램을 작성해 보자. 사용자가 값을 입력하면
화면에 "하나", "둘"과 같이 출력하는 코드를 작성해 본다. if-else 문을 사용해서 사용자가 입력한 값들
을 분리하여 처리한다.

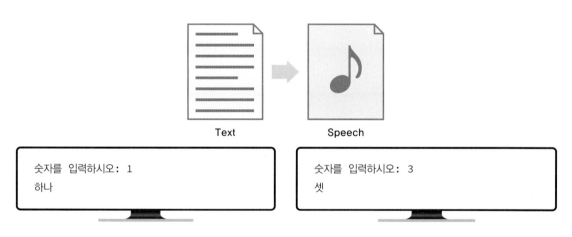

Text

Speech

```
숫자를 입력하시오: 1
하나
```

```
숫자를 입력하시오: 3
셋
```

SOLUTION

speak_number.py 숫자 읽어 주기

```
number = int(input("숫자를 입력하시오: "))
if number==1 :
    print("하나")
```

```
    elif number==2 :
        print("둘")
    elif number==3 :
        print("셋")
    elif number==4 :
        print("넷")
    else :
        print("많음")
```

도전문제

❶ 5부터 9까지의 경우도 처리할 수 있도록 위의 코드를 보완해 보자.

❷ 사용자가 123을 입력하면 "일백 이십 삼"이라고 출력하는 프로그램을 작성해 보자. 단, 999보다 작은 수라고 가정한다. 숫자의 각 자릿수를 추출한다.

LAB 10   달의 일수 출력

1년의 각 달의 일수를 출력하는 프로그램을 작성해 보자. 즉, 특정 달이 입력되면 그 달의 일수를 출력한다. 여러 가지 방법으로 작성할 수 있겠으나 여기서는 if-else 문을 사용한다.

```
월을 입력하시오:  12
월의 일수는 31일
```

```
월을 입력하시오:  6
월의 일수는 30일
```

SOLUTION

days_of_month.py   달의 일수 출력하기

```
month = int(input("월을 입력하시오: "))
if month==2 :
    print("월의 일수는 29일")
elif month==4 or month==6 or month==10 :
    print("월의 일수는 30일")
```

조건식에 괄호를 붙여도 된다.

```
else :
    print("월의 일수는 31일")
```

LAB 11 이차 방정식 계산

이차 방정식 $ax^2 + bx + c$의 근을 계산하는 프로그램을 작성해 보자. 실근일 때만 출력한다.

2차 방정식의 계수 a를 입력하세요: 1
2차 방정식의 계수 b를 입력하세요: -3
2차 방정식의 계수 c를 입력하세요: 2
서로 다른 두 개의 실근이 있습니다:
근 1: 2.0
근 2: 1.0

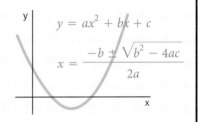

$$y = ax^2 + bx + c$$

$$x = \frac{-b \pm \sqrt{b^2 - 4ac}}{2a}$$

SOLUTION

quad_eq.py 이차 방정식 계산하기

```
import math
```
math.sqrt()를 호출하여 제곱근을 계산한다.

```
# 2차 방정식의 계수 입력받기
a = float(input("2차 방정식의 계수 a를 입력하세요: "))
b = float(input("2차 방정식의 계수 b를 입력하세요: "))
c = float(input("2차 방정식의 계수 c를 입력하세요: "))

# 판별식 계산
discriminant = b**2 - 4*a*c
```

```python
# 근 계산 및 출력
if discriminant > 0 :
    # 서로 다른 두 개의 실근
    root1 = (-b + math.sqrt(discriminant)) / (2*a)
    root2 = (-b - math.sqrt(discriminant)) / (2*a)
    print("서로 다른 두 개의 실근이 있습니다: ")
    print("근 1: ", root1)
    print("근 2: ", root2)
elif discriminant == 0 :
    pass
else :
    pass
```

> pass는 파이썬에서 빈 블록을 나타내는 문장이다. 코드 블록을 작성해야 하지만 현재는 아무런 동작이 필요하지 않을 때 사용한다. pass 문장은 문법적으로 유효한 문장이지만 실행될 때 아무런 영향을 주지 않는다.

LAB 12 로봇 시뮬레이터 만들기

사용자로부터 명령어를 받아서 터틀을 로봇처럼 제어해 보자. 즉, 사용자가 "L"을 입력하면 왼쪽으로 회전하게 하고 사용자가 "R"을 입력하면 오른쪽으로 회전하게 하자.

```
로봇 시뮬레이터 (앞으로: F, 뒤로: B, 왼쪽 회전: L, 오른쪽 회전: R, 종료: Q): F
로봇 시뮬레이터 (앞으로: F, 뒤로: B, 왼쪽 회전: L, 오른쪽 회전: R, 종료: Q): R
로봇 시뮬레이터 (앞으로: F, 뒤로: B, 왼쪽 회전: L, 오른쪽 회전: R, 종료: Q): F
로봇 시뮬레이터 (앞으로: F, 뒤로: B, 왼쪽 회전: L, 오른쪽 회전: R, 종료: Q): F
로봇 시뮬레이터 (앞으로: F, 뒤로: B, 왼쪽 회전: L, 오른쪽 회전: R, 종료: Q): L
로봇 시뮬레이터 (앞으로: F, 뒤로: B, 왼쪽 회전: L, 오른쪽 회전: R, 종료: Q): F
로봇 시뮬레이터 (앞으로: F, 뒤로: B, 왼쪽 회전: L, 오른쪽 회전: R, 종료: Q): Q
```

SOLUTION

if_turtle.py 로봇 시뮬레이터

```python
import turtle

robot = turtle.Turtle()

while True :
    command = input("로봇 시뮬레이터 (앞으로: F, 뒤로: B, 왼쪽 회전: L, 오른쪽 회전: R, 종료: Q)
```

> 무한 반복문이다. 4장에서 학습한다.

```
        : ")
    if command == 'F' :
        robot.forward(100)
    elif command == 'B' :
        robot.backward(100)
    elif command == 'L' :
        robot.left(90)
    elif command == 'R' :
        robot.right(90)
    elif command == 'Q' :
        turtle.bye()
        break
    else :
        print("잘못된 명령어입니다. 다시 입력해주세요.")
```

도전문제 명령어로 소문자 f, b, l, r, q도 사용하게 하려면 위의 소스 코드를 어떻게 수정해야 하는가?

6 if 문과 연산자 in

리스트

파이썬에서 리스트(List)는 여러 개의 값을 순서대로 저장하는 데이터 구조이다. 리스트는 대괄호([])로 감싸고, 각각의 값은 쉼표(,)로 구분하여 나열된다. 리스트는 가변적(mutable)이므로 값의 추가, 수정, 삭제 등이 가능하다. 리스트는 차후에 자세히 학습하겠지만, if 문과 관련된 몇 가지의 연산자를 학습해 보자.

```
# 리스트 생성
fruits = ['apple', 'banana', 'orange']

# 값 추가
fruits.append('grape')
print(fruits)            # ['apple', 'banana', 'orange', 'grape']

# 값 삭제
fruits.remove('banana')
print(fruits)            # ['apple', 'orange', 'grape']
```

```
# 리스트 길이
print(len(fruits))      # 3
```

리스트에는 append()를 이용하여 값을 추가할 수 있고, remove()를 이용하여 특정한 값을 삭제할 수도 있다. 리스트의 길이는 len()를 이용하여 계산할 수 있다.

in 연산자

파이썬의 in 연산자는 멤버십(membership) 연산자 중 하나로, 어떤 값이 시퀀스(문자열, 리스트, 튜플 등) 안에 속해 있는지를 확인하는 데 사용한다. in 연산자는 부울값을 반환하며, 해당 값이 시퀀스에 속해 있으면 True를 반환하고, 속해있지 않으면 False를 반환한다. 따라서 조건식으로 사용할 수 있다. 다음은 in 연산자의 사용 예시이다. in 연산자는 시퀀스 안에 값이 존재하는지를 빠르게 확인하는 용도로 사용할 수 있다.

list1.py in 연산자 사용하기

```
# 리스트에서의 in 연산자 사용
numbers = [1, 2, 3, 4, 5]

if 3 in numbers :
    print("3이 리스트에 있습니다.")
else :
    print("3이 리스트에 없습니다.")
```

3이 리스트에 있습니다.

또한 not in 연산자를 사용하여 어떤 값이 시퀀스에 속해있지 않은지 확인할 수도 있다.

list2.py not in 연산자 사용하기

```
# not in 연산자 사용
numbers = [1, 2, 3, 4, 5]

if 9 not in numbers :
    print("9가 리스트에 없습니다.")
```

9가 리스트에 없습니다.

in 연산자는 기존의 전통적인 프로그래밍 언어에서 찾아보기 힘든 연산자로서, 아주 편리하다. in 연산자는 조건문이나 반복문과 함께 사용하여 특정 값이 시퀀스에 속해 있는 경우에만 특정 동작을 수행하도록 제어할 수 있다.

아이디를 입력받아서 등록된 아이디인지를 검사하는 프로그램을 작성해 보자. 등록된 아이디를 리스트 (list)에 저장하도록 한다. 아이디가 일치하면 패스워드를 물어보고, 아이디가 일치하지 않으면 패스워드는 물어보지 않는다.

```
아이디를 입력하시오: 홍길동
패스워드를 입력하시오: 12345678
환영합니다.
```

SOLUTION

리스트이다.

check_id.py 로그인 프로그램

```python
user_list =['김철수', '홍길동', '김영희']
name = input("아이디를 입력하시오: ")

if name in user_list :
    password = input("패스워드를 입력하시오: ")
    if password == "12345678" :
        print("환영합니다.")
    else :
        print("잘못된 패스워드입니다.")
else :
    print("알 수 없는 사용자입니다!")
```

name의 값이 리스트 안에 있으면 True가 된다.

도전문제 패스워드도 리스트에 저장해 보자.

도형 그리기

터틀 그래픽을 이용하여 사용자로부터 입력받은 도형을 그리는 프로그램을 작성해 보자. 사용자가 선택한 도형에 따라 다른 조건문을 활용하여 해당 도형을 그리게 된다.

> 어떤 도형을 그리시겠습니까? (원/사각형/삼각형): 원
> 반지름을 입력하세요: 100

SOLUTION

draw_shape.py 도형 그리기 프로그램

> 터틀 그래픽을 이용하여 원, 사각형, 삼각형 중 하나의 도형을 그리는 프로그램을 작성한다. 사용자로부터 원하는 도형을 입력받고, 해당 도형에 따라 조건문을 사용하여 그리는 동작을 수행한다.

```python
import turtle
shape = input("어떤 도형을 그리시겠습니까?(원/사각형/삼각형): ")

if shape == "원" :
    radius = int(input("반지름을 입력하세요: "))
    turtle.circle(radius)

elif shape == "사각형" :
    width = int(input("가로 길이를 입력하세요: "))
    height = int(input("세로 길이를 입력하세요: "))
    for i in range(2) :            # 2번 반복
        turtle.forward(width)
        turtle.right(90)
        turtle.forward(height)
        turtle.right(90)

elif shape == "삼각형" :
    length = int(input("한 변의 길이를 입력하세요: "))
    for i in range(3) :            # 3번 반복
        turtle.forward(length)
        turtle.right(120)
else :
    print("지원하지 않는 도형입니다.")
turtle.done()
```

> "원"을 선택한 경우, 반지름을 입력받아 circle() 함수를 이용하여 원을 그린다.

> "사각형"을 선택한 경우, 가로 길이와 세로 길이를 입력받아 forward()와 right() 함수를 이용하여 사각형을 그린다.

> "삼각형"을 선택한 경우, 한 변의 길이를 입력받아 forward()와 right() 함수를 이용하여 삼각형을 그린다.

숫자 맞추기 게임 만들기

프로그램이 가지고 있는 정수를 사용자가 알아맞히는 게임을 만들어보자. 사용자가 답을 제시하면 프로그램은 자신이 저장한 정수와 비교하여 제시된 정수가 더 높은지 낮은지만을 알려준다. 정수의 범위를 1부터 100까지로 한정하도록 하자. 그리고 사용자는 단 한 번의 기회만 가진다.

숫자 게임에 오신 것을 환영합니다.
숫자를 맞춰 보세요: 9
너무 큼!
게임 종료

SOLUTION

`guess_number.py` 숫자 맞추기 게임

```python
from random import randint

answer = randint(1, 100)
print("숫자 게임에 오신 것을 환영합니다.")
g = input("숫자를 맞춰 보세요: ")
guess = int(g)

if guess == answer :
    print("사용자가 이겼습니다.")
elif guess > answer :
    print("너무 큼!")
else :
    print("너무 작음!")
print("게임 종료")
```

도전문제 정답과 1만큼 차이가 나도 정답으로 인정한다고 하면 위의 코드는 어떻게 수정해야 하는가?

가위 바위 보 게임 만들기

사용자가 가위, 바위, 보 중에서 하나를 선택하고 컴퓨터도 난수로 가위, 바위, 보 중에서 하나를 선택하는 프로그램을 작성해 보자. 사용자의 선택과 컴퓨터의 선택을 비교하여 승패를 화면에 출력한다.

가위, 바위, 보 중 하나를 선택하세요: 바위
사용자 선택: 바위
컴퓨터 선택: 가위
사용자가 이겼습니다!

SOLUTION

`rock_paper.py` 가위 바위 보

```python
import random

# 사용자 입력받기
user_choice = input("가위, 바위, 보 중 하나를 선택하세요: ")

# 컴퓨터 랜덤 선택
choices = ['가위', '바위', '보']
computer_choice = random.choice(choices)

# 선택 출력
print("사용자 선택: ", user_choice)
print("컴퓨터 선택: ", computer_choice)

# 승패 결정
if user_choice == computer_choice :
    print("무승부입니다!")
elif (user_choice == "가위" and computer_choice == "보") or (user_choice == "바위" and
computer_choice == "가위") or (user_choice == "보" and computer_choice == "바위") :
    print("사용자가 이겼습니다!")
else :
    print("컴퓨터가 이겼습니다!")
```

도전문제 | 가위, 바위, 보 게임의 승패 판단을 다른 알고리즘으로 할 수 있는가? 가위를 0, 바위를 1, 보를 2로 표시하면 새로운 알고리즘을 만들 수 있다.

사각형 충돌 검사

사용자로부터 2개의 사각형 좌표를 입력받고, 2개의 사각형이 겹치는지 검사하는 프로그램을 작성해 보자.

```
첫 번째 사각형 좌표를 입력하세요.
왼쪽 상단 x 좌표: 2
왼쪽 상단 y 좌표: 3
너비: 5
높이: 5
두 번째 사각형 좌표를 입력하세요.
왼쪽 상단 x 좌표: 4
왼쪽 상단 y 좌표: 6
너비: 3
높이: 3

두 사각형은 겹칩니다.
```

Hint 2개의 사각형이 겹치는 조건은 아주 많다. 따라서 우리는 겹치지 않는 조건을 생각해 보자. 2개의 사각형이 서로 겹치지 않으려면 하나의 사각형이 다른 사각형의 위에 있거나 아래에 있거나 왼쪽에 있거나 오른쪽에 있으면 된다. 아래 그림을 참조한다.

SOLUTION

overlap.py 사각형 충돌 검사 프로그램

```python
# 첫 번째 사각형 입력받기
print("첫 번째 사각형 좌표를 입력하세요.")
x1 = int(input("왼쪽 상단 x 좌표: "))
y1 = int(input("왼쪽 상단 y 좌표: "))
w1 = int(input("너비: "))
h1 = int(input("높이: "))

# 두 번째 사각형 입력받기
print("두 번째 사각형 좌표를 입력하세요.")
x2 = int(input("왼쪽 상단 x 좌표: "))
y2 = int(input("왼쪽 상단 y 좌표: "))
w2 = int(input("너비: "))
```

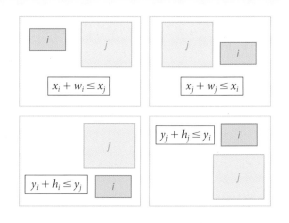

```
h2 = int(input("높이: "))

# 겹치지 않는지 검사
if x1 >= x2 + w2 or x1 + w1 <= x2 or y1 >= y2 + h2 or y1 + h1 <= y2 :
    print("두 사각형은 겹치지 않습니다.")
else :
    print("두 사각형은 겹칩니다.")
```

LAB 18 신호등 시뮬레이터 만들기

사용자가 입력한 신호에 따라 해당하는 색상의 원을 그리는 신호등 프로그램을 만들어보자.

신호를 입력하세요(red, yellow, green): red

traffic_light.py 신호등 프로그램

```
import turtle

# 터틀 객체 생성
t = turtle.Turtle()

# 신호 입력받기
signal = input("신호를 입력하세요(red, yellow, green): ")

# 신호에 따라 원 그리기
if signal == "red" :
    t.penup()
    t.goto(0, 100)
    t.pendown()
```

```python
    t.color("red")
    t.begin_fill()
    t.circle(50)
    t.end_fill()
    t.color("green")
    t.goto(100, 100)
    t.circle(50)
    t.color("yellow")
    t.goto(200, 100)
    t.circle(50)
elif signal == "yellow" :
    pass                    # 구현해 보자.
elif signal == "green" :
    pass                    # 구현해 보자.
else :
    print("지원되지 않는 신호입니다.")
# 터틀 그래픽 종료
turtle.done()
```

LAB 19 현재 시간 알아내기

시스템으로부터 현재 시각을 받아서 적절한 인사를 출력하는 프로그램을 작성해 보자. 현재 시각에 따라 연속적인 if 문을 사용해서 프로그램을 작성하였다.

```
현재 시각은  Fri Jun 23 10:40:51 2023
Good morning
```

파이썬에서 현재 시각을 얻어오려면 많은 방법이 있으나 다음과 같은 방법이 비교적 간명하다.

```python
import time
now = time.localtime()
print("현재 시: %d" % (now.tm_hour))
```

```
import time

now = time.localtime()
print("현재 시각은 ", time.asctime())

if now.tm_hour < 11 :
    print("Good morning")
elif now.tm_hour < 15 :
    print("Good afternoon")
elif now.tm_hour < 20 :
    print("Good evening")
else :
    print("Good night")
```

시스템으로부터 현재 시각을 얻어온다.

도전문제

now.tm_month를 사용하여 계절에 맞는 인사말을 출력하도록 소스 코드를 변경해 보자. 예를 들어 10월이라면 "청명한 가을이네요!"와 같이 출력하도록 한다.

01 조건에 따라 서로 다른 문장을 실행할 수 있다.

```
조건식
if score >= 60 :          ◀──── 콜론은 조건과 실행 문장을 분리한다.
    print("합격입니다.")   ◀──── 조건식이 참일 때 실행되는 문장, then 절이라고 한다.
else :                     ◀──── 그렇지 않으면
    print("합격입니다.")   ◀──── 조건식이 참이 아닐 때 실행되는 문장, else 절이라고 한다.
```

02 비교 연산자와 논리 연산자를 사용해서 복잡한 조건을 표현할 수 있다.

비교 연산자

연산	의미
x == y	x와 y가 같은가?
x != y	x와 y가 다른가?
x > y	x가 y보다 큰가?
x < y	x가 y보다 작은가?
x >= y	x가 y보다 크거나 같은가?
x <= y	x가 y보다 작거나 같은가?

논리 연산자

연산	의미
x and y	AND 연산, x와 y가 모두 참이면 참, 그렇지 않으면 거짓
x or y	OR 연산, x나 y 중에서 하나만 참이면 참, 모두 거짓이면 거짓
not x	NOT 연산, x가 참이면 거짓, x가 거짓이면 참

01 사용자로부터 세 개의 정수를 입력받고, 이 중에서 모두 다른 값이면 "True", 하나라도 중복된 값이면 "False"를 출력하는 프로그램을 작성하시오. 논리 연산자 상 중 하

```
세 개의 정수를 입력하세요.
첫 번째 정수: 5
두 번째 정수: 10
세 번째 정수: 15
True
```

```
세 개의 정수를 입력하세요.
첫 번째 정수: 7
두 번째 정수: 3
세 번째 정수: 7
False
```

02 두 사람의 키와 몸무게를 입력받아 두 사람의 비만도(BMI, Body Mass Index)를 계산하고, 각각의 비만도를 기준으로 "저체중", "정상", "과체중", "비만" 중 하나를 출력하는 프로그램을 작성하시오[BMI = 몸무게(kg) / (키(m) * 키(m)), 비만도 기준: 18.5 미만 저체중, 18.5 이상 23 미만 정상, 23 이상 25 미만 과체중, 25 이상 비만]. 조건문 상 중 하

```
사람 A의 정보를 입력하세요.
체중(kg): 60
키(m): 1.7

사람 A의 BMI: 20.761245674740486
사람 A의 비만도: 정상
```

03 정수를 입력받고, 해당 숫자가 2의 거듭제곱인지를 판별하여 출력하는 프로그램을 작성하시오(2의 거듭제곱: 1, 2, 4, 8, 16, 32, ...). 2의 거듭제곱은 (n & (n - 1)) == 0으로 판단한다. 여기서 &는 비트 AND 연산자이다. 조건문 상 중 하

```
정수를 입력하세요: 8
입력한 숫자는 2의 거듭제곱입니다.
```

04 사용자로부터 두 개의 실수를 입력받아, 두 수 중에서 더 큰 수를 소수 두 번째 자리에서 반올림하여 출력하는 프로그램을 작성하시오. 조건문 상 중 하

```
첫 번째 실수를 입력하세요: 12.3456
두 번째 실수를 입력하세요: 78.1234
두 수 중에서 더 큰 수는 78.12 입니다.
```

05 사용자로부터 세 개의 정수를 입력받고, 이 중에서 중간값(median)을 출력하는 프로그램을 작성하시오(예: 입력이 3, 1, 5일 때, 중간값은 3이다). 조건문 상 중 하

```
첫 번째 정수를 입력하세요: 5
두 번째 정수를 입력하세요: 2
세 번째 정수를 입력하세요: 7
세 정수 중 중간값은 5입니다.
```

06 간단한 주사위 게임을 작성하시오. 주사위를 3번 굴려서 나오는 점수를 모두 합한다. 주사위 면이 1이 나오면 불운이라고 간주되어서 다음번 주사위값은 무조건 0이다. 주사위 면이 6이 나오면 행운이라고 간주되어서 다음번 점수는 무조건 2배가 된다. 조건문 상 중 하

```
1, 2, 3 → 4
2, 6, 5 → 18
```

Hint random.randint(1, 6)을 사용하여 1부터 6 사이의 난수를 생성한다.

반복

학습목표

- 기본적인 반복 구조 for와 while을 이해하고 사용할 수 있다.
- 반복문의 문법과 작동 방식, 반복 범위 및 조건을 이해할 수 있다.
- 중첩된 반복문을 이해하고 사용할 수 있다.
- break, continue와 같은 제어문을 이해하고 사용할 수 있다.
- 리스트, 문자열 등의 데이터 구조를 반복하여 처리할 수 있다.

1 이번 장에서 작성할 프로그램

1 [프로그램 1] 별 그리기

반복문은 컴퓨터 그래픽에도 아주 많이 사용한다. 터틀 그래픽을 이용하여 별을 화면에 그려보자.

2 [프로그램 2] 정수 맞히기 게임

프로그램이 가지고 있는 정수를 사용자가 알아맞히는 게임을 작성해 보자.

```
1부터 100 사이의 숫자를 맞추시오.
숫자를 입력하시오: 50
낮음!
숫자를 입력하시오: 91
높음!
숫자를 입력하시오: 87
축하합니다. 시도 횟수= 3
```

3 [프로그램 3] 다채로운 색상의 사각형 그리기

터틀 그래픽과 중첩 루프를 사용하여 다채로운 색상의 사각형을 그려보자.

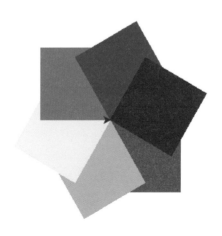

2 반복의 필요성

인간은 항상 새롭고 흥미로운 것들을 좋아하고, 똑같은 작업을 반복하는 것을 지루해한다. 하지만 우리들의 생활에는 반복적인 작업들이 필요하다. 예를 들어 컨베이어 시스템에서 여러 부품을 모아 완제품을 조립하는 어셈블리 라인의 경우, 각 작업자는 똑같은 작업을 반복해야 한다. 어떻게 하면 좋을까? 바로 컴퓨터를 사용하면 된다. 반복적이고 지루한 작업은 컴퓨터를 이용하여 자동화해야 한다. 동일한 작업을 오류 없이 반복하는 것은 컴퓨터가 아주 잘할 수 있는 분야이기 때문이다.

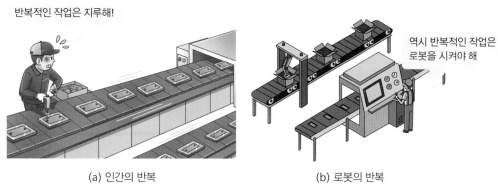

(a) 인간의 반복   (b) 로봇의 반복

그림 4.1   인간과 로봇의 반복 작업

프로그램에서 어떤 경우에 반복이 필요할까? 예를 들어 회사를 방문하는 VIP 고객을 위하여 화면에 "환영합니다."를 5번 출력하고 싶다고 하자. 이제까지 학습한 방법만을 사용하면 다음과 같이 print() 함수를 호출하는 문장을 5번 되풀이해야 한다.

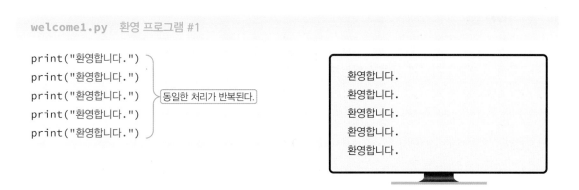

```
welcome1.py 환영 프로그램 #1

print("환영합니다.")
print("환영합니다.")
print("환영합니다.")    동일한 처리가 반복된다.
print("환영합니다.")
print("환영합니다.")
```

```
환영합니다.
환영합니다.
환영합니다.
환영합니다.
환영합니다.
```

똑같은 문장을 5번 작성하는 것은 어느 정도 가능하다. 하지만 1,000번 출력해야 한다면 문제는 심각해진다. 정말 지루한 작업이 될 것이다. 또 "VIP님 파이썬의 세계에 오신 것을 환영합니다."와 같이 메시지를 변경하고자 한다면, 전체 문장을 모두 수정해야 한다.

다행스럽게도 파이썬에는 동일한 문장을 조건에 따라서 반복해 주는 반복문들이 존재한다. 반복문은 어떤 조건이 만족되는 동안, 특정한 문장을 반복 실행하는 구조이다. for 문과 while 문이 바로 그것이다. 예를 들어 위의 코드는 for 문을 사용하여 다음과 같이 작성할 수 있다.

```
for x in range(5) :
    print("환영합니다.")
```

환영합니다.
환영합니다.
환영합니다.
환영합니다.
환영합니다.

range() 함수는 정수들의 리스트를 생성한다. range(5)는 0, 1, 2, 3, 4까지의 정수를 생성해서 반환한다. 위의 for 문은 리스트의 첫 번째 숫자인 0부터 시작하여 print() 문장을 반복한다. 리스트의 마지막 숫자인 4까지 반복하고 나서 반복은 종료된다. 따라서 print() 문장은 5번 반복된다. for 문을 사용하게 되면 상당한 분량의 코드를 줄인다는 것을 알 수 있다. for 문은 C언어에서 시작된 반복 구조로 가장 많이 사용하는 반복 형태이다.

파이썬에서 지원하는 반복문에는 다음과 같은 두 가지 종류가 있다. 개발자가 현재 상황에 맞는 구조를 선택하여 사용하면 된다.

- **for 문**: 정해진 횟수만큼 반복하는 구조이다.
- **while 문**: 어떤 조건이 만족되는 동안, 반복을 계속하는 구조이다.

3 for 문

for 문은 정해진 횟수만큼 반복할 때 사용하는 반복 구조이다. for 루프(loop)라고도 한다. for 문은 과일 바구니에서 과일을 하나씩 꺼내서 씻는 것을 상상하면 이해가 쉽다. 바구니 안의 과일을 다 씻으면 반복은 종료된다.

파이썬의 for 문은 시퀀스에서 항목을 하나씩 꺼내서 처리하다가 시퀀스가 종료되면 처리를 종료한다. 시퀀스(sequence)는 데이터 구조 중 하나로, 데이터들이 순서를 지키면서 모여 있는 구조이다. 시퀀스는 여러 항목으로 구성되어 있으며 각 항목은 고유한 인덱스를 가지고 있다. 이는 항목이 순서대로 나열되어 있고, 각 항목에는 위치에 따라 접근할 수 있는 것을 의미한다. 가장 대표적인 시퀀스는 리스트(list)와 문자열(string)이다. 문자열은 문자의 시퀀스이다. 예를 들어 "Hello, World!"는 문자열이다. 리스트(List)는 값의 시퀀스이다. 리스트는 대괄호([])로 둘러싸인 값들의 목록이다. [1, 2, 3, 4, 5]는 리스트이다.

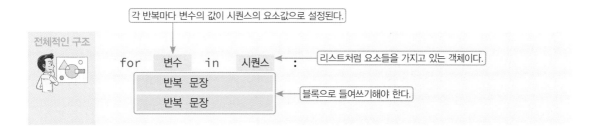

리스트에 대하여 반복하는 예제를 살펴보자. 친구들의 리스트에서 이름을 꺼내서 화면에 출력하는 코드는 다음과 같다.

for1.py 반복문 #1

```
for name in ['철수', '영희', '길동', '유신'] :
    print("안녕!" + name)
```

위의 예제를 실행하면 결과는 다음과 같다.

안녕! 철수
안녕! 영희
안녕! 길동
안녕! 유신

- for 문장에 있는 변수 name은 루프 변수라고 불린다. 변수 이름은 얼마든지 변경할 수 있다.
- 두 번째 줄은 루프 몸체라고 불린다. 루프 몸체는 반드시 들여쓰기해야 한다. 들여쓰기가 어떤 문장들이 루프 안에 있는지를 결정한다.
- 한 번 반복이 끝나면, 시퀀스에 처리할 항목이 더 있는지 검사한다. 처리할 항목이 남아있지 않으면, 루프는 종료되고 루프 몸체 다음 문장부터 다시 실행된다.
- 만약 처리할 항목이 더 있다면 루프 변수가 리스트의 다음 항목으로 변경된다. 각 반복에서 name은 각각의 친구들을 참조한다.

for 문의 정확한 이해는 아주 중요하다. 따라서 리스트에서 문자열을 꺼내서 반복하는 예제를 다음 그림을 보고 완벽하게 이해하도록 하자.

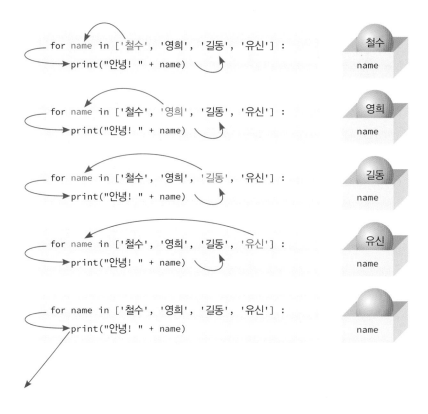

예제

정수들이 모여 있는 리스트에서 정수를 하나씩 꺼내서 출력하는 코드를 살펴보자.

```
for2.py  반복문 #2

for x in [0, 1, 2, 3, 4, 5, 6, 7, 8, 9] :
    print(x, end=" ")
```

```
0 1 2 3 4 5 6 7 8 9
```

- [0, 1, 2, 3, 4, 5, 6, 7, 8, 9]는 정수들을 가지고 있는 리스트이다. for 문이 실행되면 이들 리스트에서 정수를 하나 씩 꺼내서 변수 x에 할당하게 된다.
- 각 반복에서 변수 x의 값을 출력한다.
- 여기서 print(x, end=" ")은 변수 x의 값을 출력한 후에 줄을 바꾸지 말고 " "을 출력하라는 의미이다.

range() 함수

0부터 9까지의 정수들이 저장된 리스트는 불편하지만 만들 수 있다. 하지만 1,000번 반복해야 하는 경우는 어떻게 할 것인가? 0에서 999까지가 저장된 리스트는 손으로 만드는 것이 거의 불가능하다. 좀 더 편리한 방법을 찾아야 한다. 이런 경우에 유용한 함수가 range() 함수이다. range는 범위(구간)라는 뜻이다.

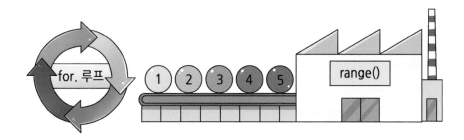

이 함수를 이용하면 특정 구간의 정수들을 생성할 수 있다. 예를 들어 range(10)하면 0부터 9까지의 정수가 생성된다.

range.py range() 사용 예 #1

```
sum = 0
for x in range(10) :      range(10)은 0부터 9까지의 정수를 생성한다.
    sum = sum + x
print(sum)
```

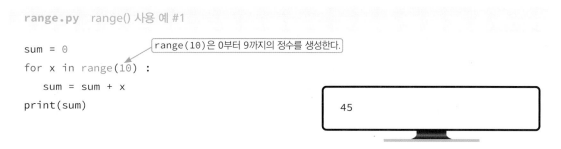

45

range(start, stop)의 형식도 사용할 수 있다. range(start, stop)과 같이 호출하면 start부터 시작하여 (stop-1)까지의 정수가 생성된다. 이때 stop은 포함되지 않는다.

range2.py range() 사용 예 #2

```
                          0, 1, 2, 3, 4, 5, 6, 7, 8, 9에 대해 반복
sum = 0
for x in range(0, 10) :
    sum = sum + x
print(sum)
```

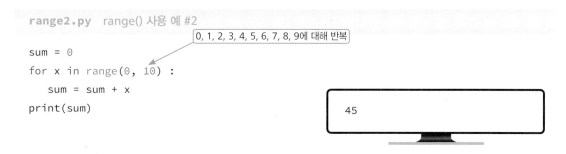

45

range(start, stop, step)과 같은 형식도 제공된다. start부터 stop-1까지 step의 간격으로 정수를 생성한다. 예를 들어 range(0, 10, 2)와 같이 호출하면 0부터 2씩 건너뛰면서 10보다는 작은 정수 [0, 2, 4, 6, 8]이 생성된다.

range3.py range() 사용 예 #3

```
                          0, 2, 4, 6, 8에 대해 반복
for x in range(0, 10, 2) :
    print(x, end=" ")
```

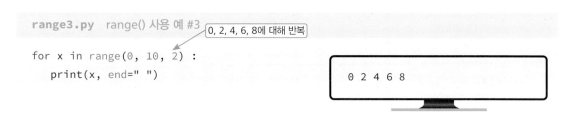

0 2 4 6 8

여기서 range() 함수의 형식을 정리하고 지나가자.

range() 함수는 start부터 stop-1까지 step의 간격으로 정수들을 생성한다. start와 step은 생략할 수 있다. start나 step이 생략되면 start는 0, step은 1로 간주된다.

NOTE 본문에서 설명을 쉽게 하기 위하여 range() 함수가 정수들의 리스트를 생성한다고 설명하였는데, 파이썬 버전 3부터는 range() 함수는 연속적인 정수들을 생성하는 제너레이터 객체를 반환한다. 반복 횟수가 많을 때 정수 리스트를 생성하면 너무 커지기 때문이다. range()가 반환하는 객체를 받아서 리스트로 변환하려면 list() 함수를 사용하면 된다.

```
>>> list(range(10))
[0, 1, 2, 3, 4, 5, 6, 7, 8, 9]
```

문자열 반복

문자열도 시퀀스의 일부분이다. 따라서 문자열을 대상으로 반복문을 만들 수 있다. 문자열 "abcdef"에 들어 있는 문자들을 처리하기 위해 다음과 같은 반복문을 만들어서 사용할 수 있다.

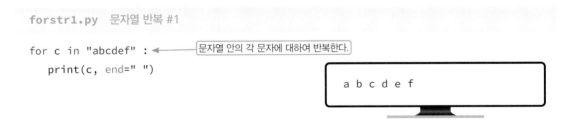

forstr1.py 문자열 반복 #1

```
for c in "abcdef" :    ← 문자열 안의 각 문자에 대하여 반복한다.
    print(c, end=" ")
```

```
a b c d e f
```

반복 루프의 몸체가 끝나면 무엇을 실행하는가?

반복 루프의 몸체가 끝나면 반복 루프 아래에 있는 문장이 실행된다.

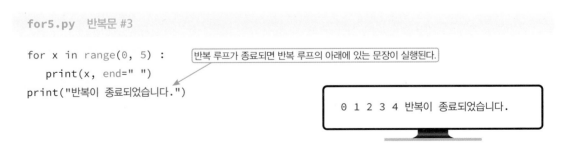

for5.py 반복문 #3

```
for x in range(0, 5) :    반복 루프가 종료되면 반복 루프의 아래에 있는 문장이 실행된다.
    print(x, end=" ")
print("반복이 종료되었습니다.")
```

```
0 1 2 3 4 반복이 종료되었습니다.
```

LAB 01 · 정수들의 합 계산

1부터 사용자가 입력한 수 n까지 더해서 (1+2+3+…+n)을 계산하는 프로그램을 작성해 보자. for 문을 사용하면 간단하게 합계를 구할 수 있다.

```
어디까지 계산할까요: 10
1부터   10 까지 정수의 합=   55
```

SOLUTION

for_sum.py for 문을 이용한 정수의 합

```python
# 반복을 이용한 정수 합 프로그램
sum = 0                                              ← sum은 정수들의 합을 저장한다.
limit = int(input("어디까지 계산할까요: "))

for i in range(1, limit+1):          ← 1부터 limit까지의 정수가 생성되어 변수 i에 대입된다.
    sum += i                             반복 루프 안에서 sum에 i의 값이 더해진다.
print("1부터", limit, "까지의 정수의 합= ", sum)   ← for 문이 끝나면 실행된다. 화면에 sum의 값이 출력된다.
```
sum = sum+i와 같은 의미이다.

여기서 주의해야 할 점은 1부터 limit까지의 정수가 생성되어 변수 i에 대입된다는 점이다. 반복 루프 안에서 sum에 i의 값이 더해진다. limit가 10이라고 하면 다음과 같이 반복이 진행된다.

	i의 값	sum의 값
첫 번째 반복	1	0+1
두 번째 반복	2	0+1+2
세 번째 반복	3	0+1+2+3
…	…	…
열 번째 반복	10	0+1+2+3+…+10

LAB 02   팩토리얼 계산

for 문을 이용하여 팩토리얼을 계산해 보자. 팩토리얼 n!은 1부터 n까지 정수를 모두 곱한 것을 의미한다. 즉, n! = 1×2×3×······×(n−1)×n이다.

```
정수를 입력하시오: 10
10 !은 3628800이다.
```

SOLUTION

`for_facto.py`   팩토리얼 계산하기

```python
# 반복을 이용한 팩토리얼 구하기
fact = 1
n = int(input("정수를 입력하시오: "))

for i in range(1, n+1) :
    fact = fact * i

print(n, "!은 ", fact, " 이다.")
```

변수 fact를 정의한다. 여기서 fact의 초깃값은 반드시 1이어야 한다. 0이면 안 된다. 왜냐하면 팩토리얼은 정수를 전부 곱해서 계산하는 것이므로 초깃값이 0이면 결과는 0이 되어 버리기 때문이다. 따라서 반드시 1로 초기화를 시켜야 한다.

for 문을 사용하여 fact에 i의 값을 곱한 결과값을 다시 fact에 저장한다. i의 초깃값도 0이 아닌 1이어야 한다.

n이 5라고 하면 다음과 같이 반복이 진행된다.

	i의 값	fact의 값
첫 번째 반복	1	1*1
두 번째 반복	2	1*1*2
세 번째 반복	3	1*1*2*3
네 번째 반복	4	1*1*2*3*4
다섯 번째 반복	5	1*1*2*3*4*5

온도 변환 테이블 출력

화씨온도-섭씨온도 변환 테이블을 출력하는 프로그램을 작성해 보자. 반복 구조를 사용해야 하고 정수보다는 실수로 출력하는 편이 정확하다. 화씨 0도부터 100도까지, 10도 단위로 증가시키면서 대응되는 섭씨온도를 옆에 출력한다. C = (F−32)×5/9 수식을 사용한다.

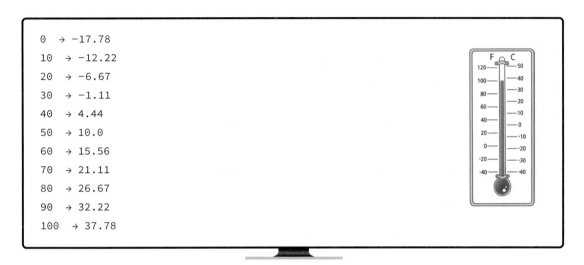

```
0    → -17.78
10   → -12.22
20   → -6.67
30   → -1.11
40   → 4.44
50   → 10.0
60   → 15.56
70   → 21.11
80   → 26.67
90   → 32.22
100  → 37.78
```

SOLUTION

`temp_table.py` 온도 변환 테이블 출력

```python
for t in range(0, 100+1, 10) :
    c = (t - 32.0) * 5.0 / 9.0
    print(t, " →", round(c, 2))
```

round(c, 2)는 변수 c의 값을 소수점 두 번째 자리까지 출력하라는 것을 의미한다. 값은 반올림된다.

도전문제

❶ 사용자가 원하는 범위 내에서만 변환 테이블을 출력할 수 있도록 하여, 불필요한 정보를 줄여보자.

❷ 증가 범위를 사용자가 변경할 수 있도록 코드를 수정해 보자.

반복문은 컴퓨터 그래픽에도 아주 많이 사용한다. 터틀 그래픽을 이용하여 별을 화면에 그려보자.

SOLUTION

turtle_star.py 별 그리기 프로그램

```python
import math
import turtle

t = turtle.Turtle()                 # 터틀 객체 생성
t.width(5)                          # 5 픽셀로 두껍게 설정
t.color("blue")                     # 파란색으로 설정
num_sides = 5                       # 다각형을 그릴 때 사용할 변의 개수
side_length = 200                   # 다각형의 한 변의 길이

angle = (360.0 / num_sides)*2       # 다각형 내각을 구하기 위해 회전해야 하는 각도

# num_sides에 지정된 개수만큼 반복하여 다각형 그리기
for i in range(num_sides) :
    t.forward(side_length)          # side_length만큼 앞으로 이동
    t.right(angle)                  # angle만큼 오른쪽으로 회전

turtle.done()
```

도전문제   색상을 넣어서 별을 그려보자.

반복문은 컴퓨터 그래픽에도 아주 많이 사용한다. 터틀 그래픽을 이용하여 다각형을 화면에 그려보자.

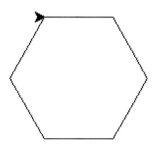

SOLUTION

`turtle_polygon.py` 다각형 그리기 프로그램

```python
import turtle

t = turtle.Turtle()                # 터틀 객체 생성
num_sides = 6                      # 다각형의 변의 개수
side_length = 70                   # 다각형의 변의 길이

# 다각형의 내각을 구하기 위해 회전해야 하는 각도
angle = 360.0 / num_sides

# num_sides에 지정된 개수만큼 반복하여 다각형 그리기
for i in range(num_sides) :
    t.forward(side_length)         # side_length만큼 앞으로 이동
    t.right(angle)                 # angle만큼 오른쪽으로 회전

turtle.done()
```

도전문제 | 위의 프로그램에서 팔각형을 그리도록 코드를 수정해 보자. 어디만 수정하면 되는가?

터틀 그래픽을 이용하여 색상이 다른 사각형을 18개 그려보자. 각 사각형은 20도씩 기울어져 있다.

SOLUTION

turtle_rect1.py   여러 개의 사각형 그리기

```
import turtle

t = turtle.Turtle()
length = 100
colors = ['red', 'green', 'blue', 'orange', 'purple']
t.width(5)                    # 5 픽셀로 두껍게 설정

for i in range(18) :          # 18번 반복한다.
    t.left(20)                # 왼쪽으로 20도 회전한다.
    t.color(colors[i%5])
    t.forward(length)         # length 픽셀 전진한다.
    t.left(90)
    t.forward(length)         # length 픽셀 전진한다.
    t.left(90)
    t.forward(length)         # length 픽셀 전진한다.
    t.left(90)
    t.forward(length)         # length 픽셀 전진한다.
    t.left(90)

# 터틀 그래픽 종료
turtle.done()
```

사인(sine) 그래프를 반복문을 이용하여 그려보자. 사인 함수는 수학, 물리학, 공학에서 아주 많이 나타나는 함수이다. 이번에도 터틀 그래픽의 기능을 사용해 본다.

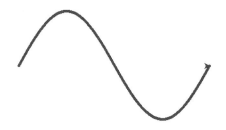

SOLUTION

turtle_sin.py 사인 그래프 그리기

```python
import math
import turtle

t = turtle.Turtle()
t.width(5)
t.color("blue")
t.pendown()                                # 터틀 객체의 펜을 내린다.

for angle in range(360) :                  # 360번 반복한다.
    y = math.sin(math.radians(angle))      # angle값에 대응되는 사인값을 계산한다.
    scaledX = angle                        # x축의 좌표값을 각도로 한다.
    scaledY = y * 100                      # y축의 좌표값을 사인값으로 한다.
    t.goto(scaledX, scaledY)               # 터틀 객체를 (scaledX, scaledY)로 이동시킨다.

t.penup()                                  # 터틀 객체의 펜을 올린다.
turtle.done()
```

도전문제
❶ 코사인 그래프도 그려보자.
❷ x축과 y축도 그려보자.

4 while 문

while 문은 어떤 조건을 정해놓고 반복을 하는 구조이다. 예를 들어 자동차 경주에서 경주용 자동차는 반드시 서킷을 10번 돌아야 한다면 반복하는 조건은 "횟수가 10번 미만인가요?"가 될 것이다. 이것을 순차 다이어그램으로 그리면 오른쪽과 같다. 반복을 결정하는 조건이 있고, 조건이 참이면 반복을 하고 그렇지 않으면 반복 루프를 빠져나가게 된다.

while 문의 구조는 다음과 같다. while 문의 조건 안에 반복의 조건을 기술한다. 조건이 만족되는 동안, 블록 안의 문장은 반복 실행된다.

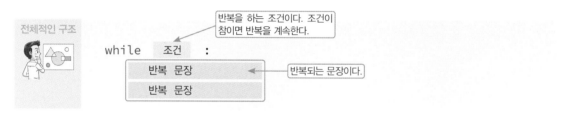

예를 들어 "환영합니다."를 화면에 5번 출력하는 예제를 while 문을 이용하여 작성하면 다음과 같다.

while1.py while 문으로 반복 출력하기

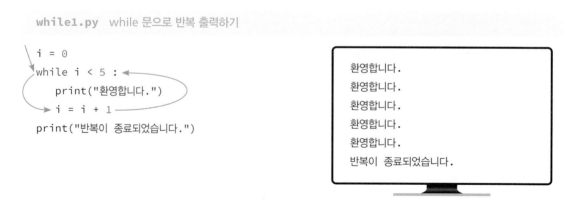

```
i = 0
while i < 5 :
    print("환영합니다.")
    i = i + 1
print("반복이 종료되었습니다.")
```

```
환영합니다.
환영합니다.
환영합니다.
환영합니다.
환영합니다.
반복이 종료되었습니다.
```

위의 코드에서 반복 조건에 해당하는 것은 수식 "i < 5"이다. 위의 코드가 의미하는 것은 i가 5보다 적다면 블록 안에 있는 2개의 문장을 반복 실행하라는 것이다. i의 초깃값은 0이고 i는 한 번 반복될 때마다

1씩 증가된다. 따라서 i는 0 → 1 → 2 → 3 → 4와 같이 증가하게 되고 i가 5가 되면 수식 "i < 5"는 거짓이 되어 반복이 종료된다. 반복 조건은 while 문에 처음으로 진입할 때 검사되고, 한 번씩 반복할 때마다 반복을 계속할 것인지를 결정하기 위하여 검사된다.

여기서 주의해야 하는 사항이 있다. 만약 우리가 i를 증가시키지 않는다면 반복 조건이 항상 참이 되어서 무한히 반복하게 된다.

```
i = 0
while i < 5 :          ← 반복 조건이 항상 참이기 때문에 블록이 무한히
    print("환영합니다.")      반복된다. 이것을 무한 반복이라고 한다.
```

위의 코드에서 while 문의 몸체에는 변수 i의 값을 증가시키는 코드가 없기 때문에 while 문의 조건은 몇 번을 반복하더라도 거짓이 되지 않는다. 이것을 **무한 반복(Infinite Loop)**이라고 하며 이러한 결과가 나오지 않도록 주의해야 한다.

예제

앞의 팩토리얼을 계산하는 예제를 while 문으로 다시 작성해 보자.

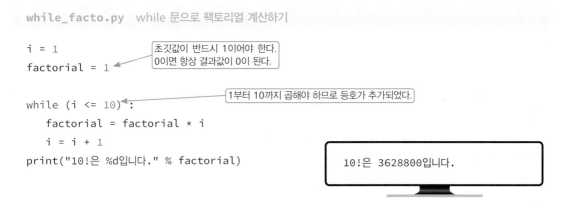

```
while_facto.py   while 문으로 팩토리얼 계산하기

i = 1
factorial = 1          ← 초깃값이 반드시 1이어야 한다.
                         0이면 항상 결과값이 0이 된다.

while (i <= 10) :      ← 1부터 10까지 곱해야 하므로 등호가 추가되었다.
    factorial = factorial * i
    i = i + 1
print("10!은 %d입니다." % factorial)
```

10!은 3628800입니다.

팩토리얼 값을 계산하는 것은 while 문보다는 for 문을 사용하는 것이 좋다. 왜냐하면 만약 while 문에서 변수 i를 증가시키는 부분을 잊어버린다면 무한 루프가 될 가능성도 있기 때문이다. for 문에서는 변수가 자동으로 증가된다. 코딩에서 조금이라도 오류를 줄일 수 있도록 노력해야 한다.

중간점검 | 사용자로부터 숫자를 입력받아, 입력된 숫자보다 작은 홀수를 모두 출력하는 프로그램을 작성해 보자. 입력된 숫자가 음수 또는 0인 경우에는 "잘못된 입력입니다."라고 출력하도록 한다.

LAB 08 평균 점수 계산

사용자로부터 임의의 개수의 점수를 받아서 평균을 계산한 후에 출력하는 프로그램을 작성해 보자. 즉, 음수가 입력되면 반복을 중단한다. while 문은 이런 경우에 사용하면 좋다.

```
종료하려면 음수를 입력하시오.
점수를 입력하시오: 10
점수를 입력하시오: 20
점수를 입력하시오: 30
점수를 입력하시오: -1
점수의 평균은 20.0입니다.
```

SOLUTION

sentinel.py 평균 점수 계산하기

```python
n = 0                          # 필요한 변수들을 초기화한다.
sum = 0
score = 0

print("종료하려면 음수를 입력하시오.")
while score >= 0 :             # score가 0 이상이면 반복
    score = int(input("점수를 입력하시오: "))
    if score > 0 :
        sum = sum + score     # 점수를 입력받아서 합계를 구하고 학생 수를 센다.
        n = n + 1

if n > 0 :
    average = sum / n          # 평균을 계산하고 화면에 출력한다.
print(f"점수의 평균은 {average}입니다.")
```

도전문제

❶ 사용자로부터 입력받을 때, 유효한 점수 범위 내에서만 입력을 받도록 제한해 보자. 예를 들어 0과 100 사이의 점수만 입력받도록 한다.

❷ 입력된 점수 중에서 최고와 최저 점수를 함께 출력하여 사용자에게 보다 다양한 정보를 제공해 보자.

성격이 급한 투자자가 있다. 1,000만원을 은행에 저금한다고 가정하자. 현재 이율은 5%이다. 몇 년이 지나야 원금의 두 배가 될까? 이런 문제가 while 문을 사용해야 하는 경우이다. 다음과 같은 알고리즘을 생각할 수 있겠다.

```
초기 저축액은 1000만원이다.
year = 0
while (저축액이 2000만원보다 작으면)
    year 변수를 1만큼 증가시킨다.
    저축액에 0.05를 곱하여 이자를 계산한다.
    이자를 저축액에 더한다.
```

```
기간:   15
총액:   2078.928179411367
```

SOLUTION

`invest.py` 투자 금액 계산하기

```python
year = 0                              # 초기 연도를 0으로 설정
balance = 1000                        # 시작 잔액을 1000으로 설정

# 잔액이 2000보다 작을 때까지 반복
while balance < 2000 :
    year = year + 1                   # 연도를 1 증가시킨다.
    interest = balance * 0.05         # 현재 잔액에 대한 이자를 계산한다(이자율은 5%로 가정).
    balance = balance + interest      # 이자를 잔액에 더한다.

# 반복이 끝나면 기간(year)과 최종 총액(balance) 출력
print("기간: ", year)
print("총액: ", balance)
```

도전문제

❶ 프로그램을 더 유연하게 만들기 위해 사용자로부터 원금과 목표 금액을 입력받아서 계산할 수 있도록 해보자.

❷ 이자율을 사용자로부터 입력받아서 다양한 이자율에 대한 계산을 할 수 있도록 해보자.

입력 단어 저장

while 문은 반복 횟수보다는 특정 조건을 알 때 유용하게 사용한다. while 문을 사용하면 조건이 충족될 때까지 반복하여 작업을 수행할 수 있으므로, 반복 횟수가 불확실한 경우에 유용하게 활용할 수 있다. 예를 들어 사용자가 "quit"를 입력할 때까지 사용자로부터 단어를 입력받아 저장하였다가, "quit"가 입력되면 그동안 저장하였던 단어를 전부 출력해 보자.

```
단어를 입력하세요('quit'로 종료): apple
단어를 입력하세요('quit'로 종료): banana
단어를 입력하세요('quit'로 종료): orange
단어를 입력하세요('quit'로 종료): quit
입력된 단어 개수: 3
입력된 단어 목록: ['apple', 'banana', 'orange']
```

SOLUTION

get_words.c 입력 단어 저장하기

```python
keyword_list = []              # 사용자로부터 입력받은 단어를 저장할 빈 리스트 생성
user_input = ""                # 사용자 입력을 저장할 변수 초기화

# 'quit'가 입력되기 전까지 사용자로부터 단어를 입력받는다.
while user_input != "quit" :
    user_input = input("단어를 입력하세요('quit'로 종료): ")
    if user_input != "quit" :               # 사용자 입력이 'quit'가 아니면 리스트에 추가
        keyword_list.append(user_input)

keyword_count = len(keyword_list)      # 입력된 단어 개수를 계산
print("입력된 단어 개수: ", keyword_count)    # 입력된 단어 개수 출력
print("입력된 단어 목록: ", keyword_list)     # 입력된 단어 목록 출력
```

도전문제

❶ 중복되는 단어를 리스트에 추가하지 않도록 코드를 수정해 보자.

❷ 입력된 단어를 알파벳 순서로 정렬하여 보기 좋게 출력해 보자.

자릿수의 합 계산

정수 안의 각 자릿수의 합을 계산하는 프로그램을 작성해 보자. 예를 들어 1234라면 (1+2+3+4)를 계산하는 것이다.

자릿수의 합은 10입니다.

SOLUTION

`digit_sum.py` 정수의 자릿수 합 계산하기

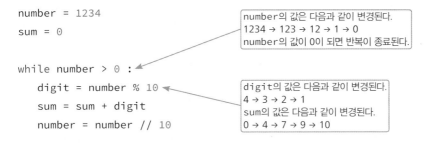

```python
number = 1234
sum = 0

while number > 0 :
    digit = number % 10
    sum = sum + digit
    number = number // 10

print("자릿수의 합은 %d입니다." % sum)
```

number의 값은 다음과 같이 변경된다.
1234 → 123 → 12 → 1 → 0
number의 값이 0이 되면 반복이 종료된다.

digit의 값은 다음과 같이 변경된다.
4 → 3 → 2 → 1
sum의 값은 다음과 같이 변경된다.
0 → 4 → 7 → 9 → 10

도전문제

각 자리 숫자의 합을 9로 나눈 나머지는 그 수를 9로 나눈 나머지와 같다. 예를 들어 123의 자릿수 합은 1 + 2 + 3 = 6이고, 123을 9로 나눈 나머지도 6이다. 이것을 확인하는 프로그램을 작성해 보자.

최대 공약수 알아내기

while 문을 이용하여 최대 공약수를 구해보자. 최대 공약수란, 정수들의 공통 약수 중에서 가장 큰 수를 의미한다. 예를 들어 8과 12의 최대 공약수는 4가 된다. 왜냐하면 4는 8의 약수이면서 동시에 12의 약수이고 공통 약수 중에서 가장 크기 때문이다.

최대 공약수를 구하려면 아무래도 정교한 수학적인 알고리즘이 필요하다. 최대 공약수를 구하는 알고리즘은 기원전 300년 전에 이미 유클리드에 의하여 개발되었다. 따라서 여기서는 그 알고리즘을 구현하는 데만 초점을 맞추어보자.

① 두 수 가운데 큰 수를 x, 작은 수를 y라 한다.
② y가 0이면 최대 공약수는 x와 같고 알고리즘을 종료한다.
③ r ← x % y
④ x ← y
⑤ y ← r ⟵ 〔알고리즘에 반복 존재!!〕
⑥ 단계 ②로 되돌아간다. ⟵

위 알고리즘의 원리에 대해서는 신경 쓰지 말자. 중요한 것은 위의 알고리즘을 프로그램으로 변환하는 것이다. 알고리즘을 자세히 살펴보면 반복 구조가 있음을 알 수 있다. 따라서 while 문을 사용하도록 하자. y가 0이 아니면 단계 ③, ④, ⑤를 반복하면 된다. 따라서 다음과 같은 프로그램을 얻을 수 있다.

SOLUTION

gcd.py 최대 공약수 계산하기

```
x = int(input("정수를 입력하시오(큰 수): "))
y = int(input("정수를 입력하시오(작은 수): "))

while (y != 0) :
    r = x % y
    x, y = y, r ⟵ 〔y는 x에 저장되고 r은 y에 저장된다.〕

print("최대 공약수는 %d입니다." % x)
```

LAB 13   숫자 맞추기 게임 만들기

프로그램이 가지고 있는 정수를 사용자가 알아맞히는 게임을 만들어보자. 사용자가 답을 제시하면 프로그램은 자신이 저장한 정수와 비교하여 제시된 정수가 더 높은지 낮은지 만을 알려준다. 정수의 범위를 1부터 100까지로 한정하면, 최대 7번이면 누구나 알아맞힐 수 있다. 정수의 범위를 1부터 1,000,000까지 확대하더라도 최대 20번이면 맞출 수 있다. 왜 그럴까? 이진 탐색의 원리 때문이다. 정렬되어 있는 숫자 중에서 중간값과 한 번씩 비교할 때마다 탐색의 범위는 1/2로 줄어든다. 예를 들어 1부터 100 사이에서 50과 비교하여 50보다 작다는 답변을 들었다면, 다음 탐색 범위는 1부터 50이 된다. 그렇지만 물론 게임이기 때문에 운도 따른다. 게임이 끝나면 몇 번 만에 맞추었는지도 함께 출력하자.

```
1부터 100 사이의 숫자를 맞추시오.
숫자를 입력하시오: 50
낮음!
숫자를 입력하시오: 75
낮음!
숫자를 입력하시오: 82
낮음!
숫자를 입력하시오: 91
높음!
숫자를 입력하시오: 86
낮음!
숫자를 입력하시오: 87
축하합니다. 시도 횟수= 6
```

Hint 프로그램은 반복 루프를 사용하여 사용자가 정확하게 정수를 알아맞힐 때까지 반복한다. 반복 루프 중에서 while 루프가 적당한데 반복 횟수를 미리 알 수 없기 때문이다. 사용자가 정답을 알아맞히면 몇 번 만에 알아맞혔는지를 화면에 출력한다. 사용자가 제시한 정수와 정답을 비교하는 데 if 문을 사용한다.

```
while 시도 횟수 < 10
    사용자로부터 숫자를 guess로 입력받는다.
    시도 횟수가 증가한다.
    if (guess < answer)
        숫자가 낮다고 출력한다.
    if (guess > answer)
        숫자가 높다고 출력한다.
    if (guess == answer)
        break
"축하합니다"와 시도 횟수를 출력한다.
```

SOLUTION

guess.py 숫자 맞추기 게임

```python
import random

tries = 0                          # 시도 횟수 초기화
number = random.randint(1, 100)    # 1부터 100 사이의 랜덤 숫자 생성

print("1부터 100 사이의 숫자를 맞추시오.")

while tries < 10 :
```

```
guess = int(input("숫자를 입력하시오: "))        # 사용자로부터 숫자를 입력받는다.
tries = tries + 1                               # 시도 횟수 증가
if guess < number :
    print("낮음!")                              # 입력한 숫자가 정답보다 작을 경우 출력
elif guess > number :
    print("높음!")                              # 입력한 숫자가 정답보다 클 경우 출력
else :
    break                                       # 정답을 맞춘 경우 반복문 종료

if guess == number :
    print("축하합니다. 시도 횟수=", tries)        # 정답을 맞춘 경우 축하 메시지와 시도 횟수 출력
else :
    print("정답은 ", number)                    # 시도 횟수를 모두 소진하여 맞추지 못한 경우 정답 출력
```

3개의 변수가 선언되어서 사용된다. 변수 number는 정답을 저장하고 있다. 정답은 1부터 100 사이의 난수가 사용된다. 변수 guess에는 사용자가 입력한 정수가 저장된다. 만약 number와 guess가 일치하면 반복이 종료된다. tries는 사용자의 시도 횟수를 기록한다.

반복 루프는 while 루프로 구현되었다. 정수를 input()을 통하여 입력 받은 후에 이것을 number에 저장된 정답과 비교한다. if 문을 사용하여 guess가 number보다 작은지 큰지를 검사한 후에 적당한 메시지를 출력한다. else까지 오면 guess와 number가 동일한 경우이다. 이 경우에는 반복을 중단하고 시도 횟수를 출력한다.

5 중첩 루프

반복문은 중첩하여 사용할 수 있다. 즉, 반복문 안에 다른 반복문이 포함될 수 있다. 이러한 형태를 중첩반복문(Nested Loop)이라고 한다. 외부에 위치하는 반복문을 외부 반복문(Outer Loop)이라고 하고 안쪽의 반복문을 내부 반복문(Inner Loop)이라고 한다. 내부 반복문은 외부 반복문이 한 번 반복될 때마다 새롭게 실행된다. 놀이공원의 롤러코스터에는 흔히 거대한 루프 안에 작은 루프들을 많이 위치시킨다. 중첩반복문은 이것과 유사하다.

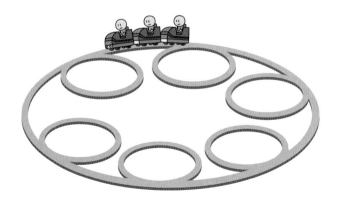

중첩 반복문은 실제 프로그래밍에서 자주 등장한다. 예를 들어 사각형과 비슷한 데이터를 처리하는 데 유용하다. 다음 예제는 * 기호를 사각형 모양으로 출력한다. 여기서는 반복문으로 for 문을 사용해 보자. 주의할 점은 외부의 for 문이 반복시키는 문장이 2개 이상이기 때문에 반드시 이들을 동일한 블록으로 만들어 주어야 한다. 그렇지 않으면 외부 for 문의 바로 아래에 위치한 문장만 반복될 것이다.

dloop1.py 별표 출력하기

```
# 중첩 for 문을 이용하여 * 기호를 사각형 모양으로 출력하는 프로그램

for y in range(5) :
    for x in range(10) :
        print("*", end=" ")
    print("")          # 내부 반복문이 종료될 때마다 실행
```

예제

다음과 같이 정수를 1부터 10까지 1씩 증가시키면서 n-제곱값을 테이블 형식으로 출력하는 프로그램을 작성해 보자.

x**1	x**2	x**3	x**4	x**5
1	1	1	1	1
2	4	8	16	32
3	9	27	81	243
4	16	64	256	1024
5	25	125	625	3125

power.py 제곱값 출력하기

```
for y in range(1, 6) :          # 제목 부분을 출력한다.
    print(f"x**{y}", end="\t")
print()

for x in range(1, 6) :
    for y in range(1, 6) :
        print(x**y, end="\t")
    print()
```

다양한 색상의 사각형 그리기

터틀 그래픽과 중첩 루프를 사용하여 다채로운 색상의 사각형을 그리는 프로그램을 작성해 보자. 외부 루프에서 6번의 반복을 통해 6가지 색상을 선택하고, 내부 루프에서 각 색상으로 사각형을 그리는 과정을 4번의 반복으로 수행한다. 그리고 외부 루프에서 터틀을 오른쪽으로 60도 회전시켜서 다음 색상을 선택한다. 이를 반복하면 다채로운 색상의 사각형이 그려진다.

SOLUTION

draw_rect.py 다양한 색상의 사각형 그리기

```python
import turtle

turtle.speed(0)                  # 거북이의 속도를 가장 빠른 속도로 설정한다.
colors = ['red', 'orange', 'yellow', 'green', 'blue', 'purple']

for color in colors :
    turtle.color(color)          # 거북이의 펜 색상을 리스트의 각 색상으로 설정한다.

    turtle.begin_fill()          # 색상으로 채우기를 시작한다.
    for _ in range(4) :
        turtle.forward(100)      # 거북이가 100만큼 앞으로 이동한다.
        turtle.right(90)         # 거북이가 90도 오른쪽으로 회전한다.
    turtle.end_fill()            # 색상으로 채우기를 종료한다.

    turtle.right(60)             # 거북이가 60도 오른쪽으로 회전한다.

turtle.done()                    # 터틀 그래픽을 종료한다.
```

6 문자열 처리하기

문자열도 시퀀스의 일종이므로, 문자열을 처리하는 용도로도 반복문을 많이 사용한다. 간단한 예를 살펴보자. 문자열의 각 문자들을 꺼내서 출력하는 코드를 작성하면 다음과 같다.

string1.py 문자열에서 문자 출력하기

```python
fruit = "apple"
index = 0

while index < len(fruit) :
    letter = fruit[index]
    print(letter, end=" ")
    index += 1
```

```
a p p l e
```

문자열도 시퀀스의 일종이라는 것을 이용하면 더 쉬운 코드도 작성이 가능하다.

```python
fruit = "apple"
for letter in fruit :     하나의 문자가 저장된다.
    print(letter, end=" ")
```

문자열을 받아서 모음을 전부 없애는 코드는 다음과 같이 작성할 수 있다.

string2.py 모음 삭제하기

```python
s = input("문자열을 입력하시오: ")
vowels = "aeiouAEIOU"
result = ""

for letter in s :          문자에 대하여 반복한다.
    if letter not in vowels :     문자가 모음 리스트에 있지 않으면,
        result += letter          result에 문자를 추가한다.
print(result)
```

```
문자열을 입력하시오: kkkoommm
kkkmmm
```

문자열 중에서 자음과 모음의 개수를 집계하는 프로그램을 작성해 보자. 이 프로그램은 파이썬의 강력한 기능을 우리에게 유감없이 보여준다.

string3.py 자음과 모음 개수 세기

```python
original = input("문자열을 입력하시오: ")
word = original.lower()          ◄──────────── 소문자로 변환한다.
vowels = 0
consonants = 0

if len(original) > 0 and original.isalpha() :  ◄──── 문자가 하나라도 있고 알파벳이면
    for char in  word :          ◄──────────── 각 문자에 대하여 반복
        if char in 'aeiou' :     ◄──────────── 모음이면
            vowels = vowels + 1
        else :                   ◄──────────── 그렇지 않으면
            consonants = consonants + 1

print("모음의 개수", vowels)
print("자음의 개수", consonants)
```

```
문자열을 입력하시오: iokkk
모음의 개수  2
자음의 개수  3
```

모음을 찾는 부분을 다음과 같이 작성할 수도 있으나 상당히 길어진다.

```python
for char in  word :
    if char in ('a', 'e', 'i', 'o', 'u') :
        vowels = vowels + 1      ◄──── 튜플로써 변경할 수 없는 리스트이다.
    else :
        consonants = consonants + 1
```

만약 모음의 위치를 전부 출력해야 한다면 다음과 같이 위치를 나타내는 변수를 사용해야 한다.

string4.py 모음의 위치 출력하기

```python
original = input("문자열을 입력하시오: ")              # 사용자로부터 문자열을 입력받는다.
word = original.lower()                            # 입력받은 문자열을 소문자로 변환한다.

if len(original) > 0 and original.isalpha() :      # 입력된 문자열이 알파벳 문자면
    for index, char in enumerate(word) :           # 문자와 인덱스를 함께 가져온다.
        if char in 'aeiou' :                       # 현재 문자가 모음인지 확인한다.
            print(f"모음 '{char}'이(가) {index}번째 위치에 있습니다.")
```

```
문자열을 입력하시오: Hello
모음 'e'이(가) 1번째 위치에 있습니다.
모음 'o'이(가) 4번째 위치에 있습니다.
```

앞의 코드는 사용자로부터 입력받은 문자열에서 모음의 위치를 찾아 출력하는 예제이다. 입력받은 문자열을 original 변수에 저장하고, 이를 소문자로 변환하여 word 변수에 저장한다. 그 후 입력된 문자열이 비어있지 않고 알파벳 문자로만 구성되었는지 확인한 후, 문자열을 순회하면서 각 문자와 인덱스를 가져와서 모음인지 확인한다. 만약 모음이라면 해당 문자와 인덱스를 출력한다.

여기서 enumerate() 함수는 기억해두어야 한다. enumerate() 함수는 파이썬의 내장 함수로, 순회 가능한(iterable) 객체(리스트, 튜플, 문자열 등)를 받아 해당 객체의 각 요소와 인덱스를 함께 반환한다. enumerate() 함수는 자주 사용되며, 반복문에서 요소의 인덱스를 사용해야 할 때 특히 유용하다.

예제

인터넷 뱅킹을 사용하다 보면 계좌번호를 입력할 때, "312-02-1234567"과 같이 "-"을 사용하면 안 된다는 경고를 받는다. 사용자로부터 "-"이 포함된 계좌 번호를 받아서 "-"을 삭제한 문자열을 만들어보자.

```
계좌번호를 입력하시오: 312-02-1234567
312021234567
```

banking.py 계좌번호 수정하기

```python
raw = input("계좌번호를 입력하시오: ")
processed = ""

for c in raw :
    if c != "-" :
        processed = processed + c
print(processed)
```

중간점검 사용자로부터 문자열을 입력받아, 해당 문자열에서 숫자를 모두 제거하고 출력하는 프로그램을 작성해보자.

알파벳, 숫자, 스페이스의 개수 출력

문자열을 조사하여 알파벳 문자의 개수, 숫자 문자의 개수, 스페이스 문자의 개수를 출력하는 프로그램을 작성해 보자.

문자열을 입력하시오: Meav-01-I Dreamt I Dwelt In Marble Halls-192k.mp3
알파벳 문자의 개수= 33
숫자 문자의 개수= 6
스페이스 문자의 개수= 6

SOLUTION

`letter_count.py` 알파벳, 숫자, 스페이스의 개수 세기

```python
statement = input("문자열을 입력하시오: ")      # 사용자로부터 문자열을 입력받는다.
alphas = 0                                        # 알파벳 문자 개수를 저장하는 변수 초기화
digits = 0                                        # 숫자 문자 개수를 저장하는 변수 초기화
spaces = 0                                        # 스페이스 문자 개수를 저장하는 변수 초기화

# 입력된 문자열을 순회하면서 각각의 문자가 알파벳인지, 숫자인지 혹은 스페이스인지 판별한다.
for c in statement :
    if c.isalpha() :              # c가 알파벳인지 판별
        alphas = alphas + 1       # 알파벳 문자의 개수 증가
    if c.isdigit() :              # c가 숫자인지 판별
        digits = digits + 1       # 숫자 문자의 개수 증가
    if c.isspace() :              # c가 스페이스인지 판별
        spaces = spaces + 1       # 스페이스 문자의 개수 증가

# 각 문자 종류별 개수를 출력한다.
print("알파벳 문자의 개수= ", alphas)
print("숫자 문자의 개수= ", digits)
print("스페이스 문자의 개수= ", spaces)
```

LAB 16 | 주사위 합의 확률 계산

2개의 주사위를 던져서 나오는 합의 확률을 계산해 보자. 물론 이론적인 계산치가 있지만 우리는 반복문을 이용하여 컴퓨터 시뮬레이션으로 계산해 볼 것이다.

주사위 실험 반복 횟수: 10000
주사위 합 2의 확률: 2.72%
주사위 합 3의 확률: 5.58%
주사위 합 4의 확률: 8.47%
주사위 합 5의 확률: 10.8%
주사위 합 6의 확률: 14.1%
주사위 합 7의 확률: 16.92%
주사위 합 8의 확률: 14.15%
주사위 합 9의 확률: 11.09%
주사위 합 10의 확률: 7.82%
주사위 합 11의 확률: 5.65%
주사위 합 12의 확률: 2.7%

SOLUTION

dice_sum.py 주사위 합의 확률 계산

```python
from random import randint

count = int(input("주사위 실험 반복 횟수: "))
sum_count = [0, 0, 0, 0, 0, 0, 0, 0, 0, 0, 0]       # 2에서 12까지만

for i in range(count) :
    die1 = randint(1, 6)            # 1부터 6 사이의 난수를 반환한다.
    die2 = randint(1, 6)
    sum_count[die1+die2-2] += 1                      # 합의 빈도수를 해당 인덱스에 증가

for i in range(2, 13) :
    probability = 100*sum_count[i - 2] / count
    print(f"주사위 합 {i}의 확률: {probability}%")
```

난수를 수학 문제를 해결하는 데 사용하는 것을 몬테카를로(Monte Carlo) 방법이라고 한다. 대표적인 예가 원주율 파이를 계산하는 데 난수를 사용하는 것이다. 기초 기하학에서 우리는 다음과 같은 사실을 알고 있다.

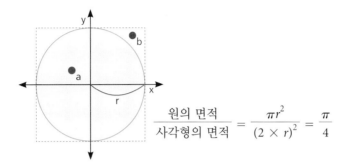

$$\frac{\text{원의 면적}}{\text{사각형의 면적}} = \frac{\pi r^2}{(2 \times r)^2} = \frac{\pi}{4}$$

몬테카를로 방법은 사각형 안에 랜덤하게 점들을 선택하여 얼마나 많은 점이 원 안에 떨어지는지를 계산한다. 전체 점들 중에서 원 안에 떨어지는 점들의 비율을 알면 우리는 π/4의 값을 계산할 수 있다. 이것을 이용하여 파이의 값을 계산하는 프로그램을 작성해 보자.

$$\pi = 4 \times (822/1000) = 3.288$$

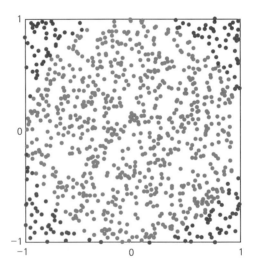

```
반복 횟수를 입력하시오: 1000000
3.142588
```

cal_pi.py 몬테카를로 방법으로 파이 계산하기

```python
from random import *
from math import sqrt

n = int(input("반복 횟수를 입력하시오: "))      # n은 전체 점의 개수이다.

inside = 0

for i in range(0, n) :
    x = random()                        # random()은 0.0에서 1.0 사이의 난수를 반환한다.
    y = random()
    if sqrt(x*x+y*y) <= 1 :             # 원점으로부터의 거리가 1.0 이하이면 원 안에 있는 점이다.
        inside += 1

pi = 4*inside/n
print(pi)
```

우리는 전체 원을 생각할 필요가 없다. 원은 대칭이기 때문에 사분원만 있으면 된다. 원의 반지름은 1.0이라고 하자.

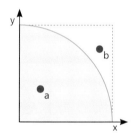

0.0부터 1.0 사이의 난수가 발생하여 이 난수가 원 안에 떨어지면 inside 변수를 하나 증가시킨다. 원 안에 떨어졌다는 것은 원점으로부터 거리가 1.0 이하여야 한다는 것이다(즉, 원의 반지름 안에 있어야 한다). 전체 점 (n)들 중에서 원 안에 있는 점(inside)들의 비율 inside/n를 계산하면 이것이 π/4이므로 π값은 4*inside/n가 된다.

01 반복문에는 for 문과 while 문이 있다.

02 for 문은 리스트에서 한 항목씩 가져와서 처리한다. range() 함수를 이용하면 정수들의 리스트를 생성할 수 있다.

03 while 문은 조건이 만족되는 동안 반복을 계속한다.

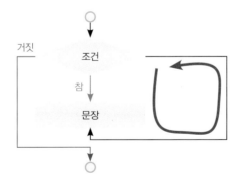

01 사용자로부터 문자열을 입력받고, 각 문자별로 개수를 세어 출력하는 프로그램을 작성하시오.

문자열 반복 상 중 하

```
문자열을 입력하시오: hello world
h: 1
e: 1
l: 3
...
```

02 사용자로부터 숫자들을 입력받아, 각 입력값까지의 누적 합을 리스트로 저장하여 출력하는 프로그램을 작성하시오. for 문 상 중 하

```
숫자들을 입력하세요(띄어쓰기로 구분): 1 2 3 4 5
누적 합 리스트: [1, 3, 6, 10, 15]
```

03 사용자가 선택한 로또 번호 6개와 보너스 번호 1개를 입력받아, 랜덤으로 생성된 로또 당첨 번호와 비교하여 등수를 출력하는 프로그램을 작성하시오. 리스트 반복 상 중 하

```
로또 번호 6개를 띄어쓰기로 구분하여 입력하세요: 5 12 18 22 31 40
보너스 번호를 입력하세요: 7

랜덤 생성 로또 번호: [14, 7, 41, 17, 37, 24]
당첨 결과: 꽝입니다! (2개 이하 숫자 일치)
```

04 1부터 100까지의 숫자를 출력하되 3의 배수는 "Fizz", 5의 배수는 "Buzz", 3과 5의 공배수는 "Fizz-Buzz"를 출력하는 프로그램을 작성하시오. for 문 상 중 하

```
1
2
Fizz
4
Buzz
...
```

05 터틀 그래픽으로 랜덤한 위치와 크기, 색상을 가진 원을 10개 그리는 프로그램을 작성하시오.
for 문 상 중 하

06 터틀 그래픽을 이용하여 6개의 거북이들이 경주하는 프로그램을 작성하시오. 반복문과 turtle.goto() 함수를 사용하여 터틀들을 움직일 수 있다. for 문 상 중 하

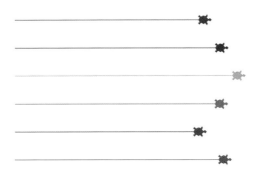

07 사용자에게 덧셈 퀴즈를 내고 답을 사용자로부터 받는 프로그램에서 사용자가 올바른 답을 입력할 때까지 반복하도록 수정하시오. while 문 상 중 하

```
87 + 36의 값은? 11
틀렸습니다.
87 + 36의 값은? 22
틀렸습니다.
87 + 36의 값은? 111
틀렸습니다.
87 + 36의 값은? 123
맞았습니다.
```

08 다음 수열의 합을 계산하는 프로그램을 작성하시오.   for 문 상 중 하

1/3 + 3/5 + 5/7 + ... + 99/101

```
46.10464832285218
```

Introduction to **PYTHON**

CHAPTER

05

함수

1 이번 장에서 작성할 프로그램

1 [프로그램 1] 소수 판별하기

소수를 판별하는 함수 is_prime()을 작성하여 사용해 보자.

```
정수를 입력하시오: 101
True
```

2 [프로그램 2] 육각형 그리기

터틀 그래픽에서 함수를 사용하여 다음과 같이 출력해 보자.

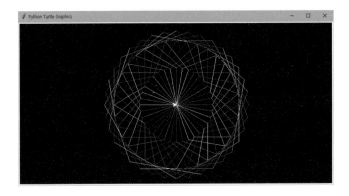

3 [프로그램 3] 프랙탈 프로그램

순환적으로 나무를 그리는 프랙탈(fractal) 프로그램을 작성해 보자.

2 함수란?

함수(function)는 프로그램에서 특정 작업을 수행하기 위해 사용하는 독립적인 코드 블록이다. 우리는 이미 많은 함수들을 사용하였다. 화면에 출력할 때 사용하는 print()가 함수이다. 또 입력을 담당하는 input()도 함수이다. 리스트의 합계를 계산하는 sum()도 함수이다. 함수는 작업에 필요한 데이터를 전달받을 수 있으며 작업이 완료된 후에는 작업의 결과를 호출자에게 반환할 수 있다. 함수는 입력을 받아서 처리한 후에 결과를 반환하는 상자로 그릴 수 있다. 예를 들어 아래 그림의 abs() 함수는 외부로부터 정수를 받아서 절댓값을 계산하여 반환한다.

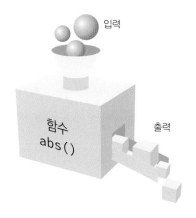

함수는 프로그램에서 특정 작업을 수행하기 위해 사용하는 코드 블록이고, 입력을 받아서 처리하며 필요에 따라 결과를 반환할 수 있습니다.

함수 안의 명령어들을 실행하려면 함수를 **호출(call)**하면 된다. 예를 들어 다음과 같은 문장을 보자.

```
>>> value = abs(-100)
```

abs(-100)이라는 수식을 이용하여 프로그램은 abs() 함수를 호출할 수 있다. abs() 함수는 -100을 받아서 절댓값 100을 계산하여 반환하게 된다. 함수의 반환값은 변수 value에 저장된다.

함수는 초창기부터 많은 프로그래밍 언어에서 지원하고 있으며 동일한 함수를 여러 차례 호출할 수 있으므로, 코드를 재활용하는 기술이다. 즉, 동일한 작업을 하기 위하여 코드를 복사할 필요가 없다. 함수를 사용하면 코드를 간결하게 유지할 수 있다. 또, 하나의 큰 프로그램을 나누어 작성할 수 있기 때문에 구조화된 프로그래밍이 가능하다(구조화된 프로그래밍이란 프로그램 작성 방법론의 일종이다). 또한 특정한 동작을 하는 코드가 독립적으로 작성되어 있기 때문에 코드의 일부를 수정하는 것도 쉬워진다.

함수의 필요성

우리는 생활하면서 한정된 자원을 재활용해야 한다는 이야기를 많이 듣는다. 프로그래밍에서는 어떨까? 컴퓨터의 자원도 한정되어 있다. 프로그램 코드를 저장할 수 있는 공간도 한정되어 있는 것이다. 프로그램을 작성하다보면 동일한 처리를 반복해야 하는 경우가 많이 발생한다. 따라서 우리가 이미 작성한 코드를 재활용하여 사용할 수 있으면 정말 좋을 것이다.

다음 그림을 보면 2개의 코드 조각은 아주 유사하다. 첫 번째 조각은 0부터 10까지의 합을 계산하는 코드 조각이고, 두 번째는 0부터 20까지의 합을 계산하는 코드 조각이다. 정수의 합을 계산하는 코드 조각이 반복하여 표기되었다. 정수의 합이 필요할 때마다 동일한 코드를 복사해서 붙여 넣어도 된다. 하지만 상당히 귀찮은 작업이다. 이 2개의 코드 조각을 합쳐서 하나로 만들면 코드의 길이가 거의 절반으로 줄어들 것이다.

비슷한 코드인데 하나로
합칠 수 있을까?

```
sum = 0
for i in range(1, 11) :
    sum += i
```

```
sum = 0
for i in range(1, 21) :
    sum += i
```

이러한 경우에 유용하게 사용할 수 있는 도구가 **함수**이다. 함수를 이용하면 우리가 여러 번 반복해야 되는 처리 단계를 하나로 모아서 필요할 때 언제든지 호출하여 사용할 수 있다.

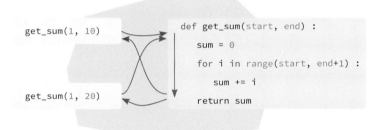

get_sum(1, 10)

```
def get_sum(start, end) :
    sum = 0
    for i in range(start, end+1) :
        sum += i
    return sum
```

get_sum(1, 20)

함수를 사용하면 됩니다.

참고사항

함수는 프로그래밍 언어에 따라서 서브 루틴, 루틴, 메소드, 서브 프로그램이라고도 한다.

참고사항

코드를 복사하는 방법의 단점

· 코드의 길이가 증가한다.
· 가독성이 떨어진다.
· 구분선을 그리는 코드를 수정하려면 여러 곳을 손봐야 한다(유지보수가 어렵다).

중간점검

❶ 함수를 사용하는 근본적인 이유는 무엇인가?
❷ 코드를 복사하는 방법과 함수를 사용하는 방법을 비교하여 장단점을 설명해 보자.

3 함수의 정의

파이썬에서 함수를 정의하는 문법은 다음과 같다.

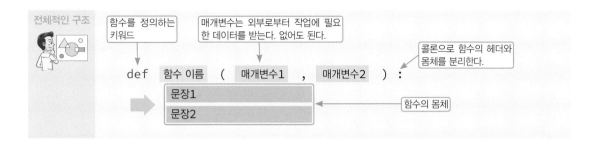

함수는 크게 헤더와 몸체로 나누어진다. **헤더(header)**는 def 키워드로 시작한다. 이어서 함수의 이름과 매개변수를 적어주며 끝에 콜론(:)을 찍어준다. 콜론은 함수 정의의 시작을 나타내고, 해당 함수 블록의 시작을 알린다. 콜론(:)을 찍은 다음에는 들여쓰기(indentation)가 이어져야 한다. **매개변수(parameter)**는 외부에서 전달되는 데이터를 받는 변수이다. 함수의 **몸체(body)**에는 함수가 수행하는 작업을 위한 명령어들이 들어간다. 예를 들어 get_sum() 함수의 몸체는 정수의 합을 계산하기 위한 반복문으로 이루어져 있다. 합을 계산한 후에는 return 키워드를 이용하여 계산 결과를 반환한다. return이 실행되면 함수가 종료된다.

화면에 "안녕"을 출력하는 아주 간단한 함수를 작성해 보자. 함수의 이름은 say_hello()이고 name은 매개변수이다. 매개변수는 외부로부터 값을 받는 특수한 변수이다. 함수의 몸체는 print() 함수를 호출하는 문장이다.

```
>>> def say_hello(name) :
        print("안녕, ", name)
```

함수는 정의되었다고 해서 바로 실행되지 않는다. 함수를 실행시키려면 다음과 같이 함수를 호출해야 한다.

```
>>> say_hello("철수")
안녕,  철수
```

함수는 여러 개의 값을 받을 수 있다. 물론 그러려면 값을 받는 매개변수도 여러 개 있어야 한다. 매개변수는 콤마로 구분된다.

```
>>> def say_hello(name, msg) :
        print("안녕, ", name, "야, ", msg)
```

함수를 호출할 때 다른 변수의 값을 매개변수로 전달해도 된다.

```
>>> name = "철수"
>>> msg = "어서 집에 오너라."
>>> say_hello(name, msg)
안녕, 철수 야, 어서 집에 오너라.
```

함수는 return 키워드를 사용해서 외부로 값을 반환할 수 있다. 예를 들어 정수의 합을 계산하여 반환하는 get_sum() 함수는 다음과 같이 정의할 수 있다.

```
def get_sum(start, end) :
    sum = 0
    for i in range(start, end+1) :
        sum += i
    return sum
```

get_sum() 함수를 호출해서 사용하는 예는 다음과 같다. get_sum() 함수로부터 반환된 값은 변수에 저장하거나 print()를 이용하여 출력할 수 있다.

```
>>> value = get_sum(1, 10)
>>> print(value)
55
```

```
>>> value = get_sum(1, 20)
>>> print(value)
210
```

함수를 사용하면 어떤 장점이 있을까? 이것은 프로그래밍을 상당히 해보아야 실감할 수 있지만, 다음과 같은 장점이 대표적이다.

- 프로그램 안에서 중복된 코드를 제거한다.
- 복잡한 프로그래밍 작업을 더 간단한 작업들로 분해할 수 있다. 각 함수들은 레고의 블록처럼 다른 함수들과 연결되어서 하나의 프로그램을 구성한다.
- 함수는 한 번 만들어지면 다른 프로그램에서도 재사용할 수 있다.
- 함수를 사용하면 가독성이 증가하고, 유지관리도 쉬워진다.

함수의 이름

함수 이름은 식별자에 대한 규칙만 따른다면 어떤 이름이라도 가능하다. 다만 소스 코드를 읽기 쉽게 하기 위하여 함수의 기능을 암시하는 이름을 부여하는 것이 좋다. 일반적으로 함수의 목적을 설명하는 **동사** 또는 **동사+명사**를 사용하면 좋다. 다음은 함수 이름의 예이다. 언더바(_)도 사용할 수 있다.

```
square(side)            # 정수를 제곱하는 함수
compute_average(list)   # 평균을 구하는 함수
set_cursor_type(c)      # 커서의 타입을 설정하는 함수
```

자 이제 함수를 정의하였으므로 함수를 사용할 차례이다.

함수 호출

함수를 정의하는 목적은 함수를 사용하기 위해서이다. 그렇다면 함수를 사용하기 위해서 어떻게 해야 하는가? 함수를 **호출(call)**해야 한다. **함수 호출(Function Call)**이란, get_sum()과 같이 함수의 이름을 써주면 된다. 함수 안의 문장들은 호출되기 전까지는 전혀 실행되지 않는다. 함수가 호출되면 함수 안에 있는 문장들이 순차적으로 실행되며 실행이 끝나면 호출한 위치로 되돌아간다. 예를 들어 get_sum()을 호출한다고 하면 다음과 같은 순서로 프로그램이 실행된다.

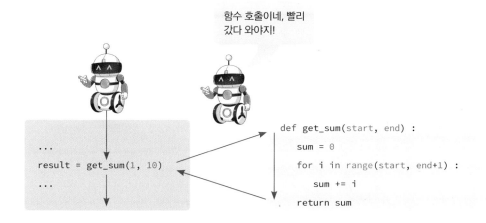

함수는 일단 작성되면 몇 번이라도 호출이 가능하다. 이것이 사실 함수의 가장 큰 장점이다. 예를 들어 정수의 합을 계산하는 작업이 2번 필요하다면 다음과 같이 get_sum() 함수를 2번 호출하면 되는 것이다.

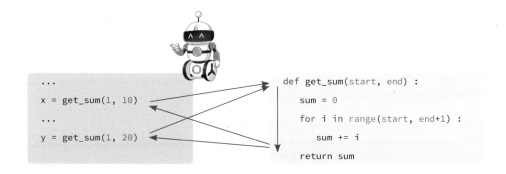

이것을 완전한 프로그램으로 살펴보면 다음과 같다.

```
get_sum.py  함수 호출하기

def get_sum(start, end) :
    sum = 0
    for i in range(start, end+1) :
        sum += i
    return sum


print(get_sum(1, 10))
print(get_sum(1, 20))
```

```
55
210
```

인자와 매개변수

인자와 매개변수는 함수 호출 시에 데이터를 주고받기 위하여 필요하다. **인자(argument)**는 외부에서 함수에 실제로 전달되는 값이다. **매개변수(parameter)**는 이 값을 전달받는 변수이다. 함수가 호출될 때마다 인자는 함수의 매개변수로 전달된다.

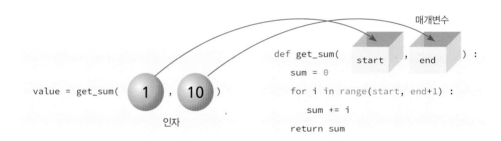

함수가 호출될 때마다 인자는 달라질 수 있다.

```
# 1과 10이 get_sum()의 인자가 된다.
x = get_sum(1, 10)          인자

# 1과 200이 get_sum()의 인자가 된다.
y = get_sum(1, 20)          인자
```

여기서 주의할 점은 매개변수의 개수와 인자의 개수가 정확히 일치해야 한다는 점이다. 즉, 매개변수가 두 개이면 인자도 두 개를 전달해야 한다. 매개변수의 개수와 인자의 개수가 일치하지 않으면 아주 찾기 어려운 오류가 발생하게 된다.

반환값(Return Value)은 함수가 호출한 곳으로 반환하는 작업의 결과값이다. 함수는 자신을 호출한 곳으로 값을 반환할 수 있다. 값을 반환하기 위해서는, return 키워드 다음에 수식을 써주면 수식의 값이 반환

된다. 예를 들어 return sum하면 변수 sum의 값이 반환된다. 함수로부터 반환된 값은 다음과 같이 변수 value에 저장할 수 있다.

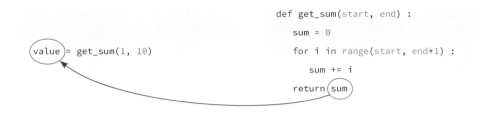

```
def get_sum(start, end) :
    sum = 0
    for i in range(start, end+1) :
        sum += i
    return sum
```

value = get_sum(1, 10)

호출한 곳으로 값을 반환하려면 return 키워드를 쓰고 그 다음에 반환하고자 하는 수식을 넣어야 한다. 함수의 반환값은 결국 return 키워드 뒤에 있는 수식의 계산값이 된다. return 뒤에 나오는 수식은 파이썬에서 유효한 수식이면 된다. 다음은 모두 가능한 return 문장이다.

```
return 0
return x
return x*x+2*x+1
```

함수가 값을 반환하면 함수 호출이 반환값으로 대체된다고 생각해도 된다. 아래와 같은 문장에서 get_sum(1, 10)은 반환값 55로 대체된다. 따라서 변수 value에 55가 저장되는 것이다.

```
value = get_sum(1, 10)
         ⬇
value = 55
```

NOTE 파이썬은 함수가 값을 반환하지 않는 경우, None이라는 특별한 값을 반환한다. None은 어떤 객체도 참조하지 않는다는 것을 의미한다. 예를 들어 다음과 같이 값을 반환하지 않는 함수를 출력하면 None이 출력된다.

```
>>> def func(msg) :
        s = msg
>>> print(func("Hello"))
None
```

중간점검 다음과 같은 함수를 작성해 보자.

- 함수명: find_max
- 인자: numbers(리스트)
- 기능: numbers를 인자로 받고 리스트 안에서 가장 큰 숫자를 찾아 반환한다.

LAB 01 생일 축하 함수

매개변수와 반환값이 없는 함수도 무척 많다. 생일 축하 메시지를 출력하는 함수 happyBirthday()를 작성해 보자. 함수를 호출하면 다음과 같은 메시지를 출력한다.

> 생일 축하합니다!
> 생일 축하합니다!
> 사랑하는 친구의 생일 축하합니다!

SOLUTION

hbd.py 생일 축하 함수

```python
def happyBirthday() :
    print("생일 축하합니다!")
    print("생일 축하합니다!")
    print("사랑하는 친구의", end=" ")
    print("생일 축하합니다!")


happyBirthday()
```

도전문제 happyBirthday() 함수가 이름을 매개변수로 받아서 "…사랑하는 철수의 생일 …"과 같이 출력하도록 해 보자. 즉, happyBirthday() 함수가 매개변수 name을 갖도록 수정한다.

LAB 02 팩토리얼 함수

팩토리얼은 양의 정수 n에 대해 1부터 n까지의 모든 정수를 곱한 값을 의미한다. 팩토리얼(factorial)은 조합론이나 확률과 통계에서 중요하게 사용하는 개념이다. 팩토리얼을 계산하는 함수를 작성하고 호출해 보자. 함수의 입력과 출력을 먼저 생각해 본다.

일단 함수 이름과 매개변수만 결정하자!

> 함수의 이름: factorial
> 함수의 입력: 정수 n
> 함수의 출력: 정수

이것을 다음과 같이 함수로 정의할 수 있다.

```python
def factorial(n) :
    result = 1
    for i in range(1, n+1) :
        result *= i
    return result
```

위의 함수 factorial()은 양의 정수 n을 입력으로 받아서 팩토리얼값을 계산하고 반환한다. 반복문을 사용하여 1부터 n까지의 정수를 곱해 result 변수에 누적하여 팩토리얼값을 계산한다. 이것은 어떻게 호출하면 좋을까?

```python
number = 5
factorial_result = factorial(number)
print(f"{number}의 팩토리얼은 {factorial_result}입니다.")
```

실행 결과는 다음과 같다.

> 5의 팩토리얼은 120입니다.

LAB 03 온도 변환 함수

화씨온도를 섭씨온도로 변환하여 반환하는 함수 FtoC()를 작성하고 테스트해 보자.

더운데?

오늘 좀 춥지 않니?

> 화씨온도를 입력하시오: 32.0
> 0.0

SOLUTION

convert.py 온도 변환하기 프로그램

```python
# 함수가 여기서 정의된다.
def FtoC(temp_f) :
```

```
    temp_c = (5.0 * (temp_f - 32.0)) / 9.0
    return temp_c

temp_f = float(input("화씨온도를 입력하시오: "))

# FtoC() 함수를 호출
print(FtoC(temp_f))
```

 도전문제 CtoF() 함수도 작성하여 호출해 보자. 이 2개의 함수를 하나의 프로그램에서 호출하도록 한다. 가능하다면 사용자에게 둘 중에 하나를 선택하게 하는 메뉴도 제공한다.

LAB 04 소수 찾기

수학의 많은 분야 중 정수론(Number Theory)에서 정수의 성질을 연구 대상으로 한다. 정수론에서 중요한 문제 중 하나는 주어진 숫자가 소수(prime)인지를 결정하는 것이다. 양의 정수 n이 소수가 되려면 1과 자기 자신만을 약수로 가져야 한다. 예를 들어 17은 1과 17만이 약수이므로 소수이다. 현재의 암호는 소인수분해를 기본으로 한다. 간단한 수는 소인수분해를 하기 쉽다(소인수분해는 어떤 수를 소수들의 곱으로 표시하는 것이다). 하지만 수십조보다 더 큰 수를

1	2	3	4	5	6	7	8	9	10
11	12	13	14	15	16	17	18	19	20
21	22	23	24	25	26	27	28	29	30
31	32	33	34	35	36	37	38	39	40
41	42	43	44	45	46	47	48	49	50
51	52	53	54	55	56	57	58	59	60
61	62	63	64	65	66	67	68	69	70
71	72	73	74	75	76	77	78	79	80
81	82	83	84	85	86	87	88	89	90
91	92	93	94	95	96	97	98	99	100

소인수분해 하기는 정말 어렵다. 소인수분해 했을 때만 암호가 풀리게 한다면 암호를 찾기가 아주 어렵게 될 것이다. 우리가 항상 사용하는 공인인증서에도 소수로 된 암호가 들어 있다. 여기서는 소수를 판별하는 함수 is_prime()을 작성하여 사용해 보자.

```
정수를 입력하시오: 101
True
```

Hint 얼핏 생각하면 소수를 판별하는 것은 아주 어려울 것처럼 생각된다. 하지만 컴퓨터가 잘하는 방식으로 소수를 구하는 알고리즘을 생각하면 의외로 간단할 수도 있다. 여기서는 소수의 정의를 직접 이용해 보자. 소수는 1과 자기 자신만을 약수로 가진다. 따라서 1과 자기 자신을 제외하고 2부터 n-1 사이에 하나라도 약수가 있다면 소수가 아니다. 따라서 2부터 n-1까지 하나씩 증가시키면서 n을 나누어보는 것이다. 만약 하나라도 나누어 떨어지면 약수가 있는 것이므로 소수가 아니다. 2부터 n-1 사이에 약수가 없다면 소수일 것이다. 나누어 떨어지는 것은 어떻게 검사하는 가? 바로 나머지 연산자 %를 사용하면 된다.

사용자로부터 정수를 입력받아서 변수 n에 저장한다.

```
for (i=2; i<n; i++)
    n을 i로 나누어 나머지가 0인지 본다.
    나머지가 0이면 약수가 있는 것이므로 소수가 아니다.
반복이 정상적으로 종료되고 약수가 없다면 소수이다.
```

SOLUTION

prime1.py 소수 찾기 프로그램

```
❶ def is_prime(n) :
❷     for i in range(2, n) :
❸         if n%i == 0 :
❹             return False
❺     return True
❻
❼
❽ n = int(input("정수를 입력하시오: "))
❾ print(is_prime(n))
```

❶ def를 이용하여 함수 is_prime(n)을 정의한다. 이 함수는 n이 소수이면 True를 반환하고 그렇지 않으면 False를 반환한다.

❷ 변수 i를 2부터 (n-1)까지 변경하면서 반복한다.

❸ n을 i로 나누어 나머지가 0이면(즉, i가 n의 약수이면) n은 소수가 아니다.

❹ n을 i로 나누어 나머지가 0이면 n이 소수가 아니므로 False를 반환하고 함수를 종료한다.

❺ 만약 반복을 종료하였는데 함수가 종료되지 않았다면 n의 약수는 없는 것이므로 n은 소수이다. 따라서 True를 반환한다.

❽ 사용자로부터 정수를 받아서 변수 n에 저장한다.

❾ is_prime() 함수를 n의 값을 전달하면서 호출하고 반환값을 출력한다.

도전문제 | 1부터 100 사이의 모든 소수를 찾으려면 위의 알고리즘을 어떻게 수정해야 하는가?

LAB 05 구의 부피 계산 함수

구의 부피를 계산하는 함수 sphereVolume()을 작성해 보자. 반지름이 r인 구의 부피는 다음과 같다.

$$V = \frac{4}{3}\pi r^3$$

```
구의 반지름을 입력하시오: 10.0
4188.790204786391
```

SOLUTION

spherevol.py 구의 부피 계산 프로그램

```python
import math

def sphereVolume(radius) :
    volume = (4.0 / 3.0) * math.pi * radius * radius * radius
    return volume

radius = float(input("구의 반지름을 입력하시오: "))
print(sphereVolume(radius))
```

도전문제   반지름이 10.0인 구와 반지름이 20.0인 구의 부피를 비교하는 프로그램을 작성해 보자.

LAB 06 육각형 그리기

화면에 색상을 무작위로 바꾸면서 여러 개의 육각형을 그리는 프로그램을 작성해 보자. 프로그램을 실행하면 터틀 창이 열리고 화면에 여러 개의 색상으로 된 육각형이 원 모양으로 배치되어 보인다.

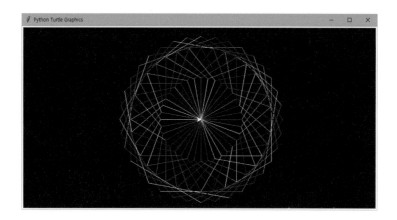

tgraphic.py 육각형 그리기

```python
import turtle
import random

# 초기화
turtle.speed(0)
turtle.bgcolor('black')

# 색상 리스트
colors = ['red', 'orange', 'yellow', 'green', 'blue', 'purple', 'white']

# 화려한 모양 그리기 함수
def draw_shape(size) :
    for _ in range(6) :
        turtle.color(random.choice(colors))
        turtle.forward(size)
        turtle.left(60)

# 화려한 그림 그리기 함수
def draw_art() :
    for _ in range(36) :
        draw_shape(100)
        turtle.right(10)

draw_art()
turtle.mainloop()
```

> _는 변수의 이름으로 변수가 필요한 곳이지만 실제로는 사용되지 않을 때 사용한다.

우리는 최근 인터넷 뱅킹 사용 시에 일회용 패스워드 생성기를 많이 사용한다. 일회용 패스워드 생성기를 이용하여 3개의 패스워드를 생성한 뒤 출력하는 프로그램을 작성해 보자. 패스워드 생성기는 알파벳 소문자와 숫자를 랜덤하게 조합한다. 패스워드 길이는 6자리로 하자. genPass()라는 함수를 작성하고 이 함수가 랜덤하게 생성된 패스워드를 반환하는 것으로 한다.

```
q546zv
1kvkss
b3vrmi
```

SOLUTION

password.py 패스워드 생성 프로그램

```python
import random                                      # random 모듈을 가져온다.

def genPass() :
    alphabet = "abcdefghijklmnopqrstuvwxyz0123456789"      # 사용할 문자열을 정의한다.
    password = ""                                  # 비밀번호를 저장할 변수를 초기화한다.

    # 6번 반복하면서 무작위 문자를 비밀번호에 추가한다.
    for i in range(6) :
    # 문자열에서 무작위로 한 문자를 선택하여 비밀번호에 추가한다.
        password += random.choice(alphabet)

    return password                                # 생성한 비밀번호를 반환한다.

# genPass() 함수를 호출하여 무작위 비밀번호를 생성하고 출력한다.
print(genPass())
print(genPass())
print(genPass())
```

도전문제

❶ 패스워드에 알파벳 대문자도 추가해 보자.

❷ 패스워드가 적어도 하나의 숫자를 가지도록 소스 코드를 변경해 보자.

4 디폴트 인자와 키워드 인자

디폴트 인자

파이썬에서 함수의 매개변수가 기본값을 가질 수 있다. 이것을 **디폴트 인자(Default Argument)**라고 한다. 예를 들어 보자. 다음과 같이 인사를 하는 함수 greet()가 있다고 하자. greet()는 항상 2개의 인자를 받아야 한다.

default1.py 디폴트 인자 #1

```
def greet(name, msg) :
    print("안녕 ", name + ", " + msg)


greet("철수", "좋은 아침!")
```

안녕 철수, 좋은 아침!

만약 우리가 greet() 함수에 2개의 인자를 전달하지 않으면 오류가 발생한다.

```
>>> greet("영희")
...
TypeError: greet() missing 1 required positional argument: 'msg'
>>>
```

만약 인자가 부족한 경우에 기본값을 넣어주는 메커니즘이 있다면 편리할 것이다. 바로 이것이 디폴트 인자이다.

default2.py 디폴트 인자 #2   디폴트 인자

```
def greet(name, msg="별일 없죠?") :
    print("안녕 ", name + ", " + msg)


greet("영희")
```

안녕 영희, 별일 없죠?

키워드 인자

파이썬에서 대부분의 인자들은 위치에 의하여 구별된다. 예를 들어 power(1, 10)은 power(10, 1)과는 다르다. 함수 호출 power(1, 10)은 1의 10제곱을 계산할 것이고 power(10, 1)은 10의 1제곱을 계산할 것이다. 하지만 키워드 인자(Keyword Argument)는 인자들 앞에 키워드를 두어서 인자들을 구분한다. 키워드 인자는 함수를 호출할 때 인자의 이름을 명시적으로 지정해서 전달하는 방법이다.

예를 들어 다음과 같이 매개변수가 세 개인 함수가 있다고 가정하자.

```
def calc(x, y, z) :
    return x+y+z
```

calc() 함수는 다음과 같이 호출할 수 있다.

```
>>> calc(10, 20, 30)
60
```

10은 매개변수 x로 전달되고, 20은 매개변수 y로, 30은 매개변수 z로 전달된다. 이와 같은 기본 인자 전달 방식을 **위치 인자(Positional Argument)**라고도 한다.

하지만 우리는 다음과 같이 매개변수의 이름에 값을 직접 대입해서 전달할 수도 있다.

```
>>> calc(x=10, y=20, z=30)
60
```

이 방법의 장점은 인자의 위치가 매개변수의 위치와 달라도 된다는 것이다. 키워드 인자를 사용할 때는 인자들이 어떤 순서로 전달되어도 상관없다.

```
>>> calc(y=20, x=10, z=30)
60
```

위치 인자와 키워드 인자가 섞일 수 있지만 위치 인자가 키워드 인자 앞에 나와야 한다.

```
>>> calc(10, y=20, z=30)
60
```

다음과 같이 하면 잘못된 것이다. 키워드 인자 뒤에 위치 인자가 나올 수 없다.

```
>>> calc(x=10, 20, 30)
SyntaxError: positional argument follows keyword argument
```

*를 사용한 가변 위치 인자(*args)

파이썬에서 함수를 정의할 때, *와 **를 사용하여 가변 인자(Variable Arguments)를 전달할 수 있다. 이러한 가변 인자를 사용하는 방법은 함수를 더 유연하게 만들고 다양한 인자를 처리할 수 있도록 도와준다. *를 사용하면 함수에 임의의 개수의 위치 인자를 전달할 수 있다. 이러한 위치 인자들은 튜플(tuple)로 묶여 함수 내부에서 사용된다. 이를 '가변 위치 인자'라고 한다.

```
def example_function(*args) :
    for arg in args :
        print(arg)

example_function(1, 2, 3, 4, 5)
```

위 예제에서 *args는 임의의 개수의 위치 인자를 전달할 수 있게 해준다. 함수 내부에서 args는 (1, 2, 3, 4, 5)와 같은 튜플로 처리된다.

를 사용한 가변 키워드 인자(kwargs)

**를 사용하면 함수에 임의의 개수의 키워드 인자를 전달할 수 있다. 이러한 키워드 인자들은 딕셔너리 (dictionary)로 묶여 함수 내부에서 사용한다. 이를 '가변 키워드 인자'라고 한다.

varkey.py 가변 키워드 인자 프로그램

```
def example_function(**kwargs) :
    for key, value in kwargs.items() :
        print(f"{key}: {value}")

example_function(a=1, b=2, c=3)
```

```
a: 1
b: 2
c: 3
```

위 예제에서 **kwargs는 임의의 개수의 키워드 인자를 전달할 수 있게 해준다. 함수 내부에서 kwargs는 {'a': 1, 'b': 2, 'c': 3}과 같은 딕셔너리로 처리된다. 가변 위치 인자와 가변 키워드 인자를 함께 사용할 수도 있으며 이때 가변 위치 인자(*args)는 가변 키워드 인자(**kwargs)보다 먼저 정의되어야 한다. 이러한 가변 인자들을 사용하면 함수를 보다 유연하게 만들고, 다양한 상황에서 사용할 수 있도록 한다.

중간점검

다음과 같은 함수를 정의해 보자.

● 함수명: calculate_total
● 인자: price(실수), quantity(정수, 기본값=1)
● 기능: 제품 가격(price)과 수량(quantity)을 인자로 받아서 총 가격을 계산하여 반환한다.

LAB 08 키워드 인자 연습

사칙 연산을 수행하는 4개의 함수(add(), sub(), mul(), div())를 작성한다. 이들 함수를 이용하여 10+20*30을 계산해 보자. 함수를 호출할 때 키워드 인자를 사용하여 호출해 본다.

```
610
```

keyarg2.py 키워드 인자 프로그램 #2

```python
def add(a, b) :
    return a + b

def sub(a, b) :
    return a - b

def mul(a, b) :
    return a * b

def div(a, b) :
    return a / b

r1 = mul(a=20, b=30)
r2 = add(a=10, b=r1)
print(r2)
```

키워드 인자를 사용하고 있다.

도전문제

함수 add()에 인자가 하나만 전달되면 두 번째 인자는 0으로 가정되도록 코드를 작성해 보자.

LAB 09 │ 주문 처리 함수

주문을 처리하는 함수를 작성해 보자. 이 함수는 주문하는 고객의 이름과 주문한 상품을 인자로 받으며, 키워드 인자를 사용하여 선택적 정보인 주소와 결제 방법을 지정할 수 있다.

```
Kim님의 주문이 처리되었습니다.
주문 내역: 사과
배송 주소: 서울시 강남구
결제 방법: 신용카드
```

keyarg3.py 키워드와 디폴트 인자

```python
def process_order(customer_name, product, address=None, payment_method=None) :
    print(f"{customer_name}님의 주문이 처리되었습니다.")
    print(f"주문 내역: {product}")
    if address :
        print(f"배송 주소: {address}")
    if payment_method :
        print(f"결제 방법: {payment_method}")
```

위의 함수는 customer_name 인자로 고객의 이름을 받고, products를 통해 상품을 받는다. 주소와 결제 방법은 선택적 인자로 처리된다. 이제 함수를 호출할 때 키워드 인자를 사용하여 인자를 전달할 수 있다.

```python
process_order("Kim", "사과", address="서울시 강남구", payment_method="신용카드")
```

위의 호출은 "Kim"이라는 고객이 "사과"를 주문하였으며, 주소는 "서울시 강남구"로, 결제 방법은 "신용카드"로 처리된다. 키워드 인자를 사용하면 함수 호출 시 필요한 인자를 명시적으로 지정할 수 있으며 선택적인 인자를 제공할 수 있다. 이는 함수 호출의 가독성을 높이고, 유연성을 제공한다.

LAB 10 입력 검증

프로그램을 만들다 보면 사각형의 길이처럼 입력이 항상 양수여야 하는 경우가 종종 있다. 하지만 사용자가 무엇을 입력할지는 미리 알 수 없다. 양수만을 받아서 우리에게 넘겨주는 함수를 작성하고 테스트해 보자.

```
사각형의 가로: -1
양수만 입력하시오.
사각형의 가로: 100
사각형의 세로: 100
면적= 10000
```

rectarea.py 사각형 면적 계산 프로그램

```python
# 사각형의 면적을 계산하는 함수
```

```
def area(w, h) :
    return w * h

# 양수 입력을 받는 함수
def input_pos(msg) :
    while True :
        value = int(input(msg))        # 사용자로부터 정수값을 입력받는다.
        if value > 0 :
            return value               # 양수일 경우 입력을 반환하고 반복문을 종료한다.
        else :
            print("양수만 입력하시오.")   # 양수가 아닐 경우 메시지를 출력하고 다시 입력을 요구한다.

# 사용자로부터 가로와 세로의 길이를 입력받는다.
width = input_pos("사각형의 가로: ")
height = input_pos("사각형의 세로: ")

# 면적을 계산하고 출력한다.
result = area(width, height)
print("면적=", result)
```

 도전문제 매개변수 msg에 디폴트값 "숫자를 입력하시오: "를 추가해 보자.

5 변경 불가능 객체와 변경 가능 객체

함수를 호출할 때, 변수를 전달하는 경우가 많다. 파이썬에서 변수는 객체의 참조값을 가지고 있다. 함수로 변수를 전달하면 실제로는 이 참조값이 전달된다. 만약 변수 안에서 이 참조값을 이용하여 객체를 변경하면 어떻게 될까? 참조하는 객체에 따라서 2가지의 경우로 나누어진다.

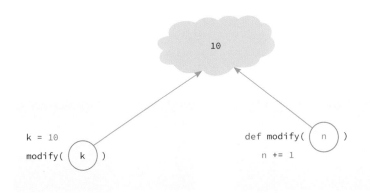

변경 불가능한 객체인 경우

함수가 전달받은 객체가 변경 불가능한 객체인 경우에, 함수 안에서 이 객체를 변경하면 새로운 객체가 생성된다. 예를 들어 정수나 문자열은 변경 불가능한 객체이다.

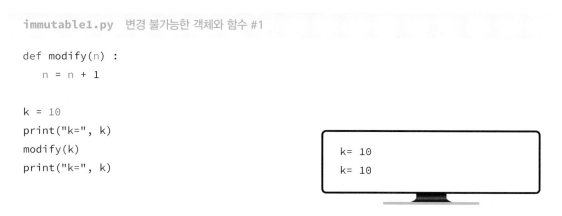

immutable1.py 변경 불가능한 객체와 함수 #1

```
def modify(n) :
    n = n + 1


k = 10
print("k=", k)
modify(k)
print("k=", k)
```

```
k= 10
k= 10
```

위의 코드에서 변수 k가 modify() 함수로 전달되었지만, k의 값은 호출 후에도 변경되지 않았다. modify() 함수에서 매개변수 n의 값을 증가시켰어도 말이다. n의 값을 변경하는 순간, 새로운 객체가 생성된다.

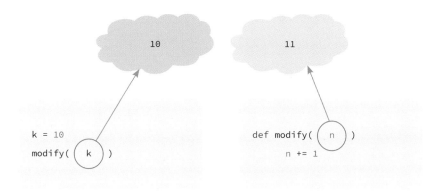

문자열을 전달해도 마찬가지이다.

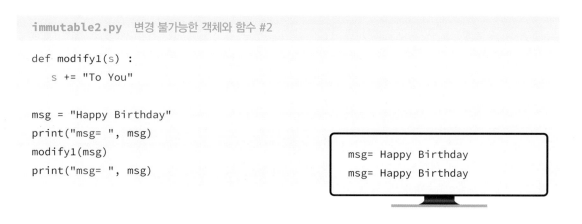

immutable2.py 변경 불가능한 객체와 함수 #2

```
def modify1(s) :
    s += "To You"


msg = "Happy Birthday"
print("msg= ", msg)
modify1(msg)
print("msg= ", msg)
```

```
msg= Happy Birthday
msg= Happy Birthday
```

이것은 숫자나 문자열이 **변경 불가능한 객체(Immutable Object)**이기 때문이다. 우리가 숫자나 문자열을 변경하려고 시도하면 새로운 객체가 생성된다.

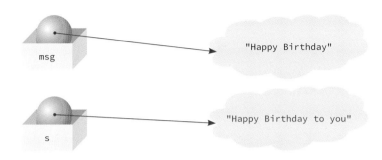

이것을 살펴보기 위하여, 참조값을 출력하는 id() 함수를 사용해서 우리가 문자열을 변경하면 문자열의 참조값이 어떻게 되는지를 확인해 보자.

```
>>> s = "Happy Birthday"
>>> id(s)
50871576
>>> s += "To You"
>>> id(s)
50849984
```

기존 문자열의 끝에 "To You"를 추가했을 뿐인데 객체의 주소는 완전히 변경되었다.

변경 가능한 객체인 경우

리스트와 같은 변경 가능 객체(Mutable Object)를 전달하면 어떻게 될까? 아주 다른 상황이 된다.

mutable1.py 변경 가능한 객체와 함수

```
def modify2(li) :
    li += [100, 200]

list = [1, 2, 3, 4, 5]
print(list)
modify2(list)
print(list)
```

```
[1, 2, 3, 4, 5]
[1, 2, 3, 4, 5, 100, 200]
```

리스트는 변경 가능한 객체로서 modify2()에 리스트를 전달한 후 리스트의 내용을 변경하면 원본에 영향을 끼친다. 이것은 다음과 같이 알아 두자. 리스트의 경우에도 리스트의 참조값이 전달된다. 함수에서 참조값을 이용하여 리스트를 변경하면 리스트는 변경 가능하기 때문에 새로운 객체를 생성하지 않고 기존의 객체가 변경되는 것이다. 중요한 사항이니 반드시 기억해두기 바란다.

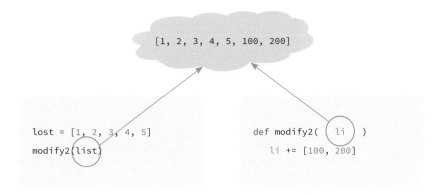

중간점검

다음과 같은 함수를 정의해 보자.

- 함수명: modify_list
- 인자: my_list(리스트)
- 기능: my_list를 인자로 받아서 리스트의 모든 요소를 두 배로 곱하고, 원래의 리스트를 변경한다. 변경된 리스트는 반환하지 않는다. 이 함수를 호출할 때 리스트를 전달하고, 리스트가 변경 가능한 객체임을 확인하자.

6 지역 변수와 전역 변수

지역 변수와 전역 변수

파이썬에서 지역 변수와 전역 변수가 있다. 지역 변수는 함수 안에서 선언된 변수이고 전역 변수는 함수의 외부에서 선언된 변수이다.

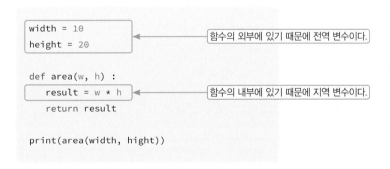

지역 변수

함수 안에 정의된 변수는 **지역 변수(Local Variable)**라고 불리며 함수 안에서만 사용할 수 있다. 지역 변수는 함수가 호출될 때 생성되고, 함수 호출이 종료되면 소멸되어서 더 이상 사용할 수 없다. 이것을 변수의 **영역(scope)**이라고 부른다. 함수 sub()를 작성해 보자. 함수 sub() 안에서 지역 변수 s가 선언되었다.

```
def sub() :
    s = "사과가 좋음!"
    print(s)

sub()
```

사과가 좋음!

변수 s는 sub() 함수 안에서만 사용할 수 있으며 함수 호출이 끝나면 사라진다.

지역 변수 s의 값을 함수 외부에서 출력할 수 있을까? 다음과 같이 print(s) 문장을 맨 끝에 추가하고 실행해 보자.

```
def sub() :
    s = "사과가 좋음!"
    print(s)

sub()
print(s)
```

```
...
NameError: name 's' is not defined
```

지역 변수가 선언된 함수를 벗어나서 사용되었을 때 오류가 발생하는 것을 알 수 있다. 지역 변수는 선언된 함수 안에서만 사용이 가능하다. 또 함수가 끝나면 자동으로 소멸된다.

전역 변수

함수의 외부에 정의된 변수를 **전역 변수(Global Variable)**라고 한다. 전역 변수를 사용해야 할지 여부는 상황에 따라 다르며, 적절한 사용 방법과 주의사항을 고려해야 한다. 전역 변수는 프로그램 전체에서 공유되는 변수로, 어느 곳에서든 접근이 가능하다. 하지만 전역 변수를 과도하게 사용하면 코드의 가독성과 유지보수가 어려워질 수 있다. 이러한 이유로 전역 변수 사용을 최소화하는 것이 좋다. 먼저 전역 변수가 어떤 변수인지를 알아보자.

```
s = "사과가 좋음!"

def sub() :
    print(s)

sub()
```

사과가 좋음!

앞의 코드에서 s는 함수의 외부에 정의된 전역 변수이다. 함수 sub() 안에는 print() 호출 문장만 있다. 지역 변수를 선언하는 문장이 없으니 전역 변수 s를 사용한다.

함수 안에서 전역 변수를 변경하면 어떻게 될까?

만약 우리가 함수 내부에서 전역 변수 s의 값을 변경하면 어떻게 될까? 전역 변수 s의 값이 변경될까? 다음과 같은 코드를 작성하여 실행해 보자.

globalvar2.py 전역 변수 #2

```
s = "사과가 좋음!"

def sub() :
    s = "메론이 좋음!"
    print(s)

sub()
print(s)
```

```
메론이 좋음!
사과가 좋음!
```

이것을 특히 잘 해석해야 한다. "우리가 함수의 내부에서 변수 s에 값을 저장하면 파이썬은 우리가 지역 변수 s를 정의한 것으로 생각한다." 따라서 전역 변수 s가 아닌 것이다. 다시 한번 파이썬의 원칙을 되새겨보자. 변수에 어떤 값을 저장하면 새로운 변수가 생성되고 함수 안이므로 지역 변수가 된다.

아래와 같이 함수 안에서 변수 s의 값을 출력한 후에 변수 s의 값을 변경하면 어떻게 될까?

globalvar3.py 전역 변수 #3

```
s = "사과가 좋음!"

def sub() :
    print(s)
    s = "메론이 좋음!"
    print(s)

sub()
print(s)
```

```
...
UnboundLocalError: cannot access local variable 's' where it is
not associated with a value
```

이때는 오류가 발생한다. 함수 안에서 하나의 변수가 전역 변수도 되었다가 지역 변수도 될 수는 없는 것이다.

만약 함수 안에서 전역 변수의 값을 변경해야 되겠다면, global 키워드를 사용하여 전역 변수를 사용하겠다고 파이썬 인터프리터에게 알려주어야 한다.

```
globalvar4.py  전역 변수 #4

s = "사과가 좋음!"

def sub() :
    global s        함수 안에서 전역 변수 s를 사용하겠다는 의미이다.
    print(s)
    s = "메론이 좋음!"   전역 변수가 변경된다.
    print(s)

sub()
print(s)
```

사과가 좋음!
메론이 좋음!
메론이 좋음!

이번 코드에서 모든 문제가 해결되었다. global 키워드를 사용하여 전역 변수의 값을 함수 안에서 변경할 수 있다. global을 사용하지 않고, 파이썬의 함수 안에서 변수에 값을 저장하면 기본적으로 지역 변수가 됨을 잊지 말자.

전역 변수를 사용해야 하는 경우

어떤 경우에 전역 변수를 사용해야 할까? 프로그램의 전역적인 상태를 저장해야 할 때 사용할 수 있다. 예를 들어 사용자 로그인 상태를 전역 변수로 유지하거나, 애플리케이션 설정값을 전역 변수로 저장하는 경우가 있다. 또 여러 모듈에서 공유해야 하는 데이터가 있을 때, 이를 전역 변수로 정의하여 사용할 수 있다. 일부 상수값들은 프로그램 전체에서 공유되어야 할 수 있다.

전역 변수를 사용할 때, 주의해야 할 점이 있다. 먼저 전역 변수의 이름이 다른 함수나 모듈에서 사용하는 변수와 겹치지 않도록 주의해야 한다. 또 전역 변수가 많아지면 코드의 복잡성이 증가할 수 있으며 디버깅과 유지보수가 어려워질 수 있다. 전역 변수를 사용하면 여러 곳에서 상태를 변경할 수 있으므로, 상태 변화를 추적하기 어려울 수 있다.

따라서 전역 변수를 사용해야 하는 상황이라면 적절히 사용하되, 가능하면 지역 변수를 활용하여 함수나 클래스 등의 영역 내에서 변수를 유지하고 전달하는 것이 코드의 가독성과 유지보수성을 높일 수 있다.

예제

global 키워드는 함수 내에서 전역 변수를 사용하고자 할 때 사용한다. 함수 내에서 전역 변수를 읽고 수정하는 것은 기본적으로 허용되지 않는다. 하지만 global 키워드를 사용하면 함수 내에서 전역 변수를 명시적으로 사용할 수 있다. 다음은 global 키워드를 사용하는 예제이다.

```
count = 0

def increment_global() :
    global count          # 전역 변수 count를 사용하겠다고 명시
    count += 1

def print_count() :
    print("현재 count값:", count)

increment_global()
increment_global()
print_count()
```

현재 count값: 2

위 예제에서 increment_global() 함수 내에서 count 전역 변수를 사용하기 위해 global 키워드를 사용하였다. 이렇게 하면 함수 내부에서 count 변수를 전역 변수로 인식하게 된다. 따라서 increment_global() 함수를 호출할 때마다 전역 변수 count가 증가한다.

하지만 global 키워드는 꼭 필요한 경우에만 사용하는 것이 좋다. 함수가 전역 변수를 자주 사용하는 경우, 코드의 가독성과 유지보수성이 떨어질 수 있다. 대신에 전역 변수를 함수의 인자로 전달하거나 반환 값으로 사용하는 방식을 고려하는 것이 좋다. 이렇게 하면 함수가 외부 상태에 의존하지 않고 독립적으로 동작할 수 있으며 코드의 복잡성을 줄일 수 있다.

 중간점검 파이썬의 함수 안에서 global 키워드를 사용하지 않고 전역 변수에 값을 저장하면 어떻게 되는가?

LAB 11 매개변수 = 지역 변수

함수가 외부로부터 값을 전달받는 데 사용하는 매개변수도 일종의 지역 변수이다. 매개변수의 값을 함수 안에서 변경하면 어떻게 될까? 조금 착각할 수도 있으므로 이 실습에서 확실하게 이해하도록 하자. 다음 프로그램의 실행 결과는 어떻게 될까?

parameter1.py 매개변수 변경하기

```
# 함수가 정의된다.
def sub(mylist) :
```

```
    # 리스트가 함수로 전달된다.
    mylist = [1, 2, 3, 4]    # 새로운 리스트가 매개변수로 할당된다.
    print("함수 내부에서의 mylist: ", mylist)

# 여기서 sub() 함수를 호출한다.
mylist = [10, 20, 30, 40]
sub(mylist)
print("함수 외부에서의 mylist: ", mylist)
```

함수의 매개변수와 외부의 전역 변수의 이름이 모두 mylist이다. 매개변수도 지역 변수의 일종임을 기억하며 아래에 실행 결과를 예측하여 적어보자.

SOLUTION

매개변수도 지역 변수의 일종임을 고려하면 다음과 같은 실행 결과를 예측할 수 있다.

```
함수 내부에서의 mylist:  [1, 2, 3, 4]
함수 외부에서의 mylist:  [10, 20, 30, 40]
```

아래와 같이 파이썬 튜터를 실행하여 한 줄씩 실행하면서 메모리 내의 상황을 이해하기 바란다.

함수가 시작될 때 전역 변수 mylist와 매개변수 mylist는 동일한 리스트를 가리킨다.

하지만 함수 안에서 매개변수 mylist에 다른 리스트를 할당하면 전역 변수와는 다른 리스트를 가리킨다.

도전문제 만약 함수 안에 global mylist라는 문장이 있었다면 결과는 어떻게 바뀔까?

LAB 12 | 상수를 전역 변수로 선언하기

우리가 함수의 외부에서 변수를 정의하면, 이 변수는 모든 함수에서 사용이 가능한 전역 변수가 된다. 일반적으로 전역 변수는 사용하지 않는 것이 좋다. 전역 변수는 디버깅을 어렵게 하고 프로그램의 복잡도를 증가시키기 때문이다. 모든 변수는 함수 안에 정의하는 것이 좋다. 하지만 예외가 있는데 바로 상수를 정의할 때이다. 상수는 어차피 고정된 값을 가지고 있고 각 함수마다 상수를 정의하게 되면 공간의 낭비가 심해진다. 파이를 전역 변수로 선언하고 이것을 이용하여 원의 면적과 원의 둘레를 계산하는 함수를 작성해 보자.

```
원의 반지름을 입력하시오: 10
원의 면적: 314.159265358979
원의 둘레: 62.8318530717958
```

SOLUTION

`cirarea.py` 상수를 전역 변수로 선언하기

```
PI = 3.14159265358979                    # 전역 변수, 원주율값
```

```
def main() :
    radius = float(input("원의 반지름을 입력하시오: "))   # 사용자로부터 반지름을 입력받는다.
    print("원의 면적:", circleArea(radius))            # 원의 면적을 출력한다.
    print("원의 둘레:", circleCircumference(radius))   # 원의 둘레를 출력한다.

def circleArea(radius) :
    return PI * radius * radius                       # 원의 면적을 계산하여 반환한다.

def circleCircumference(radius) :
    return 2 * PI * radius                            # 원의 둘레를 계산하여 반환한다.

main()  # main() 함수를 호출하여 프로그램을 실행한다.
```

7 여러 개의 값 반환하기

일반적으로 다른 프로그래밍 언어에서는 함수가 하나의 값만을 반환한다. 따라서 여러 개의 값을 반환하는 것이 필요한 함수는 다른 방법을 생각해야 했다. 그러나 파이썬에서는 함수가 하나 이상의 값도 반환할 수 있다.

return1.py 여러 개의 값 반환하기 #1

```
❶ def sub() :
❷     return 1, 2, 3
❸
❹ a, b, c = sub()
❺ print(a, b, c)
```

```
1 2 3
```

위의 코드에서 보면 sub() 함수는 (1, 2, 3)을 반환한다. 즉, 3개의 정수를 반환하고 있는 것이다. 반환된 3개의 정수 (1, 2, 3)은 문장 ❹에서 변수 a, b, c로 저장된다. 문장 ❺에서 변수 a, b, c의 값을 출력해 보면 1 2 3이 출력되는 것을 확인할 수 있다.

파이썬에서 어떻게 여러 개의 값을 동시에 반환할 수 있을까? return 1, 2, 3은 return (1, 2, 3)과

같다. 1, 2, 3은 튜플 (1, 2, 3)과 마찬가지이다. 튜플(tuple)은 리스트와 유사하지만 변경 불가능한 객체이다. 7장에서 자세히 살펴본다. 앞의 코드에서 튜플이 반환되고, 이 튜플을 받아 변수 a, b, c에 값을 풀어서 저장하는 것이다.

LAB 13 여러 개의 값 반환

문자열을 받아 해당 문자열의 길이와 단어의 개수를 반환하는 함수 analyze_string(text)를 작성해 보자. 이 함수는 문자열을 입력받아 길이와 단어의 개수를 동시에 반환한다.

```
문자열을 입력하시오: Hello World, This is a text
문자열 길이: 27
단어 개수: 6
```

SOLUTION

mreturn.py 여러 개의 값 반환하기 #2

```python
def analyze_string(text) :
    length = len(text)
    words = len(text.split())
    return length, words


input_text = input("문자열을 입력하시오: ")

result_length, result_words = analyze_string(input_text)

print(f"문자열 길이: {result_length}")
print(f"단어 개수: {result_words}")
```

> split() 함수는 공백을 기준으로 문자열을 단어들의 리스트로 분리한다.

위의 함수는 text라는 문자열을 입력받아 length 변수에는 문자열의 길이를, words 변수에는 단어의 개수를 저장한 후 return 문을 사용하여 두 값을 함께 반환한다. 위의 코드에서 analyze_string() 함수를 호출하여 반환된 값을 result_length와 result_words 변수에 각각 할당한다. 그런 다음, 이 변수들을 사용하여 문자열의 길이와 단어의 개수를 출력한다.

도전문제 사용자로부터 2개의 정수를 받아서 크기 순으로 반환하는 함수를 작성하고 테스트해 보자. 즉, 20과 10을 받으면 10과 20을 반환한다.

8 익명 함수(람다식)

익명 함수(Anonymous Function)란, 이름이 없는 함수를 말한다. 파이썬에서 익명 함수는 lambda 키워드를 사용하여 정의한다. 보통 한 줄로 간단한 함수를 표현할 때 사용한다. 익명 함수는 주로 간단한 연산을 수행하거나 다른 함수의 인자로 전달할 때 유용하게 쓰인다. 익명 함수는 여러 개의 인자를 가질 수 있으나 반환값은 하나만 있어야 한다. 익명 함수 안에서 print()를 호출할 수 없다. 계산만 가능하다. 또 자신만의 이름공간을 가지고 있고 전역 변수를 참조할 수 없다.

- **lambda**: 익명 함수를 정의하기 위한 키워드이다.
- **arg1, arg2, ...**: 함수의 입력 매개변수를 나타내는 부분으로, 0개 이상의 인자를 사용할 수 있다.
- **expression**: 함수의 반환값을 나타내는 수식이다.

예를 들어 두 개의 숫자를 더하는 익명 함수를 만들어 보면 다음과 같다.

```
add = lambda x, y : x + y

result = add(3, 5)
print(result)        # 출력 결과: 8
```

만약 위의 코드를 일반적인 함수를 이용하여 작성하였으면 다음과 같이 되었을 것이다.

```
def add2(x, y) :
    return x+y

result = add2(3, 5)
print(result)        # 출력 결과: 8
```

여러분들이 확인할 수 있듯이, add()과 add2()는 동일한 작업을 하며 동일한 방식으로 사용할 수 있다. 익명 함수에서는 return 키워드를 사용할 필요가 없다. 익명 함수에서 반환되는 수식만 써주면 된다.

간단한 익명 함수 2개를 더 만들어보면 다음과 같다.

```
# 문자열의 길이를 반환하는 익명 함수
string_length = lambda s : len(s)
```

```
# 두 수 중에서 더 큰 값을 반환하는 익명 함수
max_number = lambda x, y : x if x > y else y
```

그렇다면 익명 함수는 어디에 사용하는 것일까? 익명 함수는 코드 안에 함수를 포함하는 곳에서 어디든 지 사용할 수 있다. 예를 들어 GUI 프로그램에서 이벤트를 처리하는 **콜백 함수(Callback Handler)**에서 많이 사용한다. 콜백 함수를 간단하게 익명 함수로 구현하여 포함시키는 것이다. 이 부분은 9장에서 살펴 보도록 한다.

익명 함수를 사용하면 함수를 정의할 필요 없이 간단한 작업을 수행할 수 있다. 하지만 익명 함수가 길거 나 복잡해지면 가독성이 떨어질 수 있기 때문에, 익명 함수를 사용할 때에는 적절한 상황에서 간결하게 사용하는 것이 좋다. 또한 일반적인 함수와 달리, 익명 함수에는 여러 줄의 코드와 문장을 포함할 수 없다. 따라서 복잡한 작업이 필요한 경우에는 일반적인 함수를 사용하는 것이 더 적합할 수 있다.

중간점검 문자열을 인자로 받아서 해당 문자열의 길이를 반환하는 익명 함수를 작성해 보자. 그리고 이 익명 함수를 사용하여 문자열의 길이를 계산해 보자.

9 순환이란?

순환(recursion)이란, 함수가 자기 자신을 호출하여 문제를 해결하는 프로그래밍 기법이다. 이것은 처음 에는 상당히 이상하게 보이지만, 사실 순환은 효과적인 프로그래밍 기법 중 하나이다. 순환은 많은 문제 들을 해결하는 데 독특한 개념적인 프레임워크를 제공한다. 이번 절에서 여러 가지 예제를 통하여 순환이 응용되는 문제들을 살펴볼 것이다. 다음으로 우리는 순환의 강점과 약점을 살펴보고 어떻게 순환을 반복 적인 방법으로 바꾸는지 살펴보겠다.

순환은 많은 문제에 사용한다. 예를 들어 컴퓨터에서 어떤 파일을 찾아야 하는 경우에도 사용한다. 컴퓨터 의 파일 시스템은 디렉토리로 구성되어 있고 디렉토리는 내부에 다시 다른 디렉토리를 가질 수 있다. 따 라서 디렉토리를 순환적으로 탐색해야 하는 것이다. 또 순환은 프랙탈(fractal)을 이용하여 그림을 그리는 데도 사용한다. 프랙탈은 단순한 구조가 끊임없이 반복되면서 복잡하고 묘한 전체 구조를 만드는 것을 의미한다. 자기 유사성이라고도 하는데, 부분과 전체가 똑같은 모양을 하고 있기 때문이다. 해안선이나 나뭇가지, 산맥 등에서 우리는 프랙탈을 찾을 수 있다.

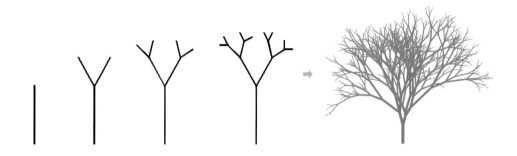

순환

순환은 본질적으로 순환적인 문제를 다루는 프로그램에 적합하다. 예를 들어 정수의 팩토리얼은 다음과 같이 정의된다.

$$n! = \begin{cases} 1 & n = 0 \\ n * (n - 1)! & n \geq 1 \end{cases}$$

위의 정의에서, 팩토리얼 $n!$을 정의하는데 다시 팩토리얼 $(n - 1)!$이 사용되었다. 이러한 정의를 순환적인 정의라고 한다. 위의 정의에 따라 $n!$을 구하는 함수 factorial(n)을 작성해 보자. $n!$을 계산하려면 먼저 $(n - 1)!$을 구하여 여기에 n을 곱하여 주면 $n!$값을 계산할 수 있다. 그러면 $(n - 1)!$은 어떻게 계산할 것인가? 일단 $(n - 1)!$을 계산하는 함수 factorial_n_1()을 따로 작성한 뒤 호출해서 계산해 보자.

```
def factorial(n) :
    if n == 1 :
        return 1
    else :
        return n * factorial_n_1(n-1)
```

그런데 우리가 작성하고 있는 함수가 n을 매개변수로 받아서 $n!$을 구하는 함수이다. 따라서 매개변수만 $(n - 1)$로 변경하여 주면 $(n - 1)!$값을 계산할 수 있지 않을까? 위의 아이디어에 따라 팩토리얼을 구하는 함수를 다시 만들면 다음과 같다.

```
def factorial(n) :
    if n == 1 :
        return 1
    else :
        return n * factorial(n-1)
```

앞의 프로그램은 팩토리얼의 순환적인 정의에 따라 이것을 파이썬으로 옮긴 것이다. 과연 오류 없이 동작할까? 순환을 사용해 보지 않은 사람들에게는 놀라운 일이겠지만 문제없이 동작한다.

전체 프로그램은 다음과 같다.

facto.py 순환으로 팩토리얼 계산하기 #1

```
def factorial(n) :
    if n == 1 :
        return(1)
    else :
        return n * factorial(n-1)


n = int(input("정수를 입력하시오: "))
print(n, "!= ", factorial(n))
```

```
정수를 입력하시오: 10
10 != 3628800
```

만약 우리가 factorial(3)이라고 호출하였을 경우에 위의 프로그램에서 함수가 호출되는 순서를 자세히 살펴보자. 다음 코드에서 보듯이 factorial(3)을 수행하는 도중에 factorial(2)를 호출하게 된다.

```
def factorial(3) :
    if 3 == 1 :
        return 1
    else :
        return 3 * factorial(3-1)
```

factorial(3)을 수행하는 도중에 factorial(2)를 호출하게 되고 factorial(2)는 다시 factorial(1)을 호출하게 된다.

```
def factorial(2) :
    if 2 == 1 :
        return 1
    else :
        return 2 * factorial(2-1)
```

factorial(1)은 파라미터 n이 1이므로 첫 번째 if 문장이 참이 되고 따라서 더 이상의 순환 호출 없이 1을 반환하게 된다.

```
def factorial(1) :
    if 1 == 1 :
        return 1
    else :
        return 1 * factorial(1-1)
```

이 반환값 1은 factorial(2)로 전달되고 factorial(2)는 여기에 2를 곱한 값인 2를 factorial(3)으로 전달한다. factorial(3)은 이 값에 3을 곱하여 6을 반환한다. 다시 그 과정을 한 번에 살펴보면 다음과 같다.

```
factorial(3) = 3 * factorial(2)
             = 3 * 2 * factorial(1)
             = 3 * 2 * 1
             = 3 * 2
             = 6
```

순환 호출이 이루어지는 과정을 알기 위하여 다음과 같이 함수의 이름과 함수의 매개변수를 출력하는 문장을 factorial() 함수의 처음에 넣어보자.

facto2.py 순환으로 팩토리얼 계산하기 #2

```
def factorial(n) :
    print("factorial(", n,")")
    if n == 1 :
        return 1
    else :
        return n * factorial(n-1)


factorial(3)
```

만약 위의 함수가 factorial(3)과 같이 호출되었다면 위 프로그램의 출력은 다음과 같다.

```
factorial( 3 )
factorial( 2 )
factorial( 1 )
```

피보나치 수열의 계산

순환을 사용하게 되면 보통 단순하게 작성이 가능하며 가독성이 높아진다. 그러나 똑같은 계산을 몇 번씩 반복한다면 아주 단순한 경우라 할지라도 계산 시간이 엄청나게 길어질 수 있다. 이러한 예로 순환 호출을 이용하여 피보나치 수열을 계산해 보자. **피보나치 수열**이란, 다음과 같이 정의되는 수열이다.

$$fib(n) = \begin{cases} 0 & n = 0 \\ 1 & n = 1 \\ fib(n-2) + fib(n-1) & otherwise \end{cases}$$

즉, 일반적인 경우, 앞의 두 개의 숫자를 더해서 뒤의 숫자를 만들면 된다. 정의에 따라 수열을 만들어 보면 다음과 같다.

$$0, 1, 1, 2, 3, 5, 8, 13, 21, 34, 55, 89, \ldots$$

피보나치 수열은 많은 자연 현상에서도 발견된다.

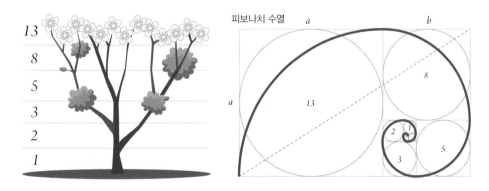

피보나치 수열은 정의 자체가 순환적으로 되어 있다. 따라서 구현 시에 순환 호출을 사용하는 것이 자연스러운 방법이다. 피보나치 수열을 파이썬을 이용하여 구현해 보면 다음과 같다.

fibo.py 순환으로 피보나치 수열 계산하기

```python
def fib(n) :
    if n == 0 :
        return 0
    elif n == 1 :
```

```
            return 1
      else :
          return fib(n-1) + fib(n-2)

  n = int(input("정수를 입력하시오: "))
  print(n, "번째 피보나치 수는 ", fib(n))
```

정수를 입력하시오: 10
10 번째 피보나치 수는 55

디렉토리 크기 계산

순환은 디렉토리의 용량을 계산하는 데도 사용할 수 있다. 예를 들어 다음과 같은 디렉토리 구조에서 루트 디렉토리의 용량을 알려면 어떻게 해야 할까?

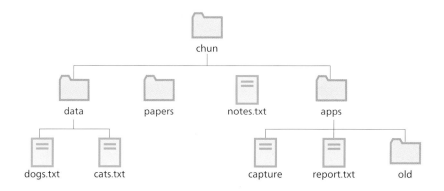

하나의 디렉토리 안에 다른 디렉토리가 있을 수 있으므로 먼저 서브 디렉토리의 용량을 모두 계산한 다음에 루트 디렉토리의 용량을 계산해야 할 것이다. 현재 디렉토리의 용량을 계산하는 프로그램을 작성해 보자.

directory.py 디렉토리 용량 계산하기

```
  import os

  def calcDirSize(name) :
    totalSize = 0

    if os.path.isfile(name) :                    # 파일인 경우
      totalSize += os.path.getsize(name)    # 파일 크기를 더한다.
    else :                                 # 디렉토리인 경우
      fileList = os.listdir(name)          # 디렉토리 내의 파일과 서브 디렉토리 리스트를 얻는다.
      # 서브 디렉토리의 용량을 계산하여 모두 합한다.
      for subDir in fileList :
          totalSize += calcDirSize(os.path.join(name, subDir))
            # 재귀적으로 서브 디렉토리 용량을 더한다.
```

```
    return totalSize
```

```
name = input("디렉토리 이름을 입력하시오: ")
print(calcDirSize(name))
```

디렉토리 이름을 입력하시오: tmp8
5854007

중간점검

❶ 팩토리얼(n!)을 계산하는 순환 함수를 작성해 보자.

❷ 1부터 n까지의 합을 계산하는 순환 함수를 작성해 보자.

LAB 14 프랙탈 그래픽 만들기

이번 장에서 학습한 내용을 바탕으로, 순환적으로 나무를 그리는 프랙탈(fractal) 프로그램을 작성해 보자.

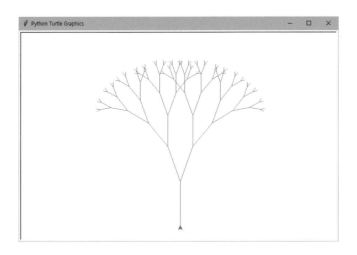

Hint 프랙탈(fractal)은 일부가 전체와 비슷한 형태로 무한히 되풀이되는 기하학적인 형태를 말한다. 이것을 자기 유사성 (self-similarity)이라고도 한다. 만델브로트(Mandelbrot)가 처음으로 쓴 단어로, 해안선이나 나뭇가지와 같이 자 연물, 수학적인 분석, 운동 모형에서도 많이 발견된다. 프랙탈을 이용하면 불규칙해 보이는 그림을 질서정연한 규칙 을 사용하여 그릴 수 있다.

예를 들어 나뭇가지는 다음과 같은 규칙을 순환적으로 적용하여 그릴 수 있다.

1. 직선을 그린다.
2. 직선의 중간에서 특정한 각도로 2개의 가지를 그린다.
3. 충분한 나뭇가지가 생성될 때까지 각 가지의 끝에서 **2**를 되풀이 한다.

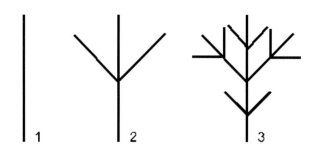

1   2   3

SOLUTION

tree.py 프랙탈로 나무 그리기

```python
import turtle

def drawTree(branch, t) :
    if branch > 5 :
        t.forward(branch)          # 전진
        t.right(20)                # 오른쪽으로 20도 회전
        drawTree(branch-15,t)      # 가지를 그린다.
        t.left(40)                 # 왼쪽으로 40도 회전
        drawTree(branch-15,t)      # 가지를 그린다.
        t.right(20)                # 오른쪽으로 20도 회전
        t.backward(branch)         # 후진

t = turtle.Turtle()               # 터틀 그래픽을 이용한다.
t.left(90)
t.up()
t.backward(200)
t.down()
t.color("green")
drawTree(100, t)

turtle.done()
```

도전문제

❶ 순환 호출의 횟수를 제한하여 나무의 가지가 너무 많이 나뉘지 않도록 해보자.

❷ 나뭇가지의 길이를 조금씩 랜덤하게 조정하여 자연스럽게 보이도록 해보자.

10 함수를 사용한 프로그램 설계

한 대의 자동차를 만들기 위해서는 수백 개의 협력업체에서 부품을 공급해야 한다. 이들 부품을 자동차 공장에서 조립하면 자동차가 생산된다. 이와 같은 원리를 프로그램에 대해서도 적용할 수 있다. 지금까지는 간단한 프로그램이었기 때문에 하나의 함수로도 충분하였다. 하지만 윈도우나 한글과 같은 커다란 프로그램의 모든 코드가 하나의 함수 안에 들어 있다고 가정해 보자. 흔히 대형 프로그램의 코드는 수만 라인이 넘는다. 이것이 하나의 함수 안에 들어 있다면, 코드를 작성한 사람도 시간이 지나면 이해하거나 디버깅하기가 어려울 것이다.

그렇다면 어떻게 해야 하는가? 정답은 작은 조각으로 분리하는 것이다. C언어에서 작은 조각이 함수에 해당한다. 복잡하고 규모가 큰 프로그램은 여러 개의 함수로 나누어 작성해야 한다. 먼저 주어진 문제를 분석한 후에, 보다 단순하고 이해하기 쉬운 문제들로 나눈다. 문제가 충분히 작게 나누어지면 각 문제를 해결하는 절차를 함수로 작성한다.

TIP 문제를 한 번에 해결하려고 하지 말고 더 작은 크기의 문제들로 분해한다. 문제가 충분히 작아질 때까지 계속해서 분해한다.

문제가 충분히 작아졌으면 각각의 문제를 함수로 작성한다. 이 함수들을 조립하면 최종 프로그램이 완성된다. 간단한 예로, 데이터를 수집하여, 처리하고, 결과를 보여주는 프로그램은 다음과 같은 함수들로 구성될 것이다.

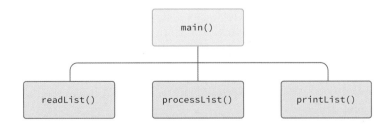

파이썬 프로그램에서도 main() 함수를 작성하고 스크립트의 맨 아래에서 main()을 호출하도록 하는 것이 바람직하다고 생각하는 개발자들도 많다. 구체적인 예로 점수를 사용자로부터 읽어서 크기순으로 정렬하여 화면에 출력하는 프로그램을 작성한다고 생각해 보자. 사용자가 음수를 입력하면 입력을 종료한다.

struc_design.py   함수를 사용하는 프로그램 디자인

```python
def readList() :
    nlist = []
    flag = True
    while flag :
        number = int(input("숫자를 입력하시오: "))
        if number < 0 :
            flag = False
        else :
            nlist.append(number)
    return nlist

def processList(nlist) :
    nlist.sort()
    return nlist

def printList(nlist) :
    for i in nlist :
        print("점수=", i)

def main() :
    nlist = readList()
    processList(nlist)
    printList(nlist)

if __name__ == "__main__" :
    main()
```

> 이 코드는 스크립트 파일을 직접 실행할 때만 main() 함수가 실행되도록 한다. 이 블록은 스크립트를 모듈로 임포트하는 경우에는 실행되지 않는다. 즉, 다른 스크립트에서 이 스크립트를 임포트하면 main() 함수는 실행되지 않으므로, 스크립트 파일을 모듈로 사용하거나 직접 실행하는 데에 따라 다르게 동작할 수 있다.

```
숫자를 입력하시오: 30
숫자를 입력하시오: 50
숫자를 입력하시오: 10
숫자를 입력하시오: 90
숫자를 입력하시오: 60
숫자를 입력하시오: -1
성적= 10
성적= 30
성적= 50
성적= 60
성적= 90
```

각 함수들은 특징적인 한 가지 작업(기능)만을 맡아야 한다. 하나의 함수가 여러 가지 작업을 하면 안 된다. 다른 것과 구별되는 한 가지의 작업만을 해야 한다. 만약 함수 안에서 여러 작업들이 섞여 있다면 각각을 다른 함수들로 분리해야 한다. 이런 식으로 함수를 사용하게 되면 문자들을 작업별로 분류할 수 있어 소스 코드의 가독성이 높아진다. 또한 함수 이름만 보아도 어떤 작업인지를 대략 알 수가 있어 소스 코드를 다른 사람이 읽기가 쉬워진다.

01 함수는 동일한 코드를 재사용하기 위한 것이다. 함수는 def로 작성한다.

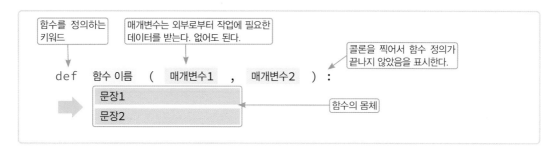

02 함수 안에서 선언되는 변수는 지역 변수이고, 함수의 외부에서 선언되는 변수는 전역 변수이다. 지역 변수는 함수 안에서만 사용할 수 있고 함수가 종료되면 삭제된다. 함수 안에서 변수에 값을 저장하면 기본적으로 지역 변수라고 간주한다.

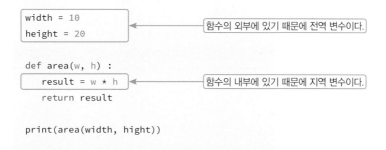

03 **순환(recursion)**이란, 함수가 자기 자신을 호출하여 문제를 해결하는 프로그래밍 기법이다. 순환은 효과적인 프로그래밍 기법 중 하나로, 많은 문제들을 해결하는 데 독특한 개념적인 프레임 워크를 제공한다.

01 리스트의 모든 요소를 더하는 함수를 작성하고 테스트하시오. 단, 순환 호출로 하도록 한다.
순환 호출 상 중 하

```
입력 리스트 = [1, 2, 3, 4, 5]
요소의 합 = 15
```

02 이 함수를 호출하여 세 개 숫자의 합을 계산하되, 키워드 인자를 사용하여 매개변수를 전달하시오.
키워드 인자 상 중 하

```
def calculate_total(a, b, c) :
    return a + b + c
```

03 전역 변수 counter를 활용하여 함수가 몇 번 호출되었는지 출력하는 함수를 작성하고 테스트하시오.
테스트에서 function_with_counter() 함수를 세 번 호출하면 다음과 같은 출력 결과를 얻을 수 있
어야 한다. 전역 변수 상 중 하

```
함수 호출 횟수: 1
함수 호출 횟수: 2
함수 호출 횟수: 3
```

04 주어진 리스트에서 최댓값을 찾는 함수 find_max()를 작성하고 테스트하시오.
리스트 인자 상 중 하

```
입력 리스트: [1, 5, 3, 7, 2, 9, 4]
최댓값: 9
```

05 주어진 문자열의 길이를 반환하는 함수 string_length()를 작성하고 테스트하시오.
문자열 인자 상 중 하

```
입력 문자열: Hello, World!
문자열 길이: 13
```

06 주어진 문자열에서 모음(a, e, i, o, u)의 개수를 세는 함수 count_vowels()를 작성하고 테스트하시오.
문자열 인자 상 중 하

```
입력 문자열: Hello, World!
모음 개수: 3
```

07 주어진 정수가 소수인지를 검사하는 함수 testPrime(n)을 작성하고 이 함수를 호출해서 2부터 100 사이의 소수를 출력하시오. 함수 작성 및 호출 상 중 하

```
2 3 5 7 11 13 17 19 23 29 31 37 41 43 47 53 59 61 67 71 73 79 83 89 97
```

08 원의 면적을 계산하는 함수 calcArea(radius)를 정의하고 테스트하시오. 만약 원의 반지름이 주어지지 않았으면 5.0으로 간주한다. 함수의 '디폴트 인자'를 사용하도록 한다. 디폴트 인자 상 중 하

```
78.5423
50.267072
```

09 두 개의 수를 받아서 오름차순으로 반환하는 함수 getSorted(x, y)를 작성하고 테스트하시오. 함수가 2개의 값을 반환하려면 다음과 같이 한다. 2개 이상 값 반환 상 중 하

```
 a, b = getSorted(x, y)
```

```
첫 번째 정수: 30
두 번째 정수: 20
(20, 30)
```

10 아래와 같은 함수 calculate_sum()이 있다. 이 함수를 호출하여 숫자의 합을 계산하는데, numbers 매개변수에 리스트 [1, 2, 3, 4, 5]를 키워드 인자로 전달하여 호출하시오. 가변 매개변수 상 중 하

```
 def calculate_sum(numbers) :
     return sum(numbers)
```

11 터틀 그래픽에서 다음과 같은 함수를 작성하고 테스트하시오. 함수 작성 상 중 하

- drawLine(x1, y1, x2, y2): (x1, y1)에서 (x2, y2)까지 직선을 그린다.
- drawRect(x1, y1, w, h): (x1, y1) 위치에서 폭이 w이고 높이가 h인 사각형을 그린다.

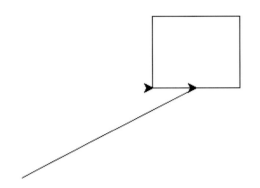

CHAPTER

06

리스트

학습목표

- 리스트의 구조와 기본적인 동작 원리를 이해할 수 있다.
- 리스트에 적용할 수 있는 다양한 연산과 내장 메소드를 이해하고 사용할 수 있다.
- 리스트 함축의 문법과 활용법을 이해하고, 복잡한 리스트를 생성할 수 있다.
- 리스트를 사용하여 숫자의 합계를 계산하거나, 문자열 리스트에서 특정 패턴을 검색하는 등의 작업을 수행할 수 있다.

학습목차

1 이번 장에서 작성할 프로그램

1 [프로그램 1] 리스트 숫자 계산 프로그램

리스트에 있는 숫자들의 합계, 평균, 최댓값, 최솟값을 구하는 프로그램을 작성해 보자.

```
숫자를 입력하세요(종료는 'q'): 10
숫자를 입력하세요(종료는 'q'): 20
숫자를 입력하세요(종료는 'q'): 30
숫자를 입력하세요(종료는 'q'): 40
숫자를 입력하세요(종료는 'q'): q
숫자들의 합계: 100
숫자들의 평균: 25.0
숫자들의 최댓값: 40
숫자들의 최솟값: 10
```

2 [프로그램 2] 사각형 그리기 프로그램

터틀 그래픽으로 색상을 변경하면서 사각형을 그리는 프로그램을 작성해 보자.

3 [프로그램 3] 지뢰 찾기 게임

간단한 지뢰 찾기 게임을 만들어보자.

```
. . # . . . . # # . . .
. . # . # # # . . . .
. . # . . . . # . . .
# # . # # . # . # .
. # . . . . . . . #
# . . # . # # . . . .
# # . # . # # . . .
. . # # . . . # . .
. . . . . . . . # .
. . . . # . . # # .
```

2 리스트란?

학생 10명의 시험 점수를 저장한다고 하자. 데이터를 저장할 수 있는 곳은 변수이다. 학생이 10명이므로 10개의 변수가 필요하다. 우리는 변수를 s0, s1, s2, s3, ..., s9라는 이름으로 만들 수 있다. 하지만 만약 학생이 1,000명이라면 어떻게 해야 할까? 이런 식으로 변수를 일일이 생성하다가는 프로그래머의 생활이 아주 힘들어질 것이다. 개별 변수를 사용하면 학생들의 점수를 각각의 변수에 저장해야 하기 때문에 변수의 이름이 많아지고 관리가 어려워진다. 따라서 다른 방법이 필요하다.

리스트는 하나의 이름을 공유해 자료의 조작이 편리해요^^

별도의 이름을 가지니 조작하기가 어려워!

리스트는 하나의 이름을 공유한다.

쉽게 대량의 데이터를 저장할 수 있는 공간을 만들 수 있어야 하고, 이 데이터들을 손쉽게 처리할 수 있는 방법이 필요하다. 그래서 탄생하게 된 것이 리스트(list)이다. 리스트를 사용하면 모든 학생들의 점수를 하나의 리스트에 저장할 수 있다. 또한 리스트를 사용하면 새로운 학생이 추가되더라도 리스트에 쉽게 추가할 수 있다. 리스트는 이미 우리가 앞에서 학습한 바 있지만, 복습을 겸해서 처음부터 자세히 살펴보자.

리스트는 [ ] 안에 값을 나열하면 생성된다. 예를 들어 학생 10명의 성적을 저장하고 있는 리스트를 생성하면 다음과 같다.

```
scores = [32, 56, 64, 72, 12, 37, 98, 77, 59, 69]
```

초깃값이 있으면 위와 같이 생성하면 되지만 공백 리스트를 생성한 후에 사용자로부터 값을 받아서 리스트에 추가하려면 append( ) 메소드를 사용한다.

```
scores = []
```

```
for i in range(10) :
    scores.append(int(input("성적을 입력하시오: ")))

print(scores)
```

특히 리스트가 꼭 필요한 경우는 서로 관련된 데이터를 차례로 접근하여 처리하고 싶은 경우이다. 만약 관련된 데이터들이 서로 다른 이름을 사용하고 있다면 이들 이름을 일일이 기억해야 할 것이다. 그러나 하나의 이름을 공유하고 단지 번호만 다를 뿐이라면 아주 쉽게 기억할 수 있고 편리하게 사용할 수 있다. 리스트는 근본적으로 데이터들에게 하나하나 이름을 붙이지 않고 전체 집단에 하나의 이름을 부여한 다음, 숫자로 된 번호를 통하여 각각의 데이터에 접근하는 방법이다.

파이썬에서 다양한 종류의 데이터를 하나의 리스트 안에 함께 저장할 수 있다. 이미 여러분은 알고 있을 것이다.

```
myList = [1, 'computer', 3.4]
myList = ['apple', [8, 4, 6]]
```

파이썬의 리스트는 다른 프로그래밍 언어의 배열(array)과 유사하다. 하지만 배열의 크기는 고정되어 있는 반면에, 리스트의 크기는 가변적이다. 즉, 요소의 개수에 따라서 커지거나 작아질 수 있다. 또 배열은 한 가지 종류의 데이터만 저장할 수 있지만, 리스트에는 다양한 종류의 데이터를 섞어서 저장할 수 있다. 결론적으로 파이썬의 리스트가 배열보다 훨씬 사용하기 편하다!

리스트 요소 접근하기

리스트에 저장된 데이터들을 리스트 요소(Array Element)라고 한다. 그렇다면 리스트 요소들은 어떤 식으로 접근해야 하는가? 리스트의 요소에는 번호가 붙어 있는데 이것을 **인덱스(index)**라고 부른다. 리스트의 이름을 쓰고 대괄호 [ ] 안에 번호를 표시하면 리스트 요소가 된다. 예를 들어 리스트의 이름이 scores 라면 리스트 요소는 scores[0], scores[1], scores[2], scores[3], ..., scores[9]로 표시된다. 리스트는 메모리의 연속적인 공간에 저장된다. 예를 들어 scores 리스트에서 번호가 5인 요소에 접근하려면 scores[5]와 같이 적어주면 된다.

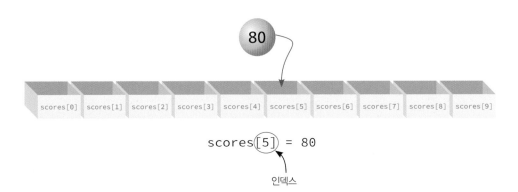

유효한 인덱스의 범위는 0에서 (리스트 크기 − 1)까지이다. 크기가 10인 scores 리스트에서

- 0번째 리스트 요소는 scores[0]이다.
- 1번째 리스트 요소는 scores[1]이다.
- 2번째 리스트 요소는 scores[2]이다.
- …
- 9번째 리스트 요소는 scores[9]이다.

리스트 요소는 변수와 100% 동일하다. 리스트 요소에 값을 저장할 수 있고 리스트 요소에 저장된 값을 꺼낼 수도 있다.

```
scores[0] = 80          0번째 요소에 80을 저장
scores[1] = scores[0]
                        0번째 요소의 값을 1번째 요소로 복사
```

변수나 수식도 인덱스로 사용할 수 있다.

```
                        i번째 요소에 10을 저장
scores[i] = 10          // i는 정수 변수
scores[i+2] = 20        // 수식이 인덱스가 된다.
                        (i+2)번째 요소에 20을 저장
```

인덱스 범위를 확인하고 리스트에 값을 저장하는 코드는 다음과 같다.

```
if i >= 0 and i < len(scores) :
    scores[i] = number
```

리스트 순회하기

리스트에 있는 요소들을 순서대로 방문하는 작업은 아주 많이 나타난다. 기본적으로 두 가지의 방법이 있다. 첫 번째 방법은 인덱스를 사용하여 방문하는 방법이다. 예를 들어 크기가 10인 scores 리스트를 가정하자. 변수를 0에서 시작하여 하나씩 증가시키면서 거기에 해당되는 리스트 요소를 방문하는 방법이다.

```
for i in range(len(scores)) :
    print(i, score[i])
```

여기서 len(scores)는 리스트의 크기를 반환하므로 10이다. 변수 i는 0, 1, 2, 3, …, 9와 같이 변경되고 scores[i]는 그 인덱스에 해당되는 리스트 요소가 된다. 만약 리스트 요소를 변경할 필요가 있다면 이것이 유일한 방법이다.

```
for i in range(len(scores)) :
    score[i] = i*10
```

하지만 단순히 리스트 요소의 값을 알고 싶은 경우에는 다음과 같은 형식을 사용할 수 있다.

```
for element in scores :
    print(element)
```

scores 리스트의 첫 번째 요소부터 변수 element에 할당되고 반복 루프 안의 문장들이 실행된다. 한 번의 반복이 끝나면 두 번째 요소가 변수 element에 할당된다. 이 경우에는 우리가 리스트의 크기에 대하여 신경 쓰지 않아도 된다.

list 클래스

리스트는 list 클래스에 의하여 생성되는 객체이다. list 클래스의 생성자를 이용해서도 리스트를 생성할 수 있다. 다음은 모두 리스트를 생성하는 방법들이다.

```
list1 = list()             # 공백 리스트 생성
list2 = list("Hello")      # 문자열 'H', 'e', 'l', 'l', 'o'를 요소로 가지는 리스트 생성
list3 = list(range(0, 5))  # 0, 1, 2, 3, 4를 요소로 가지는 리스트 생성
```

위의 방법들은 초깃값을 사용하여 리스트를 생성하는 방법과 동일하다. 예를 들어 위의 문장들은 아래의 문장들과 동일하다.

```
list1 = []                 # 공백 리스트 생성
list2 = ['H', 'e', 'l', 'l', 'o']
                           # 문자열 'H', 'e', 'l', 'l', 'o'를 요소로 가지는 리스트 생성
list3 = [0, 1, 2, 3, 4]    # 0, 1, 2, 3, 4를 요소로 가지는 리스트 생성
```

복잡한 리스트

우리는 서로 다른 타입의 데이터를 하나의 리스트 안에 저장할 수 있다. 또 리스트 안에 다른 리스트를 포함시키는 것도 가능하다. 다음 문장들을 참고하자.

```
list1 = [12, 'dog', 180.14]                           # 혼합 데이터 타입
list2 = [['Seoul', 10], ['Paris', 12], ['London', 50]]  # 내장 리스트
list3 = ['aaa', ['bbb', ['ccc', ['ddd', 'eee', 45]]]]  # 내장 리스트
```

중간점검 ❶ 주어진 정수 리스트에서 가장 큰 숫자를 찾는 프로그램을 작성해 보자.
❷ 주어진 정수 리스트의 합을 계산하는 프로그램을 작성해 보자.

학생들의 점수를 처리하는 프로그램을 작성해 보자. 사용자로부터 점수를 입력받아서 리스트에 저장한다. 점수의 평균을 구하고 80점 이상인 학생의 수를 계산하여 출력해 본다.

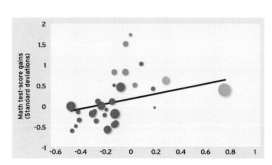

```
점수를 입력하시오: 10
점수를 입력하시오: 20
점수를 입력하시오: 60
점수를 입력하시오: 70
점수를 입력하시오: 80
점수의 평균은 48.0 입니다.
평균이 80점 이상인 학생은 1 명입니다.
```

SOLUTION

score.py　점수 처리 프로그램

```python
# 학생 수를 정의한다.
STUDENTS = 5

scores = []                 # 점수를 저장할 빈 리스트와 점수 합계를 초기화한다.
scoreSum = 0

# 학생 수만큼 반복하여 점수를 입력받고 리스트에 추가하며 합계를 계산한다.
for i in range(STUDENTS) :
    value = int(input("점수를 입력하시오: "))
    scores.append(value)
    scoreSum += value

scoreAvg = scoreSum / len(scores)       # 점수의 평균을 계산한다.
```

공백 리스트를 생성한다.

학생 수만큼 반복하면서 점수를 받아 리스트에 저장한다.

```
highScoreStudents = 0        # 평균이 80점 이상인 학생 수를 세기 위한 변수를 초기화한다.

# 각 학생의 점수를 확인하고 80점 이상인 경우 highScoreStudents 변수를 증가시킨다.
for i in range(len(scores)) :   ◄────[80점 이상인 학생 수를 구한다.]
    if scores[i] >= 80 :
        highScoreStudents += 1
print("점수의 평균은", scoreAvg, "입니다.")
print("평균이 80점 이상인 학생은", highScoreStudents, "명입니다.")
```

LAB 02 | 문자열 처리 프로그램

리스트는 문자열도 저장할 수 있다. 강아지를 많이 키우는 사람을 가정하자. 강아지들의 이름을 저장하였다가 출력하는 프로그램을 작성해 보자.

```
강아지의 이름을 입력하시오(종료 시에는 엔터키): 미나
강아지의 이름을 입력하시오(종료 시에는 엔터키): 초롱이
강아지의 이름을 입력하시오(종료 시에는 엔터키): 써니
강아지의 이름을 입력하시오(종료 시에는 엔터키): 팅커벨
강아지의 이름을 입력하시오(종료 시에는 엔터키):
강아지들의 이름:
미나, 초롱이, 써니, 팅커벨,
```

SOLUTION

dogs.py 문자열 처리 프로그램

```
dogNames = []        # 빈 리스트를 생성한다.

while True :         # 무한 루프를 시작한다.
```

```
name = input("강아지의 이름을 입력하시오(종료 시에는 엔터키): ")    # 사용자로부터 입력을 받는다.
if name == "" :                        # 만약 입력이 없다면(엔터키를 누르면),
    break                              # 무한 루프를 종료한다.
dogNames.append(name)                  # 입력받은 이름을 리스트에 추가한다.

print("강아지들의 이름: ")               # 리스트에 저장된 강아지들의 이름을 출력한다.
for name in dogNames :
    print(name, end=", ")              # 각 이름을 출력하고 쉼표(,)로 구분하여 출력한다.
```

도전문제

❶ 리스트 안의 강아지 이름을 출력할 때, 마지막 이름 뒤에 쉼표를 붙이지 않도록 코드를 수정해 보자.

❷ 강아지 이름이 하나도 입력되지 않았을 경우에는 출력하는 반복문을 실행하지 않도록 코드를 수정해 보자.

3 시퀀스 데이터 타입

시퀀스란?

파이썬에서 리스트는 넓게 보면 **시퀀스(sequence)** 자료형에 속한다. 시퀀스에 속하는 자료형들은 순서를 가진 요소들의 집합이라는 공통적인 특성을 가지고 있으며 문자열, 리스트, 튜플이 모두 시퀀스의 일종이다. 시퀀스에 속하는 자료형들은 모두 동일한 연산을 공유한다. 즉, 리스트에 적용되는 연산은 문자열에도 그대로 적용할 수 있다.

- 문자열
- 바이트 배열
- 리스트
- 튜플

순서를 가지고 요소들로 구성된 자료형들을 모두 시퀀스라고 합니다.

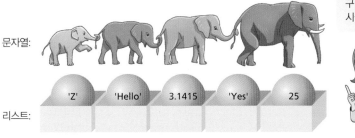

문자열:

'Z'   'Hello'   3.1415   'Yes'   25

리스트:

문자열, 리스트, 튜플 객체들은 상당히 다르게 보이지만, 자세히 살펴보면 다음과 같은 공통적인 특징을 가지고 있다.

- 문자열, 리스트, 튜플의 요소들은 순서를 가지고 있다.
- 문자열, 리스트, 튜플의 요소들은 인덱스를 사용하여 참조할 수 있다.

간단한 예로 문자열과 리스트를 비교해 보자.

리스트에서 인덱싱

```
text = "Will is power."
print(text[0], text[3], text[-1])

flist = ['apple', 'banana', 'tomato', 'peach', 'pear']
print(flist[0], flist[3], flist[-1])
```

```
W l .
apple peach pear
```

리스트와 마찬가지로 문자열에서도 인덱싱이 가능하다는 것을 알 수 있다. 시퀀스에 해당되는 자료형에는 동일한 연산자와 함수를 사용할 수 있다. 예를 들어 문자열의 길이나 리스트의 길이는 모두 len() 함수로 계산할 수 있다.

list_op2.py 리스트 함수

```
text = "Will is power."
print(len(text))

flist = ['apple', 'banana', 'tomato', 'peach', 'pear']
print(len(flist))
```

```
14
5
```

시퀀스에서 가능한 연산자와 함수

시퀀스에서 사용할 수 있는 연산자와 함수는 무척 많다. 그 중에서도 가장 많이 사용하는 연산자나 함수는 다음과 같다. 이것은 아주 중요하니 완벽하게 이해하도록 하자.

연산자/함수	설명	예	결과
len()	길이 계산	len([1, 2, 3])	3
+	2개의 시퀀스 연결	[1, 2] + [3, 4, 5]	[1, 2, 3, 4, 5]
*	반복	['Welcome!'] * 3	['Welcome!', 'Welcome!', 'Welcome!']
in	소속	3 in [1, 2, 3]	True
not in	소속하지 않음	5 not in [1, 2, 3]	True
[]	인덱스	myList[1]	myList의 첫 번째 요소
min()	시퀀스에서 가장 작은 요소	min([1, 2, 3])	1
max()	시퀀스에서 가장 큰 요소	max([1, 2, 3])	3
for	반복	for x in [1, 2, 3] : print(x)	1 2 3

지금부터 시퀀스(특히 리스트)에서 가능한 연산자와 함수들을 하나씩 자세히 살펴보자.

4 인덱싱과 슬라이싱

인덱싱

인덱싱(indexing)이란, 리스트에서 하나의 요소를 인덱스 연산자를 통하여 참조(접근)하는 것을 의미한다. 인덱스는 정수이며, 항상 0에서부터 시작한다는 것을 잊으면 안 된다. 1이 아니라 0부터 시작한다.

```
>>> shopping_list = ['두부', '양배추', '딸기', '사과', '토마토']
>>> shopping_list[0]
'두부'
```

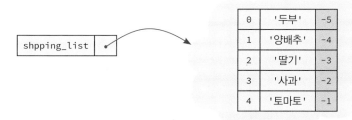

리스트의 인덱스는 0에서 (len(shopping_list)-1)까지의 범위를 가진다. shopping_list[index]는 하나의 변수와 똑같이 사용 가능하다. 예를 들어 shopping_list[0]의 값을 변수 item에 할당할 수 있다.

```
>>> item = shopping_list[0]
```

파이썬에서 음수 인덱스가 가능하다. shopping_list[-1]은 리스트의 마지막 요소를 나타낸다. shopping_list[-3]은 리스트의 마지막에서 세 번째에 있는 요소를 나타낸다. 음수 인덱스는 특히 리스트의 마지막 요소에 접근할 때 무척 편리하다. 항상 리스트의 마지막 요소 인덱스는 -1이다. 위의 그림을 참조하도록 하자.

슬라이싱

슬라이싱(slicing)은 리스트 안에서 범위를 지정하여 원하는 요소들을 선택하는 연산이다. myList[start : end]와 같은 형식을 사용한다. myList[start : end]라고 하면 start 인덱스에 있는 요소부터 (end-1) 인덱스에 있는 요소까지 선택된다.

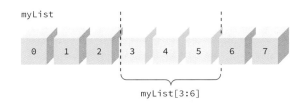

예를 들어 거듭제곱값들을 모아서 리스트 안에 저장하였다고 하자.

```
>>> squares = [0, 1, 4, 9, 16, 25, 36, 49]
>>> squares[3:6]          # 슬라이싱은 새로운 리스트를 반환한다.
[9, 16, 25]
```

슬라이싱 연산은 요구된 요소를 포함하는 부분 리스트를 반환한다. 즉, 슬라이싱 연산을 하면 리스트의 새로운 복사본을 얻을 수 있다는 이야기이다.

슬라이싱 연산에서 시작 인덱스와 종료 인덱스를 생략하는 경우, 시작 인덱스는 0으로 간주되고, 종료 인덱스는 리스트의 끝 인덱스(마지막 요소의 하나 앞 인덱스)로 간주된다.

```
>>> my_list = [1, 2, 3, 4, 5]
>>> my_list[:3]
[1, 2, 3]
>>> my_list[2:]
[3, 4, 5]
>>> my_list[:]
[1, 2, 3, 4, 5]
```

만약 슬라이싱 연산에서 시작 인덱스를 생략하면, 기본적으로 0으로 간주된다. 따라서 my_list[:3]을 수행하면 [1, 2, 3]이 반환된다. 종료 인덱스를 생략하는 경우에는 리스트의 끝 인덱스로 간주된다. 따라서

`my_list[2:]`를 수행하면 [3, 4, 5]가 반환된다. 시작과 종료 인덱스를 모두 생략하는 경우에는 리스트의 모든 요소를 포함한 전체 리스트가 반환된다. 예를 들어 `my_list[:]`는 [1, 2, 3, 4, 5]를 반환한다.

문자열과는 다르게 리스트는 변경 가능하다. 즉, 우리는 언제든지 리스트의 내용을 변경할 수 있다.

```
>>> squares = [0, 1, 4, 9, 16, 25, 36, 48]          # 잘못된 부분이 있다!
>>> 7 ** 2                                          # 7의 제곱은 49이다!
49
>>> squares[7] = 49                                 # 잘못된 값을 변경할 수 있다!
>>> squares
[0, 1, 4, 9, 16, 25, 36, 49]
```

우리는 슬라이싱에 값을 대입하는 것도 가능하다. 리스트의 크기를 변경하는 것도 가능하다. 공백 리스트로 모든 요소들을 대체하여 리스트의 내용을 완전히 삭제하는 것도 가능하다.

```
>>> letters = ['a', 'b', 'c', 'd', 'e', 'f', 'g']
>>> letters
['a', 'b', 'c', 'd', 'e', 'f', 'g']

>>> letters[2:5] = ['C', 'D', 'E']                  # 리스트의 일부를 변경해 보자.
>>> letters
['a', 'b', 'C', 'D', 'E', 'f', 'g']

>>> letters[2:5] = []                               # 리스트의 일부를 삭제해 보자.
>>> letters
['a', 'b', 'f', 'g']
```

고급 슬라이싱

슬라이싱을 할 때, 단계(step)를 지정할 수 있다.

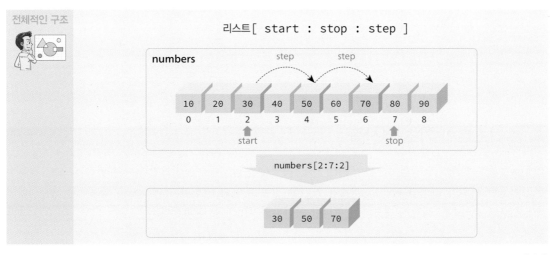

슬라이스 numbers[2:7:2]에서 첫 번째 2는 시작 인덱스, 7은 종료 인덱스이고, 마지막 2는 단계를 나타내는 값이다. 즉, 인덱스 2에서 시작하여 2씩 증가하면서 요소들을 추출한다. 우리는 슬라이싱을 이용하여 많은 작업을 하나의 명령문으로 처리할 수 있다. 예를 들어 음수 단계를 이용하여 요소들을 역순으로 나열할 수 있다. 다음 코드는 역순으로 새 리스트를 생성한다.

```
>>> numbers = [10, 20, 30, 40, 50, 60, 70, 80, 90]
>>> numbers[:: -1]
[90, 80, 70, 60, 50, 40, 30, 20, 10]
```

위의 코드에서 슬라이스의 시작 인덱스와 종료 인덱스가 생략되었으므로 슬라이스의 범위는 리스트의 처음부터 끝까지라고 가정한다. 단계가 -1이므로 리스트의 끝에서부터 시작 위치까지 반복하게 된다.

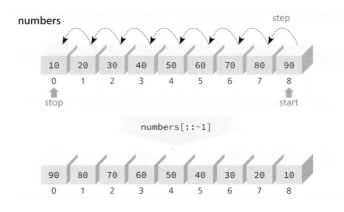

 중간점검
❶ 다음 리스트에서 세 번째 요소를 출력해 보자.

```
my_list = ['apple', 'banana', 'cherry', 'date', 'fig']
```

❷ 다음 리스트에서 두 번째부터 네 번째까지의 요소를 슬라이싱하여 출력해 보자.

```
my_list = ['apple', 'banana', 'cherry', 'date', 'fig']
```

❸ 다음 리스트에서 마지막 3개 요소를 슬라이싱하여 출력해 보자.

```
my_list = [11, 22, 33, 44, 55, 66, 77, 88, 99]
```

5 리스트의 기초 연산들

앞에서 우리는 인덱싱과 슬라이싱을 통하여 많은 작업들을 할 수 있음을 보았다. 하지만 아무래도 전문적이고 복잡한 작업을 하려면 리스트 객체가 가지고 있는 다양한 연산자와 메소드를 활용해야 한다. 이번 절에서 우리는 리스트 객체가 제공하는 편리한 연산자와 메소드를 살펴본다.

리스트 합병과 반복

두 개의 리스트를 합칠 때는 연결 연산자인 + 연산자를 사용할 수 있다.

```
>>> marvel_heroes = ['스파이더맨', '헐크', '아이언맨']
>>> dc_heroes = ['슈퍼맨', '배트맨', '원더우먼']
>>> heroes = marvel_heroes + dc_heroes
>>> heroes
['스파이더맨', '헐크', '아이언맨', '슈퍼맨', '배트맨', '원더우먼']
```

리스트를 반복하는 것도 반복 연산자인 * 연산자를 사용하면 된다.

```
>>> values = [1, 2, 3] * 3
>>> values
[1, 2, 3, 1, 2, 3, 1, 2, 3]
```

[1, 2, 3] * 3에 의하여 [1, 2, 3]이 3번 반복되어서 리스트 [1, 2, 3, 1, 2, 3, 1, 2, 3]이 생성된다. [1, 2, 3] * 3은 3 * [1, 2, 3]과 동일하다.

리스트의 길이

len() 함수는 리스트의 길이를 계산하여 반환한다.

```
>>> letters = ['a', 'b', 'c', 'd']
>>> len(letters)
4
```

요소 추가하기

append() 메소드를 사용하여 리스트의 끝에 새로운 항목을 추가할 수 있다.

```
>>> shopping_list = []
>>> shopping_list.append('두부')
>>> shopping_list.append('양배추')
>>> shopping_list.append('딸기')

>>> shopping_list
['두부', '양배추', '딸기']
```

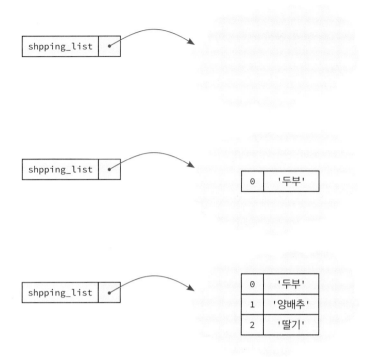

요소 삽입하기

append() 메소드는 리스트의 끝에 새로운 요소를 추가한다. 우리는 종종 기존 리스트의 특정한 위치에 새로운 요소를 추가하기를 원한다. 이런 경우에 사용할 수 있는 메소드가 insert()이다. 다음과 같은 리스트의 인덱스 1에 '생수'를 추가해 보자.

```
>>> shopping_list = ['두부', '양배추', '딸기']
>>> shopping_list.insert(1, '생수')
>>> shopping_list
['두부', '생수', '양배추', '딸기']
```

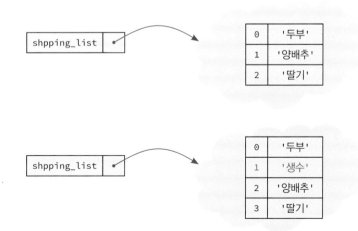

'생수' 항목이 인덱스 1에 추가되었고 이후의 항목들은 모두 뒤로 한 칸 이동한 것을 알 수 있다.

요소 찾기

리스트에 어떤 요소가 있는지를 찾는 연산도 많이 사용한다. 어떤 요소가 리스트에 있는지 없는지만 알려면 in 연산자를 사용하면 된다.

```
heroes = ['스파이더맨', '슈퍼맨', '헐크', '아이언맨', '배트맨']
if '배트맨' in heroes :
    print("배트맨은 영웅입니다.")
```

우리는 종종 어떤 요소의 리스트 안에서의 위치를 알아야 한다. 이런 경우에 사용할 수 있는 메소드가 index()이다. 예를 들어 리스트에서 '슈퍼맨'의 인덱스를 알고 싶으면 다음과 같이 한다.

```
heroes = ['스파이더맨', '슈퍼맨', '헐크', '아이언맨', '배트맨']
index = heroes.index('슈퍼맨')    # 인덱스는 1이 된다.
```

만약 리스트에 없는 항목을 index()로 찾으면 오류가 발생할 수 있다. 오류가 발생하면 프로그램이 중지되기 때문에 좋지 않다. 따라서 다음과 같이 먼저 리스트에 있는지를 확인한 후에 항목의 인덱스를 찾는 것이 안전하다.

```
heroes = ['스파이더맨', '슈퍼맨', '헐크', '아이언맨', '배트맨']
if '슈퍼맨' in heroes :
    index = heroes.index('슈퍼맨')
```

요소 삭제하기

pop() 메소드는 특정한 위치에 있는 항목을 삭제한다. pop(1)하면 인덱스 1에 있는 항목이 삭제되는 동시에 반환된다.

```
>>> heroes = ['스파이더맨', '슈퍼맨', '헐크', '아이언맨', '배트맨']
>>> heroes.pop(1)
'슈퍼맨'
>>> heroes
['스파이더맨', '헐크', '아이언맨', '배트맨']
```

remove() 메소드는 항목을 받아서 제거한다. pop()과 다른 점은 항목의 값을 받아서 일치하는 항목을 삭제한다는 것이다.

```
>>> heroes  = ['스파이더맨', '슈퍼맨', '헐크', '아이언맨', '배트맨', '조커']
>>> heroes.remove('조커')
>>> heroes
['스파이더맨', '슈퍼맨', '헐크', '아이언맨', '배트맨']
```

리스트에서 특정 요소의 개수 세기

count() 메소드는 리스트에서 지정한 값이 몇 번 등장하는지를 반환한다. 예를 들어 animals.count ('dog')는 리스트 animals에서 'dog'라는 문자열이 몇 번 등장하는지를 계산한다.

```
>>> animals = ['dog', 'cat', 'dog', 'elephant', 'dog', 'lion', 'tiger']
>>> dog_count = animals.count('dog')

>>> print(f"dog의 개수: {dog_count}")
dog의 개수: 3
```

리스트 연산 정리하기

이제까지 등장한 리스트 관련 연산들을 그림과 표로 정리하면 다음과 같다. 반드시 기억하도록 하자.

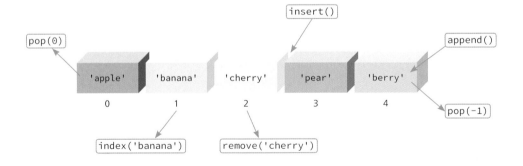

연산의 예	설명
myList[2]	인덱스 2에 있는 요소
myList[2] = 3	인덱스 2에 있는 요소를 3으로 설정한다.
myList.pop(2)	인덱스 2에 있는 요소를 삭제한다.
len(myList)	myList의 길이를 반환한다.
'value' in myList	'value'가 myList에 있으면 True
'value' not in myList	'value'가 myList에 없으면 True
myList.sort()	myList를 정렬한다.
myList.index('value')	'value'가 발견된 위치를 반환한다.
myList.append('value')	리스트의 끝에 'value' 요소를 추가한다.
myList.remove('value')	myList에서 'value'가 나타나는 위치를 찾아서 삭제한다.

중간점검

❶ 다음 리스트에서 7이 몇 번 등장하는지를 출력해 보자.

```
my_list = [1, 7, 2, 7, 3, 7, 4, 5, 7]
```

❷ 다음 리스트에서 가장 큰 숫자를 찾아 출력해 보자.

```
my_list = [12, 7, 30, 15, 21, 10]
```

❸ 다음 리스트에서 숫자 7의 인덱스를 출력해 보자.

```
my_list = [1, 2, 3, 4, 5, 6, 7, 8, 9]
```

LAB 03 리스트 처리

앞에서 학습한 내용을 복습하는 의미에서 리스트에 있는 숫자들의 합계, 평균, 최댓값, 최솟값을 구하는 프로그램을 작성해 보자. 먼저 사용자로부터 숫자를 하나씩 입력받아서 리스트에 저장한다. 이후에 리스트 연산자와 메소드, 내장 함수를 이용하여 합계, 평균, 최댓값, 최솟값을 계산하여 출력한다.

```
숫자를 입력하세요(종료는 'q'): 10
숫자를 입력하세요(종료는 'q'): 20
숫자를 입력하세요(종료는 'q'): 30
숫자를 입력하세요(종료는 'q'): 40
숫자를 입력하세요(종료는 'q'): q
숫자들의 합계: 100
숫자들의 평균: 25.0
숫자들의 최댓값: 40
숫자들의 최솟값: 10
```

listop1.py 정수 통계 처리

```python
def calculate_stats(numbers) :
    total = sum(numbers)
    average = total / len(numbers)
    max_value = max(numbers)
    min_value = min(numbers)
    return total, average, max_value, min_value

# 사용자로부터 숫자들을 입력받아 리스트에 추가한다.
numbers = []
while True :
    num = input("숫자를 입력하세요(종료는 'q'): ")
    if num.lower() == 'q' :
        break
    numbers.append(int(num))

# 리스트에 있는 숫자들의 합계, 평균, 최댓값, 최솟값을 계산한다.
total, average, max_value, min_value = calculate_stats(numbers)
print("숫자들의 합계: ", total)
print("숫자들의 평균: ", average)
print("숫자들의 최댓값: ", max_value)
print("숫자들의 최솟값: ", min_value)
```

6 리스트 비교, 정렬, 복사

리스트 비교

우리는 비교 연산자 ==, !=, >, <를 사용하여 2개의 리스트를 비교할 수 있다. 리스트를 비교하려면, 먼저 2개의 리스트가 동일한 타입의 요소들을 가지고 있어야 한다. 먼저 리스트의 첫 번째 요소들을 비교한다. 첫 번째 요소의 비교에서 False가 나오면 더 이상의 비교는 없고 False가 그대로 출력된다. 첫 번째 요소가 같으면 두 번째 요소를 꺼내서 비교한다. 리스트 안의 모든 요소가 비교될 때까지 동일한 작업을 반복한다. 리스트 안의 모든 요소를 비교하여 모두 True가 나오면 전체 결과가 True가 된다.

예를 들어 list1과 list2를 == 연산자를 이용하여 비교해 보면 다음과 같다. 첫 번째 요소가 == 연산자로 비교되고 이어서 두 번째 요소가 == 연산자로 비교된다. 리스트의 모든 요소에 대하여 == 연산이 True가 나오면 list1 == list2도 True가 된다.

```
>>> list1 = [1, 2, 3]
>>> list2 = [1, 2, 3]
>>> list1 == list2
```

```
True
```

== 연산자를 이용하여 2개의 리스트를 비교할 때, 리스트의 길이가 다르면 False가 된다.

```
>>> list1 = [1, 2, 3]
>>> list2 = [1, 2]
>>> list1 == list2
False
```

> 연산자는 어떻게 동작되는 것일까? 뭐든지 확실하게 알아야 자신 있게 사용할 수 있다. 역시 마찬가지로 첫 번째 요소가 > 연산자로 비교되고 이어서 두 번째 요소가 비교된다. 리스트 전체 요소에 대하여 > 연산이 True가 나오면 list1 > list2도 True가 된다.

```
>>> list1 = [3, 4, 5]
>>> list2 = [1, 2, 3]
>>> list1 > list2
True
```

리스트 최솟값과 최댓값 찾기

리스트 안에서 최솟값과 최댓값을 찾으려면 내장 함수인 min(), max()를 사용하면 된다. values라는 리스트에서 최솟값과 최댓값을 계산해 보면 다음과 같다.

```
>>> values = [1, 2, 3, 4, 5, 6, 7, 8, 9, 10]
>>> min(values)
1
>>> max(values)
10
```

리스트 정렬하기

리스트의 요소들을 크기 순으로 정렬시키는 연산은 아주 많이 사용한다. 리스트를 정렬하는 방법에는 다음과 같이 두 가지의 방법이 있다. 두 가지 방법이 약간 다르다.

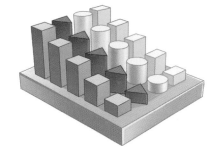

- 리스트 객체의 sort() 메소드를 사용하는 방법
- sorted() 내장 함수를 사용하는 방법

❶ sort() 메소드는 리스트를 제자리(in-place)에서 정렬한다. 따라서 sort()가 호출되면 원본 리스트가 변경된다. 아래의 코드에서 리스트 a는 정렬된 상태로 변경된다.

```
>>> a = [3, 2, 1, 5, 4]
>>> a.sort()
>>> a
[1, 2, 3, 4, 5]
```

❷ 원본을 유지하고 새로운 정렬된 리스트를 원한다면 내장 함수인 sorted()를 사용하는 것이 좋다. sorted()는 정렬된 새로운 리스트를 반환한다.

```
>>> a = [3, 2, 1, 5, 4]
>>> b = sorted(a)
>>> b
[1, 2, 3, 4, 5]
```

리스트를 정렬할 때, key 매개변수를 이용하여 요소들을 비교하기 전에 호출되는 함수를 지정할 수 있다. 예를 들어 대소문자를 가리지 않고 비교하려면 key 매개변수에 str.lower() 함수를 지정할 수 있다.

```
>>> sorted("A picture is worth a thousand words.".split(), key=str.lower)
['A', 'a', 'is', 'picture', 'thousand', 'words.', 'worth']
```

list.sort()와 sorted()는 모두 부울형의 reverse 매개변수를 가진다. 이 매개변수는 정렬 방향을 지정하는 데 사용한다. 예를 들어 리스트를 역순으로 정렬하려면 다음과 같이 한다.

```
>>> sorted([5, 2, 3, 1, 4], reverse=True)
[5, 4, 3, 2, 1]
```

문자열에서 리스트 만들기

문자열의 split() 메소드는 문자열을 분리하고 이것을 리스트로 만들어서 반환한다. 이때 문자열을 분리하는 분리자를 지정할 수 있다. 만약 분리자가 지정되지 않으면 스페이스를 이용하여 문자열을 분리한다.

```
>>> str = "Where there is a will, there is a way"
>>> str.split()
['Where', 'there', 'is', 'a', 'will,', 'there', 'is', 'a', 'way']
```

만약 ,를 이용하여 문자열을 분리하려고 한다면 다음과 같이 한다.

```
>>> str = "Where there is a will, there is a way"
>>> str.split(",")
['Where there is a will', ' there is a way']
```

리스트 복사하기

파이썬에서 리스트 변수는 리스트 객체를 저장하고 있지 않다. 리스트 자체는 다른 곳에 저장되고 리스트의 참조값(reference)만 변수에 저장된다. 참조값이란, 메모리에서 리스트 객체의 위치이다. 평상시에는 이런 사소한 것에 신경 쓸 필요가 없다. 하지만 우리가 리스트를 복사하려고 할 때는 약간의 신경을 써야 한다.

```
scores = [10, 20, 30, 40, 50]
```

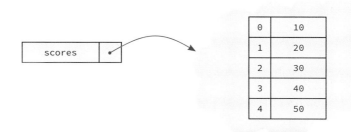

만약 우리가 리스트를 복사하기 위하여 아래와 같은 문장을 실행했다고 하자. 어떤 일이 벌어질까?

```
scores = [10, 20, 30, 40, 50]
values = scores
```

결론부터 말하자면 리스트는 복사되지 않는다. scores와 values는 모두 동일한 리스트 객체를 가리키고 있다. values는 scores 리스트의 별칭이나 마찬가지이다.

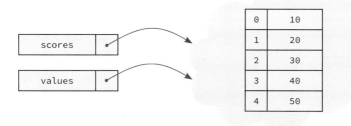

만약 우리가 values를 통하여 리스트 요소의 값을 변경한다면 scores 리스트도 변경된다. 이것을 확인해 보자.

list_op3.py 리스트 복사 #1

```
scores = [10, 20, 30, 40, 50]
values = scores
```

```
values[2] = 99
print(scores)
```

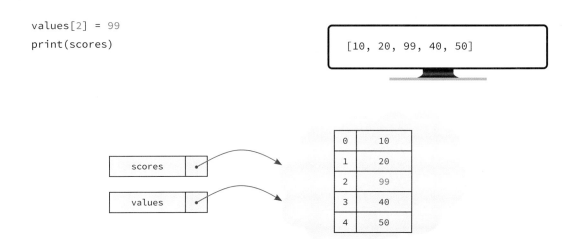

그렇다면 리스트를 올바르게 복사하는 방법은 무엇일까? 몇 가지 방법이 있다. 한 가지 방법은 list() 함수를 사용하는 것이다. list() 함수는 리스트를 받아서 복사본을 생성하여 반환한다.

```
>>> scores = [10, 20, 30, 40, 50]
>>> values = list(scores)
>>> values[2] = 99
>>> scores
[10, 20, 30, 40, 50]
>>> values
[10, 20, 99, 40, 50]
```

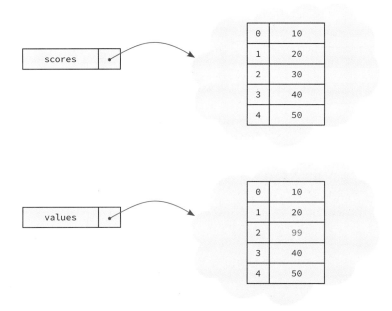

앞의 list()를 이용한 방법은 얕은 복사(Shallow Copy)라고 부른다. 얕은 복사에서 복사된 리스트는 원본 리스트의 요소들을 참조하며, 만약 원본 리스트가 가변(mutable) 객체를 포함하고 있다면 이 가변 객체는 복사된 리스트와 원본 리스트 양쪽에서 공유된다. 이는 문제가 발생할 수 있는 경우가 있는데, 바로 아래의 소스 코드처럼 리스트 안에 리스트가 있는 경우이다. list()를 사용하면 [3, 4, 5]는 공유된다.

```
import copy

original_list = [1, 2, [3, 4, 5]]
deep_copied_list = copy.deepcopy(original_list)
```

이때는 copy 모듈의 deepcopy()를 사용해야 한다. 이는 깊은 복사(Deep Copy)라고 부른다. 깊은 복사에서 복사된 리스트는 원본 리스트 및 그 하위 객체들의 복사본을 가지므로, 원본 리스트와 복사된 리스트는 완전히 독립적이다. 따라서 하위 객체의 변경이 서로에게 영향을 미치지 않는다.

간단한 리스트의 경우에는 list()를 이용한 얕은 복사도 충분할 수 있지만, 중첩된 구조를 가진 복잡한 데이터 구조의 경우에는 deepcopy()를 이용한 깊은 복사가 더 안전할 수 있다. 어떤 복사 방법을 선택할지는 상황에 따라 다르며, 사용하고자 하는 데이터의 구조에 따라 적절한 방법을 선택하는 것이 중요하다.

중간점검

❶ 다음 리스트를 오름차순으로 정렬해 보자.

```
my_list = [45, 23, 9, 37, 15, 3]
```

❷ 다음 두 리스트를 합쳐서 하나의 정렬된 리스트로 만들어보자.

```
list1 = [3, 8, 12]
list2 = [4, 7, 15]
```

❸ 다음 리스트를 깊은 복사하여 새로운 리스트를 만들어보자.

```
original_list = [1, 2, 3, [10, 20]]
```

7 리스트와 함수

함수로 인자를 전달하는 방식에는 다음과 같은 두 가지의 방법이 있다.

- **값으로 호출하기(Call-by-value)**: 함수로 변수를 전달할 때 변수의 값이 복사되는 방식으로, 가장 많이 사용하는 방법이다.
- **참조로 호출하기(Call-by-reference)**: 함수로 변수를 전달할 때 변수의 참조가 전달되는 방법이다. 함수에서 매개변수를 통하여 원본 변수를 변경할 수 있다.

그렇다면 파이썬에서 어떤 방법을 사용하는가? 파이썬에서 정수나 문자열처럼 변경이 불가능한 객체들은 '값으로 호출하기' 방법으로 전달된다고 볼 수 있다. 객체의 참조값이 함수의 매개변수로 전달되지만 함수 안에서 객체의 값을 변경하면 새로운 객체가 생성되기 때문이다. 이것은 5장 함수에서도 설명한 바 있다.

```python
def func1(x) :
    print("x=", x, " id=", id(x))
    x = 42
    print("x=", x, " id=", id(x))

y = 10

print("y=", y, " id=", id(y))
func1(y)
print("y=", y, " id=", id(y))
```

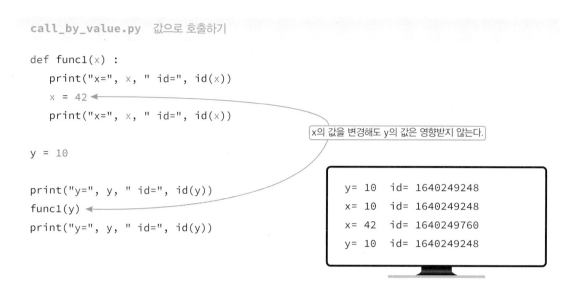

x의 값을 변경해도 y의 값은 영향받지 않는다.

```
y= 10   id= 1640249248
x= 10   id= 1640249248
x= 42   id= 1640249760
y= 10   id= 1640249248
```

위의 예제에서 우리는 id() 함수를 사용하여 객체의 참조값을 출력하였다. 함수 func1() 안에서 매개변수 x의 값을 변경하면 새로운 객체가 생성되어 x에 참조값이 저장된다.

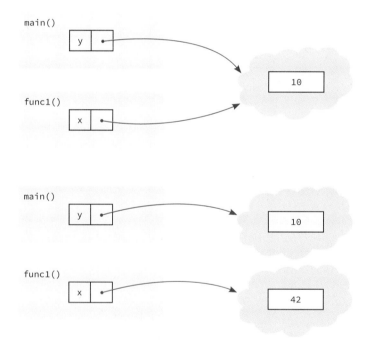

우리가 변경 가능한 객체인 리스트를 함수에 전달하면 어떻게 될까? 상황은 달라진다. 리스트도 참조값으로 전달된다. 리스트는 함수 안에서 변경할 수 있다. 즉, 리스트의 요소들은 변경될 수 있는 것이다.

```python
def func2(list) :
    list[0] = 99
```

```
values = [0, 1, 1, 2, 3, 5, 8]
print(values)
func2(values)
print(values)
```

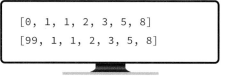

```
[0, 1, 1, 2, 3, 5, 8]
[99, 1, 1, 2, 3, 5, 8]
```

func2()에서 리스트 안의 첫 번째 요소를 99로 변경하였다. 실행 결과를 보면 원본 리스트도 변경된 것을 볼 수 있다.

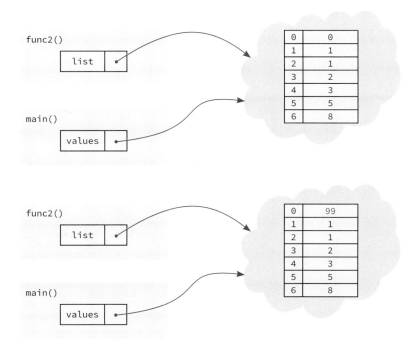

중간점검

❶ 다음 리스트에서 짝수만을 필터링하여 새로운 리스트를 생성하는 함수를 작성해 보자.

```
my_list = [10, 22, 33, 45, 56, 67, 78, 89]
```

❷ 다음 리스트의 모든 요소를 제곱하는 함수를 작성해 보자.

```
my_list = [1, 2, 3, 4, 5]
```

8 리스트 함축

파이썬은 '**리스트 함축(List Comprehensions)**' 또는 '**리스트 컴프리헨션**'이라는 개념을 지원한다. **comprehension**은 함축, 포함, 내포라는 의미이다. 리스트 함축은 수학자들이 집합을 정의하는 것과 유사하

다. 수학에서 제곱값의 집합은 { x^2 | $x \in N$ }과 같이 정의된다. 즉, 자연수에 속하는 x에 대하여 x^2값들이 모여서 집합을 생성한다. 파이썬에서는 리스트를 수학과 유사하게 정의할 수 있어서, 다음과 같이 0부터 9까지의 자연수에 대하여 제곱값의 집합을 정의할 수 있다.

```
S = [x**2 for x in range(10)]
```

위의 문장을 해석해 보면 다음과 같다. "range(10)가 생성하는 모든 정수에 대해 x^2을 계산하여 리스트를 생성한다." 결과적으로 다음과 같은 리스트가 된다.

```
S = [0, 1, 4, 9, 16, 25, 36, 49, 64, 81]
```

리스트 함축은 다음과 같은 형식을 가진다.

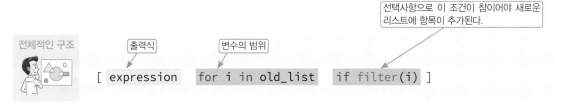

위의 형식을 풀어쓴다면 다음과 같다.

```
new_list = []
for i in old_list :
    if filter(i) :
        new_list.append(expression(i))
```

리스트 함축을 사용하면 아주 간결하게 리스트를 생성할 수 있다는 큰 장점이 있다. 앞선 제곱의 집합을 리스트 함축으로 표현한 예를 다시 분석해 보자.

- x는 입력 리스트의 요소를 나타내는 변수이다.
- x**2는 출력식으로서 새로운 리스트의 요소를 생성한다.
- range(10)은 입력 리스트를 나타낸다.
- [...]은 결과가 새로운 리스트라는 것을 의미한다.

만약 리스트 함축을 사용하지 않는다면 다음과 같이 반복문을 사용해야 할 것이다.

```
squares = []

for x in range(10) :
    squares.append(x**2)
```

위의 코드를 파이썬 튜터로 그려보면 다음과 같다.

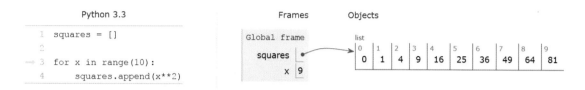

리스트 [3, 4, 5]의 모든 항목에 2를 곱해서 새로운 리스트를 생성하는 문장은 다음과 같다.

list_comp1.py 리스트 함축 #1

```
list1 = [3, 4, 5]
list2 = [x*2 for x in list1]
print(list2)
```

[6, 8, 10]

조건이 붙는 리스트 함축

리스트 함축에는 if를 사용하여 조건이 추가될 수 있다. 예를 들어 0부터 9 사이의 정수 중에서 짝수의 집합을 리스트 함축으로 표현하면 다음과 같다.

[0, 2, 4, 6, 8]

다양한 자료형에 대한 리스트 함축

리스트 함축은 숫자에 대해서만 적용되는 것은 아니다. 어떤 자료형에 대해서도 리스트 함축을 적용할 수 있다. 단어를 저장하는 리스트를 가정하자. 단어의 첫 글자만을 추출하여 리스트로 만드는 문장을 작성해 보자.

```
list1 = ['All', 'good', 'things', 'must', 'come', 'to', 'an', 'end.']
items = [word[0] for word in list1]
print(items)
```

```
['A', 'g', 't', 'm', 'c', 't', 'a', 'e']
```

추가적인 예로 문자열을 구성하는 단어를 추출하여 단어의 길이를 모아서 새로운 리스트로 생성해 보자.

list_comp3.py 리스트 함축 #3

```
word_list = 'Doncount your chickens before they are hatched'.split()
result_list = [len(w) for w in word_list]
print(result_list)
```

```
[5, 5, 4, 8, 6, 4, 3, 7]
```

첫 번째 문장에서 문자열을 분리하여 리스트를 만든다. 두 번째 문장에서 word_list 리스트에 있는 각각의 단어에 대해 단어의 길이를 계산하여 리스트에 추가한다. 세 번째 문장에서 result_list를 출력한다.

상호곱 형태

리스트 함축은 2개의 집합의 상호곱(Cross Product) 형태로도 표현할 수 있다. 예를 들어 색상의 집합과 자동차의 집합을 상호곱하여 새로운 리스트를 생성할 수 있다.

list_comp4.py 리스트 함축 #4

```
colors = ['white', 'silver', 'black']
cars = ['bmw5', 'sonata', 'malibu', 'sm6']
colored_cars = [(x, y) for x in colors for y in cars]
print(colored_cars)
```

```
[('white', 'bmw5'), ('white', 'sonata'), ('white', 'malibu'), ('white', 'sm6'),
('silver', 'bmw5'), ('silver', 'sonata'), ('silver', 'malibu'), ('silver',
'sm6'), ('black', 'bmw5'), ('black', 'sonata'), ('black', 'malibu'), ('black',
'sm6')]
```

중간점검

❶ 1부터 10까지의 숫자 중에서 짝수만 포함하는 리스트 함축을 작성해 보자.

❷ 다음 리스트에서 양수만 포함하는 리스트 함축을 작성해 보자.

```
my_list = [-3, -2, -1, 0, 1, 2, 3]
```

❸ 다음 리스트에서 문자열의 길이를 계산한 리스트 함축을 작성해 보자.

```
my_list = ['apple', 'banana', 'cherry', 'date', 'fig']
```

❹ 다음 리스트에서 5보다 큰 숫자만 포함하는 리스트 함축을 작성해 보자.

```
my_list = [3, 8, 12, 7, 15, 21, 10]
```

LAB 04   피타고라스의 삼각형

피타고라스의 정리를 만족하는 삼각형들을 모두 찾아보자. 삼각형 한 변의 길이는 1부터 30까지이다.

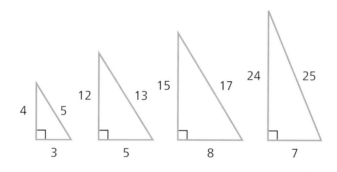

```
[(3, 4, 5), (5, 12, 13), (6, 8, 10), (7, 24, 25), (8, 15, 17), (9, 12, 15), (10,
24, 26), (12, 16, 20), (15, 20, 25), (18, 24, 30), (20, 21, 29)]
```

SOLUTION

```
[(x, y, z) for x in range(1, 31) for y in range(x, 31) for z in range(y, 31)
if x**2 + y**2 == z**2]
```

만약 위의 리스트 함축이 잘 이해되지 않는다면 다음과 같이 풀어 써보자.

```
new_list = []
for x in range(1, 31) :
    for y in range(x, 31) :
        for z in range(y, 31) :
            if x**2 + y**2 == z**2 :
                new_list.append((x, y, z))
print(new_list)
```

LAB 05 연락처 관리 프로그램 만들기

파이썬을 이용하여 연락처를 관리하는 프로그램을 작성해 보자. 연락처 관리 프로그램은 다음과 같은 메뉴를 가져야 한다.

```
-------------------
1. 친구 리스트 출력
2. 친구 추가
3. 친구 삭제
4. 이름 변경
9. 종료
메뉴를 선택하시오: 2
이름을 입력하시오: 홍길동
-------------------
1. 친구 리스트 출력
2. 친구 추가
3. 친구 삭제
4. 이름 변경
9. 종료
메뉴를 선택하시오: 1
['홍길동']
-------------------
...
```

list_lab1.py 연락처 관리하기

```python
menu = 0
friends = []      ←─ 친구들 목록을 리스트로 구현한다.

while menu != 9 :
    print("--------------------")
    print("1. 친구 리스트 출력")
    print("2. 친구 추가")
    print("3. 친구 삭제")
    print("4. 이름 변경")
    print("9. 종료")
    menu = int(input("메뉴를 선택하시오: "))
    if menu == 1 :
        print(friends)
    elif menu == 2 :
        name = input("이름을 입력하시오: ")
        friends.append(name)      ←─ 리스트에 추가
    elif menu == 3 :
        del_name = input("삭제하고 싶은 이름을 입력하시오: ")
        if del_name in friends :
            friends.remove(del_name)   ←─ 리스트에서 특정 요소를 삭제
        else :
            print("이름이 발견되지 않았음")
    elif menu == 4 :
        old_name = input("변경하고 싶은 이름을 입력하시오: ")
        if old_name in friends :
            index = friend.index(old_name)
            new_name = input("새로운 이름을 입력하시오: ")
            friends[index] = new_name   ←─ 리스트의 특정 요소 변경
        else :
            print("이름이 발견되지 않았음")
```

9 2차원 리스트

우리는 2차원 테이블을 이용하여 많은 일들을 처리한다. 예를 들어 학생들의 과목별 성적도 2차원 형태로 나타낼 수 있다.

학생	국어	영어	수학	과학	사회
김철수	1	2	3	4	5
김영희	6	7	8	9	10
최자영	11	12	13	14	15

파이썬에서는 리스트를 2차원으로 만들 수 있다. 다른 언어에서도 2차원 배열을 제공하고 있다.

list_two_dim1.py 2차원 리스트 생성

```
# 2차원 리스트를 생성한다.
s = [[1, 2, 3, 4, 5],
     [6, 7, 8, 9, 10],
     [11, 12, 13, 14, 15]]
```

print(s) [[1, 2, 3, 4, 5], [6, 7, 8, 9, 10], [11, 12, 13, 14, 15]]

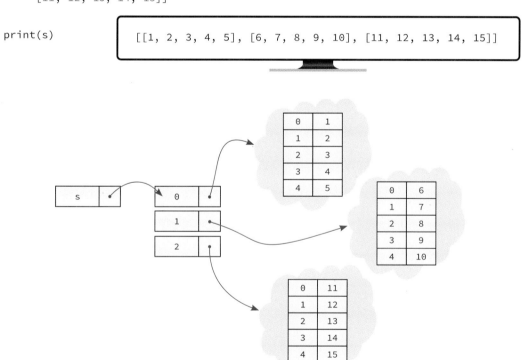

2차원 리스트는 여러 개의 1차원 리스트들이 모여서 구성된다고 생각하면 이해하기 쉽다.

파이썬 튜터를 이용하여 그린 그림도 참고하라.

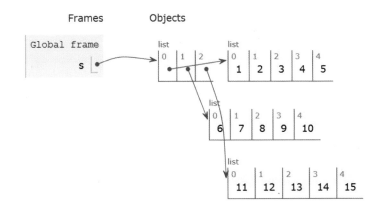

위의 2차원 리스트는 초깃값이 미리 결정되어 있어 정적으로 생성되었다. 실제로는 동적으로 2차원 리스트를 생성하는 경우가 더 많다. 리스트의 크기가 크다면 동적으로 생성할 수밖에 없다. 많은 방법이 있는데, 가장 많이 사용하는 방법부터 살펴보자.

list_two_dim2.py · 2차원 리스트 동적 생성

```python
# 동적으로 2차원 리스트를 생성한다.
rows = 3
cols = 5

s = []
for row in range(rows) :
    s += [[0]*cols]
print("s = ", s)
```

```
s = [[0, 0, 0, 0, 0], [0, 0, 0, 0, 0], [0, 0, 0, 0,
0]]
```

앞에서 학습한 리스트 함축을 사용해도 된다.

```python
rows = 3
cols = 5

s = [ ([0] * cols) for row in range(rows) ]
print("s = ", s)
```

요소 접근

2차원 리스트에서 요소에 접근하려면 2개의 인덱스 번호를 지정해야 한다. 첫 번째 번호가 행 번호이고 두 번째 번호가 열 번호가 된다. 예를 들어 2차원 리스트 s에서 두 번째 행의 첫 번째 열에 있는 요소는 s[2][1]이 된다.

```
score = s[2][1]
```

2차원 리스트에 저장된 모든 값을 방문하면서 출력하려면 다음과 같이 이중 루프를 사용해야 한다.

list_two_dim3.py 2차원 리스트 방문

```
s = [[1, 2, 3, 4, 5],
     [6, 7, 8, 9, 10],
     [11, 12, 13, 14, 15]]

# 행과 열의 개수를 구한다.
rows = len(s)
cols = len(s[0])

for r in range(rows) :
   for c in range(cols) :
      print(s[r][c], end=",")
   print()
```

```
1,2,3,4,5,
6,7,8,9,10,
11,12,13,14,15,
```

여기서 len(s)는 행의 개수이고 len(s[0])은 첫 번째 행에 들어 있는 열의 개수이다.

리스트 안에 다른 리스트를 내장하는 것도 가능하다. 이것은 실제 프로그래밍에서 많이 사용한다.

```
>>> a = ['a', 'b', 'c']
>>> n = [1, 2, 3]
>>> x = [a, n]        # 리스트 x 안에 리스트 a와 n이 들어 있다.

>>> x
[['a', 'b', 'c'], [1, 2, 3]]
```

행 합계 계산하기

아마 2차원 리스트에서 가장 기본적인 연산은 행의 합계나 열의 합계일 것이다. 엑셀에서의 작업을 떠올리면 될 것이다. 첫 번째 행의 합계를 계산해 보면 다음과 같다.

```
matrix = [
    [10, 20, 30],
    [40, 50, 60],
    [70, 80, 90]
]

row_index = 0        # 첫 번째 행의 인덱스는 0이다.
row_sum = sum(matrix[row_index])

print(f"첫 번째 행의 합계: {row_sum}")
```

첫 번째 행의 합계: 60

이웃 요소 접근하기

2차원 리스트는 이미지를 처리할 때도 사용한다. 이미지도 본질적으로 각 화소(픽셀)의 값을 2차원적으로 나열한 것이기 때문이다. 하나의 화소에서 이웃 화소들의 인덱스를 찾아보자. 즉, 화소의 위치가 (r, c)라고 했을 때, 상하좌우에 있는 화소들의 인덱스는 다음과 같다.

(r−1, c−1)	(r−1, c)	(r−1, c+1)
(r, c−1)	(r, c)	(r, c+1)
(r+1, c−1)	(r+1, c)	(r+1, c+1)

2차원 리스트와 함수

2차원 리스트도 객체이므로 함수로 전달할 수 있다. 만약 함수에서 리스트를 변경하면 원본 리스트가 변경된다. 하나의 예로 다음과 같이 1과 0이 반복되는 체커보드 형태에 10×10 크기의 2차원 리스트를 초기화하는 함수 init()를 작성하고 테스트해 보자.

```
1 0 1 0 1 0 1 0 1 0
0 1 0 1 0 1 0 1 0 1
1 0 1 0 1 0 1 0 1 0
0 1 0 1 0 1 0 1 0 1
1 0 1 0 1 0 1 0 1 0
0 1 0 1 0 1 0 1 0 1
1 0 1 0 1 0 1 0 1 0
0 1 0 1 0 1 0 1 0 1
1 0 1 0 1 0 1 0 1 0
0 1 0 1 0 1 0 1 0 1
```

```
table = []

# 2차원 리스트를 화면에 출력한다.
def printList(mylist) :
    for row in range(len(mylist)) :
        for col in range(len(mylist[row])) :
            print(mylist[row][col], end=" ")
        print()

# 2차원 리스트를 체커보드 형태로 초기화한다.
def init(mylist) :
    for row in range(len(mylist)) :
        for col in range(len(mylist[row])) :
            if (row+col)%2 == 0 :
                mylist[row][col] = 1

# 2차원 리스트를 생성한다.
for row in range(10) :
    table += [[0]*10]

init(table)
printList(table)
```

중간점검

❶ 3x3 크기의 2차원 리스트를 생성하고 모든 요소를 0으로 초기화해 보자.

❷ 다음과 같은 2차원 리스트를 생성해 보자.

```
[[1, 2, 3],
 [4, 5, 6],
 [7, 8, 9]]
```

LAB 06 2개의 주사위

간단한 테이블 형태의 데이터를 2차원 리스트로 표현해 보자. 2개의
주사위를 굴리면 다음 표와 같이 36개의 결과가 나온다. 이것을 6×6
크기의 2차원 리스트로 생성해 보자.

\	1	2	3	4	5	6
1	2	3	4	5	6	7
2	3	4	5	6	7	8
3	4	5	6	7	8	9
4	5	6	7	8	9	10
5	6	7	8	9	10	11
6	7	8	9	10	11	12

```
[[2, 3, 4, 5, 6, 7], [3, 4, 5, 6, 7, 8], [4, 5, 6, 7, 8, 9], [5, 6, 7, 8, 9,
10], [6, 7, 8, 9, 10, 11], [7, 8, 9, 10, 11, 12]]
```

SOLUTION

`dice_two_dim.py` 주사위 2개의 결과 출력하기

```
rows = 6
cols = 6
table = []

# 2차원 리스트를 생성한다.
for row in range(rows) :
    table += [[0]*cols]

# 2차원 리스트의 각 요소에 rows와 cols값을 더하여 저장한다.
for row in range(rows) :
    for col in range(cols) :
        table[row][col] = (row+1+col+1)
```
row와 col이 0부터 시작하므로 1을 더해준다.
```
print(table)
```

LAB 07 Tic-Tac-Toe 게임 만들기

우리나라의 오목과 유사한 외국의 게임이 Tic-Tac-Toe이다. Tic-Tac-Toe 게임은 유아들을 위한 게임으로 잘 알려져 있다. Tic-Tac-Toe는 3×3칸을 가지는 게임판을 만들고, 경기자 2명이 동그라미 심볼(O)과 가위표 심볼(X)을 고른다. 경기자는 번갈아 가며 게임판에 동그라미나 가위표를 놓는다. 가로, 세로, 대각선으로 동일한 심볼을 먼저 만들면 승리하게 된다. 다음과 같이 텍스트 모드에서 컴퓨터와 사람이 Tic-Tac-Toe 게임을 할 수 있는 프로그램을 작성해 보자.

```
       |   |
    ---|---|---
       |   |
    ---|---|---
       |   |
    다음 수의 x 좌표를 입력하시오: 0
    다음 수의 y 좌표를 입력하시오: 0
     X|  O|
    ---|---|---
       |   |
    ---|---|---
       |   |
    다음 수의 x 좌표를 입력하시오: 1
    다음 수의 y 좌표를 입력하시오: 1
     X|  O|  O
    ---|---|---
       |  X|
    ---|---|---
       |   |
    ...
```

컴퓨터는 단순히 비어 있는 첫 번째 칸에 놓는다고 가정한다. 좌표는 (0, 0)에서 (2, 2) 사이다.

SOLUTION

ttt.py Tic-Tac-Toe 게임

```python
board = [[' ' for x in range(3)] for y in range(3)]
while True :
    # 게임 보드를 그린다.
    for r in range(3) :
        print("   " + board[r][0] + "|   " + board[r][1] + "|   " + board[r][2])
        if (r != 2) :
            print("---|---|---")

    # 사용자로부터 좌표를 입력받는다.
    x = int(input("다음 수의 x 좌표를 입력하시오: "))
    y = int(input("다음 수의 y 좌표를 입력하시오: "))

    # 사용자가 입력한 좌표를 검사한다.
```

```
if board[x][y] != ' ' :
    print("잘못된 위치입니다. ")
else :
    board[x][y] = 'X'


# 컴퓨터가 놓을 위치를 결정한다. 첫 번째로 발견하는 비어있는 칸에 놓는다.
done = False
for i in range(3) :
    for j in range(3) :
        if board[i][j] == ' ' and not done :
            board[i][j] = '0'
            done = True
            break
```

 도전문제   컴퓨터가 좀 더 지능적으로 다음 수를 생각하도록 코드를 추가해 보자.

LAB 08   지뢰 찾기 게임 만들기

지뢰 찾기는 예전 윈도우에 무조건 포함되어 있었기 때문에 상당히 많은 사람들이 즐겼던 프로그램이다. 2차원의 게임판 안에 지뢰가 숨겨져 있고 이 지뢰를 모두 찾아내는 게임이다. 지뢰가 없는 곳을 클릭했을 때 숫자가 나오면 주변 칸에 지뢰가 숨겨져 있다는 것을 의미한다. 예를 들어 숫자가 2이면 주변 칸에 지뢰가 두개 있다는 의미가 된다.

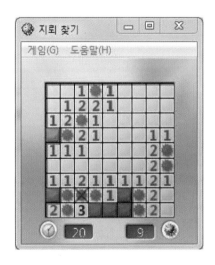

지뢰 찾기 게임을 위한 기초 작업을 해 보자. 10×10 크기의 2차원 리스트를 만들고 여기에 지뢰를 숨긴다. 지뢰가 아닌 곳은 .으로 표시하고 지뢰인 곳은 #으로 표시해 보자. 어떤 칸이 지뢰일 확률은 난수를 발생시켜서 결정한다. 전체의 30%를 지뢰로 하고 싶으면 발생된 난수가 0.3보다 적은 경우에 현재 칸에 지뢰를 놓으면 된다.

```
.  .  #  .  .  .  #  #  .  .
.  .  #  .  #  #  #  .  .  .
.  .  #  .  .  .  .  #  .  .
#  #  .  #  #  .  #  .  #  .
.  #  .  .  .  .  .  .  .  #
#  .  .  #  .  #  #  .  .  .
#  #  .  #  .  #  #  .  .  .
.  .  #  #  .  .  .  .  #  .
.  .  .  .  .  .  .  #  .  .
.  .  .  .  #  .  .  #  #  .
```

mine.py 지뢰 찾기 게임

```python
import random

board = [[False for x in range(10)] for y in range(10)]        # 게임판을 나타내는 부울형의 2차원 리스트를 생성한다.

for r in range(10) :
    for c in range(10) :
        if(random.random() < 0.3) :                            # 난수를 발생시켜 30% 확률로 지뢰를 저장한다.
            board[r][c] = True

for r in range(10) :                                           # 게임판을 출력한다.
    for c in range(10) :
        if board[r][c] :
            print("# ", end="")
        else :
            print(". ", end="")
    print()
```

도전문제

이 실습의 목적은 사실 단순히 게임판을 표시하는 것이 아니다. '지뢰 찾기' 게임을 작성해 보는 것이다. 사용자가 '지뢰 찾기' 게임을 할 수 있도록 프로그램을 변경해 보자. 사용자에게만 보여주는 리스트를 하나 더 생성한다.

01 리스트는 많은 데이터를 저장할 수 있는 자료구조이다. 리스트에 요소를 추가할 때는 append() 메소드를 사용한다.

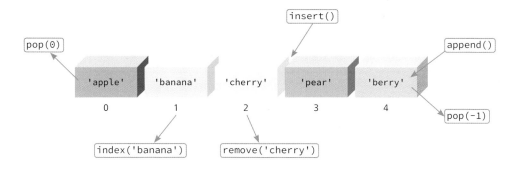

02 리스트 함축(리스트 컴프리헨션, List Comprehension)은 파이썬에서 간결하게 리스트를 생성하는 기법 중 하나이다.

출력식   조건

M = [x   for x in   range(10)   if x % 2 == 0]

입력 리스트

03 리스트도 2차원으로 만들 수 있다. 2차원 리스트는 1차원 리스트의 모임으로 구성된다.

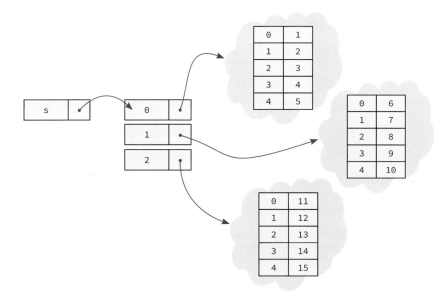

01 주어진 1차원 리스트에서 홀수만 추출하여 새로운 리스트를 생성하는 함수를 작성하시오. 리스트 함축을 사용해도 좋다. 리스트 함축 상 중 하

```
입력 리스트 = [1, 2, 3, 4, 5, 6, 7, 8, 9]
출력 리스트 = [1, 3, 5, 7, 9]
```

02 주어진 문자열 리스트에서 가장 긴 문자열을 찾는 함수를 작성하고 테스트하시오.
리스트 매개변수 상 중 하

```
입력 리스트 = ['apple', 'banana', 'kiwi', 'orange', 'grape']
가장 긴 문자열 = banana
```

03 숫자로 구성된 1차원 리스트에서 평균 이상인 값들만 추출하여 새로운 리스트를 생성하는 함수를 작성하고 테스트하시오. 리스트 매개변수 상 중 하

```
입력 리스트 = [10, 20, 30, 40, 50]
출력 리스트 = [30, 40, 50]
```

04 사용자에게서 받은 정수들의 평균과 표준 편차를 계산하여 출력하시오. 평균과 표준 편차를 계산하는 함수를 작성한 후에 이들 함수들을 호출한다. 리스트 매개변수 상 중 하

```
정수 리스트 입력: 10 20 30 40 50
평균 = 30.0
표준 편차 15.811388300841896
```

05 주사위를 던져서 나오는 값들의 빈도를 계산하는 프로그램을 작성하시오. 즉 1, 2, 3, 4, 5, 6의 값이 각각 몇 번이나 나오는지를 계산한다. 난수 발생 함수와 리스트를 사용한다.

리스트 사용 상 중 하

```
주사위가  1 인 경우는   161 번
주사위가  2 인 경우는   169 번
주사위가  3 인 경우는   168 번
주사위가  4 인 경우는   158 번
주사위가  5 인 경우는   160 번
주사위가  6 인 경우는   184 번
```

06 2차원 리스트에서 특정 값을 찾아 그 값이 포함된 위치(행과 열)를 반환하는 함수를 작성하고 테스트하시오. 리스트 사용 상 중 하

```
입력 리스트 = [[10, 20, 30], [40, 50, 60], [70, 80, 90]]
찾는 값 = 50
찾는 값의 위치: (1, 1)
```

07 2차원 리스트를 전달받아 각 행을 열로, 열을 행으로 변환하여 새로운 2차원 리스트를 생성하는 함수를 작성하시오. 입력 리스트와 출력 리스트를 모두 화면에 출력한다. 리스트 사용 상 중 하

```
입력 리스트: [[1, 2, 3], [4, 5, 6], [7, 8, 9]]
출력 리스트: [[1, 4, 7], [2, 5, 8], [3, 6, 9]]
```

08 우리는 본문에서 Tic-Tac-Toe 게임을 다뤄본 바 있다. 3×3 크기의 Tic-Tac-Toe 판을 표현하는 2차원 리스트가 주어졌을 때, 승자를 판별하는 함수를 작성하고 테스트하시오. 2차원 리스트 상 중 하

```
입력 보드 = [[0, 0, 1], [0, 1, 0], [1, 1, 1]]
승자: 1
```

09 리스트 colors에는 여러 가지 색상이 들어있다. 이 리스트를 이용하여 터틀 그래픽으로 색상을 변경하면서 사각형을 그리는 프로그램을 작성하시오. 리스트 응용 상 중 하

colors = ['red', 'orange', 'yellow', 'green', 'blue', 'purple']

07

튜플, 세트, 딕셔너리, 문자열

학습목표

- 튜플의 정의와 특징, 튜플의 생성과 수정, 삭제 방법, 튜플의 인덱싱과 슬라이싱을 이해하고 사용할 수 있다.
- 세트의 정의와 특징, 세트의 생성과 수정, 삭제 방법, 세트의 연산(교집합, 합집합, 차집합 등)을 이해하고 사용할 수 있다.
- 딕셔너리의 정의와 특징, 딕셔너리의 생성과 수정, 삭제 방법, 딕셔너리의 키와 값을 이해하고 사용할 수 있다.
- 문자열의 정의와 특징, 문자열의 다양한 조작(인덱싱, 슬라이싱, 연결, 포맷팅 등), 문자열 메소드(문자열 검색, 치환, 분리 등)를 이해하고 사용할 수 있다.

1 이번 장에서 작성할 프로그램

1 [프로그램 1] 빈도 테이블 출력 프로그램

문자열을 입력받아서 문자 빈도 테이블을 출력하는 프로그램을 작성해 보자.

> 문자열을 입력하시오: Empty vessels make the most sound.
> {'.': 1, 'm': 3, 'v': 1, 'n': 1, 'p': 1, ' ': 5, 'h': 1, 's': 5, 'l': 1, 'u': 1,
> 'y': 1, 't': 3, 'o': 2, 'E': 1, 'k': 1, 'd': 1, 'a': 1, 'e': 4}

3 [프로그램 2] 영한 사전 구현하기

영한 사전을 구현해 보자.

> 단어를 입력하시오: one
> 하나

3 [프로그램 3] 좌표 정보로 도형 그리기

딕셔너리 shapes에 다양한 도형의 좌표 정보를 저장하고, draw_shape() 함수를 이용하여 해당 도형의 좌표 정보를 이용하여 터틀 창에 그리는 프로그램을 작성해 보자.

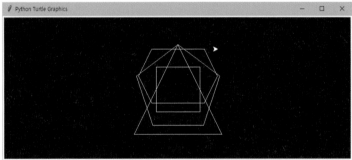

2 자료구조란?

인터넷 상점에서 물건을 많이 구입하는 고객을 우대하기 위해 VIP 리스트로 관리한다고 하자. 어떤 고객이 인터넷으로 주문을 하였을 때 VIP 리스트에 있는지를 검사하는 프로그램을 우리가 작성한다면, VIP 리스트는 어디에 저장해야 할까?

VIP 리스트는 리스트(list)를 사용하여 저장할 수도 있다. 하지만 딕셔너리(dictionary)나 세트(set)로도 저장이 가능하다. 프로그램에서 자료들을 저장하는 여러 가지 구조들이 있다. 이를 **자료구조(Data Structure)**라 부른다.

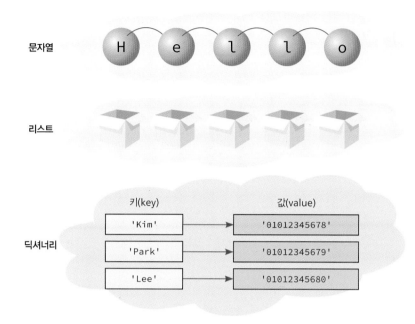

6장에서도 언급하였지만 파이썬의 가장 대표적인 자료구조는 **시퀀스(sequence)**이다. 시퀀스는 **요소(element)**로 구성되어 있고 요소 간에는 순서가 있다. 시퀀스의 요소들은 번호를 부여받는다. 이들 번호를 **인덱스(index)**라고 한다. 첫 번째 인덱스는 0이고 두 번째 인덱스는 1, ...과 같이 된다. 파이썬은 6개의 **내장 시퀀스(str, bytes, bytearray, list, tuple, range)**를 가지고 있다. 하지만 가장 많이 사용하는 것은 리스트와 튜플, 문자열이다.

다시 한번 시퀀스를 언급하는 이유는 시퀀스에 속하는 자료구조들은 동일한 연산을 지원하기 때문이다. 우리는 6장에서 리스트에 관한 여러 가지 연산을 학습하였다. 예를 들면 **인덱싱(indexing)**, **슬라이싱(slicing)**, **덧셈 연산(adding)**, **곱셈 연산(multiplying)** 등이 있다. 이들 연산은 모든 시퀀스에 적용할 수 있다. 즉, 문자열이나 튜플에도 슬라이싱을 적용할 수 있다는 의미이다. 추가로 파이썬은 공통적인 내장 함수들을 가지고 있는데 시퀀스의 길이를 반환하는 len() 함수, 최댓값과 최솟값을 찾는 max()와 min() 함수 등이 대표적이다. 리스트는 앞에서 자세하게 살펴본 바 있다. 이번 장에서 나머지 시퀀스들을 탐구해 보자.

중간점검

❶ 시퀀스 자료구조의 특징을 정리해 보자.

❷ 시퀀스에 속하는 자료구조에는 어떤 것들이 있는가?

3 튜플

튜플(tuple)은 리스트와 아주 유사하다. 하지만 튜플의 내용은 변경될 수 없다. 어떻게 보면 리스트보다 튜플이 불편하다. 그렇다면 왜 튜플을 사용하는 것일까? 튜플의 불변성은 여러 측면에서 유용하게 사용할 수 있다. 예를 들어, 튜플은 해시 가능하므로 딕셔너리의 키로 사용할 수 있다. 또 일반적으로 튜플이 리스트보다 속도가 빠르다. 튜플을 생성하려면 소괄호 () 안에 요소들을 넣으면 된다.

전체적인 구조

튜플 = (항목1 , 항목2 , ... , 항목n)

예를 들어 색상을 저장하는 튜플을 생성하면 다음과 같다.

```
>>> colors = ('red', 'green', 'blue')
>>> colors
('red', 'green', 'blue')
```

물론 정수를 저장하는 튜플도 생성할 수 있다.

```
>>> numbers = (1, 2, 3, 4, 5)
>>> numbers
(1, 2, 3, 4, 5)
```

튜플도 리스트와 마찬가지로 여러 가지 자료형의 값을 섞어서 생성할 수 있다.

```
>>> t = (1, 2, 'hello!')
>>> t
(1, 2, 'hello!')
```

공백 튜플은 단순히 소괄호만 적어주면 된다.

```
>>> t = ()
```

하나의 값만을 가진 튜플을 생성할 때는 반드시 값 다음에 쉼표를 붙여야 한다. 쉼표가 없으면 단순한 수식으로 처리된다. 즉, (10)은 정수 10이나 마찬가지이다.

```
>>> t = (10, )
```

또 리스트로부터 튜플을 생성할 수도 있다.

```
>>> t = tuple([1, 2, 3, 4, 5])
```

리스트와 마찬가지로 튜플도 내부에 다른 튜플을 가질 수 있다.

```
>>> t = (1, 2, 'hello!')
>>> u = t, (1, 2, 3, 4, 5)
>>> u
((1, 2, 'hello!'), (1, 2, 3, 4, 5))
```

튜플은 시퀀스의 일종이기 때문에 모든 시퀀스 연산이 적용된다. 또 len(), min(), max()와 같은 함수들을 사용할 수 있다.

```
>>> numbers = (1, 2, 3, 4, 5)
>>> len(numbers)
5
```

튜플은 변경될 수 없는 객체이므로 튜플의 요소는 변경될 수 없다.

```
>>> t1 = (1, 2, 3, 4, 5)
>>> t1[0] = 100
Traceback (most recent call last):
    File "<pyshell#11>", line 1, in <module>
        t1[0]=100
TypeError: 'tuple' object does not support item assignment
```

하지만 2개의 튜플을 합하여 새로운 튜플을 만들 수는 있다. 새로운 튜플을 만드는 것은 허용되지만 한번 만들어진 튜플은 수정할 수 없는 것이다.

```
>>> numbers = (1, 2, 3, 4, 5)
>>> colors = ('red', 'green', 'blue')
>>> t = numbers + colors            # 리스트와 같이 + 연산자를 사용하여 접합할 수 있다.
>>> t
(1, 2, 3, 4, 5, 'red', 'green', 'blue')
```

기본적인 튜플 연산들

튜플은 +와 * 연산자에 반응한다. 리스트와 동일하게 +는 접합(concatenation)을 의미하고 *는 반복(repetition)을 의미한다. 물론 튜플은 변경이 불가능하므로 연산의 결과는 새로운 튜플이 된다. 실제로 튜플은 시퀀스가 제공하는 모든 일반 연산을 사용할 수 있다.

파이썬 수식	결과	설명
`len((1, 2, 3))`	3	튜플의 길이
`(1, 2, 3) + (4, 5, 6)`	`(1, 2, 3, 4, 5, 6)`	접합
`('Hi!',) * 4`	`('Hi!', 'Hi!', 'Hi!', 'Hi!')`	반복
`3 in (1, 2, 3)`	True	멤버십
`for x in (1, 2, 3) : print(x)`	1 2 3	반복

인덱싱, 슬라이싱, 매트릭스

튜플도 시퀀스의 일종이기 때문에 인덱싱과 슬라이싱은 문자열이나 리스트와 동일하게 동작한다. 다음과 같은 튜플을 가정하자.

```
t = ('apple', 'banana', 'strawberry')
```

인덱싱과 슬라이싱의 결과는 다음과 같다.

- **t[0]**: `'apple'` (인덱스는 0부터 시작한다)
- **t[-2]**: `'banana'` (음수 인덱스는 오른쪽부터 왼쪽으로 진행된다)
- **t[1:]**: `['banana', 'strawberry']` (슬라이싱은 튜플의 한 부분을 추출한다)

괄호가 없는 튜플

튜플은 소괄호 ()를 사용하여 감싸는 것이 원칙이다. 하지만 괄호 없이 나열된 객체들도 기본적으로 튜플로 간주된다.

```
>>> t1 = 'physics', 'chemistry', 'c language'
>>> t2 = 1, 2, 3, 4, 5
>>> t3 = "a", "b", "c", "d"
```

내장 함수

튜플은 다음과 같은 내장 함수를 지원하고, 시퀀스에 적용할 수 있는 모든 내장 함수는 사용이 가능하다.

함수	설명
`cmp(t1, t2)`	2개의 튜플을 비교한다.
`len(t)`	튜플의 길이를 반환한다.
`max(t)`	튜플에 저장된 최댓값을 반환한다.
`min(t)`	튜플에 저장된 최솟값을 반환한다.
`tuple(seq)`	리스트를 튜플로 변환한다.

튜플 대입 연산

파이썬은 **튜플 대입 연산(Tuple Assignment)**이라는 기능을 가지고 있다. 이 기능은 튜플에서 여러 개의 변수로 한 번에 값을 대입하는 강력한 기능이다.

```
>>> student1 = ('철수', 19, 'CS')
>>> (name, age, major) = student1
>>> name
'철수'
>>> age
19
>>> major
'CS'
```

튜플에 값을 저장하는 과정을 튜플 패킹(Tuple Packing)이라고도 한다. 반대로 튜플에서 값을 꺼내어 변수에 대입하는 과정을 튜플 언패킹(Tuple Unpacking)이라고 한다. 튜플 대입 연산을 가장 효과적으로 사용하는 예가 변수의 값을 교환하는 경우이다. 일반적인 프로그래밍 언어에서 변수 x와 변수 y의 값을 교환하려면 다음과 같은 문장을 작성해야 한다.

```
>>> temp = x
>>> x = y
>>> y = temp
```

하지만 튜플에서 다음과 같이 튜플 대입 연산을 사용하여 한 문장으로 작성하는 것이 가능하다.

```
>>> (x, y) = (y, x)
```

왼쪽은 변수들이 모인 튜플이고 오른쪽은 값들이 모인 튜플이 된다. 값은 해당되는 변수에 대입된다. 대입되기 전에 오른쪽의 수식들이 먼저 계산되므로 문제는 없다. 이 경우에 변수의 개수와 값의 개수는 일치해야 한다.

```
>>> (x, y, z) = (1, 2)
...
ValueError: not enough values to unpack (expected 3, got 2)
```

중간점검

❶ 다음 튜플에서 3을 추출해 보자.

```
my_tuple = (1, 2, 3, 4, 5)
```

❷ 다음 튜플에서 가장 작은 숫자를 찾아 출력해 보자.

```
my_tuple = (25, 8, 17, 39, 12, 6)
```

❸ 다음 두 튜플을 합쳐서 하나의 튜플로 만들어 보자.

```
tuple1 = (1, 2, 3)
tuple2 = (4, 5, 6)
```

다른 프로그래밍 언어에서 함수가 하나의 값만을 반환할 수 있다. 파이썬에서 함수가 튜플을 반환케 하면 함수가 여러 개의 값을 동시에 반환할 수 있다. 원의 넓이와 둘레를 동시에 반환하는 함수를 작성하고 테스트해 보자.

```
원의 반지름을 입력하시오: 10
원의 넓이는 314.15926535897930이고 원의 둘레는 62.831853071795860이다.
```

SOLUTION

circle.py 튜플 반환 함수

```python
import math

def calCircle(r) :
    # 반지름이 r인 원의 넓이와 둘레를 동시에 반환하는 함수(area, circum)
    area = math.pi * r * r
    circum = 2 * math.pi * r
    return (area, circum)    # 2개의 값을 튜플로 만들어서 반환한다.

radius = float(input("원의 반지름을 입력하시오: "))
(a, c) = calCircle(radius)
print("원의 넓이는 "+str(a)+"이고 원의 둘레는 "+str(c)+"이다.")
```

도전문제
위의 코드를 확장하여 여러 원의 반지름을 입력받고, 각각의 원에 대한 넓이와 둘레를 계산하고 출력하는 프로그램을 만들어 보자.

4 세트

세트(set)는 우리가 수학에서 배웠던 집합이다. 세트는 중복되지 않은 항목들이 모인 것이다. 세트의 항목 간에는 순서가 없다. 만약 응용 프로그램에서 순서가 없는 항목들의 집합을 원한다면 세트가 최선의 선택이 된다. 하지만 중복된 항목은 없어야 한다.

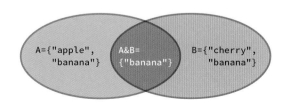

파이썬에서 세트를 생성하려면 요소들을 중괄호 {}로 감싸면 된다.

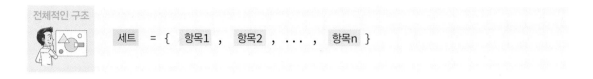

세트 = { 항목1 , 항목2 , ... , 항목n }

세트는 중괄호 {} 안에 항목들을 쉼표로 분리해 놓으면 된다.

```
>>> numbers = {2, 1, 3}
>>> numbers
{1, 2, 3}
```

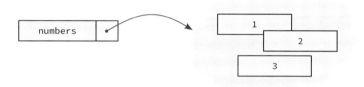

세트의 크기는 len() 함수로 알 수 있다.

```
>>> len(numbers)
3
```

세트를 만들 때, 문자열로 이루어진 세트도 생성할 수 있으며 여러 가지 자료형을 섞어도 된다.

```
>>> fruits = {'Apple', 'Banana', 'Pineapple'}
>>> mySet = {1.0, 2.0, 'Hello World', (1, 2, 3)}
```

세트는 집합이기 때문에 요소가 중복되면 자동으로 중복된 요소를 제거한다.

```
>>> cities = {'Paris', 'Seoul', 'London', 'Berlin', 'Paris', 'Seoul'}
>>> cities
{'Seoul', 'London', 'Berlin', 'Paris'}
```

비어 있는 세트를 생성하려면 set() 함수를 사용한다. { }가 아니다.

```
>>> numbers = set()
```

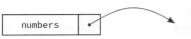

어떤 항목이 세트 안에 있는지를 검사하려면 in 연산자를 사용하면 된다.

```
>>> numbers = {2, 1, 3}
>>> if 2 in numbers :
        print("집합 안에 2가 있습니다.")

집합 안에 2가 있습니다.
```

세트의 항목은 순서가 없기 때문에 위치를 가지고 세트의 항목에 접근할 수는 없다. 하지만 for 문을 이용하여 각 항목들에 접근할 수 있다.

```
>>> numbers = {2, 1, 3}
>>> for x in numbers :
        print(x, end="")

1 2 3
```

여기서 주의할 점은 항목들이 출력되는 순서는 입력된 순서와 다를 수도 있다는 점이다. 우리의 예제에서도 입력된 순서는 2, 1, 3이지만 출력되는 순서는 1, 2, 3이다.

만약 정렬된 순서로 항목을 출력하기를 원한다면 다음과 같이 sorted() 함수를 사용하면 된다.

```
>>> for x in sorted(numbers) :
        print(x, end="")

1 2 3
```

세트는 모든 요소들을 **해싱(hashing)**을 이용하여 저장하고 관리한다. 따라서 요소들은 해싱가능(hashable)해야 한다. 해싱이란, 간단히 설명하자면 각각의 객체에 식별할 수 있는 숫자 코드를 부여하여 객체를 테이블에 저장하는 것이다.

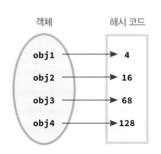

파이썬에서 요소가 해싱가능하려면 해시 코드를 가져야 하고 그 값이 변경되면 안 된다. 따라서 세트는 변경 가능한 항목을 가지면 안 된다. 예를 들어 세트 안에 리스트를 넣으면 안 된다.

```
>>> numbers = {1, 2, [3, 4, 5]}
...
TypeError: unhashable type: 'list'
```

하지만 리스트로부터 세트를 생성하는 것은 가능하다.

```
>>> set([1, 2, 3, 1, 2, 3])
{1, 2, 3}
```

문자열로부터 세트를 생성하는 것도 가능하다.

```
>>> set('abcdefa')
{'f', 'a', 'b', 'e', 'c', 'd'}
```

문자열에서 문자 'a'가 2번 나타나지만 세트는 중복을 허용하지 않으므로 'a'가 한 번만 포함되었다.

집합의 요소에 대하여 반복하려면 다음과 같은 문장을 사용하면 된다.

```
>>> for char in set('banana') :
        print(char)
a
b
n
```

요소 추가하고 삭제하기

세트는 변경 가능한 객체이다. 따라서 세트에 요소를 추가하거나 삭제할 수 있다. 그러나 세트의 요소에는 인덱스가 없기 때문에 인덱싱이나 슬라이싱 연산을 시도하면 오류가 발생한다.

```
>>> numbers = {2, 1, 3}
>>> numbers[0]
...
TypeError: 'set' object is not subscriptable
```

우리는 add() 메소드를 이용하여 하나의 요소를 추가할 수 있다. 예를 들어 다음과 같은 문장이 가능하다.

```
>>> numbers.add(4)
>>> numbers
{1, 2, 3, 4}
```

여러 개의 요소는 update() 메소드로 추가할 수 있다. 물론 중복된 요소는 추가되지 않는다.

```
>>> numbers.update([2, 3, 4, 5])
>>> numbers
{1, 2, 3, 4, 5}
```

요소를 삭제할 때는 discard() 메소드를 사용할 수 있다.

```
>>> numbers.discard(5)
>>> numbers
{1, 2, 3, 4}
```

remove() 메소드도 사용할 수 있다. 만약 세트에 없는 요소를 삭제하려고 하면 remove()는 예외를 발생시킨다. in 연산자를 사용하여 미리 체크하고 삭제하는 것이 좋다.

```
>>> numbers.move(6)        # 예외가 발생한다.
```

clear() 메소드는 세트의 전체 요소를 지운다.

```
>>> numbers.clear()        # 세트의 크기가 0이 된다.
```

부분 집합 연산

2개의 세트가 같은지도 검사할 수 있다. 이것은 == 연산자와 =! 연산자를 사용하는 것이 가장 쉽다.

```
>>> A = {1, 2, 3}
>>> B = {1, 2, 3}
>>> A == B
True
```

< 연산자와 <= 연산자를 사용하면 세트가 진부분 집합인지, 부분 집합인지를 검사할 수 있다. > 연산자와 >= 연산자를 사용하면 진상위 집합, 상위 집합도 검사할 수 있다.

```
>>> A = {1, 2, 3, 4, 5}
>>> B = {1, 2, 3}
>>> B < A
True
```

부분 집합 여부를 검사하려면 <= 연산자나 issubset()을 사용한다.

```
>>> A = {1, 2, 3, 4, 5}
>>> B = {1, 2, 3}
>>> B <= A
True
```

상위 집합 여부를 검사하려면 >= 연산자를 사용하거나 issuperset()을 사용한다.

```
>>> A = {1, 2, 3, 4, 5}
>>> B = {1, 2, 3}
>>> A >= B
True
```

요소가 세트에 포함되어 있는지는 in 키워드를 이용하여 검사할 수 있다.

```
>>> mySet = set('banana')
>>> 'a' in mySet
True
>>> 'p' not in mySet
True
```

집합 연산

세트가 유용한 이유는 교집합이나 합집합과 같은 여러 가지 집합 연산을 지원하기 때문이다. 이것은 연산자나 메소드로 수행할 수 있다. 일단 다음과 같은 2개의 집합이 세트로 정의되어 있다고 가정하자.

```
>>> A = {1, 2, 3}
>>> B = {3, 4, 5}
```

합집합은 2개의 집합을 합하는 연산이다. 물론 중복되는 요소는 제외된다. 합집합은 | 연산자나 union() 메소드를 사용한다.

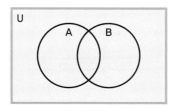

```
>>> A | B
{1, 2, 3, 4, 5}
>>> A.union(B)
{1, 2, 3, 4, 5}
>>> B.union(A)
{1, 2, 3, 4, 5}
```

교집합은 2개의 집합에서 겹치는 요소를 구하는 연산이다. 교집합은 & 연산자나 intersection() 메소드를 사용한다.

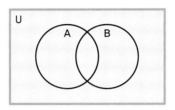

```
>>> A & B
{3}
>>> A.intersection(B)
{3}
```

차집합은 하나의 집합에서 다른 집합의 요소를 빼는 것이다. 차집합은 - 연산자나 difference() 메소드를 사용한다.

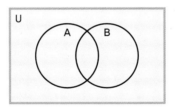

```
>>> A - B
{1, 2}
>>> A.difference(B)
{1, 2}
```

다른 메소드

세트에 대해서도 all(), any(), enumerate(), len(), max(), min(), sorted(), sum() 등의 내장 함수는 사용할 수 있다. all()은 세트의 모든 요소가 True인 경우에 세트가 True가 된다. any()는 하나의 요소라도 True이면 True를 반환한다.

❶ 다음 세트에서 3을 추가하는 프로그램을 작성해 보자.

```
my_set = {1, 2, 4, 5}
```

❷ 다음 두 개의 세트에서 공통된 요소만을 포함하는 세트를 생성하는 프로그램을 작성해 보자.

```
set1 = {1, 2, 3, 4, 5}
set2 = {4, 5, 6, 7, 8}
```

❸ 다음 두 개 세트의 차집합을 구하는 프로그램을 작성해 보자.

```
set1 = {1, 2, 3, 4, 5}
set2 = {4, 5, 6, 7, 8}
```

LAB 02 파티 동시 참석자 알아내기

파티에 참석한 사람들의 명단이 세트 A와 B에 각각 저장되어 있다. 2개 파티에 모두 참석한 사람들의 명단을 출력하려면 어떻게 해야 할까?

```
파티 A = {'Kim', 'Park', 'Lee'}
파티 B = {'Choi', 'Park'}
동시에 참석한 사람 = {'Park'}
```

SOLUTION

party.py 교집합 연산

```python
partyA = set(['Park', 'Kim', 'Lee'])
partyB = set(['Park', 'Choi'])

print("파티 A =", partyA)
print("파티 B =", partyB)
print("동시에 참석한 사람 =", partyA & partyB)
```

도전문제

현재의 프로그램은 2개의 파티에 모두 참석한 사람들의 명단을 출력한다. 추가로 3개 이상의 파티에 참석한 사람들을 출력할 수 있는 기능을 추가해 보자. 파티 명단을 세트 A, B, C 등으로 확장하고, 이를 비교하여 모두 참석한 사람들을 출력한다.

중복되지 않은 단어의 개수

작문할 때 다양한 단어를 사용하면 높은 점수를 받는다. 사용자로부터 문자열을 입력받아서 단어를 얼마나 다양하게 사용하여 문자열을 작성하였는지 계산하는 프로그램을 만들어보자. 중복된 단어는 하나만 인정한다. 집합은 중복을 허용하지 않기 때문에 단어를 집합에 추가하면 중복되지 않은 단어가 몇 개나 사용되었는지를 알 수 있다.

```
문자열을 입력하세요: Hello world hello python world

중복되지 않은 단어의 개수: 4
```

SOLUTION

`unique_words.py` 중복되지 않은 단어 세기

```python
def count_unique_words(text) :
    # 입력받은 문자열을 공백을 기준으로 하여 단어로 분리
    words = text.split()

    # 중복을 제거하기 위해 단어들을 세트(set)에 추가
    unique_words = set(words)

    # 중복을 제거한 단어의 개수 반환
    return len(unique_words)

# 사용자로부터 문자열 입력받기
user_input = input("문자열을 입력하세요: ")

# 중복되지 않은 단어의 개수 계산
result = count_unique_words(user_input)
print("중복되지 않은 단어의 개수:", result)
```

도전문제 리스트에 정수가 들어 있다고 가정했을 때 중복된 정수를 없애려면 어떻게 하는 것이 제일 쉬운가? 몇 가지 방법을 찾아보자.

5 딕셔너리

딕셔너리(dictionary)는 우리가 알다시피 사전이라는 의미이다. 사전에는 단어와 단어의 설명이 저장되어 있다. 딕셔너리는 키(key)와 값(value)의 쌍으로 데이터를 저장하는 자료구조이다. 딕셔너리는 중괄호 {}를 사용하여 정의하며, 키와 값은 콜론 :으로 구분하여 표현한다. 우리는 키를 이용하여 값을 찾을 수 있다.

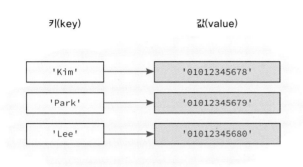

딕셔너리는 다음과 같은 특징을 가지고 있다.

- 딕셔너리는 인덱스를 사용하여 요소에 접근할 수 없다. 또 파이썬 3.7 이전에는 입력 순서가 유지되지 않았으나 3.7 버전부터는 입력한 순서가 유지된다.
- 딕셔너리의 각 요소는 키와 값의 쌍으로 구성된다. 키는 고유한 값이어야 하며, 값은 중복되어도 상관없다. 키는 주로 문자열이나 숫자를 사용하며, 값에는 어떠한 데이터 타입도 사용할 수 있다.
- 딕셔너리는 변경 가능한 자료구조로, 요소를 추가, 삭제, 수정하는 등의 작업이 가능하다.

딕셔너리 생성

딕셔너리는 중괄호 {} 안에 항목을 쉼표로 분리시켜서 나열하면 된다. 각 항목은 **키**(key)와 **값**(value)으로 구성된다.

전체적인 구조

딕셔너리 = { 키1 : 값1 , 키2 : 값2 , ... }

값은 어떤 객체이든지 가능하지만 키는 변경 불가능한 객체여야 한다. 즉, 문자열이나 숫자여야 한다. 딕셔너리에서 키가 변경 가능하다면 많은 문제가 발생될 것이다(학생들의 학번이 변경되는 것과 마찬가지이다).

```
>>> d = {1: 'apple', 2: 'banana'}
```

위의 문장은 2개의 항목을 가진 딕셔너리를 생성한다. 각 항목은 '키:값'의 형식으로 구성된다. 첫 번째 항목의 키는 1이고 값은 'apple'이다. 두 번째 항목의 키는 2이고 값은 'banana'이다. 키의 자료형은 혼합되어도 된다.

예를 들어 사람들의 이름과 전화번호를 딕셔너리로 저장해 보면 다음과 같이 될 것이다.

```
>>> contacts = {'Kim':'01012345678', 'Park':'01012345679', 'Lee':'01012345680'}
>>> contacts
{'Kim': '01012345678', 'Park': '01012345679', 'Lee': '01012345680'}
```

공백 딕셔너리는 {}로 생성한다.

```
>>> d = {}
```

참, 그런데 {}는 수학에서 집합을 나타내는 기호 아니었던가? 하지만 파이썬에서 세트보다는 딕셔너리가 많이 사용되기 때문에, {}는 공백 딕셔너리를 나타내고 공백 세트는 set()을 사용해서 생성한다.

항목 접근하기

딕셔너리에서 항목을 꺼낼 때는 항목의 키를 사용하면 된다. 키를 [] 안에 지정하든지 아니면 get() 메소드를 사용해도 된다. 예를 들어 연락처에서 이름이 'Kim'인 사람의 전화번호를 꺼내려면 다음과 같은 문장을 사용한다.

```
>>> contacts = {'Kim':'01012345678', 'Park':'01012345679', 'Lee':'01012345680'}

>>> contacts['Kim']
'01012345678'

>>> contacts.get('Kim')
'01012345678'
```

만약 키가 딕셔너리에 없으면 KeyError가 발생한다. get()을 사용했을 때, 키가 없으면 None이 반환된다. 키가 없을 때, 디폴트값이 반환되게 하려면 get()의 두 번째 인자로 디폴트값을 전달한다.

```
>>> number = contacts.get('Choi', '010114')
>>> number
'010114'
```

키가 딕셔너리에 있는지를 알려면 in 연산자를 사용한다.

```
>>> if 'Kim' in contacts :
        print("키가 딕셔너리에 있음")
```

항목 추가하기

딕셔너리도 변경 가능한 컨테이너이다. 따라서 우리는 딕셔너리에 항목을 추가하거나 삭제할 수 있다. 예를 들어 연락처 딕셔너리에 새로운 연락처를 등록하려면 다음과 같이 한다.

```
>>> contacts['Choi'] = '01056781234'
>>> contacts
{'Kim': '01012345678', 'Park': '01012345679', 'Lee': '01012345680',
'Choi': '01056781234'}
```

항목 삭제하기

딕셔너리에서 특정한 항목은 pop()을 호출하여 삭제할 수 있다. pop() 메소드는 주어진 키에 해당되는 항목을 삭제하고 항목의 값을 반환한다.

```
>>> contacts = {'Kim':'01012345678', 'Park':'01012345679', 'Lee':'01012345680'}

>>> contacts.pop('Kim')
'01012345678'
>>> contacts
{'Park': '01012345679', 'Lee': '01012345680'}
```

아니면 del 키워드를 이용해도 된다.

```
>>> contacts = {'Kim':'01012345678', 'Park':'01012345679', 'Lee':'01012345680'}

>>> del contacts['Kim']
>>> contacts
{'Park': '01012345679', 'Lee': '01012345680'}
```

딕셔너리의 모든 항목을 삭제하려면 clear()를 사용한다.

항목 순회하기

딕셔너리에 저장된 항목을 순차적으로 순회하려면 for 문을 사용하면 된다.

```
>>> scores = {'Korean': 80, 'Math': 90, 'English': 80}
>>> for key in scores :
        print(key, scores[key])


Korean 80
Math 90
English 80
```

앞의 코드에서 for key in scores을 사용하면 키가 변수 key에 저장된다. 이 키를 가지고 우리는 쉽게 값을 찾을 수 있다. scores[key]를 호출하면 된다. 아니면 for item in scores.items() :라고 하면 키와 값이 모두 item 변수에 저장된다.

항목이 있는지 검사하기

어떤 키가 딕셔너리에 있는지를 알려면 in 연산자를 사용한다.

```
>>> squares = {1: 1, 3: 9, 5: 25, 7: 49, 9: 81}
>>> 1 in squares
True
>>> 2 not in squares
True
```

딕셔너리 함축

딕셔너리 함축(Dictionary Comprehension)은, 새로운 딕셔너리를 생성하는 우아하고 간결한 방법이다. 6장의 리스트 함축과 매우 유사하다. 딕셔너리 함축은 {} 안의 (키: 값)과 for 문으로 이루어진다. 아래는 0에서 5까지의 정수로부터 3-제곱값을 생성하는 코드이다.

```
>>> triples = {x: x*x*x for x in range(6)}
>>> triples
{0: 0, 1: 1, 2: 8, 3: 27, 4: 64, 5: 125}
```

정렬

파이썬 3.7 버전부터 딕셔너리는 요소들을 입력된 순서로 저장한다. 3.7 이전 버전에서는 입력 순서가 유지되지 않는다.

```
>>> dic = {'bags': 1, 'books': 5, 'bottles': 4, 'coins': 7, 'cups': 2, 'pens': 3}
>>> dic
{'bags': 1, 'books': 5, 'bottles': 4, 'coins': 7, 'cups': 2, 'pens': 3}
```

딕셔너리의 키를 정렬하려면 가장 간단한 방법은 파이썬의 내장 함수인 sorted() 함수를 사용하는 것이다. sorted() 함수는 이터러블 객체를 받아서 정렬된 값들의 리스트를 반환한다.

```
>>> sorted(dic)
['bags', 'books', 'bottles', 'coins', 'cups', 'pens']
```

만약 딕셔너리의 값을 정렬하고 싶으면 values() 메소드를 사용하여 다음과 같이 한다.

```
>>> sorted(dic.values())
[1, 2, 3, 4, 5, 7]
```

만약 딕셔너리의 값에 따라서 키들을 정렬하고 싶으면 sorted() 함수에 요소들을 비교할 때 사용하는 키를 지정해야 한다.

```
>>> sorted(dic, key=dic.__getitem__)
# [1, 2, 3, 4, 5, 7] 순서로 정렬된다.
['bags', 'cups', 'pens', 'bottles', 'books', 'coins']
```

중간점검

❶ 다음 딕셔너리에서 'cherry'의 값을 출력하는 코드를 작성해 보자.

```
my_dict = {'apple': 1, 'banana': 2, 'cherry': 3}
```

❷ 다음 딕셔너리에 'pear': 4를 추가하는 코드를 작성해 보자.

```
my_dict = {'apple': 1, 'banana': 2, 'cherry': 3}
```

❸ 다음 딕셔너리의 값을 모두 출력하는 코드를 작성해 보자.

```
my_dict = {'apple': 1, 'banana': 2, 'cherry': 3}
```

언패킹 연산자

리스트나 딕셔너리를 함수에 전달할 때, * 연산자 및 ** 연산자를 사용하여 해당 데이터를 풀어서 함수의 인자로 전달하는 방법이 있다.

* 연산자는 리스트 내의 각 요소들을 개별 인자로 풀어서 함수에 전달할 때 사용한다.

```
def print_values(a, b, c) :
    print(a, b, c)


my_list = [1, 2, 3]
print_values(*my_list)      # 리스트의 요소들을 각각의 인자로 풀어서 함수에 전달
# 출력: 1 2 3
```

** 연산자는 딕셔너리 내의 키와 값들을 개별 인자로 풀어서 함수에 전달할 때 사용한다.

```
def print_info(name, age) :
    print(f"Name: {name}, Age: {age}")


my_dict = {'name': 'Alice', 'age': 30}
print_info(**my_dict)        # 딕셔너리의 키와 값들을 인자로 풀어서 함수에 전달
# 출력: Name: Alice, Age: 30
```

이렇게 * 연산자와 ** 연산자를 사용하면 리스트나 딕셔너리의 요소들을 함수에 전달할 수 있다. 이를 통해 함수의 매개변수들에 맞춰 데이터를 전달하고 사용할 수 있다.

LAB 04 영한 사전 만들기

딕셔너리의 첫 번째 용도는 말 그대로 사전을 만드는 것이다. 우리는 영한 사전을 구현해 보자. 어떻게 하면 좋은가? 공백 딕셔너리를 생성하고, 여기에 영어 단어를 키로 하고 설명을 값으로 하여 저장하면 될 것이다.

```
단어를 입력하시오: one
하나
```

```
단어를 입력하시오: python
없음
```

SOLUTION

eng_dict.py 영한 사전 만들기

```python
# 빈 영어-한국어 사전을 생성한다.
english_dict = dict()

# 영어 단어와 그에 해당하는 한국어 단어를 사전에 추가한다.
english_dict['one'] = '하나'
english_dict['two'] = '둘'
english_dict['three'] = '셋'

# 사용자로부터 단어를 입력받는다.
word = input("단어를 입력하시오: ")

# 입력한 단어가 사전에 있으면 해당 한국어 단어를 출력하고,
# 없으면 "없음"을 출력한다.
print(english_dict.get(word, "없음"))  ◀── 딕셔너리에 찾고자 하는 값이 없을 때 출력되는 메시지
```

도전문제

❶ 사용자가 딕셔너리 안의 모든 영어 단어를 출력할 수 있도록 위의 프로그램을 확장해 보자.

❷ 사용자가 새로운 영어 단어를 추가할 수 있도록 위의 프로그램을 확장해 보자.

❸ 사용자가 기존의 영어 단어를 삭제할 수 있도록 위의 프로그램을 확장해 보자.

이전값 기억시키기

보통 순환을 사용하게 되면 단순하게 작성이 가능하며 가독성이 높아진다. 그러나 똑같은 계산을 몇 번씩 반복한다면 아주 단순한 경우라 할지라도 계산 시간이 엄청나게 길어질 수 있다. 이러한 예로 순환 호출을 이용하여 피보나치 수열을 계산해 보자. 피보나치 수열이란, 다음과 같이 정의되는 수열이다.

$$fib(n) = \begin{cases} 0 & n = 0 \\ 1 & n = 1 \\ fib(n-2) + fib(n-1) & otherwise \end{cases}$$

피보나치 수열은 정의 자체가 순환적으로 되어 있다. 따라서 구현 시에 순환 호출을 사용하는 것이 자연스러운 방법이다. 피보나치 수열을 파이썬을 이용하여 프로그램해 보면 다음과 같다.

```
def fib(n) :
    if n <= 1 :
        return n
    return fib(n-1)+fib(n-2)
print(fib(20))
```

위의 함수는 매우 단순하고 이해하기 쉽지만 매우 비효율적이다. 왜 그럴까? 예를 들어 fib(6)으로 호출하였을 경우 fib(4)가 두 번이나 계산되기 때문이다. fib(3)은 세 번 계산되고 이런 현상은 순환 호출이 깊어질수록 점점 심해진다. 따라서 상당히 비효율적임을 알 수 있다. 근본적인 이유는 중간에 계산되었던 값을 기억하지 않고 다시 계산을 하기 때문이다. 딕셔너리를 사용하여 이전값을 기억하도록 변경해 보자.

SOLUTION

fib.py 피보나치 수열

```
table = {0:0, 1:1}

def fib(n) :
    if n not in table :
        value = fib(n-1)+fib(n-2)
        table[n] = value
    return table[n]


print(fib(100))
```

> table이라는 이름의 딕셔너리가 우리가 이미 계산한 피보나치값들을 저장한다. memorize() 함수가 호출되면 딕셔너리에 값들이 있는지 검사한다. 딕셔너리에 값이 있으면 우리가 이전에 계산한 것이므로 딕셔너리에서 값을 찾아서 반환하면 된다. 만약 딕셔너리에 없으면 새롭게 피보나치 수열을 계산하여 딕셔너리에 저장한 후에 값을 반환한다. 이런 식으로 하면 fib(100)도 순식간에 계산할 수 있다.

희소 행렬 표현

행렬(matrix)은 자연과학에서 많은 문제를 해결하는 데 사용한다. 따라서 행렬을 프로그램에서 표현하는 것은 중요한 문제이다. 행렬을 어떻게 표현할 것인지를 생각해 보자. 일반적으로 행렬을 표현하는 자연스러운 방법은 다음과 같은 2차원 배열을 사용하는 것이다.

```
matrix = [[0, 0, 0, 0, 0],
          [0, 0, 1, 0, 0],
          [0, 0, 2, 0, 0],
          [0, 0, 3, 0, 0],
          [0, 0, 0, 0, 0]]
```

이 방법을 방법 1이라고 하자. 많은 항들이 0으로 되어 있는 희소 행렬인 경우에는 메모리의 낭비가 심하게 된다. 더구나 엄청난 크기의 희소 행렬인 경우에는 컴파일러에 따라 사용하지 못하는 경우도 있다. 따라서 희소 행렬을 표현하는 다른 방법을 생각해 보자. 한 가지 방법은 0이 아닌 요소들만을 나타내는 방법이다. 이 방법을 방법 2라고 하자. 즉, 0이 아닌 노드만을 '(행, 열): 값'으로 표시하는 것이다. 딕셔너리를 이용하여 앞의 희소 행렬을 두 번째 방법처럼 저장하고 추출하는 프로그램을 작성해 보자.

SOLUTION

matrix.py 희소 행렬 표현

```
matrix = {(1, 2): 1, (2, 2): 2, (3, 2): 3}
for r in range(5) :
    for c in range(5) :
        print(matrix.get((r, c), 0), end=" ")
    print()
```

> 희소 행렬에서 요소를 추출하려면 [] 연산자를 사용하면 되지만 문제가 있다. 우리가 키를 (3, 3)으로 주고 요소를 [] 연산자로 추출하면 오류가 발생한다. 왜냐하면 딕셔너리에 (3, 3)이란 키가 없기 때문이다. 이 문제를 해결하기 위해서는 get() 메소드를 사용해야 한다. get() 메소드의 첫 번째 인자는 키이고 두 번째 인자는 키가 딕셔너리에 없는 경우에 반환되는 값이다.

```
0 0 0 0 0
0 0 1 0 0
0 0 2 0 0
0 0 3 0 0
0 0 0 0 0
```

딕셔너리를 이용한 그래픽

딕셔너리 shapes에 다양한 도형의 좌표 정보를 저장하고 draw_shape() 함수를 사용해서, 해당 도형의 좌표 정보를 이용하여 터틀 창에 그려보자.

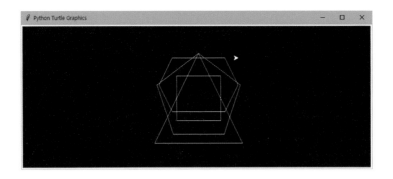

shapes.py 여러 도형 그리기

```python
import turtle

turtle.speed(0)
turtle.bgcolor('black')

# 딕셔너리로 좌표 정보 저장
shapes = {
    'triangle': [(0, 100), (-100, -100), (100, -100)],
    'square': [(-50, 50), (-50, -50), (50, -50), (50, 50)],
    'pentagon': [(0, 100), (-95, 30), (-58, -80), (58, -80), (95, 30)],
    'hexagon': [(-60, 90), (-90, 30), (-60, -30), (60, -30), (90, 30), (60, 90)]
}

def draw_shape(shape_name) :
    turtle.color('white')
    turtle.penup()
    coords = shapes[shape_name]
    turtle.goto(coords[0])
    turtle.pendown()
    for coord in coords[1:] :
        turtle.goto(coord)
    turtle.goto(coords[0])

def draw_all_shapes() :
    for shape_name in shapes :
        draw_shape(shape_name)
        turtle.penup()
        turtle.forward(150)
        turtle.pendown()

draw_all_shapes()
turtle.mainloop()
```

6 문자열

문자열(string)은 프로그래밍에서 아주 빈번하게 다루어지는 데이터 형식이다. 문자열은 문자들의 시퀀스로 정의된다. 글자들이 실(string)로 묶여 있는 것이 문자열이라고 생각하면 된다.

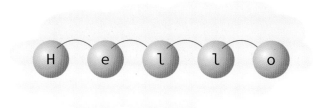

파이썬에서 str 클래스가 문자열을 나타낸다. str 클래스는 파이썬의 내장 클래스이다. 파이썬에서 문자열 리터럴은 작은따옴표나 큰따옴표로 감싸서 표현한다. 문자열은 str 클래스의 생성자를 호출하여 생성할 수도 있고 아니면 문자열 리터럴을 이용하여 생성해도 된다.

```
s1 = str('Hello')
s2 = 'Hello'
```

문자열은 변경 불가능한 객체이다. 문자열 객체가 생성되면 객체는 다시는 변경될 수 없다. 변경된 문자열이 필요하면 새로운 문자열 객체를 생성하게 된다. 예를 들어 수식 ('Hello' + 'World')는 'Hello'와 'World' 문자열 객체를 합쳐서 새로운 문자열 객체인 **'HelloWorld'**를 생성한다.

```
s1 = 'Hello'
s2 = 'World'
s3 = 'Hello'+'World'
```

문자열도 크게 보면 **시퀀스(sequence)**라는 자료구조에 속한다. 따라서 우리가 앞에서 학습하였던 인덱싱이나 슬라이싱 같은 연산들과 len() 같은 내장 함수들이 모두 적용된다. 항상 이 점을 잊지 말자.

개별 문자 접근하기

문자열은 문자들로 이루어져 있다. 문자열 중에서 하나의 문자를 추출하려면 어떻게 해야 할까? 예를 들어 암호화 프로그램에서 문자열 중 하나의 문자를 추출하는 것이 필요하다. **인덱싱(indexing)**이란, 문자열에 [과]를 붙여서 문자를 추출하는 것이다. [과] 사이에는 인덱스라는 숫자가 들어간다.

```
>>> word = 'abcdef'
>>> word[0]
'a'
>>> word[5]
'f'
```

슬라이싱

문자열에서 여러 개의 문자들을 추출할 수 있을까? 파이썬 문자열에는 **슬라이싱(slicing)**도 지원된다. 슬라이싱이란, 문자열의 일부를 잘라서 서브 문자열을 만드는 연산으로 파이썬의 두드러진 장점 중의 하나이다. 슬라이싱을 이용하면 내가 원하는 부분을 쉽게 잘라낼 수 있다.

슬라이싱은 문자열의 일부를 추출하는 기능입니다.

설명을 위하여 다음과 같이 변수에 문자열이 저장되어 있다고 하자.

```
>>> s = "Hello World"
```

위의 문자열에서 첫 번째 단어 'Hello'를 추출하고 싶으면 아래와 같이 한다.

```
>>> s[0:5]
'Hello'
```

위의 문장에서 s[0:5]는 문자열 s의 특정 구간을 나타내는 수식으로 '0부터 4까지'의 구간을 의미한다. 0이 시작 위치이고 5가 종료 위치이다. 종료 위치 5는 구간에 포함되지 않는다는 것에 주의해야 한다. 이렇게 콜론(:)을 이용하여 특정한 구간을 지정하는 것이 슬라이싱이다.

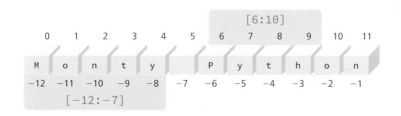

슬라이싱이 동작되는 원리를 쉽게 기억하려면, 인덱스가 문자들 사이에 있다고 생각하면 된다. 첫 번째 문자의 왼쪽 에지 번호는 0이 된다. 마지막 문자의 오른쪽 에지는 인덱스 n이 된다. 여기서 n이 문자열의 크기이다. 위의 그림에서 첫 번째 번호들은 0부터 11까지의 위치를 보여주고 있다. 두 번째 줄의 번호들은 음수 인덱스를 보여주고 있다. 슬라이싱 [i:j]는 i번째 에지부터 j-1번째 에지 사이에 있는 문자들을 추출한다.

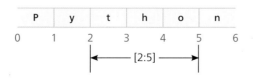

```
>>> word = 'Python'
>>> word[0:2]
'Py'
>>> word[2:5]
'tho'
```

시작 인덱스가 생략되면 문자열의 처음이라고 가정된다. 문자열의 마지막까지 지정하려면 종료 인덱스를 생략하면 된다.

```
>>> word = 'Python'
>>> word[:2]
'Py'
>>> word[4:]
'on'
```

문자열 s에서 s[:i] + s[i:] 하면 항상 s와 같아진다.

```
>>> word = 'Python'
>>> word[:2] + word[2:]
'Python'
>>> word[:4] + word[4:]
'Python'
```

또 시작 인덱스와 종료 인덱스가 모두 생략되면 문자열 전체가 선택된다. 예를 들어 word[:]라고 하면 word의 모든 문자가 선택된다.

```
>>> word = 'Python'
>>> word[:]
'Python'
```

예를 들어 만약 문자열을 다섯 번째 문자를 기준으로 둘로 나눠서 high, low에 저장하고 싶다면 다음과 같이 하면 된다.

```
>>> message = "see you at noon"
>>> low = message[:5]
>>> high = message[5:]
>>> low
'see y'
>>> high
'ou at noon'
```

주민등록번호 앞자리에서 출생연도와 생일을 추출하여 화면에 출력해 보자.

```
>>> reg = '980326'
>>> print(reg[0:2], '년')
98 년
>>> print(reg[2:4], '월')
03 월
>>> print(reg[4:6], '일')
26 일
```

음수가 아닌 인덱스를 사용하는 경우, 슬라이싱의 길이는 인덱스의 차이이다. 예를 들어 word[1:3]의 길이는 2이다.

슬라이싱에서 시작 인덱스나 종료 인덱스로 적절치 못한 값을 사용하더라도 파이썬은 자동으로 적절한 값으로 변경하여 실행한다.

```
>>> word = 'Python'
>>> word[4:42]
'on'
>>> word[42:]
''
```

내장 함수 len()은 문자열의 길이를 반환한다.

```
>>> s = "A sound mind in a sound body."
>>> len(s)
29
```

in 연산자와 not in 연산자

문자열 안에 다른 문자열이 있는지를 알아내기 위해서 in 연산자를 사용할 수 있다. 다음의 코드를 참조하자.

```
>>> s = "Love will find a way."
>>> 'Love' in s
True
>>> 'love' in s
False
```

문자열 비교하기

문자열과 문자열을 비교할 수 있을까? 예를 들어 어떤 문자열이 사전에서 먼저 나오는지를 검사할 수 있을까? 파이썬에서는 비교 연산자를 이용하여 문자열과 문자열을 비교할 수 있다. 예를 들어 'apple'은 'banana'

보다 사전에서 앞에 있다. 어떤 문자열이 사전에서 앞에 있으면, < 연산자를 적용했을 때 참이 된다.

```
>>> 'apple' < 'banana'
True
```

마찬가지로 ==, !=, <, > 연산자를 문자열에도 적용할 수 있다. 이것은 어디에 사용할 수 있을까? 사용자로 부터 받은 문자열들의 순서를 정할 때 사용할 수 있다. 그리고 문자열들의 정렬에도 사용할 수 있다.

compare.py 문자열 비교하기

```
a = input("문자열을 입력하시오: ")
b = input("문자열을 입력하시오: ")
if (a < b) :
    print(a, "가 앞에 있음")
else :
    print(b, "가 앞에 있음")
```

```
문자열을 입력하시오: apple
문자열을 입력하시오: orange
apple 가 앞에 있음
```

반복하여 문자 처리하기

문자열에 들어 있는 각각의 문자들에 대하여 어떤 연산을 반복할 수 있다. 예를 들어 문자열 안의 모든 문자를 하나씩 출력하는 코드는 다음과 같다.

```
s = input("문자열을 입력하시오: ")
for c in s :
    print(c)
```

문자열 안의 문자들을 특정한 순서로 방문하기를 원한다면 인덱스 연산자를 사용하는 것이 편리하다. 예를 들어 홀수 번째 문자만을 방문하기 원한다면 다음과 같은 코드를 사용한다.

```
s = input("문자열을 입력하시오: ")
for i in range(0, len(s), 2) :
    print(s[i])
```

이제까지는 문자열 객체에 연산자를 적용하는 방법만 설명하였다. 이제부터는 str 클래스가 가지고 있는 유용한 메소드에 대하여 설명해 보자. 우리가 클래스를 사용하는 이유는 다른 사람들이 작성한 유용한 메소드를 사용하기 위해서이다.

문자열에서 단어 분리

문자열에서 단어를 분리할 때 사용하는 메소드는 split()이다. split()는 문자열 안의 단어를 분리하여 단어들의 리스트로 만들어서 반환한다. 상당히 유용한 메소드이다.

```
>>> s = "Never put off till tomorrow what you can do today."
>>> s.split()
['Never', 'put', 'off', 'till', 'tomorrow', 'what', 'you', 'can', 'do', 'today.']
```

split()는 기본적으로 스페이스 문자를 이용하여 단어들을 분리한다. 만약 분리자로 다른 문자를 사용하고 싶으면 split()의 인자로 전달하면 된다.

```
>>> s = "apple, banana, orange"
>>> result = s.split(', ')
>>> print(result)
['apple', 'banana', 'orange']
```

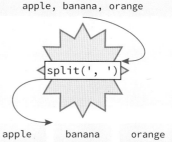

join() 메소드

join() 메소드는 문자열 리스트나 튜플의 각 요소를 구분자 문자열과 함께 결합하여 하나의 문자열로 만든다. split() 메소드의 반대 역할을 한다고 생각하면 기억하기 쉽다. 상당히 많이 사용한다. 예를 들어 보자.

```
>>> my_list = ['apple', 'banana', 'orange']
>>> result = ', '.join(my_list)
>>> print(result)
apple, banana, orange
```

여기서 ', '는 join() 메소드에서 사용하는 연결자 문자열이다. my_list의 요소들이 ', '로 연결되어 하나의 문자열인 'apple, banana, orange'를 생성한다.

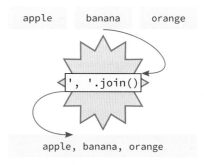

문자열의 검사

문자열이 숫자로 구성되어 있는지 아니면 문자로만 구성되어 있는지를 검사할 때는 isalpha()와 isdigit()를 사용할 수 있다.

```
>>> s = 'abcdef'
>>> s.isalpha()
True
>>> s = '123456'
>>> s.isdigit()
True
```

유사한 메소드로 islower()-소문자인지 검사, isupper()-대문자인지 검사, isspace()-공백 문자로만
되어 있는지 검사, isalnum()-영숫자인지 검사 등이 있다. 사용자한테서 연도를 입력받을 때 숫자인지를
검사하는 코드는 다음과 같다.

```
s = input("연도를 입력하시오")

if not s.isdigit() :
    print("숫자만을 입력해 주세요!")
```

부분 문자열 검색

문자열 안의 부분 문자열을 찾기 위하여 startswith(s), endswith(s), find(s), rfind(s), count(s)
등의 메소드를 사용할 수 있다. startswith(s)는 문자열 s로 시작하는 문자열이면 True가 반환된다.
endswith(s)는 문자열 s로 종료되는 문자열이면 True가 반환된다. 예를 들어 사용자가 입력한 문자열이
파이썬 소스 파일 이름인지를 검사하려면 다음과 같이 하면 된다.

ends.py 파일 이름 검사하기

```
s = input("파이썬 소스 파일 이름을 입력하시오: ")
if s.endswith('.py') :
    print("올바른 파일 이름입니다.")
else :
    print("올바른 파일 이름이 아닙니다.")
```

> 파이썬 소스 파일 이름을 입력하시오: aaa.py
> 올바른 파일 이름입니다.

대소문자 변환하기

문자열의 모든 문자를 대문자로 만들거나 소문자로 만들려면 upper()와 lower()를 사용한다. 첫 번째 문
자만을 대문자로 하려면 capitalize()를 사용한다. 하나의 문자를 다른 문자로 바꾸려면 replace(s1,
s2)를 사용한다.

```
s = input("파이썬 소스 파일 이름을 입력하시오: ")
print(s.lower())
```

문자열에서 공백 문자 제거하기

공백 문자(Whitespace Character)란 스페이스나 탭, 줄바꿈 문자를 의미한다. 문자열에서 공백 문자를
제거하려면 strip(), lstrip()이나 rstrip()을 사용한다. lstrip()은 왼쪽 공백 문자만을 제거하고
rstrip()은 오른쪽 공백 문자만을 제거한다. strip()은 왼쪽과 오른쪽 공백 문자를 모두 제거한다. 이
함수가 필요한 이유는 단어 앞뒤에 스페이스만 있어도 컴퓨터는 전혀 다른 단어로 간주하기 때문이다.

```
>>> s = "  Little by little the little bird builds its nest"
>>> s.strip()
'Little by little the little bird builds its nest'
```

부분 문자열 개수 세기

문자열 메소드 count()는 문자열 내에서 특정한 부분 문자열(substring)이 등장하는 횟수를 세는 기능을 제공한다. 이 메소드는 문자열에 대해 간단한 검색 작업을 수행하고, 해당 부분 문자열이 등장하는 횟수를 반환한다. 아주 편리한 메소드이니 꼭 기억하도록 하자. 예제를 살펴보자.

count.py 문자열 등장 횟수 세기

```
text = "apple orange apple banana apple"

count_apple = text.count('apple')
print(count_apple)          # 출력: 3

count_fruit = text.count('fruit')
print(count_fruit)          # 출력: 0

count_a = text.count('a', 4, 15)    # 'a'를 text의 인덱스 4부터 14까지의 범위에서 찾는다.
print(count_a)              # 출력: 2
```

중간점검

❶ 주어진 문자열을 뒤집는 코드를 작성해 보자.

    "Hello, World!" → "!dlroW ,olleH"

❷ 주어진 문자열에서 특정 문자나 문자열을 다른 문자나 문자열로 대체하는 코드를 작성해 보자.

    "I love apples and apples are tasty."
    → "I love bananas and bananas are tasty."

❸ 주어진 문자열에서 문자 또는 문자열을 찾아서 그 위치를 출력하는 코드를 작성해 보자.

    "Python is a powerful programming language." → 10

❹ 주어진 문자열을 공백을 기준으로 나누어 리스트로 변환하는 코드를 작성해 보자.

    "Python is fun and versatile" → ['Python', 'is', 'fun', 'and', 'versatile']

회문(palindrome)은 앞으로 읽으나 뒤로 읽으나 동일한 문장이다. 예를 들어 'mom', 'civic', 'dad' 등이 회문의 예이다. 사용자로부터 문자열을 입력받고 회문인지를 검사하는 프로그램을 작성해 보자.

```
문자열을 입력하시오: dad
회문입니다.
```

SOLUTION

palin.py 회문 검사하기

```python
string = input("문자열을 입력하시오: ")

# 문자열을 뒤집어서 비교하여 회문인지 검사
reversed_string = string[::-1]

if string == reversed_string :
    print("회문입니다.")
else :
    print("회문이 아닙니다.")
```

위의 프로그램은 입력된 문자열 string을 뒤집어 reversed_string에 저장한 후, 원래 문자열과 뒤집은 문자열을 비교하여 회문 여부를 판단한다. 만약 두 문자열이 동일하다면 "회문입니다."라고 출력하고, 그렇지 않다면 "회문이 아닙니다."라고 출력한다.

도전문제

❶ 현재의 프로그램은 입력된 문자열을 정확히 비교하여 회문 여부를 판단한다. 그러나 입력된 문자열에 공백이나 구두점이 포함되어 있는 경우, 이를 무시하고 회문 여부를 판단할 수 있도록 프로그램을 개선해 보자.

❷ 현재의 프로그램은 대소문자를 구분하여 회문 여부를 판단한다. 대소문자를 무시하고 회문 여부를 판단할 수 있도록 프로그램을 개선해 보자.

LAB 09   암호문 만들기

간단한 문자열 암호화와 복호화 프로그램을 만들어 보자. 이 실습에서 시저 암호(Caesar Cipher)를 사용하여 문자열을 암호화하고 복호화한다. 시저 암호는 문자를 일정한 횟수만큼 밀어서 다른 문자로 변환하는 방식의 간단한 대치 암호이다. ord() 함수는 문자를 받아서 유니코드를 반환한다. chr() 함수는 반대로 유니코드를 받아서 문자를 반환한다.

암호화할 문자열을 입력하시오: Hello, World!
암호화에 사용할 시프트값을 입력하시오(양수 또는 음수): 3
암호화된 문자열: Khoor, Zruog!

SOLUTION

`encypt.py` 암호화하기

```python
def encrypt(text, shift) :
    encrypted_text = ""
    for char in text :
        if char.isalpha() :
            # 알파벳 문자인 경우만 암호화 진행
            char_code = ord(char)
            if char.islower() :
                # 소문자 알파벳의 경우
                encrypted_code = ((char_code - ord('a') + shift) % 26) + ord('a')
            else :
                # 대문자 알파벳의 경우
                encrypted_code = ((char_code - ord('A') + shift) % 26) + ord('A')
            encrypted_char = chr(encrypted_code)
            encrypted_text += encrypted_char
        else :
            # 알파벳이 아닌 문자는 그대로 유지
            encrypted_text += char
    return encrypted_text

# 사용자로부터 입력받기
input_text = input("암호화할 문자열을 입력하시오: ")
shift_amount = int(input("암호화에 사용할 시프트값을 입력하시오(양수 또는 음수): "))
# 문자열 암호화
encrypted_text = encrypt(input_text, shift_amount)
print("암호화된 문자열:", encrypted_text)
```

도전문제

복호화 함수를 작성해 보자.

LAB 10　이메일 주소 분석

이메일 주소에서 아이디와 도메인을 구분하는 프로그램을 작성해 보자.

이메일 주소를 입력하시오: aaa@google.com
아이디: aaa
도메인: google.com

SOLUTION

email.py　이메일 주소 분리하기

```
address=input("이메일 주소를 입력하시오: ")

(id, domain) = address.split("@")

print("아이디:"+id)
print("도메인:"+domain)
```

> @를 기준으로 문자열을 분리하여 변수에 각각 저장한다.

도전문제

❶ 현재의 프로그램은 이메일 주소를 '@'를 기준으로 사용자 아이디(id)와 도메인(domain)으로 분리하여 출력한다. 도메인을 더 상세하게 분리하여, 최상위 도메인(Top-level Domain)과 그 이외의 도메인을 구분해서 출력할 수 있도록 프로그램을 개선해 보자.

❷ 추가로 이메일 유형(예: 개인 이메일, 회사 이메일 등)을 판별하여 출력할 수 있는 기능을 추가해 보자. 이 메일 주소에 대한 특정 패턴이나 도메인을 기준으로 유형을 판별할 수 있다. 예를 들어 endswith('.com')을 사용해 보자.

문자열 분석

문자열 안에 있는 문자의 개수, 숫자의 개수, 공백의 개수를 계산하는 프로그램을 작성해 보자.

문자열을 입력하시오: A picture is worth a thousand words.
{'digits': 0, 'spaces': 6, 'alphas': 29}

SOLUTION

string_ana.py 문자열 분석하기

```python
sentence = input("문자열을 입력하시오: ")

table = {'alphas': 0, 'digits': 0, 'spaces': 0}   ◀── 딕셔너리를 생성한다.

for i in sentence :
    if i.isalpha() :    ◀── 문자가 알파벳이면
        table['alphas'] += 1
    if i.isdigit() :    ◀── 문자가 숫자이면
        table['digits'] += 1
    if i.isspace() :    ◀── 문자가 공백이면
        table['spaces'] += 1

print(table)
```

도전문제

❶ 현재의 프로그램은 문자열에서 알파벳, 숫자, 공백의 개수를 카운트한다. 추가로 문장부호나 구두점 등 다른 문자의 개수를 카운트할 수 있는 기능을 추가해 보자. if i in string.punctuation :을 사용해 본다.

❷ 단어의 개수를 카운트할 수 있는 기능을 추가해 보자. words = sentence.split()를 사용해 본다.

사용자가 입력하는 문자열을 읽어서 문자열에 저장된 각각의 단어가 몇 번이나 나오는지를 계산하는 프로그램을 작성해 보자.

```
문자열을 입력하시오: This is a sample sentence. This is another sentence.

'this': 2번
'is': 2번
'a': 1번
'sample': 1번
'sentence.': 2번
'another': 1번
```

SOLUTION

`word_counter.py` 단어 카운터 만들기

```python
input_string = input("문자열을 입력하시오: ")

# 입력 문자열을 공백 기준으로 단어로 분리한다.
words = input_string.split()

# 단어 등장 횟수를 저장할 딕셔너리를 초기화한다.
word_count = {}

# 각 단어의 등장 횟수를 계산한다.
for word in words :
    word = word.lower()                        # 단어를 소문자로 변환하여 등장 횟수를 세어준다.

    # 딕셔너리에 단어가 이미 있는지 확인하고, 없으면 1로 초기화한다.
    if word not in word_count :
        word_count[word] = 1
    else :
        word_count[word] += 1                  # 이미 있는 단어인 경우 등장 횟수를 1 증가시킨다.

for word, count in word_count.items() :
    print(f"'{word}': {count}번")
```

LAB 13   축약어 풀어쓰기

현대인들은 축약어를 많이 사용한다. 예를 들어 'B4(Before)', 'TX(Thanks)', 'BBL(Be Back Later)', 'BCNU(Be Seeing You)', 'HAND(Have A Nice Day)'와 같은 축약어들이 있다. 축약어를 풀어서 일반적인 문장으로 변환하는 프로그램을 작성해 보자.

```
번역할 문장을 입력하시오: TX Mr. Park!
Thanks Mr.Park!
```

SOLUTION

`acronym.py` 축약어 풀어쓰기

```python
table = { 'B4': 'Before',
          'TX': 'Thanks',
          'BBL': 'Be Back Later',
          'BCNU': 'Be Seeing You',
          'HAND': 'Have A Nice Day' }

message = input("번역할 문장을 입력하시오: ")
words = message.split()
result = ""
for word in words :
    if word in table :
        result += table[word] + " "
    else :
        result += word

print(result)
```

❶ 현재의 프로그램은 일부 축약어에 대해서만 대응 목록을 가지고 있다. 축약어를 더 많이 수용하기 위해 축약어 대응 목록을 확장해 보자.

❷ 현재의 프로그램은 축약어를 대소문자 구분하여 처리하지 않는다. 축약어 테이블을 모두 소문자로 저장하고 입력된 단어도 소문자로 변환하여 처리해 보자.

LAB 14 글자 빈도수 세기

문자열 안에서 각 글자들이 나타나는 빈도수를 계산해 보자. 글자들의 빈도수를 알면 문자열을 압축할 때 유용하게 사용할 수 있다. 예를 들어 허프만 코딩은 글자의 빈도수에 따라서 글자를 나타내는 코드의 길이를 다르게 한다. 즉, 많이 나타나는 글자에는 짧은 코드를 할당하고 자주 나오지 않는 글자에는 긴 코드를 할당하는 것이다. 딕셔너리는 이러한 빈도 테이블을 구현하는 데 아주 이상적이다. 문자열을 입력받아서 빈도 테이블을 출력하는 프로그램을 작성해 보자.

```
문자열을 입력하시오: Empty vessels make the most sound.
{'.': 1, 'm': 3, 'v': 1, 'n': 1, 'p': 1, ' ': 5, 'h': 1, 's': 5, 'l': 1, 'u': 1,
'y': 1, 't': 3, 'o': 2, 'E': 1, 'k': 1, 'd': 1, 'a': 1, 'e': 4}
```

SOLUTION

letter_count.py 글자 빈도수 세기

```python
string = input("문자열을 입력하시오: ")

countTable = {}
for letter in string :
    countTable[letter] = countTable.get(letter, 0) + 1

print(countTable)
```

처음엔 공백 딕셔너리로 시작한다. 문자열의 각 글자에 대하여 현재의 카운트값을 찾아서 증가시킨다. 프로그램이 종료되면 딕셔너리는 글자와 빈도의 쌍을 가지게 된다.

❶ 현재의 프로그램은 각 문자의 등장 횟수를 출력할 때, 딕셔너리의 순서와 동일한 순서로 출력된다. 출력 결과를 등장 횟수를 기준으로 정렬하여 더 가독성이 좋은 결과를 얻을 수 있도록 개선해 보자.

❷ 프로그램이 문자열을 처리할 때, 특정 문자를 제외하고 나머지 문자의 등장 횟수만 계산하도록 개선해 보자. 예를 들어 공백 문자 ' '를 제외하고 등장 횟수를 계산하는 경우를 생각해 보자.

01 튜플은 리스트와 유사하지만 변경할 수 없는 객체이다.

파이썬 수식	결과	설명
`len((1, 2, 3))`	`3`	튜플의 길이
`(1, 2, 3) + (4, 5, 6)`	`(1, 2, 3, 4, 5, 6)`	접합
`('Hi!',) * 4`	`('Hi!', 'Hi!', 'Hi!', 'Hi!')`	반복
`3 in (1, 2, 3)`	`True`	멤버십
`for x in (1, 2, 3) : print(x)`	`1 2 3`	반복

02 세트는 집합으로, 요소들은 중복되지 않아야 한다.

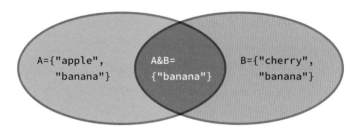

03 딕셔너리는 사전으로, 키와 값의 쌍으로 저장된다. 키를 이용하여 값을 찾을 수 있다.

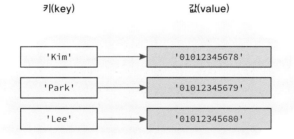

01 두 개의 튜플을 입력받아 합집합과 교집합을 구하는 함수를 작성하고 테스트하시오.

튜플 상 중 하

```
튜플 A = (1, 2, 3, 4)
튜플 B = (3, 4, 5, 6)
합집합: (1, 2, 3, 4, 5, 6)
교집합: (3, 4)
```

02 리스트에 중복된 요소가 있는지 확인하는 함수를 작성하시오(세트를 활용한다). 세트 상 중 하

```
리스트 A = [1, 2, 3, 4, 5]
리스트 B = [1, 2, 2, 3, 4, 5]
리스트 A가 중복 원소? = False
리스트 B가 중복 원소? = True
```

03 주어진 딕셔너리에서 특정 값을 가지는 키를 모두 찾는 함수를 작성하시오. 딕셔너리 상 중 하

```
입력 딕셔너리 = {'apple': 100, 'banana': 200, 'orange': 100, 'grape': 300}
값 100을 가지는 키들: ['apple', 'orange']
```

04 주어진 텍스트에 있는 각 단어의 길이를 세어, 그 길이를 가지는 단어의 개수를 딕셔너리로 저장한 뒤 반환하는 함수를 작성하시오. 예를 들어 아래 텍스트에서 길이가 5인 문자열이 3개가 있으므로 5: 3이라고 딕셔너리에 저장되었다. 문자열과 딕셔너리 상 중 하

```
입력 텍스트 = apple orange banana grape lemon
결과 딕셔너리 = {5: 3, 6: 1, 7: 1}
```

05 세트를 이용하여 로또 번호를 무작위로 생성하는 함수를 작성하시오. 로또는 1부터 45까지의 숫자 중에서 6개의 번호를 무작위로 선택하면 된다. 세트 상 중 하

```
로또 번호: {32, 3, 39, 8, 16, 48}
```

06 사용자로부터 생년월일을 문자열로 받아서 올바른 생년월일인지를 검사하는 프로그램을 작성하시오. 예를 들면 '19991301'과 같은 문자열은 13월 1일이 없기 때문에 올바른 생년월일이 아니다.

문자열 상 중 하

```
생년월일을 입력하시오: 19700123
올바른 생년월일입니다.
```

07 사용자가 입력한 문자열에서 특정한 문자의 빈도를 계산하는 프로그램을 작성하시오. 예를 들어 "Welcome to Python"에서 문자 'o'의 빈도를 계산하는 프로그램을 작성해 본다. 문자열 상 중 하

```
문자열을 입력하시오: Welcome to Python
3
```

08 전화 키패드에는 각 숫자키마다 3개의 문자가 적혀있다. 사용자가 입력한 문자열을 전화기의 숫자키로 변환하는 프로그램을 작성하시오. 문자열 상 중 하

```
문자열을 입력하시오: NUMBER
686237
```

09 사용자가 입력한 문자열을 역순으로 만들어서 출력하는 프로그램을 작성하시오. 예를 들어 사용자가 'abcd'와 같이 입력하면 'dcba'와 같이 출력한다. 문자열 상 중 하

```
문자열을 입력하시오: Welcome to python
nohtyp ot emocleW
```

10 사용자로부터 나이를 입력받는 코드를 작성하시오. 이때 사용자가 올바르게 나이를 입력할 때까지 반복하는 코드를 작성해 본다. 사용자는 반드시 정수만을 입력해야 한다. 문자열 상 중 하

```
나이를 입력하시오: aaa
나이는 숫자로 입력하세요.
나이를 입력하시오: bbb
나이는 숫자로 입력하세요.
나이를 입력하시오: 18
OK
```

11 아이디와 패스워드를 관리해 주는 간단한 프로그램을 작성하시오. 딕셔너리를 이용하여 아이디와 패스워드를 저장하고 사용자가 아이디를 입력하면 패스워드를 화면에 출력한다. 딕셔너리 상 중 하

```
아이디를 입력하시오: nnn
패스워드는 12345678입니다.
```

12 딕셔너리를 사용하여 친구들의 이름과 전화번호를 저장하시오. 사용자로부터 친구들의 이름과 전화번호를 입력받고 딕셔너리에 저장한다. 저장이 끝나면 친구들의 이름으로 전화번호를 검색할 수 있도록 한다. 딕셔너리 상 중 하

```
(입력모드)이름을 입력하시오: 홍길동
전화번호를 입력하시오: 111-2222
(입력모드)이름을 입력하시오: 김철수
전화번호를 입력하시오: 222-3333
(입력모드)이름을 입력하시오: Enter
(검색모드)이름을 입력하시오: 홍길동
홍길동 의 전화번호는 111-2222 입니다.
(검색모드)이름을 입력하시오:
```

Introduction to **PYTHON**

tkinter를 이용한 GUI 프로그래밍

학습목표

- tkinter에서 제공하는 기본 위젯들에 대해 이해할 수 있다.
- tkinter에서 발생하는 이벤트를 처리하는 방법에 익숙해진다.
- tkinter에서 위젯들을 배치하고 관리하는 방법을 학습한다.
- tkinter를 사용하여 그래픽을 그리고 처리하는 방법을 학습한다.

1 이번 장에서 작성할 프로그램

1 [프로그램 1] 숫자 추측 게임

숫자 추측 게임을 GUI 버전으로 작성해 보자.

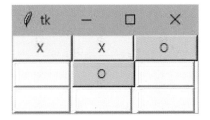

2 [프로그램 2] Tic-Tac-Toe GUI 게임

다음과 같이 컴퓨터를 통하여 Tic-Tac-Toe 게임을 할 수 있는 프로그램을 작성해 보자.

3 [프로그램 3] 우주 여행 애니메이션

tkinter의 그래픽 기능을 이용하여 우주 여행 애니메이션을 작성해 보자.

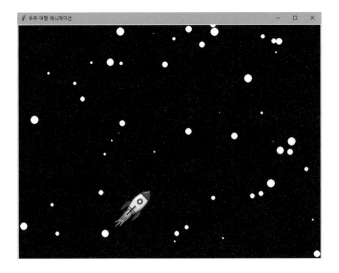

2 tkinter란?

GUI(Graphic User Interface, 그래픽 사용자 인터페이스)는 사용자가 아이콘, 메뉴, 창 등의 항목을 사용하여 컴퓨터와 상호 작용할 수 있는 사용자 인터페이스의 한 형태이다. GUI는 사용자가 명령어를 사용하여 컴퓨터와 상호 작용하는 CLI(Command Line Interface)보다 이점이 많다. tkinter는 파이썬에서 GUI 애플리케이션을 개발하기 위한 표준 라이브러리이다. tkinter는 Tk GUI 툴킷의 파이썬 인터페이스이며, 여러 가지 위젯과 도구를 사용하여 사용자 인터페이스를 만들 수 있다. tkinter는 파이썬 표준 라이브러리에 이미 포함되어 있으므로 별도의 설치가 필요하지 않다.

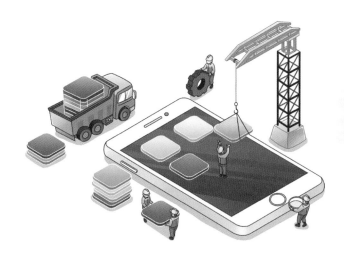

tkinter는 다양한 위젯, 레이아웃 관리자, 이벤트 처리 및 사용자 인터페이스 개발에 유용한 기능을 제공합니다.

이번 장에서 tkinter를 소개한다. tkinter를 이용하면 윈도우를 생성하고 버튼이나 레이블과 같은 위젯을 이용하여 사용자와 상호 작용하는 프로그램을 작성할 수 있다. 파이썬에는 GUI 프로그램을 개발하기 위한 다양한 모듈들이 있지만 tkinter가 가장 많은 지지를 받고 있다. tkinter를 이용하여 프로그램을 작성하다 보면, 객체 프로그래밍의 여러 가지 개념을 쉽게 이해할 수 있을 것이다.

tkinter는 'Tk interface'의 약자이다. 만약 tkinter가 없었다면 많은 사용자에게 파이썬은 그다지 매력적이지 못했을 수도 있다. tkinter가 파이썬의 유일한 GUI 모듈은 아니지만, 현재 가장 많이 사용하는 GUI 모듈이다. tkinter는 예전부터 유닉스 계열에서 사용되던 Tcl/Tk 위에 객체지향 계층을 입힌 것이다. Tk는 존 오스터하우트(John Ousterhout)에 의하여 Tcl 스크립팅 언어를 위한 GUI 확장으로 개발되었다. 첫 번째 버전은 1991년에 발표되었다. 이후로 Tk는 아주 성공적이었다. 다른 툴킷보다 배우기 쉽고 사용이 간편하였기 때문이다. 이런 이유로 많은 프로그래머들이 Tk를 Tcl과 독립적으로 사용하기 원했다. 결과적으로 많은 언어 바인딩이 개발되었으며, 현재 Perl, Ada, Python, Ruby, Common Lisp 등을 위한 인터페이스가 있다.

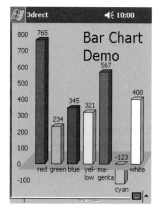

위젯이란?

위젯(widget: window gadget의 준말)이란, 윈도우와 같은 GUI 기반 운영체제에서 많이 사용하는 각종 시각적인 요소를 말한다. 대표적으로 버튼이나 레이블, 텍스트, 메뉴 등을 들 수 있다. tkinter는 다양한 위젯들을 제공한다. 우리는 이 장에서 필수적인 위젯만을 엄선하여 학습할 것이다.

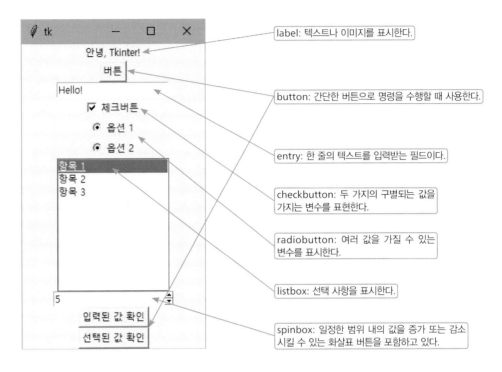

Hello World 프로그램(tkinter 버전)

간단한 예로 화면에 "Hello World!"를 출력하는 윈도우를 생성해 보자. 레이블(label)은 텍스트를 표시하는 위젯이다. 화면에 윈도우를 하나 생성하고 여기에 "Hello World"를 표시하는 레이블을 배치하는 코드를 살펴보자.

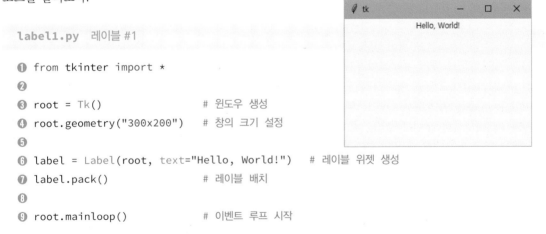

label1.py 레이블 #1

```
❶ from tkinter import *
❷
❸ root = Tk()                        # 윈도우 생성
❹ root.geometry("300x200")           # 창의 크기 설정
❺
❻ label = Label(root, text="Hello, World!")    # 레이블 위젯 생성
❼ label.pack()                       # 레이블 배치
❽
❾ root.mainloop()                    # 이벤트 루프 시작
```

처음 나온 tkinter 프로그램이므로 한 줄씩 자세히 분석해 보자.

❶ **from tkinter import ***

tkinter 라이브러리에서 모든 클래스, 함수, 변수들을 포함시킨다. 이렇게 하면 tkinter의 클래스, 함수 및 상수를 직접 사용할 수 있다.

❸ root = Tk()

제일 먼저 루트 윈도우를 생성해야 한다. tkinter 모듈 안에 있는 Tk 클래스는 제목을 가지고 있는 일반적인 윈도우이다. Tk 클래스의 객체를 생성하면 화면에 하나의 윈도우가 생성된다. 이 윈도우 안에 여러 가지 위젯을 추가할 수 있다. 각 프로그램은 오직 하나의 루트 윈도우를 가져야 한다. 루트 윈도우는 다른 위젯보다 먼저 생성되어야 한다.

❹ root.geometry("300x200")

이 문장은 윈도우의 크기를 300×200으로 설정한다.

❻ label = Label(root, text="Hello, world!")

레이블(Label) 클래스를 사용하여 텍스트 레이블 위젯을 생성한다. 레이블 클래스는 화면에 텍스트를 표시하기 위한 클래스이다. Label() 생성자 함수의 첫 번째 매개변수로는 위젯이 배치될 부모 윈도우를 전달하고, text 매개변수로는 텍스트를 전달한다.

❼ label.pack()

위젯에 대하여 pack() 메소드가 호출된다. pack()은 텍스트를 표시할 정도로만 위젯의 크기를 축소하여 화면에 배치하라는 의미이다. pack()이 호출되어야 위젯이 화면에 나타난다.

❾ root.mainloop()

pack()이 호출되면 위젯이 화면에 나타난다. 하지만 윈도우는 우리가 tkinter의 이벤트 루프에 들어가기 전까지는 나타나지 않는다. 이 프로그램은 우리가 윈도우를 닫을 때까지 이벤트 루프에서 대기한다. 이벤트 루프는 사용자로부터 오는 마우스나 키보드 이벤트뿐만 아니라 윈도우 시스템에서 오는 여러 가지 이벤트도 함께 처리한다. 따라서 프로그램이 메인 루프에 진입하기 전까지는 화면에 윈도우가 나타나지 않을 것이다.

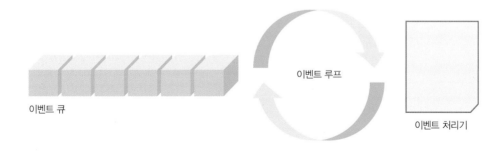

이벤트 큐　　　　　　　　　이벤트 루프　　　　　　　이벤트 처리기

중간점검

❶ 위젯(widget)은 어떻게 설명할 수 있는가?

❷ tkinter에서 사용할 수 있는 위젯 중 세 가지를 말해보자.

3 | tkinter의 위젯들

지금부터 핵심적인 위젯인 레이블, 버튼, 엔트리, 텍스트 위젯에 대하여 자세히 살펴본다. 각 위젯에 관련된 속성과 이벤트 처리가 있다면, 간단히 설명하고 지나간다.

단순 위젯과 컨테이너 위젯

파이썬이 제공하는 위젯은 크게 단순 위젯과 컨테이너 위젯으로 나누어진다. 컨테이너 위젯이란, 다른 위젯들을 내부에 넣을 수 있는 위젯을 의미한다.

- **단순 위젯**: 단순한 위젯으로서 button, canavs, checkbutton, entry, label, message 등이 여기에 속한다.
- **컨테이너 위젯**: 다른 위젯들을 안에 포함할 수 있는 위젯으로서 frame, toplevel, labelFrame, panedroot 등이 여기에 속한다.

레이블

레이블(label) 위젯은 텍스트나 이미지를 표시하는 데 사용한다. 레이블 위젯이 표시하는 텍스트는 사용자가 편집할 수 없다. 레이블 위젯은 tkinter 라이브러리에서 제공하는 Label 클래스를 사용하여 생성된다.

```
label = Label(text="Hello World!")
```

레이블의 font 속성을 설정하면 폰트를 변경할 수 있다. 색상은 fg(foreground), bg(background) 속성을 사용하여 변경한다.

label2.py 레이블 #2

```
from tkinter import *

root = Tk()

Label(root,
```

```
        text = "Times Font 폰트와 빨간색을 사용한다. ",
        fg = "red",
        font = "Times 32 bold italic").pack()
Label(root,
        text = "Helvetica 폰트와 파란색을 사용한다. ",
        fg = "blue",
        bg = "yellow",
        font = "Helvetica 32 bold italic").pack()
root.mainloop()
```

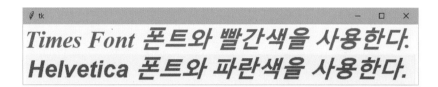

width 및 height 매개변수를 사용하여 레이블의 너비와 높이를 제어할 수도 있다.

```
label = Label(
    text = "Hello, World",
    fg = "white",    bg = "black",
    width = 10,      # 폭을 10 글자로 설정한다.
    height = 10      # 높이를 10 글자로 설정한다.
)
```

이들 속성은 레이블에만 사용할 수 있는 것은 아니다. 거의 모든 위젯에 사용할 수 있다. 기억해두도록 하자.

레이블은 이미지도 표시할 수 있다. PhotoImage 클래스를 이용하여 이미지를 읽고, 레이블을 생성할 때 매개변수 image를 통하여 전달한다. 간단한 예는 다음과 같다.

label3.py 레이블 #3

```
from tkinter import *

root = Tk()
photo = PhotoImage(file="dog2.gif")
label = Label(root, image=photo)
label.pack()
root.mainloop()
```

예제 #1

2개의 레이블 위젯을 이용하여 화면의 왼쪽에는 텍스트를 표시하고, 오른쪽에는 이미지를 표시해 보자. justify 매개변수는 텍스트 정렬 방식을 지정하고 left, right 또는 center값을 가질 수 있다. padx는 텍스트 레이블 주위에 수평 패딩을 추가하는 데 사용할 수 있다. 기본 패딩은 1 픽셀이다.

label5.py 레이블 #5

```python
from tkinter import *

root = Tk()
photo = PhotoImage(file="wl.gif")
w = Label(root, image=photo, justify="left").pack(side="right")
message = """삶이 그대를 속일지라도
슬퍼하거나 노하지 말라 !
우울한 날들을 견디면 : 믿으라,
기쁨의 날이 오리니.
마음은 미래에 사는 것
현재는 슬픈 것:
모든 것은 순간적인 것, 지나가는 것이니
그리고 지나가는 것은 훗날 소중하게 되리니.
"""
w2 = Label(root,
        padx = 10,
        text = message).pack(side="left")
root.mainloop()
```

> 이미지는 윈도우의 오른쪽에 배치한다.

> 레이블은 윈도우의 왼쪽에 붙인다.

버튼

버튼(button)은 사용자와 상호 작용을 할 목적으로 설계된 위젯이다. 버튼 위젯은 클릭 가능한 버튼을 표시하는 데 사용한다. 클릭할 때마다 함수를 호출하도록 구성할 수 있다. 간단한 예제는 다음과 같다.

```python
from tkinter import *

def button_clicked() :
    print("버튼이 클릭되었습니다!")

root = Tk()                  # 부모 위젯 생성
root.geometry("300x200")

button = Button(root, text="클릭하세요", command=button_clicked)  # 버튼 위젯 생성
button.pack()                # 버튼 위젯 배치

root.mainloop()              # 이벤트 루프 시작
```

버튼이 클릭되었습니다!

위의 예제에서 Button 클래스를 사용하여 "클릭하세요"라는 텍스트가 있는 버튼 위젯을 생성하고, com-mand 매개변수를 사용하여 클릭 시 호출되는 button_clicked 함수를 지정한다. pack() 메소드를 사용하여 버튼을 부모 위젯에 배치하고, mainloop() 메소드를 호출하여 이벤트 루프를 시작하면 버튼이 화면에 표시된다. 버튼을 클릭하면 "버튼이 클릭되었습니다!"라는 메시지가 출력된다. 이와 같이 버튼 위젯은 클릭 이벤트에 대한 콜백 함수를 사용하여 프로그램의 동작을 제어하는 데 사용할 수 있다.

예제 #2

버튼과 레이블 위젯 사이에는 많은 유사점이 있다. 버튼은 클릭할 수 있는 레이블이라고 생각해도 된다. 레이블을 만들고 스타일을 지정하는 데 사용하는 것과 동일한 키워드 인자가 버튼 위젯에서도 지원된다. 예를 들어 다음 코드는 파란색 배경과 노란색 텍스트가 있는 버튼을 생성하고, 너비와 높이를 각각 30, 10 글자로 설정한다.

```python
from tkinter import *

root = Tk()
root.geometry("300x200")

button = Button(
    text = "This is a button!",
    width = 30,
    height = 10,
```

```
        bg = "blue",
        fg = "yellow"
    )

    button.pack()
    root.mainloop()
```

엔트리

이름이나 이메일 주소와 같이 사용자로부터 한 줄의 텍스트를 가져와야 하는 경우, 엔트리(Entry) 위젯을 사용한다. 엔트리 위젯을 생성하면 사용자가 텍스트를 입력할 수 있는 텍스트 상자가 표시된다. 위젯을 만들고 스타일을 지정하는 것은 레이블 위젯과 거의 동일하다. 다음은 간단한 예제이다.

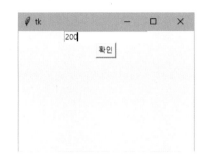

entry1.py 엔트리 #1

```
from tkinter import *

def get_entry_value() :
    value = entry.get()
    print("입력된 값: ", value)

root = Tk()                     # 부모 위젯 생성
root.geometry("300x200")

entry = Entry(root)             # 엔트리 위젯 생성
entry.pack()                    # 엔트리 위젯 배치

button = Button(root, text="확인", command=get_entry_value)     # 버튼 위젯 생성
button.pack()                   # 버튼 위젯 배치

root.mainloop()                 # 이벤트 루프 시작
```

입력된 값: 200

위의 예제에서 Entry 클래스를 사용하여 엔트리 위젯을 생성한다. pack() 메소드를 사용하여 엔트리 위젯을 부모 위젯에 배치하고, get() 메소드를 사용하여 엔트리 위젯의 값을 읽어온다. 버튼을 클릭하면 get_entry_value 함수가 호출되고 엔트리 위젯의 값이 출력된다. 이와 같이 엔트리 위젯은 사용자로부터 정보를 입력받거나, 프로그램에서 값을 읽고 수정하는 데 사용할 수 있다.

예제 #3

두 개의 엔트리 위젯을 사용하여 사용자의 이름과 나이를 입력받는 프로그램을 작성해 보자.

entry2.py 엔트리 #2

```python
from tkinter import *

def submit() :
    name = entry_name.get()
    age = entry_age.get()
    print("이름: ", name)
    print("나이: ", age)

root = Tk()
root.geometry("300x200")

Label(root, text="이름: ").pack()          # 레이블 참조 변수는 필요하지 않다.

entry_name = Entry(root)
entry_name.pack()

Label(root, text="나이: ").pack()          # 레이블 참조 변수는 필요하지 않다.
entry_age = Entry(root)

entry_age.pack()
button_submit = Button(root, text="제출", command=submit)
button_submit.pack()

root.mainloop()
```

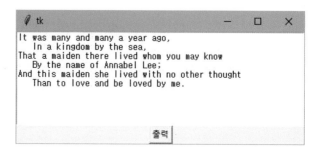

위의 예제에서 두 개의 엔트리 위젯을 사용하여 사용자의 이름과 나이를 입력받는다. 엔트리 위젯에 입력된 값은 get() 메소드를 사용하여 읽어온다. submit 함수는 버튼을 클릭할 때 호출되며, 엔트리 위젯에서 입력된 이름과 나이를 가져와서 출력한다.

텍스트

텍스트(Text) 위젯은 멀티 라인 텍스트 입력을 위한 위젯이다. 텍스트 위젯은 여러 줄의 텍스트를 표시하고 편집할 수 있는 기능을 제공한다. 이를 통해 사용자는 텍스트를 입력하거나 읽을 수 있으며 복사, 붙여넣기, 잘라내기 등과 같은 텍스트 관련 작업을 수행할 수 있다. 텍스트 위젯은 간단한 텍스트 편집기로도 사용이 가능하다. 텍스트 위젯은 tkinter 라이브러리에서 제공하는 Text 클래스를 사용하여 생성된다. 텍스트 위젯은 스크롤바와 함께 사용할 수도 있어 사용자가 긴 텍스트를 스크롤하여 볼 수 있게 한다. 간단한 예로 30 글자 × 2줄의 크기를 가지는 텍스트 위젯을 생성해 보자.

text1.py 텍스트 #1

```python
from tkinter import *

def display_text() :
    text = text_widget.get("1.0", END)
    print("입력된 정보:")
    print(text)

root = Tk()

# 텍스트 위젯
text_widget = Text(root, width=60, height=10)
text_widget.pack()

# 출력 버튼
button = Button(root, text="출력", command=display_text)
button.pack()
root.mainloop()
```

```
입력된 정보:
It was many and many a year ago,
    In a kingdom by the sea,
...
```

text_widget.get("1.0", END)는 텍스트 위젯에서 텍스트를 가져오는 메소드 호출이다. 첫 번째 인자 "1.0"은 텍스트의 시작 위치를 나타낸다. "1.0"은 첫 번째 줄(1)의 첫 번째 문자열 위치(0)를 의미한다. 두 번째 인자 END는 텍스트의 끝 위치를 나타낸다. END는 텍스트의 마지막 위치를 의미한다. 따라서 text_widget.get("1.0", END)를 호출하면 텍스트 위젯의 모든 텍스트를 가져온다.

라디오 버튼

라디오 버튼(Radio Button)은 체크 버튼과 비슷하지만 하나의 그룹 안에서 한 개의 버튼만 선택할 수 있다는 점이 다르다. 만약 하나의 라디오 버튼을 클릭하면 다른 버튼은 자동적으로 선택이 해제된다. 라디오 버튼은 미리 설정된 라디오 방송국을 선택하는 라디오의 물리적 버튼의 이름을 따서 명명되었다. 이러한 버튼을 누를 경우, 다른 버튼이 튀어 나온다.

때때로 옵션 버튼이라 불리는 라디오 버튼은 사용자가 여러 개의 선택사항 중에서 하나를 선택할 수 있게 한다. 라디오 버튼은 텍스트나 이미지를 포함할 수 있고, 하나의 글꼴로만 텍스트를 표시할 수 있다. 그리고 라디오 버튼에는 함수가 등록될 수 있다. 라디오 버튼을 누르면 등록된 함수가 호출된다. 동일한 변수와 연관된 라디오 버튼들은 모두 동일한 그룹에 속하는 것으로 판단한다. 버튼을 누르면 미리 정의된 특정한 값으로 변수의 값을 변경한다.

가장 선호하는 프로그래밍 언어를 선택하는 윈도우를 작성해 보자. choice라는 정수형 변수를 생성하고 이것을 4개의 라디오 버튼과 연관시킨다.

radio1.py 라디오 버튼 예제

```
from tkinter import *
from tkinter.messagebox import showinfo

root = Tk()
root.geometry("300x200")        # tkinter 창 크기 설정
choice = IntVar()               # 라디오 버튼 선택값을 저장할 변수
```

정수형 변수 choice를 생성한다.

```
# 라디오 버튼 선택 시 실행될 함수
def event_proc() :
    showinfo(title="결과", message=choice.get())

Label(root,
      text="가장 선호하는 프로그래밍 언어를 선택하시오",
```

```
        justify="left",
        padx=20).pack()      # 레이블 위젯 생성 및 배치

# 라디오 버튼 생성 및 배치
Radiobutton(root, text="Python", padx=20, variable=choice, value=1,
        command=event_proc).pack(anchor="w")
Radiobutton(root, text="C", padx=20, variable=choice, value=2,
        command=event_proc).pack(anchor="w")
Radiobutton(root, text="Java", padx=20, variable=choice, value=3,
        command=event_proc).pack(anchor="w")
Radiobutton(root, text="Swift", padx=20, variable=choice, value=4,
        command=event_proc).pack(anchor="w")

root.mainloop()              # 이벤트 루프 시작
```

체크 버튼

체크 버튼(Check Button)이란, 사용자가 클릭하여서 체크된 상태와 체크되지 않은 상태 중 하나로 만들 수 있는 위젯이다. 체크 버튼은 흔히 사용자로 하여금 YES와 NO 중에서 하나를 선택하게 하는 데 사용된다. 체크 버튼은 사용자가 선택 항목 중에서 여러 개를 동시에 선택할 수 있도록 허용하는 위젯이다. 이것은 사용자가 하나의 선택만을 할 수 있는 라디오 버튼과는 다르다. 일반적으로, 체크 버튼은 화면에 사각형 상자로 표시된다. 체크 버튼의 상태는 상자에 마우스를 클릭하여 변경된다. 체크 버튼은 on과 off의 두 가지 상태가 있다.

체크 버튼을 이용하여 동의 여부를 물어보는 프로그램을 작성해 보자. 사용자가 동의하면 화면에 메시지 박스를 띄운다.

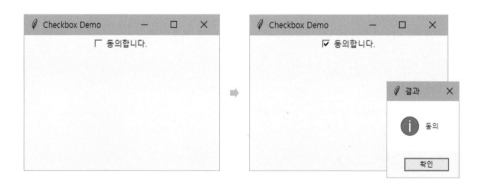

```python
from tkinter import *
from tkinter.messagebox import showinfo

root = Tk()
root.geometry("300x200")
root.title("Checkbox Demo")

# 체크 버튼의 상태를 저장하는 변수
agree = StringVar()

# 초기 상태를 "비동의"로 설정
agree.set("비동의")

# 체크 버튼 클릭 시 실행될 함수
def event_proc() :
    showinfo(title="결과", message=agree.get())

# 체크 버튼 생성 및 배치
Checkbutton(root,
            text="동의합니다.",
            command=event_proc,
            variable=agree,
            onvalue="동의",
            offvalue="비동의").pack()
root.mainloop()
```

리스트 박스

리스트 박스(List Box) 위젯은 사용자가 선택할 수 있는 항목들을 메뉴로 보여준다. 리스트 박스는 윈도우를 생성한 후에 `Listbox()` 생성자를 호출해 생성한다. 'height' 매개변수로 얼마나 많은 라인을 표시할 것인지를 지정한다.

listbox1.py 리스트 박스 #1

```python
from tkinter import *

root = Tk()

lb = Listbox(root, height=4)
lb.pack()
lb.insert(END, "Python")
```

```
lb.insert(END, "C")
lb.insert(END, "Java")
lb.insert(END, "Swift")

root.mainloop()
```

리스트 박스의 크기는 4 라인으로 설정되어 있다. insert() 함수의 END는 리스트 박스의 끝(END)에 항목을 추가하라는 의미이다. 항목은 리스트 박스의 시작 또는 중간에 추가될 수도 있고 삭제될 수도 있다. 리스트 박스의 모든 항목을 삭제하기 위해서는 'lb.delete(0, END)'를 사용하면 된다.

프레임

tkinter의 프레임(frame) 위젯은 다른 위젯을 담을 수 있는 컨테이너 역할을 한다. 프레임은 일종의 빈 집합이며, 다른 위젯들을 그룹화하거나 배치할 때 사용한다. 프레임은 위젯을 구성하는 레이아웃 및 디자인 요소를 제어하는 데 도움이 된다. 프레임을 사용하여 여러 위젯을 그룹화하면, 관련된 요소들을 논리적으로 묶을 수 있다. 예를 들어 여러 개의 버튼을 담은 프레임은 버튼 그룹을 형성하여 시각적으로 연관된 요소들을 그룹화할 수 있다. 다음은 간단한 예제이다.

```
frame.py  프레임 예제 #1

from tkinter import *

root = Tk()                    # 부모 위젯 생성
root.geometry("300x200")

frame = Frame(root, width=200, height=100)     # 프레임 위젯 생성
frame.pack()                                   # 프레임 위젯 배치

button1 = Button(frame, text="버튼 1")          # 버튼 1
button1.pack(side="left")

button2 = Button(frame, text="버튼 2")          # 버튼 2
button2.pack(side="left")

root.mainloop()                                # 이벤트 루프 시작
```

위의 예제에서 Frame 클래스를 사용하여 너비가 200이고 높이가 100인 프레임 위젯을 생성한다. pack() 메소드를 사용하여 프레임 위젯을 부모 위젯에 배치한다. 프레임 위젯 안에는 두 개의 버튼이 포함되어 있다. 이 버튼들은 프레임 위젯 안에 그룹화되어 배치된다. side 매개변수를 사용하여 버튼들이 좌측에 정렬되도록 설정했다. 프레임을 사용하여 관련된 위젯들을 그룹화하고 배치할 수 있으며 유사한 요소들을 묶어 구조화된 인터페이스를 만들 수 있다.

중간점검

❶ 다른 위젯을 담을 수 있는 컨테이너 역할을 하는 위젯은?

❷ 여러 개 중에 하나만 선택할 수 있도록 하려면 어떤 위젯을 사용하는 것이 좋은가?

❸ 여러 개 중에 여러 개를 선택할 수 있도록 하려면 어떤 위젯을 사용하는 것이 좋은가?

❹ 여러 줄의 텍스트를 입력받으려면 어떤 위젯을 사용해야 하는가?

4 배치 관리자

배치 관리자란?

배치 관리자는 컨테이너 안에서 위젯들의 위치와 크기를 결정하는 객체이다. 독서실의 관리자처럼 위젯을 화면에 배치하는 역할을 한다.

배치 관리자는 GUI 프레임워크에서 위젯(버튼, 레이블, 텍스트 등)의 위치와 크기를 관리하고, 윈도우 또는 다른 컨테이너에 위젯을 배치하는 역할을 합니다.

Pack 배치 관리자

- pack() 메소드를 사용하여 위젯을 배치한다.
- 위젯들을 수평 또는 수직 방향으로 쌓는 형식으로 배치한다.
- 기본적으로 위젯을 최소한으로 압축하여 배치한다.
- side 매개변수를 사용하여 위젯의 배치 방향을 지정할 수 있다.
- 예: widget.pack(side="top"), widget.pack(side="left")

Grid 배치 관리자

- grid() 메소드를 사용하여 위젯을 그리드 형식으로 배치한다.
- 행(row) 및 열(column)을 사용하여 위젯의 위치를 지정한다.
- 위젯의 크기는 셀(cell)에 맞춰질 수 있으며 셀의 크기는 해당 행과 열의 가장 큰 위젯에 맞춰진다.
- row 및 column 매개변수를 사용하여 위젯의 위치를 지정할 수 있다.
- 예: widget.grid(row=0, column=0)

Place 배치 관리자

- place() 메소드를 사용하여 위젯을 직접적으로 위치시킨다.
- 위젯의 절대 좌표(x, y)를 사용하여 위치를 지정한다.
- 일반적으로 고정 크기 및 위치가 필요한 위젯에 사용한다.
- x 및 y 매개변수를 사용하여 위젯의 위치를 지정할 수 있다.
- 예: widget.place(x=100, y=50)

Pack 배치 관리자

다음과 같이 3개의 버튼을 생성해서 적층해 보자.

pack.py Pack 배치 관리자 #1

```python
from tkinter import *

root = Tk()
root.geometry("300x100")

button1 = Button(root, text="버튼 1", bg="red", fg="white")
button2 = Button(root, text="버튼 2", bg="green", fg="black")
button3 = Button(root, text="버튼 3", bg="blue", fg="white")
button1.pack()
button2.pack()
button3.pack()

root.mainloop()
```

위의 예제에서 pack() 메소드를 사용하여 버튼을 수직으로 쌓아서 배치한다. pack() 메소드는 버튼들을 위에서 아래로 차례대로 배치한다. 버튼 1, 버튼 2, 버튼 3을 차례로 생성하고, pack() 메소드를 호출하여 각 버튼을 수직으로 배치한다. 각 버튼은 최소한으로 압축되어 배치되며, 기본적으로 중앙 정렬된다. 위의 예제를 실행하면 세 개의 버튼이 수직으로 쌓여 있는 윈도우가 표시된다. 버튼들은 창의 상단에서 아래로 순서대로 배치된다.

다양한 옵션을 사용해서 pack() 메소드를 호출하여 버튼을 배치하는 방법을 조정할 수 있다. 예를 들어 side 매개변수를 사용하여 버튼을 좌측이나 우측으로 배치하거나, fill 매개변수를 사용하여 버튼을 수평으로 확장하여 창의 너비를 채울 수도 있다. 이러한 옵션들은 pack() 메소드의 매개변수로 전달하여 적용할 수 있다. 이제 위의 프로그램에서 일부를 변경하여 실행해 보자.

```
    ...
button1.pack(side="left")
button2.pack(side="left")
button3.pack(side="left")
```

이제 버튼은 오른쪽과 같이 보일 것이다.

현재 우리의 버튼은 너무 압축되어 보인다. 우리는 약간의 패딩을 추가하여 이 문제를 해결할 수 있다. 'pady'는 상단과 하단에 빈 공간을 추가하고 'padx'는 왼쪽 및 오른쪽에 빈 공간을 추가한다.

```
...
button1.pack(side="left", padx=10)
button2.pack(side="left", padx=10)
button3.pack(side="left", padx=10)
```

Grid 배치 관리자

Grid 배치 관리자는 위젯을 그리드 형태로 배치하는 방법을 제공한다. Grid 배치 관리자를 사용하면 행 (row)과 열(column)을 기반으로 위젯의 위치를 지정할 수 있으며 유연하고 복잡한 레이아웃을 구성할 수 있다. Grid 배치 관리자의 주요 특징 및 사용법은 다음과 같다:

행(row)과 열(column)

- Grid 배치 관리자는 행과 열을 사용하여 위젯의 위치를 지정한다.
- 각 행과 열은 0부터 시작하는 인덱스로 식별된다.
- 위젯은 grid() 메소드의 row와 column 매개변수를 사용하여 특정 행과 열에 배치된다.

셀(cell)

- 행과 열이 교차하는 지점을 셀이라고 한다.
- 위젯은 하나의 셀에 배치된다.
- 셀의 크기는 해당 행과 열에서 가장 큰 위젯에 맞추어진다.

위젯의 크기 및 정렬

- Grid 배치 관리자는 위젯의 크기와 정렬을 자동으로 처리한다.
- 위젯은 셀 내에서 중앙 정렬되거나 필요에 따라 확장된다.
- 위젯의 크기는 해당 셀의 크기에 맞게 조정된다.

병합(spanning)

- Grid 배치 관리자를 사용하여 위젯을 여러 행 또는 열에 걸쳐 배치할 수 있다.
- rowspan 및 columnspan 매개변수를 사용하여 위젯을 여러 행 또는 열에 병합할 수 있다.

Grid 배치 관리자를 사용하여 4개의 버튼을 격자 모양으로 정렬하는 예제는 다음과 같다.

```
grid.py   Grid 배치 관리자 #1

from tkinter import *

root = Tk()
root.geometry("300x100")

button1 = Button(root, text="버튼 1", bg="red", fg="white")
button1.grid(row=0, column=0)

button2 = Button(root, text="버튼 2", bg="green", fg="black")
button2.grid(row=0, column=1)

button3 = Button(root, text="버튼 3", bg="blue", fg="white")
button3.grid(row=1, column=0)

button4 = Button(root, text="버튼 4", bg="yellow", fg="red")
button4.grid(row=1, column=1)

root.mainloop()
```

위의 예제에서 grid() 메소드를 사용하여 버튼 위젯을 2×2 격자 형태로 배치한다. row와 column 매개변수를 사용하여 각 버튼의 위치를 지정한다. 버튼 1은 (0, 0) 위치에 배치되고, 버튼 2는 (0, 1) 위치에 배치된다. 버튼 3은 (1, 0) 위치에 배치되고, 버튼 4는 (1, 1) 위치에 배치된다. 각 버튼은 해당 셀에 맞게 크기가 조정되며, 셀의 크기는 해당 행(row)과 열(column)에서 가장 큰 위젯에 맞추어진다.

Place 배치 관리자

Place 배치 관리자는 위젯을 절대 좌표에 위치시키는 방법을 제공한다. Place 배치 관리자를 사용하면 위젯의 절대 좌표(x, y)를 지정하여 위치를 조정할 수 있다. Place 배치 관리자의 주요 특징 및 사용법은 다음과 같다.

절대 좌표

- Place 배치 관리자는 위젯의 위치를 절대 좌표(x, y)로 지정한다.
- x와 y는 윈도우 좌측 상단을 기준으로 한다.
- 위젯은 place() 메소드의 x와 y 매개변수를 사용하여 위치를 지정한다.

위젯의 크기

- Place 배치 관리자는 위젯의 크기를 자동으로 처리하지 않는다.
- 위젯의 크기는 명시적으로 설정해야 한다.
- 위젯의 너비와 높이를 width와 height 매개변수를 사용하여 설정할 수 있다.

Place 배치 관리자를 사용하면 위젯들이 겹칠 수 있다. 이로 인해 위젯 간에 중첩 및 겹침 현상이 발생할 수 있으므로 주의가 필요하다.

place.py Place 배치 관리자 #1

```
from tkinter import *

root = Tk()
root.geometry("300x100")

button1 = Button(root, text="버튼 1", bg="red", fg="white")
button1.place(x=0, y=0)

button2 = Button(root, text="버튼 2", bg="green", fg="black")
button2.place(x=30, y=30)

button3 = Button(root, text="버튼 3", bg="blue", fg="white")
button3.place(x=60, y=60)

root.mainloop()
```

여러 배치 관리자 혼용하기

하나의 컨테이너 안에 다른 컨테이너를 배치하고 컨테이너마다 배치 관리자를 다르게 할 수 있다. 예를 들어 레이블을 3개의 버튼 위에 배치하려면 먼저 프레임 안에 수평으로 버튼들을 배치하고 레이블을 배치한 후에 루트 윈도우에 수직으로 프레임을 배치하면 된다. 이런 방법을 사용하면 어떤 배치도 가능하다.

complex.py 여러 배치 관리자 혼용하기

```
from tkinter import *

root = Tk()
root.geometry("300x100")

f = Frame(root)      ◀──── 윈도우 안에 프레임을 만든다.

b1 = Button(f, text="버튼 1", bg="red", fg="white")   ◀──── 프레임 안에 버튼을 만든다.
b2 = Button(f, text="버튼 2", bg="green", fg="black")
b3 = Button(f, text="버튼 3", bg="blue", fg="white")

b1.pack(side=LEFT)   ◀──── 프레임은 Pack 배치 관리자를 사용한다.
b2.pack(side=LEFT)
b3.pack(side=LEFT)
```

```
l = Label(root, text="이 레이블은 버튼들 위에 배치된다.")
l.pack()  ◄─────────── 레이블이 윈도우 상단에 배치된다.
f.pack()  ◄───────────
                       프레임이 수직으로 쌓이게 된다.

root.mainloop()
```

 중간점검

❶ tkinter의 Pack 배치 관리자를 사용하여 버튼 위젯을 윈도우에 추가하고, 버튼이 윈도우 내에서 어떻게 배치되는지 설명해 보자.

❷ tkinter의 Grid 배치 관리자를 사용하여 레이블과 버튼 위젯을 그리드 형태로 윈도우에 추가하고, 행과 열의 구조를 포함하여 설명해 보자.

❸ tkinter의 Place 배치 관리자를 사용하여 이미지 위젯을 윈도우의 특정 위치에 배치하고 배치 위치를 좌표로 설명해 보자.

LAB 01 버튼 랜덤 배치

Place 배치 관리자를 사용하여 4개의 버튼을 랜덤한 위치와 크기로 배치하는 프로그램을 작성해 보자. [새로고침] 버튼을 누르면 다시 랜덤한 위치로 4개의 버튼을 이동시킨다.

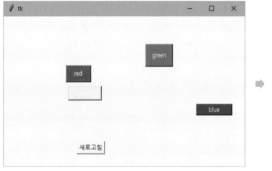 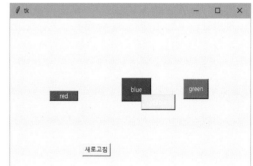

SOLUTION

place2.py 랜덤 배치하기

```
from tkinter import *
from random import randint


def place_random_buttons() :   ◄
    for button in buttons :
```

> place_random_buttons() 함수를 호출하여 버튼들을 랜덤한 위치와 크기로 배치한다. 버튼들은 x, y, width, height 매개변수에 랜덤한 값이 사용되어 배치된다. 4개의 버튼을 생성하고 buttons 리스트에 추가한다. 각 버튼은 서로 다른 색상으로 배경색을 설정한다.

```
        x = randint(50, 400)
        y = randint(50, 250)
        width = randint(50, 100)
        height = randint(20, 50)
        button.place(x=x, y=y, width=width, height=height)

root = Tk()
root.geometry("500x300")

buttons = []
colors = ["red", "green", "blue", "yellow"]
for color in colors :
    button = Button(root, text=color, bg=color, fg="white")
    buttons.append(button)

place_random_buttons()
refresh_button = Button(root, text="새로고침", command=place_random_buttons)
refresh_button.place(x=150, y=250)

root.mainloop()
```

5 이벤트 처리

이벤트 처리 소개

GUI 프로그램은 이벤트에 기반을 두고 동작된다. tkinter도 마찬가지이다. GUI 프로그램은 초기 사용자 인터페이스를 구성한 후, 이벤트 루프에 들어간다. 이벤트 루프는 초당 수십 번, 이벤트 큐에서 가져온 이벤트를 지속적으로 처리한다. 주로 마우스 또는 키보드 이벤트를 처리하고 필요에 따라 이벤트에 등록된 콜백 함수를 호출한다.

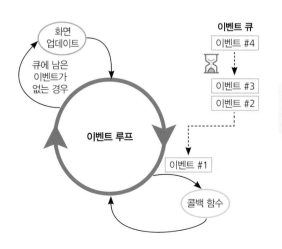

이벤트가 발생하면 라이브러리에서 사용자가 지정한 콜백 함수를 호출하는 개념입니다.

우리는 앞에서 버튼의 이벤트를 처리해 보았다. 사용자가 버튼을 클릭하면 버튼에서 이벤트가 발생한다. 우리는 버튼에 이벤트를 처리하는 함수를 등록할 수 있다. 버튼에 이벤트를 처리하는 함수가 등록되어 있으면, 이벤트가 발생했을 때 그 함수가 호출된다. 이벤트가 발생하였을 때 호출되는 이러한 함수를 **콜백 함수(Callback Function)**라고 한다. 버튼에 콜백 함수를 등록하려면, 버튼의 생성자를 호출할 때 command 매개변수에 이벤트를 처리하는 함수의 이름을 지정하면 된다.

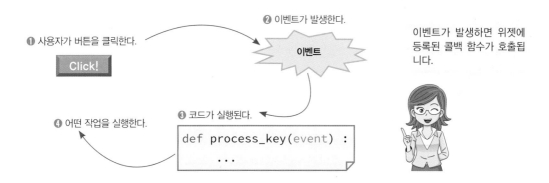

tkinter에서 일반적으로 사용하는 몇 가지 주요 이벤트에는 다음이 포함된다.

- **버튼 클릭 이벤트**: 마우스로 버튼을 클릭했을 때 발생하는 이벤트이다.
- **키보드 이벤트**: 키보드 키를 누르거나 떼는 등의 동작을 수행할 때 발생하는 이벤트이다.
- **마우스 이벤트**: 마우스 동작에 대한 이벤트로, 클릭, 이동, 드래그 등을 다룬다.
- **윈도우 이벤트**: 윈도우의 상태 변화에 대한 이벤트로, 윈도우 크기 조정, 닫기 등을 다룬다.

버튼 클릭 이벤트 처리

간단한 예로 버튼을 하나 생성하고 버튼을 클릭하면 버튼의 텍스트가 변경되는 프로그램을 작성해 보자.

```
button_evt.py   버튼 클릭 이벤트 처리

from tkinter import *

def callback() :
    button["text"] = "버튼이 클릭되었음!"

root = Tk()

button = Button(root, text="클릭", command=callback)
button.pack(side="left")

root.mainloop()
```

위의 프로그램을 실행하면 오른쪽과 같은 윈도우가 나타난다. 버튼을 클릭하면 버튼의 텍스트가 "버튼이 클릭되었음!"으로 변경된다. 프로그램의 첫 부분을 보면 callback이라는 함수를 정의한다. 이 함수는

Button의 생성자 호출에서 이벤트 처리 함수로 등록된다. 이 버튼이 클릭되면 callback 함수가 호출되도록 버튼과 함수가 연결된 것이다.

마우스 이벤트 처리

tkinter에서 마우스 이벤트를 처리하려면 bind() 메소드를 사용하여 해당 위젯에 콜백 함수를 바인딩해야 한다. 프레임 내부를 좌클릭 또는 우클릭했을 때 각각 "좌측 버튼이 클릭되었습니다." 또는 "우측 버튼이 클릭되었습니다."가 출력되는 프로그램을 작성해 보면 다음과 같다.

mouse_evt.py   마우스 이벤트 처리

```python
from tkinter import *

def left_click(event) :
    print(f"좌측 버튼이 ({event.x},{event.x})에서 클릭되었습니다.")

def right_click(event) :
    print(f"우측 버튼이 ({event.x},{event.x})에서 클릭되었습니다.")

root = Tk()

frame = Frame(root, width=200, height=200)
frame.bind("<Button-1>", left_click)
frame.bind("<Button-3>", right_click)
frame.pack()

root.mainloop()
```

> 좌측 버튼이 (81,81)에서 클릭되었습니다.
> 좌측 버튼이 (118,118)에서 클릭되었습니다.

위의 예제에서 left_click() 함수와 right_click() 함수를 정의하여 좌측 버튼과 우측 버튼 클릭 이벤트를 처리한다. left_click() 함수는 좌측 버튼 클릭 이벤트가 발생했을 때 실행되고, "좌측 버튼이 클릭되었습니다."를 출력한다. right_click() 함수는 우측 버튼 클릭 이벤트가 발생했을 때 실행되고, "우측 버튼이 클릭되었습니다."를 출력한다. bind() 메소드를 사용하여 각 이벤트와 해당 콜백 함수를 연결한다. <Button-1>은 좌측 마우스 버튼 클릭 이벤트를, <Button-3>은 우측 마우스 버튼 클릭 이벤트를 나타낸다.

키보드 이벤트 처리

tkinter에서 키보드 이벤트를 처리하려면 마우스 이벤트와 유사하게 bind() 메소드를 사용하여 해당 위젯에 콜백 함수를 바인딩해야 한다. 이 콜백 함수는 사용자가 키를 누르거나 떼는 등의 동작을 수행할 때 호출된다.

```
keyboard_evt.py  키보드 이벤트 처리

from tkinter import *

def key_press(event) :
    print("키가 눌렸습니다: ", event.keysym)

root = Tk()
root.geometry("200x200")

root.bind("<Key>", key_press)
root.focus_set()

root.mainloop()
```

키가 눌렸습니다: a
키가 눌렸습니다: b
키가 눌렸습니다: c

위의 예제에서 <Key> 이벤트를 처리하는 key_press() 함수를 정의한다. 이벤트 핸들러 함수는 키보드 키가 눌렸을 때 실행되며, 눌린 키의 이름을 출력한다. 그리고 bind() 메소드를 사용하여 이벤트와 핸들러 함수를 연결한다. <Key>는 모든 키보드 키 눌림 이벤트를 나타내는 이벤트 시퀀스이다. root.focus_set()을 호출하여 윈도우에 포커스를 설정한다. 이렇게 함으로써 키보드 이벤트를 감지할 수 있다. 위의 예제를 실행하고 키보드로 어떤 키를 누르면 해당 키의 이름이 출력된다.

이벤트 지정자

앞의 코드에서 이벤트와 콜백 함수를 연결하는 '<Button-1>'과 같은 문자열이 이벤트 지정자이다. 이벤트 지정자는 다음과 같은 형식의 문자열로 기술된다.

전체적인 구조

수식어 　 타입 　 세부사항

< Double - Button - 1 >

'타입' 필드는 이벤트 지정자의 가장 중요한 부분이다. '타입'은 우리가 연결하고 싶어 하는 이벤트의 종류를 지정한다. Button, Key, Enter, Configure가 '타입'이 될 수 있다. '수식어'와 '세부사항'은 이벤트에 대한 추가적인 정보를 제공하는 필드이다. 이벤트 지정자를 단순화시키는 많은 방법이 있다. 예를 들면 키보드 키 이벤트를 매칭하기 위해서는 < ... >를 생략하고 단순히 원하는 키를 적어주어도 된다. 가장 많이 사용하는 몇 개의 이벤트 지정자를 살펴보자.

<Button-1>

마우스가 버튼 위젯 위에서 눌려졌을 때 발생하는 이벤트이다. 'Button-1'이 마우스의 왼쪽 버튼이고 'Button-2'가 휠 버튼, 'Button-3'이 오른쪽 버튼이다. 사용자가 위젯 위에서 마우스 버튼을 누르면 tkinter

는 자동적으로 마우스 포인터를 독점한다. 마우스 버튼이 눌리고 있는 동안에는 모든 마우스 이벤트들은 (즉, 마우스 모션이나 마우스 해제 이벤트) 현재의 위젯에 보내진다. 마우스가 위젯을 벗어나더라도 마찬 가지이다. 마우스 포인터의 현재 위치는 이벤트 객체의 x와 y 멤버에 저장된다. 위치는 위젯에 상대적이 다. 개발자는 Button 대신에 ButtonPress를 사용해도 되고 아니면 생략해도 된다. <Button-1>, <Button-Press-1>, <1>은 모두 버튼 이벤트를 가리킨다.

<B1-Motion>

마우스 왼쪽 버튼이 눌려진 채로 움직일 때 발생한다. 마우스의 왼쪽 버튼이면 B1, 휠 버튼이면 B2가 되 고 오른쪽 버튼이면 B3가 된다. 마우스 포인터의 현재 위치는 콜백 함수로 전달되는 이벤트 객체의 x와 y 에 저장된다.

<ButtonRelease-1>

사용자가 왼쪽 버튼에서 손을 뗄 때 발생한다. 마우스 포인터의 현재 위치는 콜백 함수로 전달되는 이벤 트 객체의 x와 y에 저장된다.

<Double-Button-1>

마우스 왼쪽 버튼을 더블 클릭할 때 발생한다. Double이나 Triple을 접두사로 사용할 수 있다. 만약 단일 클릭과 더블 클릭에 동시에 연결하였다면 양쪽 콜백 함수가 모두 호출된다.

<Enter>

마우스 포인터가 위젯으로 들어왔을 때 발생한다. 사용자가 엔터키를 눌렀다는 것이 아니다.

<Leave>

마우스 포인터가 위젯을 떠났을 때 발생한다.

<FocusIn>

키보드 포커스가 현재의 위젯으로 이동했을 때 발생한다.

<FocusOut>

키보드 포커스가 현재의 위젯에서 다른 위젯으로 이동했을 때 발생한다.

<Return>

사용자가 엔터키를 입력했을 때 발생한다. 개발자는 키보드에 존재하는 어떤 키에도 콜백 함수를 연결 할 수 있다. 일반적인 102-키 PC-스타일 키보드인 경우, 특수한 키로는 Cancel(Break), BackSpace, Tab, Return, Shift_L, Control_L, Alt_L 등이 있다.

<Key>

사용자가 어떤 키라도 누르면 발생한다. 눌려진 키는 이벤트 객체의 char 멤버에 저장된다. 만약 F5와 같 은 특수키라면 char 멤버는 비어있다.

a

사용자가 'a'를 입력하였을 때 발생한다. 대부분의 인쇄 가능한 문자는 이런 식으로 이벤트를 연결할 수 있다. 예외로는 ' '(<space>)와 '<' (<less>)가 있다. 1은 키보드 바인딩이고 <1>은 버튼 바인딩임을 주의하라.

<Shift-Up>

사용자가 시프트키를 누른 상태로 위쪽 화살표키를 누르면 발생한다. Alt, Shift, Control과 같은 수식어를 사용할 수 있다.

<Configure>

위젯이 크기를 변경하였을 때 발생한다. 위젯의 위치나 플랫폼을 변경해도 발생한다. 새로운 크기는 콜백 함수로 전달되는 이벤트 객체의 `width`와 `height` 속성에 저장된다.

중간점검

❶ 마우스 왼쪽 버튼을 눌렀을 때, 발생하는 이벤트를 처리하려면 어떤 이벤트 지정자를 사용해야 하는가?

❷ 사용자가 엔터키를 누른 것을 감지하려면 어떤 이벤트 지정자를 사용해야 하는가?

---

6   색상과 폰트

색상

대부분의 위젯은 생성 시에 배경(bg)과 전경(fg) 변수를 사용하여 위젯 및 텍스트 색상을 지정할 수 있다. 색을 지정하려면 색상 이름(영어)을 사용하면 된다. 예를 들어 red, white, blue와 같은 색상의 이름을 사용하면 된다. tkinter는 일반적인 색상 이름뿐만 아니라 Moccasin, PeachPuff와 같은 이국적인 이름도 기억하고 있다. 윈도우 및 맥 시스템에서의 색상 이름 테이블도 tkinter에 내장되어 있다.

이미 생성된 버튼이라면 다음과 같은 형식으로 버튼의 배경색과 전경색의 변경이 가능하다.

color.py 버튼의 색상 지정하기

```python
from tkinter import *

root = Tk()

button = Button(root, text="버튼을 클릭하세요")
button.pack()
button["fg"] = "yellow"
button["bg"] = "green"

root.mainloop()
```

일반적인 색상

이름이 있는 색상이 아니면 어떻게 해야 할까? 이 세상에 있는 색상은 빨간색(red), 녹색(green), 파란색(blue)을 잘 섞으면 전부 만들 수 있다. 따라서 빨간색, 녹색, 파란색 성분의 양을 숫자로 지정하면 된다. 일반적으로 0에서 255 사이의 색상을 사용한다. 따라서 (0, 0, 0)은 빨간색, 녹색, 파란색 성분이 전부 0이라는 의미가 되고 검정색을 나타낸다. (255, 255, 255)는 빨간색, 녹색, 파란색 성분이 전부 255라는 의미가 되고 흰색을 나타낸다.

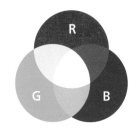

파이썬에서 빨간색, 녹색, 파란색 성분을 16진수로 표시한다. 16진수는 0부터 F까지의 기호를 사용한다. A가 10, B가 11, C가 12, D가 13, E가 14, F가 15와 같다. 16진수로 흰색은 '#ffffff'가 되는데, 이는 '#ff0000'과 같은 형식으로 RGB값을 16진수로 표시하는 방법이다. #기호는 16진수임을 알려주는 기호이다.

---

color2.py 버튼 색상 바꾸기

```
...
button["fg"] = "#ff0000"
button["bg"] = "#00ff00"
```

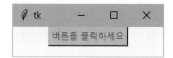

---

tkinter.colorchooser 모듈의 askcolor()를 호출하면 대화상자를 통하여 색상의 값을 입력받을 수 있다.

---

askcolor.py 색상 대화상자

```
import tkinter as tk
from tkinter import colorchooser

color = colorchooser.askcolor(title="색상 선택")
print(color)
```

```
((255, 128, 128), '#ff8080')
```

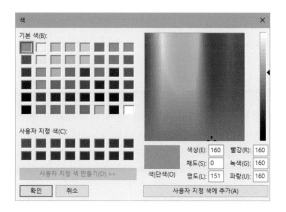

폰트

텍스트를 표시하는 위젯을 사용할 때, 우리는 폰트를 지정할 수 있다. 모든 위젯은 디폴트 폰트를 가지고 있기 때문에 레이블과 버튼 등 간단한 요소에서 폰트를 지정할 필요는 없다. 물론 얼마든지 폰트를 변경해도 된다. Tk 8.0부터는 플랫폼 독립적인 폰트 기술자를 지원한다. 폰트를 튜플로 지정할 수 있는데 여기에는 (폰트 이름, 폰트 크기, 폰트 스타일)과 같은 형식을 사용한다. 예를 들면 다음과 같다.

```
("Times", 10, "bold")
("Helvetica", 10, "bold italic")
("Symbol", 8)
```

거의 모든 위젯이 font라는 속성을 가지고 있다. 이것을 변경하면 폰트가 변경된다. 예를 들어 레이블 위젯의 폰트를 ("Helvetica", 16)으로 변경하는 문장은 다음과 같다.

```
w = Label(master, text="Helvetica", font=("Helvetica", 16))
```

폰트는 문자열로도 지정이 가능하다. 문자열 "Helvetica 16"은 ("Helvetica", 16)과 같은 의미이다.

중간점검

❶ 버튼의 배경색을 '빨간색'으로 변경하는 코드를 작성해 보자.

❷ 레이블의 폰트를 '굴림'으로 변경하는 코드를 작성해 보자.

LAB 02 로그인 윈도우 만들기

아이디와 패스워드를 입력할 수 있는 윈도우를 작성해 보자.

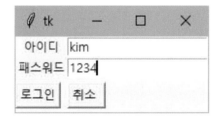

아이디와 패스워드는 엔트리 위젯으로 구현되고, Grid 배치 관리자를 이용하여 배치된다. 버튼에 적절한 함수를 연결하여 버튼 이벤트를 처리한다.

login.py 로그인 예제

```python
from tkinter import *

def print_fields() :
    # 아이디와 패스워드 입력값을 가져와서 출력한다.
    print("아이디: %s\n패스워드: %s" % (e1.get(), e2.get()))

# Tkinter 윈도우 생성
root = Tk()

# 아이디와 패스워드 레이블 생성 및 배치
Label(root, text="아이디").grid(row=0)
Label(root, text="패스워드").grid(row=1)

# 아이디와 패스워드 입력 위젯 생성 및 배치
e1 = Entry(root)
e2 = Entry(root)
e1.grid(row=0, column=1)
e2.grid(row=1, column=1)

# 로그인 및 취소 버튼 생성 및 배치
Button(root, text="로그인", command=print_fields).grid(row=3, column=0,
        sticky="w", pady=4)
Button(root, text="취소", command=root.quit).grid(row=3, column=1,
        sticky="w", pady=4)

# 이벤트 루프 시작
root.mainloop()
```

> sticky 옵션은 위젯이 셀 내에서 어떻게 위치할지를 지정한다. 이 옵션은 주로 N(북), S(남), W(서), E(동)와 조합하여 사용한다. 예를 들어 sticky="W"는 위젯을 셀의 서쪽에 정렬하라는 의미이다.
> pady는 위젯(일반적으로 버튼, 레이블 등)의 위쪽과 아래쪽 경계 사이의 추가 수직 간격을 지정하는 데 사용된다. 즉, 위젯의 상단과 하단에 여백을 추가하여 레이아웃을 더 조절할 수 있다.

LAB 03 수식 계산기 만들기

수식을 텍스트로 입력하면 이것을 평가하고 그 결과를 출력할 수 있는 간단한 계산기를 작성해 본다. 수식의 형식은 파이썬과 동일해야 한다. eval() 함수를 사용하여 사용자가 입력한 수식을 계산할 수 있다.

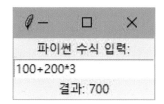

calculator1.py 계산기 만들기 #1

```
from tkinter import *
from math import *

def calculate(event) :
    label.configure(text="결과: " + str(eval(entry.get())))

root = Tk()
Label(root, text="파이썬 수식 입력: ").pack()

entry = Entry(root)
entry.bind("<Return>", calculate)
entry.pack()

label = Label(root, text="결과: ")
label.pack()

root.mainloop()
```

> eval() 함수를 호출하여 사용자가 입력한 수식을 계산한다. 레이블의 configure()를 호출하여 레이블의 텍스트를 변경한다.

> 엔트리 위젯에서 엔터키를 치면 calculate()가 호출되게 연결한다. 이벤트 처리 부분을 참고한다.

LAB 04 버튼 계산기 만들기

파이썬을 이용하여 버튼을 가지는 계산기를 작성해 보자. 적절한 배치 관리자를 선택하여 사용한다.

물론 Grid 배치 관리자를 사용하는 것이 좋다. Grid 배치 관리자의 맨 위에 엔트리 위젯을 배치한다. 엔트리 위젯은 5개의 셀을 차지한다. 이것은 다음과 같은 columnspan이라고 하는 매개변수를 설정하면 된다.

```
entry = Entry(root, width=33, bg="yellow")
entry.grid(row=0, column=0, columnspan=5)
```

'=' 키가 눌려지면 엔트리 위젯에 저장된 수식을 꺼내서 eval()을 사용하여 수식의 값을 계산한다. 계산의 결과는 다시 엔트리 위젯에 표시한다. 엔트리 위젯에서 문자열을 가져오는 메소드는 get()이다. 결과를 표시할 때는 insert(END, s)를 사용한다. 결과를 표시하기 전에 delete() 메소드를 사용하여 엔트리 위젯의 내용을 지워야 한다.

calculator2.py 계산기 만들기 #2

```python
from tkinter import *

def click(key) :
    if key == '=' :                          # = 버튼이면 수식을 계산하여 결과를 표시한다.
        try :
            result = eval(entry.get())
            entry.delete(0, END)
            entry.insert(END, str(result))
        except :
            entry.insert(END, "오류!")
    elif key == 'C' :
        entry.delete(0, END)
    else :
        entry.insert(END, key)


root = Tk()
root.title("간단한 계산기")

buttons = [
'7', '8', '9', '+', 'C',
'4', '5', '6', '-', ' ',
'1', '2', '3', '*', ' ',
'0', '.', '=', '/', ' ']

# 반복문으로 버튼을 생성한다.
i = 0
for b in buttons :
    cmd = lambda x=b: click(x)
    b = Button(root, text="b", width=5, relief="ridge", command=cmd)
    b.grid(row=i//5+1, column=i%5)
    i += 1

# 엔트리 위젯은 맨 윗줄의 5개의 셀에 걸쳐서 배치된다.
entry = Entry(root, width=33, bg="yellow")
entry.grid(row=0, column=0, columnspan=5)

root.mainloop()
```

> eval()은 파이썬 수식을 계산하는 함수이다.

> 람다식을 이용하여 함수를 정의한다.

> 약간의 3차원 효과를 낸다.

> 5개의 셀에 걸치게 된다.

사용자가 컴퓨터가 생성한 숫자(1부터 100 사이의 난수)를 알아맞히는 게임을 GUI를 사용하여 제작해 보자.

컴퓨터는 난수를 발생시켜 정답으로 가지고 있다. 난수는 random.randint(1, 100) 문장으로 발생한다. 사용자가 숫자를 입력하면 정답인지, 정답보다 높은지, 낮은지를 알려준다. 필요한 위젯을 생성하고 적절한 배치 관리자를 이용하여 위젯을 배치한다. '시도' 버튼과 '초기화' 버튼에 콜백 함수를 연결한다.

SOLUTION

number_guess.py   숫자 추측 게임

```python
from tkinter import *
import random

answer = random.randint(1, 100)

def guessing() :
    guess = int(guessField.get())   ← 엔트리 위젯에서 문자열을 가져와 정수로 변환한다.

    if guess > answer :
        msg = "높음!"
    elif guess < answer :
        msg = "낮음!"
    else :
        msg = "정답!"

    resultLabel["text"] = msg
    guessField.delete(0, 5)
```

```
def reset() :          ← 정답을 난수로 초기화한다.
    global answer
    answer = random.randint(1, 100)
    resultLabel["text"] = "다시 한번 하세요!"


root = Tk()
root.configure(bg="white")
root.title("숫자를 맞춰보세요!")
root.geometry("500x80")
                                        레이블 위젯을 생성하고 배치한다.

titleLabel = Label(root, text="숫자 게임에 오신 것을 환영합니다!", bg="white")
titleLabel.pack()


guessField = Entry(root)
guessField.pack(side="left")  ← 엔트리 위젯을 생성하여 왼쪽에 배치한다.
tryButton = Button(root, text="시도", fg="green", bg="white", command=guessing )
tryButton.pack(side="left")  ← 시도 버튼을 생성하여 왼쪽에 배치한다.

resetButton = Button(root, text="초기화", fg="red", bg="white", command=reset)
resetButton.pack(side="left")  ← 초기화 버튼을 생성하여 왼쪽에 배치한다.
resultLabel = Label(root, text="1부터 100 사이의 숫자를 입력하시오.", bg="white")
resultLabel.pack(side="left")


root.mainloop()
```

LAB 06   스톱워치 만들기

레이블을 사용하여 간단한 스톱워치를 만들어보자. 시작 버튼을 누르면 시작되고 중지 버튼을 누르면 스톱워치가 중지된다.

스톱워치를 구현하려면 주기적으로 호출되는 함수가 필요하다. 파이썬에서 윈도우 객체의 after() 함수

를 이용하면 주기적으로 특정한 함수가 호출되게 할 수 있다. 예를 들어 10ms 주기로 startTimer() 함수를 호출하게 만들려면 다음과 같은 문장을 사용한다.

```
def startTimer() :
    ...
    ...

root = tk.Tk()
root.after(10, startTimer)
```

stopwatch.py 스톱워치 만들기

```
import tkinter as tk

def startTimer() :
    if (running) :
        global timer          전역 변수 timer를 사용한다.
        timer += 1
        timeText.configure(text=str(timer))
    root.after(10, startTimer)
                              10ms 후에 startTimer()가 호출되도록 한다.
def start() :
    global running
    running = True

def stop() :
    global running
    running = False

running = False

root = tk.Tk()

timer = 0

timeText = tk.Label(root, text="0", font=("Helvetica", 80))
timeText.pack()

startButton = tk.Button(root, text="시작", bg="yellow", command=start)
startButton.pack(fill=tk.BOTH)
```

```
stopButton = tk.Button(root, text="중지", bg="yellow", command=stop)
stopButton.pack(fill=tk.BOTH)

startTimer()
root.mainloop()
```

7 캔버스 위젯

캔버스 생성

tkinter를 이용하여 버튼이나 레이블만 생성할 수 있는 것은 아니다. 점, 선, 사각형, 원을 그릴 수 있다. tkinter에서 캔버스(canvas)라는 위젯을 윈도우 위에 생성한 후에 캔버스에 그림을 그리게 되어 있다. 캔버스 위젯은 도형, 텍스트, 이미지 등 다양한 그래픽 요소를 그리는 함수를 가지고 있다. 우리는 캔버스 위젯을 이용하여 그래프를 그린다거나 그래픽 에디터를 작성할 수도 있고 많은 종류의 커스텀 위젯을 작성할 수도 있다. 캔버스 위젯도 tkinter에 포함되어 있다. 다음과 같은 절차가 필요하다.

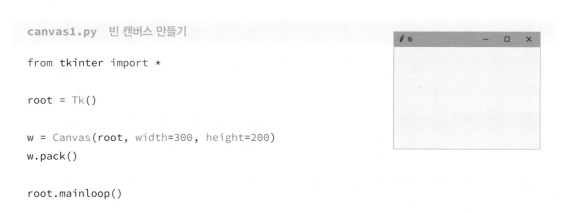

canvas1.py 빈 캔버스 만들기

```
from tkinter import *

root = Tk()

w = Canvas(root, width=300, height=200)
w.pack()

root.mainloop()
```

캔버스를 생성하려면 Canvas() 생성자를 호출한다. 이때 윈도우 위젯과 캔버스의 가로와 세로 길이를 전달한다. 캔버스가 생성되면 pack()을 호출해 주어야 화면에 나타난다.

선과 사각형 그리기

그림을 그리기 위해서는 좌표계가 있어야 한다. 수학에서는 카테시안 좌표계를 사용하지만, 그래픽에서는 왼쪽 위 끝이 (0, 0)이 되는 좌표계를 사용한다.

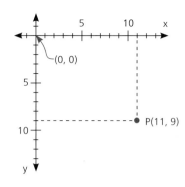

캔버스에 직선과 사각형을 그리는 코드는 다음과 같다.

```
canavs2.py  캔버스 도형 그리기

from tkinter import *

root = Tk()

w = Canvas(root, width=300, height=200)       # ❶
w.pack()

w.create_line(0, 0, 300, 200)                 # ❷
w.create_line(0, 0, 300, 100, fill="red")     # ❸
w.create_rectangle(50, 25, 200, 100, fill="blue")   # ❹

root.mainloop()
```

❶ 우리가 생성한 캔버스는 300 픽셀의 폭과 200 픽셀의 높이를 가지고 있다. 화면 왼쪽 상단의 좌표는 (0, 0)이다. 화면 오른쪽 하단의 좌표는 (300, 200)이 된다.

❷ 캔버스 위젯 위에 (0, 0)에서 (300, 200)까지 직선을 그린다.

❸ 캔버스 위젯 위에 (0, 0)에서 (300, 100)까지 직선을 그린다. 매개변수 fill을 통하여 직선의 색상을 빨간색으로 설정하였다.

❹ 캔버스 위젯 위에 사각형을 그린다. create_rectangle()에 전달되는 매개변수는 사각형의 왼쪽 상단의 좌표와 오른쪽 하단의 좌표이다. 매개변수 fill을 통하여 채우기 색상을 파란색으로 한다.

캔버스의 그래픽 요소들

캔버스 위젯에 추가된 항목(선, 사각형, 원)들은 삭제하기 전까지 유지된다. 만약 그리기 속성을 변경하고 싶으면 coords(), itemconfig(), move()를 사용할 수 있다. 필요 없을 때는 delete()를 이용하여 삭제할 수 있다. 캔버스에 그리기 항목이 많아지면 무척 느려지므로 필요 없는 경우에는 지체 없이 삭제하도록 하자.

```python
from tkinter import *

root = Tk()

w = Canvas(root, width=300, height=200)
w.pack()

i = w.create_line(0, 0, 300, 200, fill="red")
w.coords(i, 0, 0, 300, 100)              # 좌표를 변경한다.
w.itemconfig(i, fill="blue")             # 색상을 변경한다.

#w.delete(i)                             # 삭제한다.
#w.delete(ALL)                           # 모든 항목을 삭제한다.

root.mainloop()
```

삭제해버리면 화면에 아무것도 표시가 되지 않으므로 삭제 메소드는 주석 처리하였다. create_line() 함수는 식별자를 반환한다. 따라서 이것을 변수에 기억해뒀다가 삭제 시에 사용하면 된다.

타원 그리기

타원(oval)을 그리려면 타원을 둘러싸는 사각형을 지정 하면 된다. 타원은 지정된 사각형 안에 그려진다.

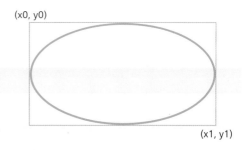

```python
from tkinter import *
root = Tk()

canvas = Canvas(root, width=300, height=200)
canvas.pack()
canvas.create_oval(10, 10, 200, 150)

root.mainloop()
```

oval.py 타원 그리기

호 그리기

호(arc)는 원의 일부이다. 호도 마찬가지로 사각형을 지정하여 그린다. 추가되는 매개변수 extent를 사용 하여 각도를 지정한다.

```
from tkinter import *
root = Tk()

canvas = Canvas(root, width=300, height=200)
canvas.pack()
canvas.create_arc(10, 10, 200, 150, extent=90, style=ARC)

root.mainloop()
```

위의 코드는 (10, 10)이 왼쪽 상단이고 (200, 150)이 오른쪽 하단인 사각형을 지정한다. 이 사각형에 내접한 원이 그려지고 원 중에서 90도만 그려진다.

다각형 그리기

다각형(polygon)은 3개 이상의 선분으로 둘러싸인 도형이다. 삼각형이나 사각형도 다각형의 일종이다. 다각형을 사용하면 불규칙적인 형상도 유사하게 그릴 수 있다. tkinter로 다각형을 그리려면 다각형의 각 점에 대한 좌표를 제공하면 된다.

ploygon.py 다각형 그리기 #1

```
from tkinter import *

root = Tk()

canvas = Canvas(root, width=300, height=200)
canvas.pack()
canvas.create_polygon(10, 10, 150, 110, 250, 20, fill="blue")

root.mainloop()
```

위의 예제에서 다각형이 (10, 10)에서 출발하여 (150, 110)으로 가고 최종적으로 (250, 20)에서 종료된다. 다각형의 채우기 색상이 fill 매개변수를 이용하여 파란색으로 지정되었다.

다각형의 좌표를 지정할 때, 우리는 리스트를 사용할 수 있다. 다음 예제를 살펴보자.

ploygon2.py 다각형 그리기 #2

```
from tkinter import *

w = 300
h = 200
root = Tk()
```

```
w = Canvas(root, width=w, height=h)
w.pack()

points = [0,0, 80, 150, 250, 20]
w.create_polygon(points, outline="red", fill="yellow", width=5)

root.mainloop()
```

위의 예제에서 다각형의 각 점의 좌표가 리스트로 표현되었다. 그리고 경계선의 색상은 빨간색으로, 채우기 색상은 노란색으로 지정되었다.

텍스트 표시하기

tkinter로 캔버스 위에 텍스트도 표시할 수 있다. 텍스트를 표시하는 함수는 create_text()이다. create_text()는 텍스트의 중앙 위치를 나타내는 (x, y) 좌표와 표시할 텍스트가 전달되는 매개변수 text를 가진다. 다음 코드에서 (100, 100) 위치에 간단한 텍스트를 표시한다. 폰트를 나타내는 매개변수 font도 전달할 수 있다. 예를 들어 font=("Courier", 30)이라고 하면 크기가 30 포인트인 'Courier' 폰트를 나타낸다. 폰트의 크기와 색상을 변경할 수 있다면 재미있는 그래픽을 만들 수 있다.

```
text.py  텍스트 표시하기

from tkinter import *

root = Tk()

canvas = Canvas(root, width=400, height=200)
canvas.pack()
canvas.create_text(200, 100, text="Hello World!", fill="blue", font=("Courier", 30))

root.mainloop()
```

이미지 표시하기

화면에 이미지를 표시하는 것은 게임과 같은 애플리케이션에서 무척 중요한 기능이다. tkinter에서 이미지를 표시하려면 먼저 이미지를 로드해야 한다. 그 후에 create_image() 함수를 사용하면 된다. 파이썬이 접근할 수 있는 디렉토리에 이미지가 있어야 한다. 예를 들어 D 드라이브에 있는 car1.png 이미지 파일을 두어도 된다. tkinter가 읽을 수 있는 이미지 파일은 PNG 파일과 JPG 파일뿐이다. 만약 다른 형식의 이미지 파일을 읽는 기능이 필요하다면 PIL(Python Imaging Library)을 사용해야 한다.

D 드라이브에 있는 car1.png 이미지 파일을 읽어서 캔버스에 표시하는 예제는 다음과 같다.

```
image.py 이미지 표시하기
```

```python
from tkinter import *

root = Tk()

canvas = Canvas(root, width=300, height=200)
canvas.pack()

img = PhotoImage(file="D:\\car1.png")
canvas.create_image(20, 20, anchor="nw", image=img)

root.mainloop()
```

D 드라이브에 있는 car1.png 이미지 파일은 PhotoImage()에 의하여 읽혀져서 img 변수에 저장된다. 이미지가 올바르게 읽혀졌다면 create_image() 함수가 이미지를 화면에 표시한다. create_image() 함수의 첫 번째 매개변수는 이미지가 표시되는 좌표이다. anchor="nw"는 이미지의 왼쪽 상단(NW: Notrh-West)을 기준점으로 사용하라는 것을 의미한다. 즉, 이미지의 왼쪽 상단이 좌표 (20, 20)에 놓여진다. 마지막 매개변수 image는 표시할 이미지가 저장된 변수이다.

 중간점검
❶ 캔버스에 타원을 생성하는 함수 이름은?
❷ 변수 w가 캔버스 객체를 가리킬 때, w.coords() 함수는 어떤 경우에 사용하는가?
❸ 변수 w가 캔버스 객체를 가리킬 때, w.itemconfig() 함수는 어떤 경우에 사용하는가?

LAB 07 사용자에게 색상 물어보기

사각형을 그릴 때 사용자에게 채우기 색상과 외곽선 색상을 물어보도록 하자. '사각형 그리기' 버튼을 클릭하여 색상 선택 대화상자를 통해 채우기 색상과 외곽선 색상을 선택하고 확인 버튼을 누르면 캔버스 위에 사각형이 그려진다.

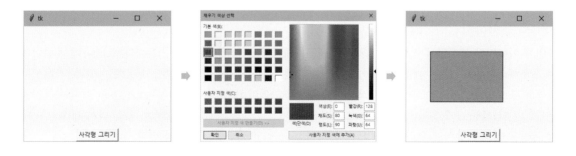

canvas_lab.py 사용자에게 색상 물어보기

```python
from tkinter import *
from tkinter import colorchooser

def draw_rectangle() :
    fill_color = colorchooser.askcolor(title="채우기 색상 선택")[1]
    outline_color = colorchooser.askcolor(title="외곽선 색상 선택")[1]
    canvas.create_rectangle(50, 50, 200, 150, fill=fill_color, outline=outline_color)

root = Tk()

canvas = Canvas(root, width=300, height=200)
canvas.pack()

button = Button(root, text="사각형 그리기", command=draw_rectangle)
button.pack()

root.mainloop()
```

위의 예제에서 draw_rectangle() 함수를 정의한다. 이 함수에서 colorchooser.askcolor()를 사용하여 사용자에게 채우기 색상과 외곽선 색상을 선택하도록 한다. 선택한 색상 중 첫 번째 항목을 채우기 색상으로, 두 번째 항목을 외곽선 색상으로 사용한다. 캔버스 위젯에서 create_rectangle() 메소드를 사용하여 사각형을 그린다. fill 매개변수를 사용하여 채우기 색상을, outline 매개변수를 사용하여 외곽선 색상을 지정한다. 버튼을 클릭하면 draw_rectangle() 함수가 호출되어 사용자에게 색상 선택 대화상자가 표시되고, 선택한 색상을 기반으로 캔버스 위에 사각형이 그려진다.

LAB 08   랜덤한 사각형 그리기

윈도우를 하나 만들고 여기에 랜덤한 크기의 사각형을 여러 개 그려보자. 위치도 랜덤이어야 하고 크기, 색상도 랜덤이어야 한다.

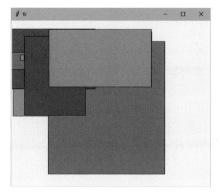

random 모듈은 많은 함수를 제공하지만 가장 많이 사용하는 것은 다음의 두 가지이다.

- **randint(a, b)**: [a, b] 구간에서 난수를 반환한다. randint(0, 10)이라고 하면 0에서 10 사이에 랜덤하게 하나를 선택하여 반환한다.
- **randrange(range)**: range 크기에서 난수가 발생한다. randrange(10)이라고 하면 0에서 9 사이에 랜덤하게 하나를 선택하여 반환한다.

색상을 랜덤하게 선택하려면 다음과 같은 기법을 사용하라.

```
color = ["red", "orange", "yellow", "green", "blue", "violet"]
fill_color = random.choice(color))
```

canvas_lab2.py 랜덤한 사각형 그리기

```
import random
from tkinter import *

root = Tk()
canvas = Canvas(root, width=500, height=400)
canvas.pack()
color = ["red", "orange", "yellow", "green", "blue", "violet"]

def draw_rect() :
    x = random.randint(0, 500)
    y = random.randint(0, 400)
    w = random.randrange(100)
    h = random.randrange(100)
    canvas.create_rectangle(x, y, w, h, fill=random.choice(color))

for i in range(10) :
    draw_rect()

root.mainloop()
```

중요한 부분은 매개변수가 없는 함수 draw_rect()를 정의하는 부분이다. 난수 생성 함수 randint()를 사용하여 사각형의 위치를 나타내는 변수의 값을 결정한다. randrange() 함수를 호출하여 사각형의 폭과 높이를 나타내는 변수의 값을 랜덤하게 결정한다. 이들 변수를 이용하여 캔버스 위에 사각형을 그린다.

사각형의 채우기 색상도 choice() 함수를 사용하여 리스트에서 하나의 문자열을 랜덤하게 선택한다. 프로그램의 하단에서 draw_rect() 함수를 10번 호출하여 랜덤한 사각형 10개를 화면에 그린다.

마우스로 그림 그리기

마우스를 드래그하여 그림을 그리는 프로그램을 작성해 보자. 윈도우 내에서 클릭하고 드래그하여 선을 그릴 수 있다. 마우스를 움직일 때마다 이전 위치와 현재 위치를 연결하는 선이 그려진다.

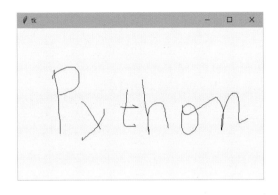

SOLUTION

`paint.py` 그림판 프로그램

```python
import tkinter as tk

# 시작 좌표를 저장할 전역 변수
start_x = start_y = 0

# 그림 그리기 시작 지점을 설정하는 함수
def start_drawing(event) :
    global start_x, start_y
    start_x, start_y = event.x, event.y

# 그림 그리기 함수
def draw(event) :
    global start_x, start_y
    end_x, end_y = event.x, event.y
    # 시작점과 종료점을 연결하는 선을 생성하고 캔버스에 그린다.
    canvas.create_line(start_x, start_y, end_x, end_y, fill="black")
    start_x, start_y = end_x, end_y

root = tk.Tk()
# 캔버스 생성 및 크기 설정
canvas = tk.Canvas(root, width=500, height=300)
canvas.pack()

# 마우스 왼쪽 버튼 클릭 이벤트와 마우스 드래그 이벤트에 함수 연결
```

```
canvas.bind("<Button-1>", start_drawing)        # 마우스 왼쪽 버튼 클릭
canvas.bind("<B1-Motion>", draw)                 # 마우스 드래그

root.mainloop()                                  # 이벤트 루프 시작
```

위의 예제는 마우스 버튼을 누르고 드래그할 때마다 그림이 그려지는 그림판 프로그램이다. start_drawing() 함수는 마우스 버튼이 눌릴 때 호출되어 시작점의 좌표를 저장한다. draw() 함수는 마우스 드래그 동작 중에 호출되어 현재 마우스 위치와 이전 위치를 사용해서 선을 그린다. 그린 선은 시작점을 업데이트하는 데 사용한다. canvas.bind("<B1-Motion>", draw) 코드는 마우스 왼쪽 버튼을 누른 채로 드래그할 때 draw() 함수를 호출하도록 이벤트를 바인딩한다.

8 애니메이션

우리는 앞에서 움직이지 않는 그림만 그려보았다. 이번 절에서는 움직이는 그림을 만들어보자. 즉, 애니메이션을 작성해 보자. 컴퓨터를 이용하여 애니메이션을 만드는 것은 생각보다 어렵지 않다. 근본적으로 애니메이션은 유사한 정지 영상을 연속적으로 빠르게 보여주는 것이다. 사람은 뇌로 이것들을 연결시켜서 움직인다고 생각한다.

공이 움직이는 애니메이션

파이썬을 이용하여 애니메이션을 작성하려면 일정한 시간 간격으로 조금씩 달라지는 그림을 화면에 그리면 된다. 예를 들어 공이 왼쪽에서 오른쪽으로 움직이는 애니메이션을 작성해 보자. IDLE의 에디터에 아래의 코드를 입력하고 실행해 보자.

animation.py 공 애니메이션 #1

```
from tkinter import *

def move_oval() :
    canvas.move(id, 3, 0)
    if canvas.coords(id)[2] < 400 :        # 오른쪽 끝에 도달하지 않았을 때만 반복
        root.after(50, move_oval)          # 50ms 후에 move_oval 함수 호출
```

```
root = Tk()

canvas = Canvas(root, width=400, height=300)
canvas.pack()

id = canvas.create_oval(10, 100, 50, 150, fill="green")
move_oval()   # move_oval() 함수 호출

root.mainloop()
```

위의 코드를 실행하면 원이 왼쪽에서 오른쪽으로 움직이는 애니메이션이 나타난다.

위 코드는 tkinter를 사용하여 움직이는 녹색 원을 화면에 표시하는 프로그램이다. 설명해야 할 것이 상당히 있다.

- **move_oval() 함수**: 원을 오른쪽으로 이동시키는 함수이다. canvas.move(id, 3, 0)을 호출하여 원을 x축으로 3만큼 이동시킨다. 그리고 canvas.coords(id)[2]로 원의 오른쪽 x 좌표를 가져온다. 만약 오른쪽 끝에 도달하지 않았다면, root.after(50, move_oval)을 호출하여 50ms 후에 다시 move_oval() 함수를 호출한다. 이렇게 하면 원활한 애니메이션이 구현된다.
- **tkinter 윈도우 생성과 초기화**: tkinter로 윈도우를 생성하고, 400 × 300 크기의 캔버스를 생성한다.
- **원 생성**: canvas.create_oval(10, 100, 50, 150, fill="green")을 호출하여 원을 생성한다. x 좌표 10부터 50까지, y 좌표 100부터 150까지 녹색으로 채워진 원이 화면에 표시된다.
- **move_oval() 함수 호출**: move_oval() 함수를 호출하여 원을 오른쪽으로 이동시킨다.
- **tkinter 메인 루프 실행**: root.mainloop()를 호출하여 tkinter의 이벤트 루프를 실행하고 윈도우를 표시한다. 애니메이션이 지속적으로 반복된다. 창을 닫으면 프로그램이 종료된다.

실행하면 tkinter 창이 나타나며, 오른쪽으로 움직이는 녹색 원을 볼 수 있다. 오른쪽 끝에 도달하면 애니메이션이 종료된다.

우주 여행 애니메이션
앞의 코드를 바탕으로 우주선이 우주 공간을 여행하는 애니메이션을 만들어보자.

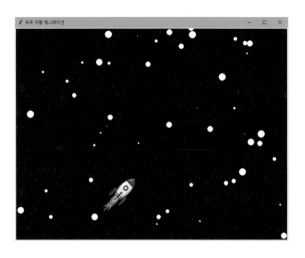

space_travel.py 우주 여행 애니메이션

```python
import tkinter as tk
import random

# 별 생성 함수
def create_star(canvas, x, y, radius) :
    return canvas.create_oval(x - radius, y - radius, x + radius, y + radius,
fill="white", outline="")

# 우주선 생성 함수
def create_spacecraft(canvas, x, y, image) :
    return canvas.create_image(x, y, image=image)

# 우주선 이동 함수
def move_spacecraft(canvas, obj_id, dx, dy) :
    canvas.move(obj_id, dx, dy)

# 우주선 애니메이션 함수
def animate_spacecraft() :
    x, y = canvas.coords(spacecraft)
    if x < -50 or x > window_width + 50 or y < -50 or y > window_height + 50 :
        reset_spacecraft()
    else :
        move_spacecraft(canvas, spacecraft, dx, dy)
    window.after(200, animate_spacecraft)

# 우주선 리셋 함수
def reset_spacecraft() :
    global dx, dy
```

```python
        x = random.randint(0, window_width)
        y = random.randint(0, window_height)
        dx = random.randint(0, 30)
        dy = random.randint(-30, 0)
        canvas.coords(spacecraft, x, y)

window = tk.Tk()
window.title("우주 여행 애니메이션")
window_width = 800
window_height = 600

canvas = tk.Canvas(window, width=window_width, height=window_height, bg="black")
canvas.pack()

# 우주선 이미지 로드
spacecraft_image = tk.PhotoImage(file="spaceship.png")

# 별들 생성
stars = []
for _ in range(50) :
    x = random.randint(0, window_width)
    y = random.randint(0, window_height)
    radius = random.randint(1, 10)
    stars.append(create_star(canvas, x, y, radius))

# 우주선 생성
x = random.randint(0, window_width)
y = random.randint(0, window_height)
spacecraft = create_spacecraft(canvas, x, y, image=spacecraft_image)
dx = random.randint(0, 30)
dy = random.randint(-30, 0)

# 우주선 애니메이션 시작
animate_spacecraft()
window.mainloop()
```

위 코드는 tkinter를 사용하여 우주 여행 애니메이션을 만드는 프로그램이다. 코드를 간략하게 살펴보자.

- **create_star() 함수**: 별을 생성하여 캔버스에 그리는 함수이다. x, y 좌표와 반지름 radius를 받아 별을 그리고 캔버스에서의 객체 ID를 반환한다.
- **create_spacecraft() 함수**: 우주선을 생성하여 캔버스에 이미지로 표시하는 함수이다. x, y 좌표와 image 매개변수로 이미지 객체를 받아서 우주선을 그리고 캔버스에서의 객체 ID를 반환한다.
- **move_spacecraft() 함수**: 우주선을 이동시키는 함수로 dx, dy만큼 우주선 객체를 이동시킨다.

- **animate_spacecraft() 함수**: 주기적으로 우주선을 이동시켜주는 함수로 x, y 좌표를 확인하고, 범위를 벗어나면 reset_spacecraft()를 호출하여 우주선의 위치를 재설정한다. 그렇지 않으면 move_spacecraft()를 호출하여 우주선을 이동시킨다.
- **reset_spacecraft() 함수**: 우주선의 위치를 재설정하는 함수로, x, y 좌표를 랜덤하게 설정하고 dx, dy는 다시 랜덤으로 설정한다.
- **tkinter 윈도우 생성과 초기화**: tkinter로 윈도우를 생성하고, 캔버스를 생성하여 배경을 검정색으로 설정한다. 또한 spaceship.png 파일을 로드하여 우주선 이미지로 사용한다.
- **별과 우주선 생성**: 별들과 우주선을 생성하고, 랜덤한 초기 위치와 이동 속도를 설정한다.
- **애니메이션 시작**: animate_spacecraft() 함수를 호출하여 우주선이 주기적으로 움직이는 애니메이션을 시작한다. 애니메이션은 window.after(50, animate_spacecraft)를 통해 50ms마다 반복된다.

코드를 실행하면 tkinter 창이 나타나며 별들과 한 개의 우주선이 우주 배경에서 움직이는 모습을 볼 수 있다. 우주선은 화면의 경계를 벗어나면 새로운 임의의 위치에서 다시 시작하며, 이동 방향과 속도는 랜덤하게 설정된다.

LAB 10 GUI를 사용한 Tic-Tac-Toe 게임 만들기

6장에서 만들어본 Tic-Tac-Toe 게임을 GUI를 사용하여 제작해 보자.

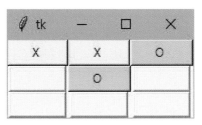

우리는 버튼을 9개 생성해서 화면에 배치한다. 사용자가 버튼을 클릭하면 버튼의 텍스트를 "X"나 "O"로 변경하자. 9개의 버튼은 Grid 배치 관리자를 이용하여 화면에 격자 모양으로 배치하면 될 것이다. 반복문을 이용하여 9번 반복하면서 버튼 객체를 생성한다. 생성된 버튼 객체는 리스트에 순서대로 저장해 두자.

```
root = Tk()
player = "X"
list = []

for i in range(9) :
    b = Button(root, text="        ", command=lambda k=i: checked(k))
    b.grid(row=i//3, column=i%3)
    list.append(b)
```

버튼이 눌렸을 때 checked() 함수가 호출되도록 하자. 그런데 문제가 있다. 우리가 버튼을 생성할 때 다음과 같이 하면 파이썬 인터프리터는 checked(i)를 호출하고 그 반환값을 command에 저장한다. 이것은 명백히 우리가 원하는 동작이 아니다.

```
    b = Button(root, text="        ", command=checked(i))
```

많은 방법이 있겠지만 람다식을 사용하는 것이 가장 쉽다. 람다식은 함수를 객체로 만들어서 저장하는 것이다. 변수 i의 값을 k로 전달하고 이것을 가지고 checked(k)를 호출하도록 함수를 생성해서 command에 저장하는 것이다. 버튼이 클릭되면 버튼의 번호에 따라서 checked(0), checked(1)... 등이 자동으로 호출된다.

```
    b = Button(root, text="        ", command=lambda k=i: checked(k))
```

함수 checked()는 다음과 같이 정의된다. global은 전역 변수 player를 사용한다는 의미이다.

```
def checked(i) :
    global player
    button = list[i]
    if button["text"] != "        " :
        return
    button["text"] = "   " + player + "    "
    button["bg"] = "yellow"
    if player == "X" :
        player = "O"
        button["bg"] = "yellow"
    else :
        player = "X"
        button["bg"] = "lightgreen"
```

checked() 함수는 리스트에서 i번째 버튼 객체를 찾아 버튼의 텍스트를 "X" 또는 "O"로 변경한다. 버튼의 배경색도 적절하게 변경한다. 한 번 호출될 때마다 player 변수는 토글된다.

전체 소스는 다음과 같다.

ttt.py GUI를 사용한 Tic-Tac-Toe 게임

```python
from tkinter import *

# i번째 버튼을 누를 수 있는지 검사한다. 누를 수 있으면 X나 O를 표시한다.
def checked(i) :
    global player
    button = list[i]      # 리스트에서 i번째 버튼 객체를 가져온다.

    # 버튼이 초기 상태가 아니면 이미 누른 버튼이므로 아무것도 하지 않고 리턴한다.
    if button["text"] != "          " :
        return
    button["text"] = "    " + player+"       "
    button["bg"] = "yellow"
    if player == "X" :
        player = "O"
        button["bg"] = "yellow"
    else :
        player = "X"
        button["bg"] = "lightgreen"

root = Tk()              # 윈도우를 생성한다.
player = "X"             # 시작은 플레이어 X이다.
list = []

# 9개의 버튼을 생성하여 격자 형태로 윈도우에 배치한다.
for i in range(9) :
    b = Button(root, text="          ", command=lambda k=i: checked(k))
    b.grid(row=i//3, column=i%3)
    list.append(b)       # 버튼 객체를 리스트에 저장한다.

root.mainloop()
```

도전문제 현재 게임 상태를 판단하는 함수를 추가해 보자. 즉 게임이 비겼는지, 누가 이겼는지를 판단하는 함수를 추가한다.

01 tkinter에서 먼저 루트 윈도우를 생성하고 레이블이나 버튼을 생성할 때 첫 번째 인자로 윈도우를 넘기면 된다.

```
from tkinter import *

root = Tk()                      # 윈도우 생성
root.geometry("300x200")         # 창의 크기 설정

label = Label(root, text="Hello, World!")     # 레이블 위젯 생성
label.pack()                     # 레이블 배치

root.mainloop()                  # 이벤트 루프 시작
```

02 파이썬은 3 종류의 배치 관리자를 제공한다. 압축(pack) 배치 관리자, 격자(grid) 배치 관리자, 절대 (place) 배치 관리자가 바로 그것이다.

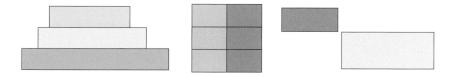

03 위젯에 이벤트를 처리하는 함수를 연결하려면 bind() 메소드를 사용한다. 예를 들면 widget.bind ("<Button-1>", left_click)과 같이 하면 된다.

```
def left_click(event) :
    print(f"좌측 버튼이 ({event.x},{event.x})에서 클릭되었습니다.")

root = Tk()

frame = Frame(root, width=200, height=200)
frame.bind("<Button-1>", left_click)
```

01 MovingShapeApp 클래스를 정의하고, 이 클래스의 객체를 생성하여 프로그램을 실행하시오. 원을 이
용하여 도형을 그리고, 키보드 입력에 따라 도형이 움직이게 하고(화살표키), 마우스 이벤트(마우스
드래그)를 통해 도형의 크기와 색상을 변경한다.　캔버스에 도형 그리기　상　중　하

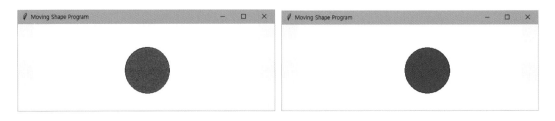

02 이미지들이 자동으로 슬라이드되어 다양한 이미지들을 보여주는 프로그램을 작성하시오. 이 프로
그램은 여러 개의 이미지가 자동으로 슬라이드되며, 일정 시간마다 이미지가 변경된다.

　레이블 위젯　상　중　하

03 사용자가 데이터를 입력하면 동적으로 그래프가 그려지는 프로그램를 작성하시오. 이 프로그램은 사
용자가 데이터를 입력하면 그래프가 동적으로 그려지며, 입력한 데이터에 따라 그래프가 실시간으로
변경된다.　다양한 위젯 사용　상　중　하

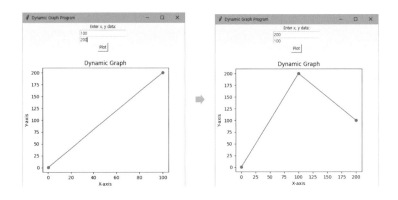

04 텍스트가 부드럽게 움직이거나 색상이 바뀌는 등의 애니메이션 효과를 가진 프로그램을 작성하시오. 텍스트의 크기가 변경되고, 색상이 바뀌는 애니메이션 효과를 보여준다.　애니메이션　상 중 하

Introduction to **PYTHON**

09

클래스와 객체

1 이번 장에서 작성할 프로그램

1 [프로그램 1] 원 클래스

원을 클래스로 표시해 보자. 원은 반지름(radius)을 가지고 있다. 원의 넓이와 둘레를 계산하는 메소드도 정의해 보자.

```
원의 반지름 = 10
원의 넓이 = 314.1592653589793
원의 둘레 = 62.83185307179586
```

2 [프로그램 2] 고양이 클래스

고양이를 클래스로 정의해 보자. 고양이는 이름(name)과 나이(age)를 속성으로 가진다.

```
Missy 3
Lucky 5
```

3 [프로그램 3] 꽃 그리기

터틀 그래픽과 클래스 개념을 결합한 그래픽 프로그램을 작성해 보자.

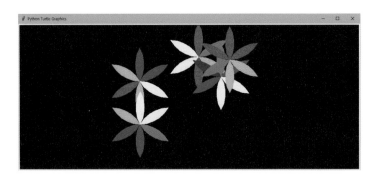

2 객체지향 프로그래밍이란?

객체지향 프로그래밍(OOP: object-oriented programming)은 소프트웨어를 개발하는 접근 방식 중 하나로, 실제 세계가 객체(object)들로 구성되어 있는 것과 비슷하게 소프트웨어도 객체로 구성하자는 방법이다. 우리가 사는 실제 세계에는 사람, 텔레비전, 세탁기, 냉장고 등의 많은 객체가 존재한다. 객체들은 객체 나름대로의 고유한 기능을 수행하면서 다른 객체들과 상호 작용한다.

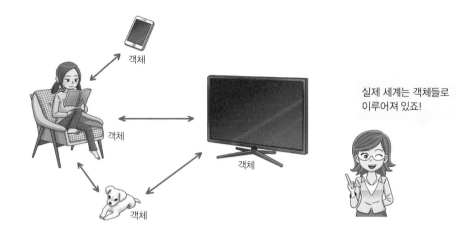

예를 들면 사람이 리모컨을 이용하여 텔레비전을 조작하는 상황을 생각해 보자. 텔레비전과 리모컨은 모두 특정한 기능을 수행하는 객체라고 생각할 수 있고 텔레비전과 리모컨은 메시지를 통하여 서로 상호 작용하고 있다.

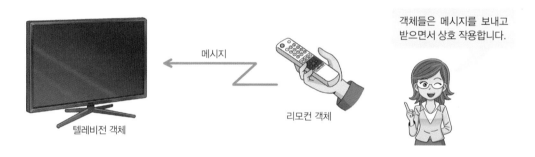

소프트웨어 개발도 이와 같이 하는 방식을 객체지향이라고 한다. 다양한 기능을 하는 소프트웨어 객체들이 존재하고 이러한 객체들을 조합하여 자기가 원하는 기능을 구현하는 기법이다. 파이썬은 객체지향 프로그래밍(OOP)을 지원하는 프로그래밍 언어로서, OOP의 특징들을 파이썬에서도 사용할 수 있다.

객체지향 프로그래밍은 프로그램을 클래스와 객체라는 개념을 사용하여 구조화하는 프로그래밍 패러다임이다. 이때 클래스는 객체의 설계도, 객체는 클래스로부터 생성되어 실체화된 인스턴스를 의미한다. 이러한 객체들은 서로 상호 작용하면서 프로그램을 구성하고, 코드의 재사용성과 유지보수성을 향상시키는 장점을 가진다.

객체

객체(object)는 그 이름에서 볼 수 있듯이, 객체지향 기술의 핵심 개념이다. 객체는 상태와 동작을 가지고 있다. **객체의 상태(state)**는 객체의 속성이다. 예를 들어 텔레비전 객체의 경우, 상태는 채널번호, 볼륨, 전원 상태 등이다. **객체의 동작(behavior)**은 객체가 취할 수 있는 동작(기능)이다. 텔레비전을 예로 들면, 커기, 끄기, 채널 변경하기, 볼륨 변경하기 등이 여기에 해당된다.

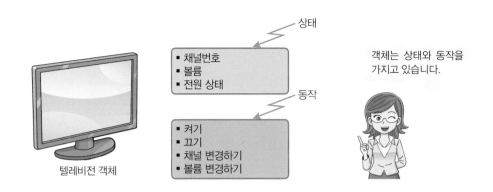

상태

- 채널번호
- 볼륨
- 전원 상태

동작

- 켜기
- 끄기
- 채널 변경하기
- 볼륨 변경하기

텔레비전 객체

객체는 상태와 동작을
가지고 있습니다.

객체의 상태와 동작은 소프트웨어에서 각각 인스턴스 변수와 메소드로 표현할 수 있다. 객체 안의 변수를 **인스턴스 변수(Instance Variable)**라고 하고 객체의 동작을 나타내는 부분을 **메소드(method)**라고 부른다. 즉, 객체는 인스턴스 변수와 메소드로 이루어져 있는 소프트웨어의 묶음이라 할 수 있다. 인스턴스 변수에 객체의 상태를 저장한다. 메소드는 특정한 작업을 수행한다. 텔레비전 객체의 경우에는 다음 그림과 같은 인스턴스 변수와 메소드를 생각할 수 있다.

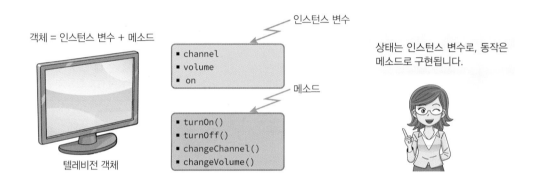

객체 = 인스턴스 변수 + 메소드

인스턴스 변수

- channel
- volume
- on

메소드

- turnOn()
- turnOff()
- changeChannel()
- changeVolume()

텔레비전 객체

상태는 인스턴스 변수로, 동작은
메소드로 구현됩니다.

클래스란?

우리는 앞에서 객체지향 프로그램은 객체로 구성된다는 사실을 알았다. 그런데 같은 종류의 객체는 하나만 있을까? 자동차로 예를 들어보자. 자동차는 하나만 있는 것이 아니다. 철수네도 같은 브랜드의 자동차를 가질 수 있고, 영희네도 같은 브랜드의 자동차를 가질 수 있다. 자동차는 어떻게 만들어질까? 엔지니어가 설계하여 자동차 설계도를 만들고 이 설계도에 의하여 각각의 자동차가 만들어진다.

클래스는 객체를 찍어
내는 틀과 같다.

와플1

와플2

와플3

객체 생성

클래스

객체

객체지향 소프트웨어에서도 객체들이 동일한 방법으로 생성된다. 즉, 설계도에 의하여 객체들이 생성된다. 객체에 대한 설계도를 **클래스(class)**라고 한다. 클래스란, 특정한 종류의 객체들을 찍어내는 틀(template) 또는 청사진(blueprint)이라고도 할 수 있다. 클래스로부터 만들어지는 각각의 객체를 그 클래스의 **인스턴스(instance)**라고 한다.

왜 클래스를 통하여 객체를 생성하는 것일까? 일반적으로 프로그램에서 같은 종류의 객체가 많이 필요하기 때문이다. 예를 들어 슈팅 게임 프로그램에서 미사일을 나타내는 객체는 아주 많이 필요하다. 이럴 때는 클래스를 만들어두고 필요할 때마다 객체를 찍어내는 것이 편리하다.

객체지향 기법에서 소프트웨어를 작성하는 기본 단위가 클래스가 된다. 소프트웨어를 만들어간다고 하는 것은 클래스를 하나씩 추가해나가는 과정이다. 물론 다른 사람이 만들어놓은 클래스를 사용할 수도 있다. 파이썬은 우리를 위하여 많은 유용한 클래스들을 제공하고 있다. 따라서 이들 클래스들을 이용하여 우리가 원하는 프로그램을 아주 빠르게 작성할 수 있다. 예를 들어 네트워킹 프로그램을 작성할 때, 파이썬이 제공하는 클래스들을 이용하여 몇 가지 객체만 생성하면 바로 네트워킹 기능을 구현할 수 있다.

참고사항

인스턴스(instance)는 사례라는 의미이다. 객체라는 용어가 있는데 인스턴스라는 새로운 용어를 사용하는 이유는 무엇일까? 객체가 너무 광범위한 의미를 가지고 있기 때문이다. 특정한 클래스로부터 생성된 객체를 그 클래스의 인스턴스라고 한다.

파이썬에서는 모든 것이 객체이다

파이썬에서는 모든 것이 객체로 구현된다. 정수도 객체이고 문자열도 객체이며 리스트도 객체이다. 객체의 특징은 우리가 사용할 수 있는 메소드를 가지고 있다는 점이다. 예를 들어 모든 문자열은 객체여서, upper()와 같은 메소드를 가지고 있다. 다음과 같은 문장을 살펴보자.

```
>>> "Everything in Python is an object".upper()
'EVERYTHING IN PYTHON IS AN OBJECT'
```

"Everything in Python is an object"는 문자열이고 파이썬 안에서 객체로 취급된다. 따라서 여러 가지 메소드를 가지고 있다. 그 중의 하나가 upper()이다. upper()는 문자열의 모든 문자를 대문자로 변환하는 메소드이다. upper()를 호출하면 대문자로 변환한 문자열을 반환한다.

정수도 객체로 구현되어 있다. 다음 문장에서 정수 객체가 가지고 있는 메소드인 __add__()를 호출해보았다.

```
>>> (1).__add__(2)
3
```

클래스에 의하여 제공되는 메소드는 클래스의 공용 인터페이스(Public Interface)라고 불린다. 개발자로서 클래스의 객체를 가지고 작업할 때는 객체가 어떻게 내부적으로 속성을 저장하고 어떻게 메소드들이 구현되는지 알 필요가 없다. 예를 들어 여러분은 문자열 객체가 내부적으로 어떻게 문자들을 저장하는지 알 필요가 없다. 우리에게 중요한 것은 개발자가 사용할 수 있는 공용 인터페이스이다. 우리가 어떤 메소드를 사용할 수 있고 이 메소드들이 어떤 작업을 하는지만 알면 된다. 이렇게 공용 인터페이스만 제공하고 구현 세부 사항을 감추는 것을 **캡슐화(encapsulation)**라고 한다.

캡슐화는 데이터와 알고리즘을
하나로 묶는 것입니다.

캡슐화를 이렇게 이해해 보자. 우리가 자동차를 구입하면 자동차가 내부적으로 어떻게 구동되는지를 알 필요가 있을까? 우리에게 중요한 것은 자동차를 사용하는 방법이다. 즉, 방향을 바꿀 수 있는 운전대와 누르면 멈추는 브레이크 페달, 누르면 속도가 증가되는 엑셀 페달만 알면 된다. 이것이 바로 자동차의 공용 인터페이스라고 할 수 있다.

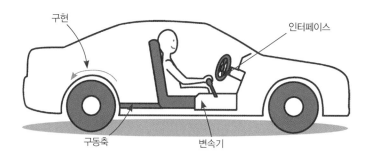

중간점검

❶ 객체지향 프로그래밍의 주요 특징에 대해 설명하고, 이러한 특징이 코드 구조와 유지보수에 어떠한 이점을 제공하는지 설명해 보자.

❷ 클래스(class)와 객체(object)의 차이에 대해 설명하고, 각각의 역할과 의미를 설명해 보자.

❸ 객체지향 프로그래밍에서 '캡슐화(encapsulation)'가 무엇인지 설명하고, 캡슐화를 통해 어떻게 데이터 보호와 모듈화를 달성할 수 있는지 설명해 보자.

3 클래스 작성하기

클래스는 객체의 형태를 정의하는 **틀(template)**과 같은 것이다. 클래스는 다음과 같은 구조를 이용해서 정의한다.

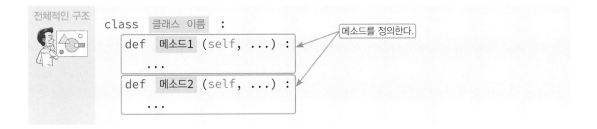

클래스 안에는 인스턴스 변수(객체 안에 정의된 변수)와 메소드(클래스 안에 정의된 함수)를 정의한다. 이들은 클래스의 **멤버(member)**라고 한다. 변수는 객체의 상태를 나타내고 메소드는 객체의 동작을 나타낸다. 파이썬에서 인스턴스 변수를 생성하려면 메소드 안에서 self.을 붙인 변수에 값을 할당하면 된다.

클래스의 첫 번째 예로 Counter 클래스를 작성해 보자. Counter 클래스는 기계식 핸드 계수기를 나타내며, 경기장이나 콘서트에 입장하는 관객 수를 세기 위하여 사용할 수 있다. Counter 클래스는 현재의 카운터값을 저장하는 변수를 가지고 있어야 한다. 이것을 인스턴스 변수(또는 필드, 멤버 변수)라고 한다. 어떤 메소드를 작성할 것인지를 생각하고 메소드 안에서 인스턴스 변수를 생성하도록 하자.

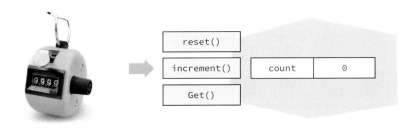

카운터에는 어떤 메소드가 필요할까? 카운터의 동작을 생각해 보자. 실제 카운터에는 카운터의 값을 0으로 만드는 버튼이 있다. 이것은 reset() 메소드로 구현하자. 사용자가 카운터의 버튼을 누르면 카운터값이 하나 증가되는 버튼도 있어야 한다. 이것은 increment() 메소드로 구현하자. 카운터는 현재의 값을 보여주는 작은 화면을 가지고 있다. 화면과 같은 기능을 하기 위하여 get() 메소드는 현재의 카운터값을 반환한다. 자 이제 모든 준비가 되었다. Counter 클래스를 작성해 보자.

```
class Counter :
    def reset(self) :          ← 메소드 정의
        self.count = 0         ← 인스턴스 변수 생성
    def increment(self) :
        self.count += 1
    def get(self) :
        return self.count
```

클래스는 기본적으로 헤더와 본체의 두 부분으로 구성되어 있다. 헤더는 일반적으로 단 한 줄의 코드로 구성되어 있다. 클래스의 본체는 들여쓰기된 블록으로 구성되어 있다.

- 클래스를 정의할 때는 키워드 class로 시작하며 클래스의 이름을 뒤에 붙인다. 우리의 경우에 클래스 이름은 'Counter'이다.
- 클래스 안에는 메소드와 인스턴스 변수를 정의하면 된다. 여기서는 reset(), increment()와 get() 메소드를 정의하였다.
- 모든 메소드의 첫 번째 매개변수는 자기 자신을 가리키는 self 변수이다. self는 현재 객체를 가리킨다. 즉, 메소드를 호출한 객체라는 의미이다.
- self가 앞에 있는 변수는 모두 인스턴스 변수이다.

Counter 클래스가 정의되었다. 이제 객체를 생성해 보자. 클래스 이름에 ()를 붙여서 함수처럼 호출하면 객체가 생성된다.

```
a = Counter()
```

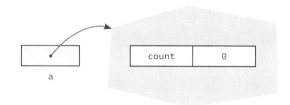

이제 객체를 통하여 메소드를 호출해 보자. 단, 객체를 사용하기 전에 reset()을 먼저 호출해야 인스턴스 변수가 생성된다. 이 문제는 다음 절의 생성자에서 완전히 해결하도록 하자.

object1.py 객체 생성하기

```
...
a = Counter()

a.reset()
a.increment()
print("카운터 a의 값은", a.get())
```

카운터 a의 값은 1

- Counter()라고 호출하면 객체가 생성되고 객체의 참조값을 변수 a에 저장한다.
- a의 reset()을 호출하면 인스턴스 변수 count가 생성되고 0으로 초기화된다.
- a의 increment()를 호출하면 count값이 하나씩 증가된다.
- a의 get()을 이용하여 카운터의 현재값을 얻을 수 있다.

객체는 원하는 만큼 여러 개 생성할 수 있다. 이번에는 2개의 객체를 생성해 보자. 클래스로 생성된 각각의 객체는 별도의 인스턴스 변수를 가진다. Counter 클래스로 객체 a와 b를 작성하였다면 객체 a와 b는 모두 자신만의 count 인스턴스 변수를 가진다.

```
a = Counter()
b = Counter()

a.reset()
b.reset()
```

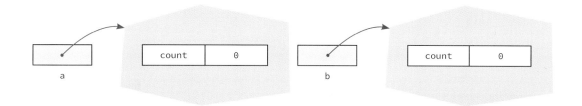

4   생성자

앞 절에서 만든 Counter 클래스에는 약간의 문제가 있다. Counter 클래스로 객체를 생성한 후에는 항상
reset()을 호출하여 카운터를 초기화해야 한다. 객체가 생성될 때 자동적으로 초기화하는 메소드가 호출
되면 좋을 것이다. 이것이 바로 생성자이다. **생성자(constructor)**는 객체가 생성될 때 객체를 기본값으로
초기화하는 특수한 메소드이다. 파이썬에서 인스턴스 변수가 생성되는 곳이기도 하다. 객체가 생성될 때,
생성자는 자동으로 호출된다.

생성자

우리는 객체를 생성할 때, 클래스 이름과 동일한 메소드를 호출하는데, 바로 이것이 생성자이다.

```
a = Counter()
```

생성자는 객체의 인스턴스 변수들을 정의하고 초기화한다. 생성자는 초기화 작업을 마치고 객체의 참조 값을 반환한다. 이 참조값이 a와 같은 변수에 저장되는 것이다.

파이썬에서 생성자의 이름으로 __init__()을 사용한다. __init__()이라는 이름은 초기화(initialize)한다는 의미이다. 앞 절의 Counter 클래스에 생성자를 추가하여 다시 작성해 보면 다음과 같다.

```
class Counter :
    def __init__(self) :          ← __init__() 메소드가 생성자이다.
        self.count = 0              여기서 객체의 초기화를 담당한다.
    def reset(self) :
        self.count = 0
    def increment(self) :
        self.count += 1
    def get(self) :
        return self.count
```

Counter 클래스에는 인스턴스 변수가 count뿐이므로 count만 생성하고 초기화하면 된다. 생성자의 첫 번째 매개변수는 self여야 한다. self는 현재 초기화되고 있는 객체를 가리킨다. 파이썬에서 변수에 값을 할당하면 변수가 생성된다는 점에 유의한다. 위의 생성자에도 count 변수가 생성되면서 동시에 초기화되고 있다.

파이썬에서 클래스 당 하나의 생성자만을 허용한다. 이것이 좀 불편할 수도 있지만 매개변수에 기본값을 줄 수 있는 기능을 사용하면 어느 정도 보완된다. 생성자도 함수의 일종이므로 매개변수를 가질 수 있다. 예를 들어 Counter 클래스의 생성자에서 카운터의 초깃값을 받아 그 값으로 초기화한다고 하자. 만약 사용자가 초깃값을 주지 않으면 0으로 생각하자.

```
class Counter :
    def __init__(self, initValue=0) :    ← 생성자가 매개변수를 가지고 있으며, 만약 사용
        self.count = initValue              자가 값을 전달하지 않았으면 0으로 생각한다.
    ...
```

사용자는 다음과 같이 두 가지 방법으로 생성자를 호출할 수 있다.

```
a = Counter(100)    # 카운터의 초깃값은 100이 된다.
b = Counter()       # 카운터의 초깃값은 0이 된다.
```

 중간점검 직원(Employee) 클래스를 정의하고, 생성자를 활용하여 직원의 이름(name), 직급(position), 연봉(salary) 속성을 초기화하는 클래스를 작성해 보자. 이 클래스의 인스턴스를 생성하고 생성자를 통해 속성을 초기화한 후 출력한다.

5 메소드 정의

이번 절에서 클래스의 메소드를 어떻게 구현하는지에 대하여 자세히 살펴보자. 메소드는 클래스 안에 정의된 함수이므로, 함수를 정의하는 것과 아주 유사하다. 하지만 첫 번째 매개변수는 항상 self여야 한다.

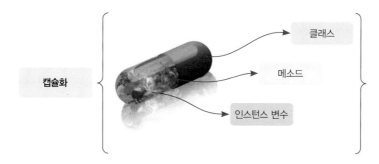

하나의 예로 텔레비전을 나타내는 Television 클래스를 정의해 보자. 클래스 이름의 첫 글자는 보통 대문자로 한다. Television 클래스는 텔레비전에 관련된 속성과 동작을 묶은 것이다. 텔레비전의 수많은 속성 중에서 채널번호, 볼륨, 전원 상태만을 기술하기로 하자. 이렇게 불필요한 속성을 제거하는 과정을 **추상화(abstraction)**라고 한다.

Television.py 객체의 메소드 정의하기

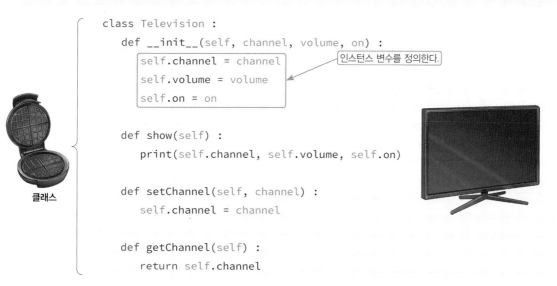

```python
class Television :
    def __init__(self, channel, volume, on) :
        self.channel = channel        # 인스턴스 변수를 정의한다.
        self.volume = volume
        self.on = on

    def show(self) :
        print(self.channel, self.volume, self.on)

    def setChannel(self, channel) :
        self.channel = channel

    def getChannel(self) :
        return self.channel
```

생성자는 객체를 초기화하는 메소드로서 클래스로 객체를 생성할 때 디폴트로 호출된다. __init__과 같이 init 앞뒤에 반드시 __를 추가해야 한다. 또 항상 자신을 가리키는 self가 매개변수에 포함된다. 인스턴스 변수는 생성자 안에서 초기화된다.

텔레비전을 나타내는 클래스 Television은 3개의 인스턴스 변수와 3개의 메소드로 이루어진다. channel은 현재 설정된 채널 번호를 저장한다. volume은 현재 설정된 음량을 나타내고 on은 텔레비전이 켜져 있는지를 나타내는 부울형 변수이다. show()는 현재 텔레비전 객체의 상태를 화면에 출력한다. setChannel()은 텔레비전의 채널을 설정한다. getChannel()은 현재의 채널 번호를 반환한다.

앞에서도 이야기하였지만 클래스 정의는 단순히 객체를 찍어내기 위한 틀을 생성한 것이다. 아직 실제 객체는 생성되지 않았다. 클래스는 객체를 만들기 위한 설계도에 해당된다. 설계도를 가지고 어떤 작업을 할 수는 없다. 예를 들어 자동차 설계도로 운전하고 집에 갈 수는 없는 일이다. 실제로 어떤 작업을 하려면 객체를 생성해야 한다.

클래스는 설계도이고 객체는 설계도에 의하여 건축된 집이라고 생각하면 됩니다!

파이썬에서 클래스가 정의되면 생성자를 호출하여 객체를 생성할 수 있다. 생성자는 객체를 메모리에 생성하고 초기화한다.

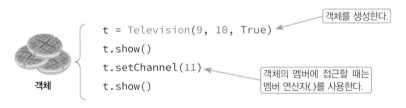

```
t = Television(9, 10, True)    ← 객체를 생성한다.
t.show()
t.setChannel(11)    ← 객체의 멤버에 접근할 때는
t.show()              멤버 연산자(.)를 사용한다.
```
객체

위의 코드를 실행해 보면 다음과 같은 출력이 표시된다.

```
9 10 True
11 10 True
```

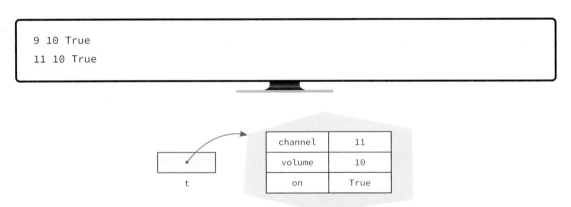

channel	11
volume	10
on	True

t

self 매개변수

메소드의 첫 번째 매개변수는 항상 self이다. 왜 항상 첫 번째 매개변수로 self를 넣어주는가? self는 객체 자신을 참조하는 변수이다. self가 있어야만 객체의 인스턴스 변수에 접근할 수 있다. 예를 들어 객체의 인스턴스 변수에 접근할 때는 self.var와 같은 형식을 사용하고 객체의 메소드에 접근할 때는 self.sub()과 같은 형식을 사용한다.

생성자 안에서 인스턴스 변수가 생성되면, 이 변수의 범위는 클래스 전체가 된다. 예를 들어 __init__() 메소드에서 생성된 변수 channel의 범위는 Television 클래스 전체이다. 이것은 지역 변수와는 잘 구분해야 한다. 지역 변수는 메소드 안에서 생성된 변수인데, 지역 변수의 범위는 메소드이다. 즉, 지역 변수는 메소드를 벗어나면 사라지게 된다. 반면에 인스턴스 변수는 클래스 전체에서 사용할 수 있다.

중간점검   도서(Book) 클래스를 정의하고, 도서의 제목(title), 저자(author), 출판 연도(year) 속성을 초기화하는 생성자를 포함한 클래스를 만들어보자. 또한 도서 정보를 출력하는 메소드(print_info)를 정의하고 이를 호출하여 도서 정보를 출력한다.

6   정보 은닉

정보 은닉

우리는 앞에서 클래스 안에 인스턴스 변수나 메소드들을 정의하였다. 이들 변수나 메소드들은 누구나 사용할 수 있는 것처럼 설명하였다. 하지만 이렇게 하는 것이 좋은 것일까? 예를 들어 학생을 나타내는 Student 클래스를 살펴보자.

---

student1.py   정보 은닉이 되지 않은 경우

```python
class Student :
    def __init__(self, name=None, age=0) :
        self.name = name
        self.age = age

obj = Student("Hong", 20)
obj.age = 21
print(obj.age)
```

> 21

위의 코드에서 객체 obj의 변수 age에 마음대로 접근하여 값을 변경할 수 있다. 하지만 이런 식으로 마음대로 인스턴스 변수의 값을 변경하는 것은 다음과 같은 이유에서 좋은 방법이 아니다.

- 인스턴스 변수의 값이 올바르지 않게 변경될 수 있다. 예를 들어 학생을 나타내는 Student 클래스의 인스턴스 변수 age를 음수로 변경할 수도 있다.

```python
obj.age = -10      # 학생의 나이가 -10?
```

- 클래스를 유지보수하는 것이 어려워진다. 예를 들어 학생의 나이(age)를 저장하지 않고, 생년월일(birthday)을 문자열로 저장하기로 정책을 바꾸었다고 가정하자. 클래스 외부에서 age를 마음대로 사용하고 있었다면 이것 또한 불가능하다.

```
class Student :
    def __init__(self, name=None, birthday="20010301") :
        self.name = name
        self.birthday = birthday
```

객체지향 기법의 개념 중에 **정보 은닉(Information Hiding)**이 있다. 정보 은닉이란, 구현의 세부 사항을 클래스 안에 감추는 것이다. 대표적인 것이 클래스 안의 데이터를 외부에서 마음대로 변경하지 못하게 하는 것이다. 따라서 클래스 안에 변수를 선언할 때는 private으로 만드는 것이 좋다. private 변수로 만들면 외부로부터의 접근이 차단된다. 클래스는 다음과 같이 설계하는 것이 좋다고 한다.

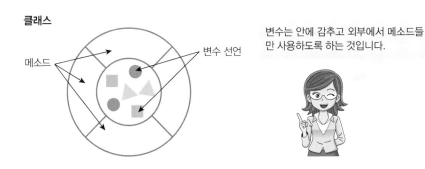

파이썬에서 인스턴스 변수를 private으로 정의하려면 변수 이름 앞에 __를 붙이면 된다. private이 붙은 인스턴스 변수는 클래스 내부에서만 접근할 수 있다. 예를 들어 Student 클래스 안의 인스턴스 변수들을 private으로 정의하면 다음과 같다.

student2.py 정보 은닉이 된 경우

```
class Student :
    def __init__(self, name=None, age=0) :
        self.__name = name
        self.__age = age

obj = Student()
print(obj.__age)
```

```
...
    AttributeError: 'Student' object has no attribute '__age'
```

위의 코드에서 __age는 private 변수이므로 오류가 발생한다.

클래스의 멤버에 대한 접근을 제어하는 것은 객체지향 프로그래밍의 핵심적인 부분이다. 접근을 제어하게 되면 객체를 잘못 사용하는 것을 방지할 수 있다. 올바르게 정의된 메소드만 데이터를 사용할 수 있게 하면 데이터의 값이 부적절한 값으로 변경되는 것을 막을 수 있다. 예를 들어 데이터의 범위를 검사하여 범위를 벗어난 값이 멤버에 저장되는 것을 막을 수 있다. 하지만 이 책의 예제에서는 일부 인스턴스 변수만을 private으로 정의하였다. 모든 클래스의 인스턴스 변수를 private으로 정의하면 코드가 길어지고 설명이 번잡해질 수 있기 때문이다. 하지만 실전 프로그래밍에서 예기치 못한 오류를 막기 위해, 가능하다면 인스턴스 변수들은 private으로 선언하는 것을 권장한다.

접근자와 설정자

private이 앞에 붙은 인스턴스 변수와 메소드는 클래스 내부에서만 접근할 수 있다. 클래스 외부에서 접근이 불가능하다. 하지만 외부에서 이들 변수값이 필요한 경우에는 어떻게 하면 좋을까? 이 경우에는 어떤 특수한 메소드가 있어, 이들 메소드가 변수값을 읽어서 외부로 전달해 주면 좋을 것이다.

인스턴스 변수와 관련된 두 가지의 종류의 메소드가 있다. 하나는 인스턴스 변수값을 반환하는 **접근자(getters)**이고 또 하나는 인스턴스 변수값을 설정하는 **설정자(setters)**이다. 이러한 메소드는 대개 get이나 set이 메소드 이름 앞에 붙여진다. 예를 들면 getAge()는 접근자이고 setAge()는 설정자이다.

접근자와 설정자 메소드만을 통하여 인스턴스 변수에 접근해야 합니다.

student3.py 접근자와 설정자

```python
class Student :
    def __init__(self, name=None, age=0) :
        self.__name = name
        self.__age = age

    def getAge(self) :
        return self.__age

    def getName(self) :
        return self.__name

    def setAge(self, age) :
        self.__age = age

    def setName(self, name) :
        self.__name = name
```

```
obj = Student("Hong", 20)
print(obj.getName())
```

클래스 Student의 인스턴스 변수 name과 age는 모두 private으로 정의되었다. 이들 인스턴스 변수와 연결된 설정자와 접근자도 정의하였다. 예를 들면 인스턴스 변수 name에 대한 접근자는 getName()이고 설정자는 setName()이다. 인스턴스 변수가 private으로 정의되어 있더라도 외부에서 접근자나 설정자 메소드를 이용하면 불편 없이 인스턴스 변수의 값을 변경하거나 읽을 수 있다.

접근자와 설정자의 사용 이유

앞의 예제를 처음 본 사람들은 의아하게 생각한다. obj.age=20과 같이 객체의 인스턴스 변수에 바로 접근하는 것이 시간을 절약할 텐데 무엇 때문에 귀찮게 메소드를 통하여 변수에 간접적으로 접근하라고 강요하는 것일까? 아주 중요한 이유가 있다. 접근자와 설정자를 사용하여 인스턴스 변수를 간접적으로 접근하는 것은 다음과 같은 이점을 가져다준다.

- 접근자와 설정자를 사용해야만 나중에 클래스를 업그레이드할 때 편하다.
- 접근자에서 매개변수를 통하여 잘못된 값이 넘어오는 경우, 이를 사전에 차단할 수 있다.
- 필요할 때마다 인스턴스 변수값을 계산하여 반환할 수 있다.
- 접근자만을 제공하면 자동적으로 읽기만 가능한 인스턴스 변수를 만들 수 있다.

첫 번째 이유가 가장 중요하다. 예를 들어 앞에서 작성한 Student 클래스를 보자. 만약 Student 클래스의 멤버를 외부에서 마음대로 사용하고 있었다면 개발자가 Student 클래스의 구조를 변경하기가 아주 어려울 것이다. 예를 들어 나이를 나타내는 인스턴스 변수인 age를 외부에서 마음대로 사용하고 있었다면 나이 대신에 생년월일을 사용하도록 변경하는 것이 불가능할 것이다. 하지만 만약 접근자나 설정자를 통하여 사용하고 있었다면 개발자는 안심하고 age 변수를 birthday 변수로 변경할 수 있다. 개발자는 접근자와 설정자만 변경해 주면 된다.

설정자는 변수의 값을 변경하려는 외부의 시도를 주의 깊게 검사할 수 있다. 예를 들어 시간의 값을 25시로 변경하는 시도는 거부되어야 한다. 또한 인간의 나이를 음수로 변경하려는 것도 거부되어야 한다. 예를 들어 학생을 나타내는 Student 클래스의 인스턴스 변수 age를 변경한다고 가정하자. 만약 메소드를 통하지 않고 인스턴스 변수를 직접 조작하게 한다면 다음과 같은 잘못된 값이 변수에 들어갈 수 있다.

```
obj.age = -10   # 학생의 나이가 -10?
```

따라서 다음과 같이 설정자를 사용하는 편이 여러모로 안전하다.

```
def setAge(self, age) :
    if age < 0 :
        self.__age = 0
```

```
else :
    self.__age = age
```

LAB 01 원 클래스

원을 클래스로 표시해 보자. 원은 반지름(radius)을 가지고 있다. 원의 넓이와 둘레를 계산하는 메소드도 정의해 보자. 접근자와 설정자 메소드도 작성한다.

```
원의 반지름 = 10
원의 넓이 = 314.1592653589793
원의 둘레 = 62.83185307179586
```

SOLUTION

circle.py 원을 클래스로 표현하기

```python
import math

class Circle :
    def __init__(self, radius=1.0) :
        self.__radius = radius

    def setRadius(self, r) :
        self.__radius = r

    def getRadius(self) :
        return self.__radius

    def calcArea(self) :
        area = math.pi * self.__radius * self.__radius
        return area
```

```python
    def calcCircum(self) :
        circumference = 2.0 * math.pi * self.__radius
        return circumference

c1 = Circle(10)
print("원의 반지름 =", c1.getRadius())
print("원의 넓이 =", c1.calcArea())
print("원의 둘레 =", c1.calcCircum())
```

LAB 02   은행 계좌 클래스

우리는 은행 계좌에 돈을 출금할 수 있고 입금할 수도 있다. 은행 계좌를 클래스로 모델링해 보자. 은행 계좌는 현재 잔액(balance)만을 인스턴스 변수로 가진다. 생성자와 출금 메소드 withdraw()와 입금 메소드 deposit()만을 가정하자.

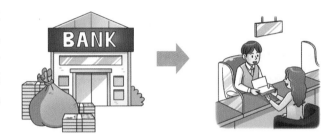

```
통장에서   100  원이 입금되었음
통장에    10  원이 출금되었음
```

SOLUTION

account.py 은행 계좌를 클래스로 표현하기

```python
class BankAccount :
    def __init__(self) :
        self.__balance = 0

    def withdraw(self, amount) :
        self.__balance -= amount          self.__balance = self.__balance-amount와 같다.
        print("통장에 ", amount, "원이 출금되었음")
        return self.__balance

    def deposit(self, amount) :
        self.__balance += amount          self.__balance = self.__balance+amount와 같다.
        print("통장에서 ", amount, "원이 입금되었음")
        return self.__balance
```

```
a = BankAccount()
a.deposit(100)
a.withdraw(10)
```

LAB 03 고양이 클래스

고양이를 클래스로 정의한다. 고양이는 이름(name)과 나이 (age)를 속성으로 가진다.

이름이 Missy이고 나이가 3살인 고양이 객체를 생성한다. 또 이름이 Lucky이고 나이가 5살인 고양이 객체를 생성한다. 고양이의 이름과 나이를 출력하는데, 접근자와 설정자를 사용해 보자.

```
Missy 3
Lucky 5
```

SOLUTION

cat.py 고양이를 클래스로 표현하기

```
class Cat :
    def __init__(self, name, age) :          ← 생성자
        self.__name = name
        self.__age = age

    def setName(self, name) :                ← 설정자
        self.__name = name

    def getName(self) :                      ← 접근자
        return self.__name

    def setAge(self, age) :
        self.__age = age

    def getAge(self) :
        return self.__age
```

```
missy = Cat("Missy", 3)          객체 생성
lucky = Cat("Lucky", 5)
print(missy.getName(), missy.getAge())
print(lucky.getName(), lucky.getAge())    객체 사용
```

LAB 04 자동차 클래스

자동차를 나타내는 클래스를 정의해 보자. 예를 들어 자동차 객체의 경우 속성은 색상, 현재 속도, 현재 기어 등이다. 자동차의 동작은 기어 변속하기, 가속하기, 감속하기 등을 들 수 있다. 이 중에서 다음 그림과 같은 속성과 동작만을 추려서 구현해 보자.

color	"white"
speed	100
gear	6
setColor()	
setSpeed()	
setGear()	

```
(100, 3, white)
```

추가적으로 __str__() 메소드를 Car 클래스에 추가해 보자. __str__()에서 인스턴스 변수들의 값을 하나의 문자열로 만들어서 반환한다. 클래스가 __str__()을 가지고 있으면 다음과 같은 문장으로 객체의 현재 상태를 화면에 출력할 수 있다.

```
print(obj)
```

SOLUTION

car.py 자동차를 클래스로 표현하기

```
class Car :
    def __init__(self, speed=0, gear=1, color="white") :
        self.__speed = speed
        self.__gear = gear
```

```
        self.__color = color

    def setSpeed(self, speed) :
        self.__speed = speed

    def setGear(self, gear) :
        self.__gear = gear

    def setColor(self, color) :
        self.__color = color

    def __str__(self) :
        return "(%d, %d, %s)" % (self.__speed, self.__gear, self.__color)

myCar = Car()
myCar.setGear(3)
myCar.setSpeed(100)
print(myCar)
```

도전문제

❶ 현재의 프로그램은 Car 클래스에 속도, 기어, 색상을 설정하고 출력하는 기능을 제공한다. 추가로 자동차의 속도를 증가시키거나 감소시키는 메소드를 추가해 보자.

❷ 현재의 프로그램은 속도, 기어, 색상 외에 다른 변수와 메소드를 가지지 않는다. 추가로 자동차의 브랜드, 모델 등과 같은 변수를 추가해 보자.

7 객체를 함수로 전달할 때

객체가 함수로 전달되었을 때, 만약 함수 안에서 객체를 변경하면 어떻게 될까? 이것은 어떤 객체가 전달되었느냐에 따라서 달라진다. 만약 숫자나 문자열과 같은 변경 불가능한 객체가 전달되면 이들 객체는 변경되지 않는다. 하지만 우리가 작성한 객체가 전달되면 함수가 객체를 변경할 수 있다. 객체가 함수로 전달되었을 때, 함수 안에서 객체를 변경하는 예제로 다음을 살펴보자.

```
class User :
    def __init__(self, name) :
        self.name = name


def update_username(user, new_name) :
    user.name = new_name
```

위의 코드에서 User 클래스는 사용자 정보를 저장하는 클래스이며, update_username() 함수는 사용자의 이름을 변경하는 함수이다. update_username()는 객체의 메소드가 아니고 일반 함수이다. 이제 다음과 같이 객체를 생성하고, 함수에 전달하여 사용자 이름을 변경해 보자.

```python
user = User("Kim")
print("Before:", user.name)        # 출력: Before: Kim

update_username(user, "Lee")
print("After:", user.name)         # 출력: After: Lee
```

위의 예제에서 함수 update_username()은 객체를 전달받아 객체의 속성인 name을 변경한다. 결과적으로 함수의 호출에 의해 사용자 객체의 인스턴스 변수가 변경되었다. 이러한 동작은 사용자 정보 관리 외에도 다양한 상황에서 객체의 속성을 업데이트하거나 변경해야 할 때 유용하게 사용할 수 있다.

 중간점검 자동차(Car) 클래스를 정의하고, 자동차의 브랜드(brand)와 속도(speed) 속성을 초기화하는 생성자를 포함한 클래스를 만든다. 그리고 자동차의 속도를 제어하는 함수를 작성하고 이 함수에 자동차 객체를 전달하여 속도를 조절해 보자.

8 클래스 변수

어떤 경우에는 객체와는 상관없이 사용하고 싶은 변수가 있을 수도 있다. 정상적인 경우라면 인스턴스 변수는 항상 객체를 통하여 사용해야 한다. 하지만 파이썬에서 객체를 통하지 않고 사용할 수 있는 변수를 생성하는 것이 가능하다. 이들 변수는 모든 객체를 통틀어서 하나만 생성되고 모든 객체가 이것을 공유하게 된다. 이러한 변수를 **클래스 변수(Class Variable)**라고 한다. 클래스 내부에서, 메소드와 동일한 수준에서 변수를 정의하면 클래스 변수가 된다.

모든 사람이 하나의 변수를 공유한다.

변수

철수

영희

정훈

클래스 변수는 클래스당 하나만 생성되어서 모든 객체가 공유합니다.

Television 클래스에 클래스 변수 serialNumber를 추가하면 다음과 같다. serialNumber 변수는 전체 객체를 통틀어서 딱 하나만 생성된다.

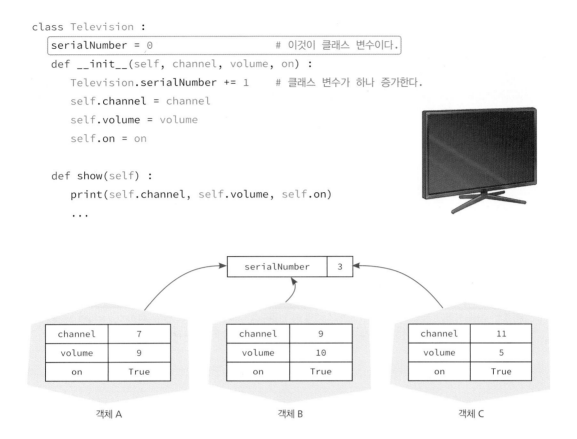

```
class Television :
    serialNumber = 0                        # 이것이 클래스 변수이다.
    def __init__(self, channel, volume, on) :
        Television.serialNumber += 1     # 클래스 변수가 하나 증가한다.
        self.channel = channel
        self.volume = volume
        self.on = on

    def show(self) :
        print(self.channel, self.volume, self.on)
        ...
```

| serialNumber | 3 |

channel	7
volume	9
on	True

객체 A

channel	9
volume	10
on	True

객체 B

channel	11
volume	5
on	True

객체 C

클래스 변수를 사용할 때는 Television.serialNumber와 같이 앞에 클래스 이름을 쓰고, 점을 찍은 후에 변수의 이름을 적는다.

```
Television.serialNumber += 1     # 클래스 변수가 하나 증가한다.
```

인스턴스 변수 vs 클래스 변수

클래스의 변수는 인스턴스 변수와 클래스 변수로 나누어진다.

파이썬에서 인스턴스 변수와 클래스 변수의 차이를 정확하게 이해하는 것도 중요하다. 동일한 클래스 설계도를 이용하여 많은 객체들이 생성될 때 각각의 객체(인스턴스)들은 자신만의 변수를 가진다. 이들 변수들은 인스턴스마다 별도로 생성되기 때문에 **인스턴스 변수(Instance Variable)**라고도 한다. Television 클래스에서 channel, volume, on은 모두 인스턴스 변수이다. 각 객체는 이들 변수에 대하여 별도의 기억 공간을 가지고 있으며 각기 다른 값을 가지고 있다.

channel	7
volume	9
on	True

객체 A

channel	9
volume	10
on	True

객체 B

channel	11
volume	5
on	True

객체 C

하지만 경우에 따라서는 모든 객체에 공통인 변수가 필요한 경우도 있다. 이것이 클래스 **변수(Class Variable)**이다. 클래스 변수는 하나의 클래스에 하나만 존재한다. 클래스 변수는 객체보다는 클래스와 연결되어 있다. 클래스 변수는 정적 변수라고도 한다. 모든 객체들은 하나의 클래스 변수를 공유한다. 클래스 변수를 만들려면, 클래스 안이지만 메소드의 외부에 변수를 생성하면 된다. 클래스 변수는 인스턴스를 생성하지 않아도 사용이 가능하다.

중간점검

학생(Student) 클래스를 정의하고, 학생의 이름(name)과 학번(student_id) 속성을 초기화하는 생성자를 포함한 클래스를 만든다. 또한 학생의 총 인원수를 나타내는 클래스 변수(class_variable)를 추가하고 이 변수를 활용하여 학생 객체가 생성될 때마다 총 인원수를 증가시켜 보자.

LAB 05 게시글 클래스

제목, 작성자, 내용 등을 관리하는 게시글 클래스를 구현해 보자. 게시글의 정보를 출력하는 메소드를 추가한다.

제목: 첫 번째 게시글
작성자: 홍길동
내용:
안녕하세요. 첫 번째 게시글입니다.

제목: 두 번째 게시글
작성자: 이순신
내용:
안녕하세요. 두 번째 게시글입니다.

총 게시글 개수: 2

post.py 게시글 클래스 작성

```python
class Post :
    count = 0                              # 클래스 변수
    def __init__(self, title, author, content) :
        self.title = title
        self.author = author
        self.content = content
        Post.count += 1                    # 클래스 변수 업데이트

    def display_info(self) :
        print("제목:", self.title)
        print("작성자:", self.author)
        print("내용:")
        print(self.content)
        print()

post1 = Post("첫 번째 게시글", "홍길동", "안녕하세요. 첫 번째 게시글입니다.")
post2 = Post("두 번째 게시글", "이순신", "안녕하세요. 두 번째 게시글입니다.")

post1.display_info()
post2.display_info()

print("총 게시글 개수:", Post.count)    # 게시글 총 개수 출력
```

> 클래스 변수는 클래스에 속하며, 해당 클래스의 모든 인스턴스가 공유하는 변수이다. count라는 클래스 변수를 추가하여 게시글의 총 개수를 추적한다. __init__ 메소드에서 게시글 객체가 생성될 때마다 Post.count를 증가시킨다.

9 연산자 오버로딩

파이썬의 **연산자 오버로딩(Operator Overloading)**은 내장 연산자들이 각 객체마다 서로 다른 의미로 동작하도록 변경하는 기능이다. 즉, 연산자를 사용하여 객체 간의 동작을 정의할 수 있다. 연산자 오버로딩을 통해 사용자 정의 객체를 파이썬의 내장 객체처럼 동작하도록 만들 수 있다. 파이썬에서 연산자 오버로딩을 구현하려면 특별한 메소드, 즉 매직 메소드(Magic Methods)라고도 불리는 특수 메소드를 정의해야 한다. 이러한 매직 메소드는 일반적인 메소드와는 다르게 두 개의 언더바(__)로 시작하고 끝나는 형태를 갖는다.

매직 메소드 이름	연산자
__add__()	+ (더하기)
__sub__()	- (빼기)
__mul__()	* (곱하기)
__div__()	/ (나누기)
__mod__()	% (나머지 연산)
__pow__()	** (거듭제곱)
__lt__()	< (보다 작다)
__gt__()	> (보다 크다)
__le__()	<= (같거나 작다)
__ge__()	>= (같거나 크다)
__eq__()	== (같다)
__ne__()	!= (다르다)

연산자 오버로딩은 객체 간 +, -, *, /와 같은 연산자의 동작을 매직 메소드로 정의하는 것입니다.

예를 들어 우리는 문자열을 결합하기 위하여 + 연산자를 사용하고, 2개의 문자열을 비교하기 위하여 == 연산자를 사용한다. 이들 연산자들은 실제로는 str 클래스 안에 정의된 메소드이다. 예를 들어 + 연산자에 대응되는 메소드는 __add__(self, other)이고 == 연산자에 대응되는 메소드는 __eq__(self, other)이다. 문자열을 연결할 때 + 연산자 대신에 이들 메소드를 사용해도 된다(물론 일부러 그럴 이유는 전혀 없다).

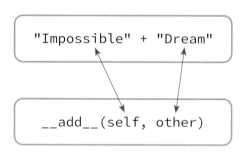

```
>>> s1 = "Impossible "
>>> s2 = "Dream"
>>> s3 = s1+s2
>>> s3
'Impossible Dream'
>>> s4 = s1.__add__(s2)
>>> s4
'Impossible Dream'
```

클래스에서 연산자 오버로딩

이러한 연산자 오버로딩은 클래스 정의에 추가해야 한다. 우리가 작성하는 클래스에서도 기본 연산자들을 우리 마음대로 재정의해서 사용할 수 있다. 예를 들어 2차원 공간에서 한 점을 클래스로 정의하였다고 가정하자. 점과 점을 + 연산으로 합할 수 있다면 편리할 것이다.

```
class Point :
    def __init__(self, x=0, y=0) :
        self.x = x
        self.y = y
```

```
>>> p1 = Point(1, 2)
>>> p2 = Point(3, 4)
>>> p1 + p2
...
TypeError: unsupported operand type(s) for +: 'Point' and 'Point'
```

기본적으로 Point 클래스 객체에 대해서는 + 연산이 정의되지 않는다. 하지만 우리가 만약 다음과 같이 __add__(self, other)를 정의한다면 Point 클래스에 대해서도 + 연산자를 적용할 수 있다.

```
class Point :
    def __init__(self, x=0, y=0) :
        self.x = x
        self.y = y

    def __add__(self, other) :        ◀── Point 객체끼리의 + 연산을 정의한다.
        x = self.x + other.x
        y = self.y + other.y
        return Point(x, y)
```

다시 한번 점들끼리의 덧셈을 시도해 보자.

```
>>> p1 = Point(1, 2)
>>> p2 = Point(3, 4)
>>> print(p1+p2)
<__main__.Point object at 0x02A4F030>
```

이번에는 오류가 발생하지 않았다! 하지만 print(p1+p2)하면 객체의 주소가 출력된다. 이것도 다음과 같이 __str__()을 이용하여 출력 형식을 변경할 수 있다.

```
class Point :
    ...

    def __str__(self) :
        return "Point(" + str(self.x) + ", " + str(self.y) + ")"
```

Point 객체를 문자열로 표현하여 반환한다.

```
>>> p1 = Point(1, 2)
>>> p2 = Point(3, 4)
>>> print(p1+p2)
Point(4, 6)
```

예제 #1

매직 메소드를 이용하면 객체의 상황에 맞는 자연스러운 연산을 정의할 수 있어 편리할 때가 많다. 예를 들어 원을 나타내는 클래스 Circle에 대하여 다음과 같이 __eq__() 메소드를 정의하였다고 하자.

```
class Circle :
    def __init__(self, radius) :
        self.radius = radius

    def __eq__(self, other) :
        return self.radius == other.radius
```

__eq__() 메소드가 정의된 객체는 == 연산자를 이용하여 서로 비교할 수 있다.

```
c1 = Circle(10)
c2 = Circle(10)
if c1 == c2 :
    print("원의 반지름은 동일합니다.")       # 출력: 원의 반지름은 동일합니다.
```

예제 #2

2차원 공간에서 벡터(vector)는 (a, b)와 같이 2개의 실수로 표현될 수 있다. 벡터 간에는 덧셈이나 뺄셈이 정의된다.

$$(a, b) + (c, d) = (a + c, b + d)$$
$$(a, b) - (c, d) = (a - c, b - d)$$

매직 메소드를 이용하여 + 연산과 - 연산을 구현해 보자.

```
class Vector2D :
    def __init__(self, x, y) :
        self.x = x
        self.y = y

    def __add__(self, other) :
        return Vector2D(self.x + other.x, self.y + other.y)

    def __sub__(self, other) :
        return Vector2D(self.x - other.x, self.y - other.y)

    def __eq__(self, other) :
        return self.x == other.x and self.y == other.y

    def __str__(self) :
        return "(%g, %g)" % (self.x, self.y)

u = Vector2D(0, 1)
v = Vector2D(1, 0)
w = Vector2D(1, 1)
a = u + v
print(a)
```

```
(1, 1)
```

예제 #3

연산뿐만 아니라 len()과 같은 내장 함수도 매직 메소드로 우리가 정의할 수 있다. 예를 들어 책을 나타내는 클래스 Book을 만들고 len() 함수를 정의해 보자. len() 함수는 책의 페이지를 반환하는 것으로 하자.

```
class Book :
    def __init__(self, title, author, pages) :
        self.title = title
        self.author = author
        self.pages = pages

    def __str__(self) :
        return "제목: %s, 저자: %s, 페이지: %s" % (self.title, self.author, self.pages)

    def __len__(self) :
        return self.pages
```

```
book = Book("Data Structure", "Kim", 650)
print(book)
print(len(book))
```

제목: Data Structure, 저자: Kim, 페이지: 650
650

중간점검

❶ == 연산자에 대응되는 매직 메소드는?

❷ > 연산자에 대응되는 매직 메소드는?

LAB 06 in 연산자와 __eq__()

__eq__() 메소드는 객체의 동등성 비교를 정의하는 데 사용한다. 이 메소드를 정의하면 == 연산자를 사용하여 두 객체를 비교할 때 해당 메소드가 호출된다. 또한 in 연산자도 내부적으로 __eq__() 메소드를 활용하여 동작한다. in 연산자에 직접적으로 대응되는 매직 메소드는 __contains__()이지만 __contains__() 메소드는 내부적으로 __eq__()를 호출한다. 다음은 __eq__() 메소드와 in 연산자의 동작과 관련된 예제이다. 예를 들어 클래스 User가 있다고 가정하자.

user.py 클래스 User

```
class User :
    def __init__(self, name) :
        self.name = name

    def __eq__(self, other) :
        if isinstance(other, User) :           # User 객체이면
            return self.name == other.name     # 이름이 같은지 검사한다.
        return False
```

위의 예제에서 User 클래스는 사용자를 나타내는 클래스이며, __eq__() 메소드를 정의하여 사용자 객체 간의 동등성을 비교한다. 이 메소드는 self.name과 다른 객체의 name을 비교하여 동일한지 확인한다.

```
user1 = User("Kim")
user2 = User("Lee")
user3 = User("Park")
user5 = User("Kim")
```

```
users = [user1, user2, user3]

print(user1 in users)      # 출력: True
print(user5 in users)      # 출력: True
```

결과적으로 사용자가 작성한 클래스의 객체에 in 연산자를 사용하려면 클래스에 __eq__() 메소드를 추가해야 한다.

LAB 07 Student 객체 비교

학생을 나타내는 Student 클래스를 작성하고 Student 클래스 내부에 __lt__() 함수를 정의해서 Student 클래스의 객체들을 서로 비교할 수 있게 해보자. __lt__() 함수는 학생의 나이를 이용하여 비교한다. Student 클래스는 다음과 같은 인스턴스 변수를 가진다.

- **name**: 학생의 이름을 나타낸다(문자열).
- **age**: 학생의 나이를 나타낸다(정수형).

```
>>> s1 = Student("Kim", 20)
>>> s2 = Student("Lee", 22)
>>> s2 > s1
True
```

SOLUTION

overloading5.py 연산자 오버로딩

```python
class Student :
    def __init__(self, name, age) :
        self.name = name
        self.age = age
    # < 연산자 오버로딩
    def __lt__(self, other) :
        return self.age < other.age

s1 = Student("Kim", 20)
s2 = Student("Lee", 22)

print(s1 < s2)  # 출력: True
print(s2 < s1)  # 출력: False
```

10 파이썬에서의 변수의 종류

이번 장에서 클래스 안에 선언되는 인스턴스 변수를 학습하였다. 우리가 알고 있는 변수의 종류가 이제 세 가지가 되었다. 이것들을 잘 구분해야 한다.

- **지역 변수:** 함수 안에서 선언되는 변수
- **전역 변수:** 함수 외부에서 선언되는 변수
- **인스턴스 변수:** 클래스 안에 선언되는 변수, 앞에 self.이 붙는다.

이 세 가지 종류의 변수를 모두 가지는 예제를 하나 살펴보자.

variable.py 변수의 종류

```python
# 전역 변수
global_var = "This is a global variable"

class MyClass :
    # 인스턴스 변수
    def __init__(self) :
        self.instance_var = "This is an instance variable"

    def my_function(self) :
        # 지역 변수
        local_var = "This is a local variable"
        print(local_var)
        print(self.instance_var)
        print(global_var)

# 객체 생성
my_obj = MyClass()

# 메소드 호출
my_obj.my_function()
```

위의 예제에서 MyClass라는 클래스는 인스턴스 변수(instance_var)를 가지고 있다. my_function() 메소드는 지역 변수(local_var)를 가지고 있으며 전역 변수(global_var)를 사용한다. 예제의 출력 결과는 다음과 같다.

```
This is a local variable
This is an instance variable
This is a global variable
```

클래스 내에서 인스턴스 변수를 사용할 때는 self.을 사용하여 접근하고, 전역 변수는 함수 내에서 사용할 수 있으며 지역 변수는 함수 내에서 선언하고 사용한다. 이렇게 각 변수의 범위와 사용 방법을 구분하여 사용하는 것이 중요하다.

LAB 08   꽃 그리기

터틀 그래픽과 클래스 개념을 결합한 그래픽 프로그램을 작성해 보자. 아래 코드는 Flower 클래스를 정의하고, 이 클래스의 객체들을 이용하여 여러 개의 꽃을 화면에 그린다. 꽃은 랜덤한 위치와 색상으로 그려지며, 각 꽃은 6개의 꽃잎으로 이루어져 있다. 꽃잎은 랜덤한 색상으로 채워져 있으며 꽃은 회전하면서 그려진다. Flower 클래스의 생성자에서 꽃을 그린다.

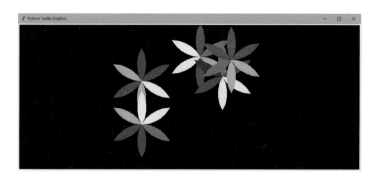

SOLUTION

turtle_cir.py 꽃 그리기

```python
import turtle
import random

turtle.speed(0)
turtle.bgcolor('black')
turtle.hideturtle()

# 꽃 클래스 정의
class Flower :
    def __init__(self, x, y) :
        self.x = x
        self.y = y
        self.petals = 6
        self.petal_length = 100
        self.petal_width = 25
        self.colors = ['red', 'orange', 'yellow', 'green', 'blue', 'purple']
        self.draw_flower()
```

```python
    def draw_petal(self) :
        turtle.penup()
        turtle.goto(self.x, self.y)
        turtle.pendown()
        turtle.color(random.choice(self.colors))
        turtle.begin_fill()
        for _ in range(2) :
            turtle.circle(self.petal_length, 60)
            turtle.left(120)
        turtle.end_fill()

    def draw_flower(self) :
        for _ in range(self.petals) :
            self.draw_petal()
            turtle.right(360 / self.petals)

# 꽃 그리기 함수
def draw_flowers() :
    flowers = []
    for _ in range(5) :
        x = random.randint(-200, 200)
        y = random.randint(-200, 200)
        flower = Flower(x, y)
        flowers.append(flower)

draw_flowers()
turtle.mainloop()
```

01 클래스는 속성과 동작으로 이루어진다. 속성은 인스턴스 변수로 표현되고 동작은 메소드로 표현된다.

```
class  클래스 이름  :
    def  메소드1 (self, ...) :
        ...
    def  메소드2 (self, ...) :
        ...
```

02 객체가 생성될 때, 생성자 메소드가 호출된다. 생성자 메소드는 __init__() 이름의 메소드이다.

```
class Counter :
    def __init__(self) :
        self.count = 0
```

03 클래스 변수는 모든 객체를 통틀어서 하나만 생성되는 변수이다.

```
class Television :
    serialNumber = 0                    # 이것이 정적 변수이다.
    def __init__(self, channel, volume, on) :
        Television.serialNumber += 1     # 정적 변수가 하나 증가한다.
        self.channel = channel
        self.volume = volume
        self.on = on
```

01 Dog 클래스를 만들어서 강아지의 이름과 나이를 저장하고, 강아지가 짖는 메소드를 추가하시오.

클래스와 객체 [상] [중] [하]

```
"바둑이가 짖고 있습니다!"
"멍멍이가 짖고 있습니다!"
```

02 01번의 Dog 클래스에 강아지의 장기를 나타내는 tricks라는 리스트 변수를 추가하시오. 여기에 "뒹굴기", "달리기"와 같은 장기를 저장한다. 클래스와 객체 [상] [중] [하]

```
바둑이의 장기는 "뒹굴기", "달리기" 입니다.
멍멍이의 장기는 "먹기" 입니다.
```

03 Student 클래스를 만들어서 학생의 이름과 성적을 저장하고, 성적의 평균을 계산하는 메소드를 추가하시오. 성적은 리스트 형태로 저장된다. 클래스와 객체 [상] [중] [하]

```
Kim의 성적 90점이 추가되었습니다.
Kim의 성적 85점이 추가되었습니다.
Kim의 성적 78점이 추가되었습니다.
Kim의 평균 성적: 84.33333333333333
```

04 Employee 클래스를 만들어서 직원의 이름과 연봉을 저장하고, 연봉 인상을 위한 메소드를 추가하시오. 클래스와 객체 [상] [중] [하]

```
Kim의 연봉은 5000입니다.
Lee의 연봉은 6000입니다.

Kim의 연봉이 7000으로 증가되었습니다.
Kim의 연봉이 8000으로 증가되었습니다.
```

05 사각형을 나타내는 클래스 Rectangle을 작성하시오. Rectangle 클래스는 다음과 같은 변수와 메소드를 포함한다. 클래스와 객체 [상] [중] [하]

- 사각형의 폭과 높이를 나타내는 w와 h
- 사각형의 위치를 나타내는 x와 y
- 생성자 메소드
- 사각형의 넓이를 반환하는 calcArea()

❶ 위와 같이 Rectangle 클래스를 정의한다.

❷ 위치가 (0, 0)이고 크기가 (100, 100)인 Rectangle 객체를 생성한다. 위치가 (10, 10)이고 크기가 (200, 200)인 Rectangle 객체를 생성한다. 각 사각형의 폭과 높이, 넓이를 출력한다.

❸ 사각형 안에 draw() 함수를 추가하고 여기서 터틀 그래픽을 사용하여 사각형을 그려본다. 터틀 그래픽에 사용하는 변수들은 전역 변수로 정의한다.

06 직원을 나타내는 클래스 Employee를 작성하시오. 직원은 이름(name)과 월급(salary)을 가지고 있고 전체 직원의 수는 클래스 변수인 empCount에 저장된다. 클래스와 변수 [상] [중] [하]

```
Name: Kim, Salary: 5000
Name: Lee, Salary: 6000
Total employees: 2
```

07 다음은 은행의 계좌를 나타내는 클래스의 시작 부분이다. 클래스와 변수 [상] [중] [하]

```python
class BankAccount(object) :
    interest_rate = 0.3
    def __init__(self, name, number, balance) :
        self.name = name
        self.number = number
        self.balance = balance
```

❶ 클래스 변수와 인스턴스 변수를 지적하시오.

❷ 잔고를 증가시키는 deposit()과 잔고를 감소시키는 withdraw() 메소드를 추가하시오.

08 Pillow 라이브러리와 tkinter를 이용하여 객체지향 기법으로 이미지 뷰어 애플리케이션을 작성하시오. 이미지 뷰어는 이미지를 열고 닫을 수 있으며 이미지를 열 때 창 크기가 이미지 크기에 맞게 조절된다. 이미지 파일 형식은 jpg, jpeg, png, gif, bmp를 지원한다.　tkinter와 객체지향 　상　중　하

09 tkinter를 이용하여 객체지향 기법으로 To-Do 리스트 애플리케이션을 작성하시오. 이제 할 일 항목을 추가할 수 있으며 할 일 목록을 파일로 저장하고 불러올 수 있다. 데이터는 pickle을 사용하여 저장 및 불러오기가 가능하다.　tkinter와 객체지향 　상　중　하

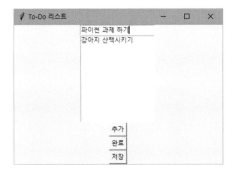

내장 함수와 모듈

학습목표

- 파이썬의 내장 함수들을 하나씩 학습하고, 각 함수의 사용법과 기능을 이해할 수 있다.
- 이터레이터와 제너레이터를 이해하고 응용할 수 있다.
- 모듈의 개념을 이해할 수 있다.
- 파이썬의 다양한 모듈을 학습하고 모듈을 임포트하여, 그 안의 함수와 기능을 활용하는 방법을 익힌다.

1　이번 장에서 작성할 프로그램

1　[프로그램 1] 내장 함수 사용하기

정수들이 저장된 리스트가 있다. filter() 함수로 리스트에서 짝수를 걸러내고, map() 함수를 사용하여
걸러낸 짝수들을 제곱해서 리스트로 생성해 보자.

```
입력 리스트 = [1, 2, 3, 4, 5]
결과 리스트 = [4, 16]
```

2　[프로그램 2] 특정한 기준으로 데이터 정렬하기

students 리스트에 학생 정보가 딕셔너리 형태로 저장되어 있다고 하자. 이 학생들을 나이 오름차순으로
정렬하되, 나이가 같을 경우에는 성적의 역순으로 정렬하는 예제를 작성해 보자.

```
[{'name': 'Lee', 'age': 19, 'grade': 'B'}, {'name': 'Choi', 'age': 20, 'grade':
'C'}, {'name': 'Song', 'age': 21, 'grade': 'B'}, {'name': 'Kim', 'age': 21,
'grade': 'A'}, {'name': 'Park', 'age': 22, 'grade': 'A'}]
```

3　[프로그램 3] 디렉토리 안 모든 파일의 확장자 수정하기

os 모듈을 사용하여 특정한 디렉토리 안에 있는 파일들의 확장자를 .c에서 .py로 변경하는 예제를 작성해
보자.

```
'lotto.c' 파일의 확장자를 'lotto.py'(으)로 변경했습니다.
```

2　내장 함수

파이썬은 우리가 항상 사용할 수 있는 내장 함수들을 상당히 많이 제공한다. 이들은 우리가 프로그램을
작성하는 데 든든한 도구가 되어줄 것이다. 이들 함수를 이용하면 프로그램을 훨씬 쉽게 작성할 수 있다.

내장 함수는 파이썬에 미리 내장되어 있는
함수들을 의미합니다. 내장 함수들은 파이
썬의 핵심 기능을 지원하며, 다양한 작업을
수행하는 데 유용합니다.

파이썬에 내장된 함수들을 다음 표에 나열하였다. 이들 함수들은 import 문장으로 포함시킬 필요가 없다. 언제든지 사용할 수 있는 것이다. 그리고 대부분의 객체에 대해서도 사용이 가능하다. 우리는 많이 사용하는 함수만을 살펴볼 것이다. 하지만 학습하지 않은 함수라고 하더라도 함수의 이름만 보면 어떤 기능을 하는지 추측할 수 있을 것이다.

abs()	dict()	help()	min()	setattr()
all()	dir()	hex()	next()	slice()
any()	divmod()	id()	object()	sorted()
ascii()	enumerate()	input()	oct()	staticmethod()
bin()	eval()	int()	open()	str()
bool()	exec()	isinstance()	ord()	sum()
bytearray()	filter()	issubclass()	pow()	super()
bytes()	float()	iter()	print()	tuple()
callable()	format()	len()	property()	type()
chr()	frozenset()	list()	range()	vars()
classmethod()	getattr()	locals()	repr()	zip()
compile()	globals()	map()	reversed()	__import__()
complex()	hasattr()	max()	round()	
delattr()	hash()	memoryview()	set()	

타입 변환 함수: int(), float(), str(), bool()

int(), float(), str() 등의 함수는 값의 타입을 변환하는 데 사용한다. 예를 들어 int() 함수는 문자열이나 실수를 정수로 변환하고, str() 함수는 값을 문자열로 변환한다. int()나 str()은 이미 설명한 바 있다. 여기서는 float()와 bool() 함수만 살펴본다. float() 함수는 문자열을 부동소수점수로 변환하는 기능을 한다. 예를 들어 사용자가 입력한 '12.345'를 부동소수점 12.345로 변환한다.

```
>>> str = input("실수를 입력하시오: ")
실수를 입력하시오: 12.345
>>> str
'12.345'
>>> value = float(str)
>>> value
12.345
```

bool(x) 함수는 x를 부울형으로 변환하여 반환한다. 예를 들어 정수 0은 False가 되고 정수 1은 True로 변환된다.

```
>>> items = ['', 'a string', 0, 1, [], {}]
>>> for e in items :
        print((e, bool(e)))
```

```
('', False)
('a string', True)
(0, False)
(1, True)
([], False)
({}, False)
```

시퀀스 관련 함수: len(), max(), min(), sum()

len() 함수는 객체의 길이를 계산하여 반환하는 함수이다. 예를 들어 문자열의 길이를 계산하는 데 len()을 사용할 수 있다.

```
>>> len("All's well that ends well. ")
27
```

list() 함수는 시퀀스 객체를 받아서 리스트로 변환하는 함수이다. 예를 들어 문자열을 list()에 전달하면 각각의 문자들을 포함하는 리스트 객체가 반환된다.

```
>>> list("python")
['p', 'y', 't', 'h', 'o', 'n']
```

sum() 함수도 무척이나 유용한 함수이다. sum() 함수는 리스트에 존재하는 항목들을 전부 더하여 합계를 반환한다.

```
>>> sum([1, 2, 3, 4, 5])
15
```

max() 함수는 리스트나 튜플, 문자열에서 가장 큰 항목을 반환한다. 예를 들어 정수의 리스트에서 가장 큰 정수를 찾을 때 사용할 수 있다. min() 함수는 가장 작은 정수를 반환한다.

```
>>> values = [1, 2, 3, 4, 5]
>>> max(values)
5
>>> min(values)
1
```

문자열의 경우에는 아스키 코드가 가장 큰 문자열을 반환한다.

```
>>> max('abc', 'def', 'ghi', 'jkl')
'jkl'
```

수학 함수: abs(), divmod(), complex()

abs(x) 함수는 x의 절대값을 반환한다. 인자는 정수나 부동소수점수, 복소수가 가능하다. 복소수 x + y*j인 경우에는 sqrt(x**2 + y**2)의 값을 반환한다.

```
>>> abs(-3)
3
>>> abs(3+4j)
5.0
```

divmod() 함수는 두 개의 숫자 x, y를 입력받아 x/y의 몫과 나머지를 튜플의 형태로 반환한다. 정수 객체에 대해서는 (a // b, a % b)와 동일하다.

```
>>> divmod(10, 3)
(3, 1)
```

complex(real, imag) 함수는 복소수를 표현하는 객체를 생성하는 함수이다. real + imag*j 형식의 복소수가 반환된다.

```
>>> x = complex(4, 2)
>>> x
(4+2j)
```

all(), any(), enumerate()

파이썬의 all() 함수는 주어진 이터러블(iterable, 반복 가능한) 객체의 모든 요소가 참(True)인지 확인하는 데 사용한다. 이터러블 객체에 포함된 모든 요소가 참일 경우에만 all() 함수는 True를 반환하고, 그렇지 않은 경우 False를 반환한다.

```
>>> list1 = [True, True, True, True]
>>> result1 = all(list1)    # 리스트의 모든 요소가 참인 경우
>>> print(result1)
True

>>> string1 = "Hello"
>>> result4 = all(char.isalpha() for char in string1)    # 문자열의 모든 문자가 참인 경우
>>> print(result4)
True
```

파이썬의 any() 함수는 주어진 이터러블 객체의 요소 중 하나라도 참(True)이면 True를 반환하고, 모든 요소가 거짓(False)인 경우에만 False를 반환하는 함수이다.

```
>>> list1 = [False, True, False, False]
>>> result1 = any(list1)    # 리스트의 요소 중 하나라도 참인 경우
>>> print(result1)
True


>>> string1 = "Hello7, World!"
>>> result4 = any(char.isdigit() for char in string1)    # 문자열의 요소 중 하나라도
                                                            숫자인 경우

>>> print(result4)
True
```

enumerate() 함수는 파이썬에서 자주 사용하는 내장 함수 중 하나로, 순차적인 자료형(예: 리스트, 튜플, 문자열 등)을 인덱스와 함께 순회(iterate)할 때 사용한다. 이 함수는 이터러블 객체를 입력으로 받고, 해당 객체의 각 요소를 인덱스와 함께 반환한다.

```
>>> fruits = ['apple', 'banana', 'orange', 'grape']

>>> for index, fruit in enumerate(fruits) :    # 기본적인 사용법
        print(f"Index: {index}, Fruit: {fruit}")

Index: 0, Fruit: apple
Index: 1, Fruit: banana
Index: 2, Fruit: orange
Index: 3, Fruit: grape
```

컴파일 관련 함수: compile(), eval()

compile() 함수는 파이썬 코드를 컴파일하는 내장 함수이다. 이 함수를 사용하면 문자열로 표현된 파이썬 코드를 컴파일하여 코드 객체(Code Object)를 생성할 수 있다. 생성된 코드 객체는 나중에 eval()이나 exec()을 사용하여 실행할 수 있다.

```
compile(source, filename, mode, flags=0, dont_inherit=False, optimize=-1)
```

여기서 source는 문자열이나 바이트 문자열이 될 수 있다. filename은 코드가 저장된 파일 이름이다. mode는 컴파일되는 코드의 종류를 지정한다. source가 문장들로 되어 있으면 'exec'이어야 하고, source가 하나의 수식이라면 'eval', 하나의 상호 작용적인 문장이라면 'single'로 지정한다. 일반적으로는 파이썬 코드를 동적으로 생성하거나, 보안상의 이유로 코드 실행을 관리할 때 compile() 함수를 사용한다.

```python
# 컴파일할 파이썬 코드 문자열
python_code = '''
def add_numbers(a, b) :
    return a + b
result = add_numbers(5, 10)
print("Result:", result)
'''

# 코드 컴파일하기
compiled_code = compile(python_code, '<string>', 'exec')

# 컴파일된 코드 실행하기
exec(compiled_code)
```

```
Result: 15
```

eval() 함수는 파이썬의 내장 함수 중 하나로, 문자열로 표현된 파이썬 수식(expression)을 실행하여 결과값을 반환하는 함수이다. 이 함수를 사용하면 문자열 형태로 주어진 파이썬 코드를 동적으로 실행할 수 있다.

```python
# eval() 함수를 사용하여 간단한 수식 실행하기
result1 = eval("2 + 3")
print(result1)  # 출력: 5

# 변수를 사용한 수식 실행하기
x = 5
y = 10
result2 = eval("x + y")
print(result2)  # 출력: 15
```

eval() 함수는 파이썬 인터프리터 셸에 정의된 전역 변수를 사용할 수 있다. eval() 함수는 사용자가 입력하는 파이썬의 수식을 실행할 때 사용한다. 예를 들어 사용자로부터 파이썬 수식을 받아서 바로 실행할 수 있다.

```
>>> exp = input("파이썬의 수식을 입력하시오: ")
파이썬의 수식을 입력하시오: 2**10
>>> eval(exp)
1024
```

zip()

zip() 함수는 파이썬의 내장 함수 중 하나로, 둘 이상의 시퀀스(예: 리스트, 튜플 등)를 묶어서 새로운 이터레이터(iterator)를 생성한다. 이터레이터는 이 장의 뒷부분에서 설명한다. 이렇게 생성한 이터레이터를 통해 요소들을 순차적으로 접근할 수 있다. 예제를 통해 zip() 함수를 이해해 보자.

zip.py 내장 함수 zip() #1

```python
names = ['Kim', 'Lee', 'Choi']
scores = [85, 92, 78]
grades = ['B', 'A', 'C']

# zip() 함수를 사용하여 시퀀스들을 묶기
zipped = zip(names, scores, grades)

# 결과를 확인하기 위해 리스트로 변환
zipped_list = list(zipped)
print(zipped_list)
```

```
[('Kim', 85, 'B'), ('Lee', 92, 'A'),
 ('Choi', 78, 'C')]
```

위의 예제에서 zip() 함수를 사용하여 names, scores, grades 세 개의 시퀀스를 묶어 새로운 이터레이터를 생성한다. 각 시퀀스들의 동일한 인덱스에 있는 요소들이 튜플 형태로 묶여 새로운 이터레이터에 저장된다. 이후 list() 함수를 사용하여 새로운 이터레이터를 리스트로 변환하면 결과가 리스트로 출력된다. zip() 함수를 사용하면 여러 시퀀스를 동시에 처리하거나 묶을 때 유용하게 사용할 수 있다.

map()

map() 함수는 주어진 시퀀스의 각 요소에 지정된 함수를 적용하여 새로운 이터레이터(iterator)를 반환한다. 즉, 시퀀스의 각 요소를 함수에 적용하여 처리한 결과를 새로운 이터레이터로 생성하는 것이다. 함수는 람다식으로 지정되는 경우가 많다. map() 함수의 구문은 다음과 같다.

```python
map(function, iterable, ...)
```

예제를 통해 map() 함수를 이해해 보자.

map.py 내장 함수 map()

```python
# 리스트의 각 요소를 제곱하여 새로운 리스트 생성
numbers = [1, 2, 3, 4, 5]

squared_numbers = list(map(lambda x: x**2, numbers))
print(squared_numbers)          # 출력: [1, 4, 9, 16, 25]
```

map() 함수는 numbers 리스트의 각 요소에 지정된 함수를 적용하여 새로운 이터레이터(iterator)를 반환한다. 이때, `lambda x: x**2` 람다식은 입력값을 x로 받아서 x의 제곱값을 반환한다. 따라서 numbers 리스트의 각 요소들이 람다식에 의해 제곱되어 새로운 이터레이터에 저장된다.

filter()

filter() 함수는 주어진 시퀀스의 각 요소에 대해 지정된 함수의 조건을 만족하는 요소들로 이루어진 새로운 이터레이터를 반환한다. 즉, 시퀀스의 요소 중에서 함수의 조건을 만족하는 요소들만 걸러낸다. filter() 함수의 구문은 다음과 같다.

```
filter(function, iterable)
```

예제를 통해 filter() 함수를 이해해 보자.

filter.py   내장 함수 filter() #1

```python
# 리스트에서 짝수만 걸러내는 새로운 리스트 생성
numbers = [1, 2, 3, 4, 5, 6, 7, 8]

even_numbers = list(filter(lambda x: x % 2 == 0, numbers))
print(even_numbers)        # 출력: [2, 4, 6, 8]
```

filter() 함수는 numbers 리스트의 각 요소에 대해 지정된 함수의 조건을 만족하는 요소들로 이루어진 새로운 이터레이터(iterator)를 반환한다. 이때, `lambda x: x % 2 == 0` 람다식은 입력값을 x로 받아서 x % 2 == 0 조건을 만족하는 경우(짝수인 경우)에만 True를 반환한다. 따라서 numbers 리스트의 요소들 중에서 짝수만 걸러내어 새로운 이터레이터에 저장한다.

reduce()

이 함수는 시퀀스의 요소에 대해 이전 요소와 현재 요소를 이항 연산자를 사용하여 순차적으로 결합하는 데 사용한다. reduce() 함수의 구문은 다음과 같다.

```
reduce(function, iterable[, initializer])
```

다음은 간단한 예제로 reduce() 함수의 작동 방식을 보여준다. 이 예제에서 이터러블의 요소를 모두 더하는 작업을 수행한다.

reduce.py   내장 함수 reduce()

```python
from functools import reduce
numbers = [1, 2, 3, 4, 5]
```

```
# reduce 함수를 사용하여 모든 숫자를 더한다.
total = reduce(lambda x, y: x + y, numbers)
print(total)          # 출력: 15
```

map(), filter(), reduce()의 차이점

map()과 filter()는 둘 다 파이썬에서 시퀀스(리스트, 튜플 등)의 요소를 처리하는 함수로 사용한다. 그러나 약간의 차이점이 있다. map() 함수는 주어진 함수를 이터러블의 각 요소에 적용하고, 그 결과를 새로운 시퀀스로 반환한다. 주로 시퀀스의 각 요소를 변환하거나 다른 형태로 매핑하는 데 사용한다.

filter() 함수는 주어진 함수를 시퀀스의 각 요소에 적용하고, 함수의 반환값이 True인 요소만을 모아서 새로운 시퀀스로 반환한다. 주로 특정 조건을 만족하는 요소를 필터링하는 데 사용한다. reduce() 함수는 시퀀스의 요소들을 합쳐서 하나의 값으로 만든다. 아래 그림을 참조한다.

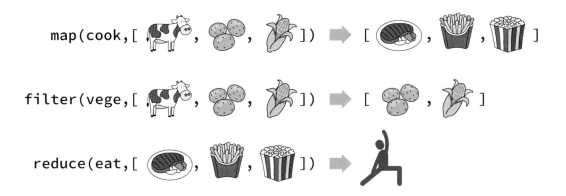

 중간점검

❶ 사용자로부터 문자열을 입력받아 그 문자열의 길이를 출력하는 프로그램을 작성할 때 사용하는 내장 함수는?

❷ 사용자로부터 정수 리스트를 입력받아 리스트의 모든 항목을 더하는 프로그램을 작성할 때 사용하는 내장 함수는?

❸ 사용자로부터 단어 리스트를 입력받아 각 단어의 길이를 계산한 리스트를 출력하는 프로그램을 작성해 보자. map()을 사용해 본다.

["apple", "banana", "cherry"] → [5, 6, 6]

LAB 01   내장 함수 all()과 any()

all() 함수를 사용하여 문자열이 숫자로만 이루어졌는지 확인하고, any() 함수를 사용하여 문자열에 숫자가 있는지 확인해 보자. 문자열의 각 문자에 접근하여 isdigit() 메소드를 호출한 뒤 각 문자가 숫자인지 확인한다. 문자가 숫자이면 True를 반환하고 그렇지 않으면 False를 반환하는 리스트를 만든다.

```
문자열을 입력하세요: 1234
입력한 문자열 '1234'은 모두 숫자로 이루어져 있습니다.
입력한 문자열 '1234'은 숫자를 포함하고 있습니다.
```

```
문자열을 입력하세요: abc1234
입력한 문자열 'abc1234'은 숫자를 포함하고 있습니다.
```

SOLUTION

any_all.py 내장 함수 all()과 any()

```python
def check_all_numeric(string) :
    return all(char.isdigit() for char in string)


def check_any_numeric(string) :
    return any(char.isdigit() for char in string)


user_input = input("문자열을 입력하세요: ")

is_all_numeric = check_all_numeric(user_input)

if is_all_numeric :
    print(f"입력한 문자열 '{user_input}'은 모두 숫자로 이루어져 있습니다.")

is_any_numeric = check_any_numeric(user_input)

if is_any_numeric :
    print(f"입력한 문자열 '{user_input}'은 숫자를 포함하고 있습니다.")
```

도전문제

❶ 입력된 문자열 중에서 숫자가 아닌 문자만 따로 추출하여 출력해 보자. 이를 통해 입력된 문자열에서 숫자가 아닌 어떤 문자가 있는지 확인할 수 있다.

❷ 입력된 문자열을 정수로 변환하여 숫자의 합을 계산하고 출력해 보자. 입력된 문자열에 포함된 숫자들의 합을 계산하여 보다 다양한 분석을 시도해볼 수 있다.

map()과 filter()를 함께 사용하는 예제를 살펴보자. 정수들이 저장된 리스트가 있다. filter() 함수로 리스트에서 짝수를 걸러내고, map() 함수로 걸러낸 짝수들을 제곱하여 리스트로 생성해 보자.

```
입력 리스트 = [1, 2, 3, 4, 5]
결과 리스트 = [4, 16]
```

SOLUTION

filter2.py 내장 함수 filter #2

```python
numbers = [1, 2, 3, 4, 5]

def is_even(num) :
    return num % 2 == 0

def square_number(num) :
    return num ** 2

filtered_even_numbers = filter(is_even, numbers)
squared_numbers = map(square_number, filtered_even_numbers)

result_list = list(squared_numbers)

print("입력 리스트 =", numbers)
print("결과 리스트 =", result_list)
```

위의 예제에서 filter() 함수로 numbers 리스트에서 짝수를 걸러내고, map() 함수와 square_number() 함수를 사용하여 걸러낸 짝수들을 제곱하여 리스트로 생성한다.

도전문제 입력 리스트에 있는 숫자들 중에서 소수(Prime Number)만 걸러내고, map() 함수를 사용하여 소수들을 각각의 제곱근으로 변환한 리스트를 생성해 보자. 소수는 1과 자기 자신 외에는 약수를 갖지 않는 숫자를 의미한다.

이 실습에서 물건의 가격(prices)과 수량(quantities) 정보를 각각 리스트로 관리하고, zip() 함수를 사용하여 두 리스트를 묶은 다음, 각 요소별로 곱셈 연산을 수행하여 total_prices 리스트를 생성한다. 이를 통해 물건별 총 가격을 쉽게 계산해 보자.

```
prices = [100, 200, 300, 400]
quantities = [2, 3, 5, 1]
```

```
물건의 총 가격 = 2700
```

SOLUTION

zip2.py   내장 함수 zip() #2

```python
prices = [100, 200, 300, 400]
quantities = [2, 3, 5, 1]

# 두 리스트를 zip() 함수로 묶어서 각 요소별 곱셈 계산
total_prices = [price * quantity for price, quantity in zip(prices, quantities)]

# 결과 출력
print("물건의 총 가격 = ", sum(total_prices))
```

도전문제   주어진 prices와 quantities 리스트에서 최고가 물건의 가격과 최저가 물건의 가격을 찾아 출력해 보자. 또한 최고가 물건의 가격과 최저가 물건의 가격을 각각 quantities 리스트의 최고 수량과 최저 수량과 곱하여 총 금액을 계산해 보자.

3   파이썬에서 정렬하기

정렬은 컴퓨터 공학에서 중요한 알고리즘이다. 탐색을 비롯한 수많은 작업에 사용한다. 파이썬에서 정렬을 어떻게 수행하는 것이 좋을까? 대략 세 가지 방법이 있다.

프로그래머가 퀵 정렬(Quick Sort), 힙 정렬(Heap Sort) 등의 정렬 알고리즘을 직접 구현해서 사용할 수도 있지만, 효율적인 정렬을 위해 내장 함수인 sorted()와 리스트의 sort() 메소드를 활용하는 것이 좋다.

내장 함수 sorted() 사용

sorted() 함수는 리스트, 튜플, 문자열 등의 시퀀스를 정렬하여 새로 정렬된 리스트를 반환한다. 원본 데이터는 변경되지 않는다. sorted() 함수는 다음과 같은 구문을 사용한다.

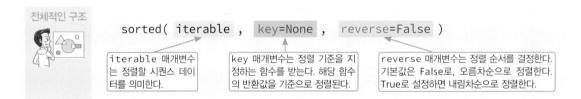

내장 함수 sorted()는 정렬된 새로운 리스트를 반환하기 때문에, 기존의 리스트는 전혀 변경되지 않는다. sorted() 함수를 이용하여 숫자들의 리스트를 정렬하는 예제는 다음과 같다.

```
>>> numbers = [5, 2, 8, 1, 9]
>>> sorted_numbers = sorted(numbers)   # 오름차순으로 정렬
>>> print(sorted_numbers)
[1, 2, 5, 8, 9]
```

이번에는 문자열들이 저장된 리스트를 정렬해 보자. 아무런 인자가 전달되지 않으면 알파벳순으로 정렬된다.

```
>>> names = ['Kim', 'Lee', 'Park', 'Choi']
>>> sorted_names = sorted(names)       # 알파벳순으로 정렬
>>> print(sorted_names)
['Choi', 'Kim', 'Lee', 'Park']
```

이번에는 역순으로 정렬해 보자. reverse=True라고 지정하면 된다.

```
>>> sorted_names_reverse = sorted(names, reverse=True)   # 알파벳 역순으로 정렬
```

```
>>> print(sorted_names_reverse)
['Park', 'Lee', 'Kim', 'Choi']
```

key 매개변수

정렬을 하다보면 정렬에 사용하는 키를 개발자가 변경해주어야 하는 경우가 종종 있다. 파이썬 2.4부터는 개발자가 key 매개변수로 정렬을 하기 전에 각 요소에 대하여 호출되는 함수를 지정할 수 있다. 문자열을 정렬할 때, key 매개변수에 len() 함수를 전달해 보자. 문자열의 길이를 기준으로 정렬된다.

```
>>> names = ['Kim', 'Lee', 'Park', 'Choi']
>>> sorted_names_length = sorted(names, key=len)     # 길이를 기준으로 정렬
>>> print(sorted_names_length)
['Kim', 'Lee', 'Park', 'Choi']
```

key 매개변수를 많이 사용하는 경우는 객체의 데이터 중에서 특정한 데이터를 기준으로 정렬하는 경우이다. 예를 들어 학생들을 다음과 같이 딕셔너리의 리스트로 나타낸 후에 나이를 기준으로 정렬하는 코드를 작성하는 경우를 살펴보자.

```
>>> people = [
    {'name': 'Kim', 'age': 25},
    {'name': 'Lee', 'age': 19},
    {'name': 'Park', 'age': 21}
]
>>> sorted_people = sorted(people, key=lambda x: x['age'])   # 나이를 기준으로 정렬
>>> print(sorted_people)
[{'name': 'Lee', 'age': 19}, {'name': 'Park', 'age': 21}, {'name': 'Kim', 'age':
25}]
```

lambda는 람다식을 나타낸 것으로, x를 받아서 x['age']를 반환한다. 즉, 정렬의 기준이 학생들의 나이가 되는 것이다. sorted() 함수는 기본적으로 오름차순으로 정렬하므로, 위의 예제는 나이가 적은 순서대로 정렬된다. 이번에는 나이를 기준으로 내림차순으로 정렬해 보자. reverse=True 매개변수를 추가하여 나이가 많은 순서대로 정렬할 수 있다.

```
>>> sorted_people_reverse = sorted(people, key=lambda x: x['age'], reverse=True)
>>> print(sorted_people_reverse)
[{'name': 'Kim', 'age': 25}, {'name': 'Park', 'age': 21}, {'name': 'Lee', 'age':
19}]
```

위와 유사하게 학생들을 클래스로 표현하고 클래스의 인스턴스 변수를 정렬의 기준으로 지정해도 된다.

```
>>> class Student :
        def __init__(self, name, grade, number) :
            self.name = name
            self.grade = grade
            self.number = number
        def __repr__(self) :
            return repr((self.name, self.grade, self.number))

>>> students = [
    Student('홍길동', 3.9, 20160303),
    Student('김철수', 3.0, 20160302),
    Student('최자영', 4.3, 20160301)
]
>>> sorted(students, key=lambda student: student.number)
[('최자영', 4.3, 20160301), ('김철수', 3.0, 20160302), ('홍길동', 3.9, 20160303)]
```

객체의 sort() 메소드 사용

객체의 sort() 메소드는 리스트 자체를 정렬하는 데 사용하며, 원본 리스트가 직접 변경된다. 이 메소드는 리스트 객체에 속한 메소드로, 정렬을 직접 수행하기 때문에 반환값은 없다. 정수 리스트는 다음과 같이 정렬할 수 있다.

```
>>> numbers = [9, 5, 2, 1, 7]
>>> numbers.sort()    # 오름차순으로 정렬
>>> print(numbers)
[1, 2, 5, 7, 9]
```

리스트를 내림차순으로 정렬하려면 reverse=True라고 하면 된다.

```
>>> numbers.sort(reverse=True)    # 내림차순으로 정렬
>>> print(numbers)
[9, 7, 5, 2, 1]
```

문자열 리스트도 마찬가지이다.

```
>>> names = ['Alice', 'Bob', 'Charlie', 'David']
>>> names.sort()    # 알파벳순으로 정렬
>>> print(names)
['Alice', 'Bob', 'Charlie', 'David']
```

튜플이나 딕셔너리 객체도 sort() 메소드를 가지고 있다. 딕셔너리만 살펴보자.

```
>>> people = [{'name': 'Alice', 'age': 25}, {'name': 'Bob', 'age': 19}, {'name':
'Charlie', 'age': 21}]

>>> people.sort(key=lambda x: x['age'])    # 나이를 기준으로 정렬
>>> print(people)
[{'name': 'Bob', 'age': 19}, {'name': 'Charlie', 'age': 21}, {'name': 'Alice',
'age': 25}]
```

위의 예제에서 객체의 sort() 메소드를 사용하여 숫자, 문자열, 딕셔너리를 정렬하였다. key 매개변수를 사용하여 정렬 기준을 설정할 수 있으며 reverse 매개변수를 사용하여 내림차순으로 정렬할 수 있다. sort() 메소드는 리스트 객체에 속한 메소드이므로, 정렬을 직접 수행하며 반환값이 없다. 따라서 sort() 메소드를 호출한 리스트 자체가 정렬된 상태로 변경된다.

정렬의 안정성

파이썬 버전 2.2부터 파이썬에서의 정렬은 안정성이 보장된다. 안정성이란, 동일한 키를 가지고 있는 레코드가 여러 개 있을 때 정렬 후에도 레코드들의 원래 순서가 유지되는 것을 의미한다.

```
>>> data = [(1, 100), (1, 200), (2, 300), (2, 400)]
>>> sorted(data, key=lambda item: item[0])
[(1, 100), (1, 200), (2, 300), (2, 400)]
```

여기서 정렬의 기준은 첫 번째 항목이다. 위의 코드에서 (1, 100) 레코드와 (1, 200) 레코드가 정렬 후에도 위치가 변경되지 않았다. 이것은 사소한 것 같지만 중요할 수도 있다. 예를 들어 대학교에서 성적이 같은 경우, 선착순으로 선발한다고 하면 반드시 정렬의 안정성이 보장되어야 한다. sorted() 내장 함수와 sort() 메소드는 모두 안정성을 만족한다.

중간점검

❶ sorted() 함수와 sort() 메소드의 차이점은?
❷ 정렬 시에 정렬 기준을 바꾸려면 어떤 키워드 인자를 사용해야 하는가?

LAB 04   key를 이용한 정렬

students 리스트에 학생 정보가 딕셔너리 형태로 저장되어 있다고 하자. 이 학생들을 나이 오름차순으로 정렬하되, 나이가 같을 경우에는 성적의 역순으로 정렬하는 예제를 작성해 보자.

```
students = [
    {'name': 'Kim', 'age': 21, 'grade': 'A'},
```

```
        {'name': 'Lee', 'age': 19, 'grade': 'B'},
        {'name': 'Choi', 'age': 20, 'grade': 'C'},
        {'name': 'Park', 'age': 22, 'grade': 'A'},
        {'name': 'Song', 'age': 21, 'grade': 'B'}
    ]
```

```
[{'name': 'Lee', 'age': 19, 'grade': 'B'}, {'name': 'Choi', 'age': 20, 'grade':
'C'}, {'name': 'Song', 'age': 21, 'grade': 'B'}, {'name': 'Kim', 'age': 21,
'grade': 'A'}, {'name': 'Park', 'age': 22, 'grade': 'A'}]
```

SOLUTION

sort2.py key를 이용한 정렬

```python
students = [
    {'name': 'Kim', 'age': 21, 'grade': 'A'},
    {'name': 'Lee', 'age': 19, 'grade': 'B'},
    {'name': 'Choi', 'age': 20, 'grade': 'C'},
    {'name': 'Park', 'age': 22, 'grade': 'A'},
    {'name': 'Song', 'age': 21, 'grade': 'B'}
]

# 학생을 나이 오름차순으로 정렬하되, 나이가 같다면 성적의 역순으로 정렬
sorted_students = sorted(students, key=lambda x: (x['age'], -ord(x['grade'])))
print(sorted_students)
```

sorted() 함수의 key 매개변수에는 람다식을 사용하여 정렬 기준을 설정하였다. x['age']로 나이를 기준으로 정렬하고, 나이가 같을 경우 -ord(x['grade'])로 성적의 역순으로 정렬한다. 성적을 -ord(x['grade'])로 변환한 이유는 알파벳 순서를 반대로 하기 위해서이다. 결과를 보면 나이가 오름차순으로 정렬되었으며, 나이가 같은 학생들은 성적의 역순으로 정렬된 것을 확인할 수 있다.

 도전문제

❶ 주어진 students 리스트에서 나이와 성적을 기준으로 각각 가장 어린 학생과 가장 높은 성적을 가진 학생의 정보를 추출하여 출력해 보자.

❷ 학생들의 성적(grade)을 기준으로 각 성적 등급별 학생 수를 계산하고, 이를 바탕으로 성적 등급별로 내림차순 정렬하여 출력해 보자.

4 이터레이터와 제너레이터

이터레이터

이터레이터(iterator)는 파이썬에서 반복 가능한(iterable) 객체에서 요소들을 순차적으로 접근하는 메소드를 제공하는 객체이다. 이터레이터는 순회 가능한 컨테이너의 각 요소에 차례대로 접근하는 데 사용하며, 데이터의 순서를 기억하고 있어 다음 요소에 대한 참조를 제공한다. 파이썬에서 이터레이터는 __iter__()와 __next__()라는 두 개의 특별한 메소드를 가지고 있다. 이 메소드들을 구현함으로써 이터레이터 프로토콜(Iterator Protocol)을 따르는 객체를 생성할 수 있다. 이터레이터를 구현하는 객체는 for 문과 함께 사용할 수 있다.

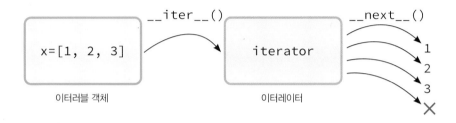

어떤 객체가 이터러블 객체가 되려면 다음과 같은 2개의 메소드를 구현해야 한다.

- **__iter__() 메소드:** 이 메소드는 이터레이터 객체 자체를 반환한다. 이렇게 하면 이터레이터 객체가 반복 가능한 (iterable) 객체로 사용될 수 있다.
- **__next__() 메소드:** 이 메소드는 다음 요소를 반환한다. 이 메소드를 호출할 때마다 다음 요소를 반환하며, 더 이상 반환할 요소가 없으면 StopIteration 예외를 발생시킨다.

예를 들어 `MyIterator` 클래스를 이터러블 클래스로 정의해 보자.

iterator.py 이터레이터 #1

```python
class MyIterator :
    def __init__(self, max_value) :
        self.max_value = max_value
        self.current = 0

    def __iter__(self) :
        return self

    def __next__(self) :
        # 현재 값이 최댓값 미만이면 다음 값을 반환하고, 현재 값을 증가시킨다.
        if self.current < self.max_value :
            result = self.current
            self.current += 1
            return result
```

```
    # 최댓값 이상이면 StopIteration 예외를 발생시킨다.
    else :
        raise StopIteration
```

이 예제에서 MyIterator 클래스는 __init__() 메소드를 사용하여 이터레이터 객체가 생성될 때 최댓값 (max_value)과 현재값의 초깃값(current)을 설정한다. __iter__() 메소드는 이터레이터 객체 자체를 반환하여 이터레이터 프로토콜을 따르도록 한다. __next__() 메소드는 current값이 max_value보다 작을 때, 현재값을 반환하고 current값을 증가시킨다. 그렇지 않으면 StopIteration 예외를 발생시켜 순회를 종료한다. 위에서 정의된 MyIterator 객체를 for 문에서 사용해 보자.

```
...
# 이터레이터 객체 생성
my_iterator = MyIterator(5)

# for 문을 사용하여 이터레이터의 요소들을 순회
for value in my_iterator :
    print(value)
```

```
0
1
2
3
4
```

이렇게 구현된 MyIterator 클래스를 for 문에서 사용하면, 0부터 max_value − 1까지의 값을 출력하게 된다. MyIterator 클래스는 이터레이터 프로토콜을 따르기 때문에, for 문에서 순회하면서 각 요소를 순차적으로 접근할 수 있다.

제너레이터

파이썬 제너레이터는 2.3 버전부터 도입되었다. 제너레이터(generator)는 이터레이터(iterator)를 생성하는 함수이다. 일반적인 함수와는 다르게 return 문을 사용하여 값을 반환하는 대신, yield 문을 사용하여 값을 생성하고 반환한다. 이러한 yield 문은 함수의 실행 상태를 보존하며, 함수가 호출될 때마다 마지막으로 실행된 yield 문 다음부터 실행을 재개한다.

제너레이터 함수는 호출되었을 때 제너레이터 객체를 반환하며, 이 제너레이터 객체는 이터레이터 프로토콜을 따르기 때문에 for 문과 같은 반복 구조에서 사용될 수 있다. 제너레이터는 필요한 순간에 값들을 생성해서 메모리를 효율적으로 사용할 수 있으며 큰 데이터 집합을 처리할 때 매우 유용하다.

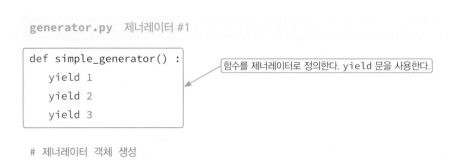

generator.py 제너레이터 #1

```
def simple_generator() :
    yield 1          ←── 함수를 제너레이터로 정의한다. yield 문을 사용한다.
    yield 2
    yield 3
```

```
# 제너레이터 객체 생성
```

```
gen = simple_generator()

# for 문을 사용하여 제너레이터의 값들을 순회
for value in gen :
    print(value, end="")
```

1 2 3

위의 예제에서 simple_generator()는 제너레이터 함수이다. yield 문을 사용하여 각각 1, 2, 3을 순차적으로 생성하고 반환하고 있다. simple_generator()를 호출하면 제너레이터 객체를 반환하며, 이 객체는 이터레이터 프로토콜을 따르기 때문에 for 문과 같은 반복 구조에서 사용할 수 있다.

for 문을 통해 제너레이터 객체를 순회하면, 각 yield 문에서 생성된 값들이 순차적으로 출력된다. 중요한 점은 제너레이터 함수가 모든 값을 미리 생성해서 저장하지 않고, 필요한 값들을 요청에 따라 생성해서 반환한다는 것이다. 이로 인해 큰 데이터 집합을 처리할 때 메모리 사용이 효율적으로 이루어진다. 앞의 이터레이터와 비교해보면 이터레이터는 클래스를 이용하여 이터러블 객체를 생성하는 것이고 제너레이터는 함수를 이용하여 이터러블 객체를 생성하는 것이다.

중간점검
❶ 이터레이터와 제너레이터의 차이점은 무엇인가?
❷ 1부터 10까지의 숫자를 반환하는 제너레이터 함수를 작성해 보자.

LAB 05 ┃ 피보나치 이터레이터 클래스

피보나치 수열이란, 앞의 두 수의 합이 바로 뒤의 수가 되는 수열을 의미한다. 피보나치 수열의 수들을 생성하는 이터레이터 클래스를 정의해 보자.

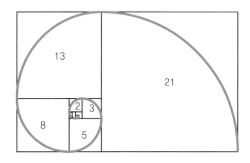

```
1 1 2 3 5 8 13 21 34
```

`iterator_fibo.py` 피보나치 이터레이터

```python
class FibIterator :
    def __init__(self, a=1, b=0, maxValue=50) :
        self.a = a
        self.b = b
        self.maxValue = maxValue

    def __iter__(self) :
        return self

    def __next__(self) :
        n = self.a + self.b
        if n > self.maxValue :
            raise StopIteration()
        self.a = self.b
        self.b = n
        return n

for i in FibIterator() :
    print(i, end="")
```

`__iter__()`와 `__next__()`를 정의하여 이터레이터 클래스로 작성한다.

 도전문제 피보나치 수열을 생성하는 이터레이터 클래스를 활용하여 원하는 범위 내에서 특정 피보나치 수보다 큰 값을 찾아보자. 예를 들어 입력으로 특정 값을 받아 그 값보다 큰 피보나치 수를 출력하는 기능을 구현해 보자.

5 모듈이란?

파이썬의 **모듈(module)**은 코드 블록을 담고 있는 파일이며, 함수, 변수, 클래스 등의 정의들을 포함하고 있다. 모듈은 프로그램의 특정 기능을 분리하여 관리하고, 코드의 가독성과 재사용성을 높이는 데 도움이 된다. 파이썬에서 기본적으로 제공하는 내장 모듈들뿐만 아니라, 사용자가 직접 작성한 모듈들도 활용할 수 있다.

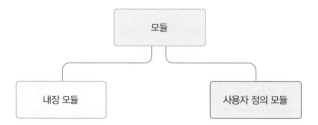

예를 들어 우리는 이전에 turtle이라는 모듈을 불러온 후에 화면에 그림 그리는 기능을 사용했었다. 일반적으로 우리는 많은 모듈을 사용한다. 다른 사람들이 이미 만들어 놓은 모듈을 사용할 수도 있고 우리가 직접 만들어서 사용할 수도 있다. 여기서는 모듈을 어떻게 만들고 사용하는지를 알아보자. 그리고 파이썬은 다양한 작업을 수행하는 모듈들을 지원한다. 우리는 가장 많이 사용하고 유용한 모듈들을 선별하여 살펴볼 것이다.

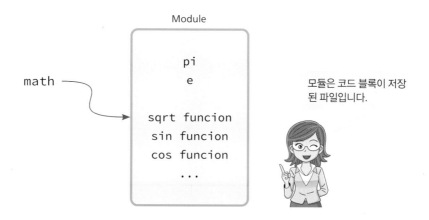

모듈은 코드 블록이 저장된 파일입니다.

내장 모듈 사용하기

파이썬에는 기본적으로 제공되는 여러 내장 모듈들이 있다. 이러한 내장 모듈들은 파이썬 프로그램에서 직접 가져와 사용할 수 있다. 예를 들어 math, random, datetime과 같은 모듈들이 있다. 내장 모듈을 사용하려면 import 키워드를 사용한다.

```python
import math

# 내장 모듈인 math를 사용하여 제곱근을 계산
print(math.sqrt(16))   # 출력: 4.0
```

사용자 정의 모듈 작성하기

우리는 프로그램의 특정 기능을 분리하여 별도의 파일에 정의한 후, 이것을 가져와 사용할 수 있다. 사용자 정의 모듈은 파이썬 스크립트 파일로 구현된다. 모듈 파일의 이름은 .py 확장자를 갖는다. 간단한 모듈을 한번 만들어 보고, 파이썬 튜토리얼에 있는 피보나치 수열 모듈을 예로 설명해 보자.

fibo.py 피보나치 수열 모듈

```python
# 피보나치 수열 모듈 fibo.py
def fib(n) :              # 피보나치 수열 출력
    a, b = 0, 1
    while b < n :
        print(b, end="")
```

```
            a, b = b, a+b
        print()

def fib2(n) :              # 피보나치 수열을 리스트로 반환
    result = []
    a, b = 0, 1
    while b < n :
        result.append(b)
        a, b = b, a+b
    return result
```

위와 같이 fib()와 fib2() 함수가 있는 파일 fibo.py를 만들고 C:\python 디렉토리에 저장하자. 파일의 확장자는 반드시 .py이어야 한다. 스크립트 파일이 바로 모듈이라고 생각하면 된다. 지금까지 에디터로 만들어 왔던 소스 파일이 바로 모듈인 것이다. 모듈 안에서 모듈의 이름은 __name__ 변수로 알 수 있다.

fibo.py 모듈에 들어 있는 모든 정의는 다른 모듈로 임포트될 수 있다. 우리가 만든 fibo.py라는 파일, 즉 모듈을 파이썬에서 불러와 사용하려면 어떻게 해야 할까? 먼저 fibo.py를 저장한 디렉토리(C:\python)로 이동한 후에 파이썬 인터프리터 쉘을 실행한다. 그래야만 파이썬 인터프리터 쉘이 fibo.py을 읽어 들일 수 있다. 다음과 같은 문장을 입력하여 실행한다.

```
>>> import fibo
```

fibo.py를 불러오기 위해 import fibo라고 입력하고 있다. 이때는 확장자 .py를 붙이면 안 된다. import는 다른 사람이 작성한 파이썬 모듈을 사용할 수 있게 해주는 명령어이다. import 문을 실행한다고 해서, 파이썬 인터프리터가 모듈 안의 함수들을 읽어 들여 현재의 심볼 테이블에 저장하지는 않는다. 단지 모듈의 이름인 fibo만 심볼 테이블에 저장한다. 모듈의 이름을 이용하여 개발자는 다음과 같이 모듈 안의 함수들을 사용할 수 있다.

```
>>> fibo.fib(1000)
1 1 2 3 5 8 13 21 34 55 89 144 233 377 610 987

>>> fibo.fib2(100)
[1, 1, 2, 3, 5, 8, 13, 21, 34, 55, 89]

>>> fibo.__name__
'fibo'
```

만약 fibo.fib()와 같이 함수를 사용할 때마다 모듈의 이름을 적어주는 것이 귀찮다면 "from 모듈 import 함수"를 사용해도 된다. "from 모듈 import 함수"를 이용하면 모듈 이름 없이 해당 모듈의 함수를 사용할 수 있다.

```
>>> from fibo import fib
>>> fib(1000)
1 1 2 3 5 8 13 21 34 55 89 144 233 377 610 987
```

fibo 모듈에 저장된 fib()과 fib2() 함수를 사용하고 싶다면 다음과 같이 한다.

```
>>> from fibo import fib, fib2
>>> fib(500)
1 1 2 3 5 8 13 21 34 55 89 144 233 377
```

* 문자를 사용하는 방법도 있다. *는 정규 표현식에서 '모든 것'을 의미한다.

```
>>> from fibo import *
>>> fib(500)
1 1 2 3 5 8 13 21 34 55 89 144 233 377
```

"from fibo import *" 문장이 실행되면 모듈 안의 모든 함수들이 심볼 테이블에 저장된다. 이 방법은 단점도 있다. "from fibo import *" 문장을 사용하면 fibo 모듈의 모든 이름이 현재 네임스페이스로 가져와지기 때문에, 현재 네임스페이스에 이미 존재하는 이름들과 충돌할 수 있다. 이로 인해 예상치 못한 동작이 발생할 수 있으며 디버깅이 어려워질 수 있다. 또 "from fibo import *"는 어떤 이름들이 현재 네임스페이스로 가져와지는지 명시적으로 나타내지 않기 때문에, 코드의 가독성이 감소할 수 있다. 하지만 이런 단점에도 불구하고 편리함 때문에 많이 사용한다.

WARNING 효율성의 관점에서 각 모듈은 인터프리터 세션에서 한 번만 포함된다. 따라서 만약 모듈 작성자가 모듈을 변경한다면 인터프리터를 다시 실행해야 한다. 만약 변경된 모듈이 하나뿐이면 importlib.reload()를 사용해도 된다.

모듈 실행하기

모듈은 독립적으로 실행될 수도 있다. 명령어 프롬프트에서 파이썬 모듈을 실행하려면 다음과 같이 한다.

```
C:\python> python fibo.py
```

모듈의 코드는 차례대로 실행되고 __name__ 변수는 '__main__'으로 설정된다. 따라서 우리가 모듈의 끝에 다음과 같은 코드를 덧붙이면 명령어 프롬프트에서 모듈을 실행할 수 있다.

```
...
if __name__ == "__main__" :
```

```
import sys
fib(int(sys.argv[1]))        # 명령어 프롬프트에서의 인자를 가지고 fib() 호출
```

'C:\python' 디렉토리에서 "C:\python> python fibo.py 50"처럼 직접 이 파일을 실행시켰을 때는 __name__ == "__main__"이 참이 되어 if 문 안의 문장들이 실행된다.

```
C:\python> python fibo.py 50
1 1 2 3 5 8 13 21 34
```

만약 다음과 같이 파이썬 인터프리터에서 이 모듈을 포함시키면 __name__ == "__main__"이 거짓이 되어 if 문 안의 문장들이 실행되지 않는다.

```
>>> import fibo
```

따라서 이 방법은 파이썬 모듈을 만든 후, 모듈을 간단하게 테스트하기 위해 많이 사용한다.

모듈 탐색 경로

개발자가 fibo.py 모듈을 임포트하라고 하면 인터프리터는 먼저 현재 디렉토리에 이러한 이름을 가지는 모듈이 있는지를 검사한다. 만약 발견되지 않으면 sys.path 변수에 저장된 디렉토리에서 fibo.py를 찾는다. sys.path는 아래와 같은 위치로 초기화된다.

- 입력 스크립트가 있는 디렉토리(파일이 지정되지 않으면 현재 디렉토리)
- PYTHONPATH 환경 변수
- 설치에 의존하는 디폴트값

초기화 이후로는 파이썬 프로그램이 sys.path를 변경할 수 있다. 현재 실행되는 스크립트가 있는 디렉토리는 탐색 경로의 맨 처음에 놓여진다. 표준 라이브러리 경로보다 먼저 탐색된다. 이것이 의미하는 것은 무엇일까? 우리가 만든 모듈이 표준 라이브러리 모듈을 대체할 수 있다는 것이다.

중간점검
❶ 파이썬에서 모듈을 가져오는 방법은 무엇인가?
❷ 파이썬이 모듈을 찾는 검색 경로는 어떻게 정의되어 있는가?
❸ if __name__ == "__main__" : 문장을 사용할 경우 모듈이 직접 실행될 때와 다른 스크립트에서 모듈을 임포트할 때의 차이를 설명해 보자.

다음과 같은 사용자 정의 모듈 파일을 만들어본다.

my_module.py 사용자 모듈 만들기

```python
# my_module.py
def greeting(name) :
    return f"Hello, {name}!"

def add(a, b) :
    return a + b
```

이 사용자 정의 모듈을 다른 파이썬 파일 main.py에서 가져와 사용해 보자.

```
Hello, Kim!
8
```

SOLUTION

main.py 사용자 모듈 포함하기

```python
# main.py
import my_module

print(my_module.greeting("Kim"))
print(my_module.add(3, 5))
```

위 코드의 main.py 파일에서 my_module이라는 사용자 정의 모듈을 임포트하여 모듈의 함수들을 사용하고 있다. 모듈은 프로그램의 기능을 조직화하고 코드의 재사용성을 높이는 중요한 개념이다. 파이썬에서 많은 내장 모듈들을 제공하고 있으며 사용자 정의 모듈을 만들어서 프로그램을 구조화할 수 있다. 이를 통해 큰 규모의 프로젝트에서도 코드를 더욱 효율적으로 관리할 수 있다.

도전문제 사용자 정의 모듈인 my_module.py에 새로운 함수를 추가해 보자. 예를 들어 두 수의 차를 반환하는 subtract() 함수를 추가하고 main.py에서 이를 활용하여 두 수의 차를 계산하고 출력해 보자.

6 유용한 모듈

파이썬에는 많은 모듈들이 포함되어 있다. 이들 모듈은 다양한 분야에 걸쳐서 전문가들이 작성한 것으로, 많은 테스트를 거쳤기 때문에 안정되고 좋은 코드이다. 따라서 가능하면 이들을 찾아서 적극적으로 사용하는 것이 좋다. 개발자들은 어떤 코드를 작성하기에 앞서서 유사한 기능을 하는 코드가 파이썬 내장 모듈에 있는지를 먼저 확인하는 것이 좋다.

파이썬은 다양한 내장 모듈과 서드 파티 (Third-party) 모듈들이 많이 있어 다양한 작업을 편리하게 처리할 수 있습니다.

"Don't reinvent the wheel(바퀴를 다시 발명하지 말라)."이라는 영어 속담이 있다. 잘 정리되고 충분한 테스트를 거친 좋은 모듈들이 제공되고 있는데, 굳이 다시 코드를 작성할 필요가 없다는 것이다. 프로그래밍에서 중요한 원칙 중 하나는 이전에 개발된 코드를 적극적으로 재활용하자는 것이다. 10.6절에서는 파이썬에서 기본적으로 제공하는 모듈 중 가장 많이 사용하는 것을 살펴본다.

됐어!

우린 좀 바쁘단 말이지!

내장 모듈

- **math**: 수학 함수와 상수를 제공하는 모듈로, 산술 연산, 삼각 함수, 로그 등 다양한 수학적 기능을 제공한다.
- **random**: 난수를 생성하는 모듈로, 무작위 수 생성, 리스트 섞기 등에 유용하다.
- **datetime**: 날짜와 시간을 다루는 모듈로, 날짜 형식 변환, 시간 차이 계산 등을 지원한다.
- **os**: 운영체제와 상호 작용할 수 있는 함수를 제공하는 모듈로, 파일 및 디렉터리 조작, 환경 변수 액세스 등을 지원한다.
- **json**: JSON(JavaScript Object Notation) 데이터 형식을 다루는 모듈로, 데이터 직렬화 및 역직렬화에 사용한다.
- **csv**: CSV(Comma-Separated Values) 파일을 다루는 모듈로, CSV 파일 읽기와 쓰기가 가능하다.

copy 모듈

파이썬에서는 데이터를 복사할 때 얕은 복사와 깊은 복사의 두 가지 방법을 사용할 수 있다. 이들은 객체가 복사될 때 약간 다르게 동작한다.

- **얕은 복사(Shallow Copy):** 얕은 복사는 새로운 객체를 생성하고, 원본 객체의 요소들을 새로운 객체로 복사한다. 그러나 원본 객체의 요소들이 가리키는 하위 객체들까지는 새로운 객체에 복사되지 않고, 원본과 복사본이 같은 하위 객체를 참조하게 된다. copy 모듈의 copy() 함수나 객체의 copy() 메소드를 사용하여 수행된다.

예를 들어 다음과 같은 코드에는 얕은 복사가 수행된다.

shallow.py 얕은 복사 프로그램

```python
import copy

original_list = [1, [2, 3], 4]
shallow_copy = copy.copy(original_list)

print(shallow_copy)                          # 출력: [1, [2, 3], 4]
# 얕은 복사이므로 하위 리스트는 같은 객체를 참조
print(original_list[1] is shallow_copy[1])   # 출력: True
```

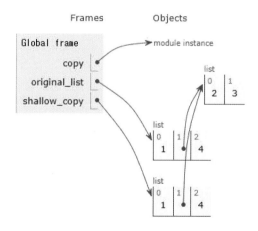

- **깊은 복사(Deep Copy):** 깊은 복사는 원본 객체와 원본 객체의 모든 하위 객체를 완전히 새로운 객체로 복사한다. 따라서 복사본과 원본은 완전히 독립적인 객체가 된다. copy 모듈의 deepcopy() 함수를 사용하여 수행된다.

예를 들어 다음과 같은 코드에는 깊은 복사가 수행된다.

deepcopy.py 깊은 복사 프로그램

```python
import copy

original_list = [1, [2, 3], 4]
```

```
deep_copy = copy.deepcopy(original_list)

print(deep_copy)                          # 출력: [1, [2, 3], 4]
# 깊은 복사이므로 하위 리스트도 별개의 객체를 참조
print(original_list[1] is deep_copy[1])   # 출력: False
```

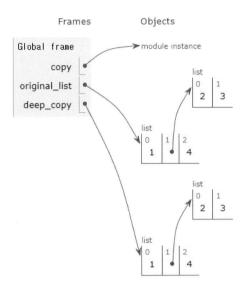

random 모듈

random 모듈은 난수를 발생시킬 때 사용하는 모듈이다. 난수는 다양한 용도로 사용한다. 예를 들어 카드 게임이나 동전 던지기를 시뮬레이트할 때 난수를 이용한다. 일회용 패스워드를 생성할 때나 웹사이트에서 사용자에게 랜덤하게 어떤 상품을 소개할 때도 사용한다. random 모듈에서 난수를 발생시키는 다양한 함수들이 지원된다.

- **randint()**: 정수 범위의 난수를 생성하려면 randint()를 사용한다. randint(1, 6)과 같이 정수 구간을 인자로 줄 수 있다. randint(1, 6)은 1, 2, 3, 4, 5, 6 중 하나를 랜덤하게 생성한다.

```
>>> import random
>>> print(random.randint(1, 6))
6
>>> print(random.randint(1, 6))
3
```

- **random()**: 0에서 1 사이의 난수를 반환한다. 만약 더 큰 수를 원한다면 원하는 범위를 곱하면 된다.

```
>>> import random
>>> print(random.random()*100)
81.1618515880431
```

- **choice()**: 주어진 시퀀스의 항목을 랜덤하게 반환한다. 예를 들어 다음과 같은 코드는 "red", "green", "blue" 중에서 하나를 랜덤하게 반환한다.

```
>>> myList = ["red", "green", "blue"]
>>> random.choice(myList)
'blue'
```

- **shuffle()**: 리스트의 항목을 랜덤하게 섞는다.

```
>>> myList = [[x] for x in range(10)]
>>> random.shuffle(myList)
>>> myList
[[3], [2], [7], [9], [8], [1], [4], [6], [0], [5]]
```

- **randrange(start, stop[, step])**: 이 함수는 range(start, stop, step) 함수 앞에 rand를 붙인 것으로 기억하자. 구간으로부터 랜덤하게 요소를 생성한다. start는 시작값으로 범위에 포함된다. 생략하면 기본값은 0이다. stop은 종료값으로 범위에 포함되지 않는다. step은 각 정수들 사이의 간격으로 생략 가능하다. 생략하면 기본값은 1이다.

randrange.py 구간 난수 생성

```
import random

def roll_dice() :
    return random.randrange(1, 7)

# 주사위를 10번 굴려서 결과 출력
for _ in range(10) :
    print(roll_dice())
```

위의 코드에서 roll_dice() 함수는 randrange(1, 7)을 호출하여 1부터 6까지의 무작위 정수를 반환한다. for 문을 사용하여 주사위를 10번 굴려서 무작위로 나온 값들을 출력한다. 실행 결과는 각각 1부터 6까지의 무작위 정수들로 구성되며, 이는 주사위를 굴린 결과와 같다.

os 모듈

os 모듈은 파이썬 내장 모듈 중 하나로, 운영체제와 상호 작용할 수 있는 함수들을 제공한다. 이 모듈을 사용하여 파일과 디렉토리를 다루고, 환경 변수를 읽고 설정하며, 운영체제에 관련된 여러 작업들을 수행할 수 있다. 주요한 os 모듈의 함수와 기능들은 다음과 같다.

파일 및 디렉토리 관리

- **os.getcwd()**: 현재 작업 디렉토리를 반환한다.
- **os.chdir(path)**: 작업 디렉토리를 변경한다.
- **os.listdir(path)**: 디렉토리 내의 파일과 하위 디렉토리를 리스트로 반환한다.
- **os.mkdir(path)**: 새로운 디렉토리를 생성한다.
- **os.makedirs(path)**: 중간 디렉토리를 자동으로 생성하며, 새로운 디렉토리를 생성한다.
- **os.remove(path)**: 파일을 삭제한다.
- **os.rmdir(path)**: 디렉토리를 삭제한다.

경로 관리

- **os.path.exists(path)**: 주어진 경로가 존재하는지 여부를 확인한다.
- **os.path.isfile(path)**: 주어진 경로가 파일인지 여부를 확인한다.
- **os.path.isdir(path)**: 주어진 경로가 디렉토리인지 여부를 확인한다.
- **os.path.join(path1, path2, ...)**: 경로들을 합쳐서 새 경로를 생성한다.

환경 변수

- **os.environ**: 현재 시스템의 환경 변수들을 딕셔너리 형태로 반환한다.
- **os.getenv(var_name)**: 특정 환경 변수의 값을 읽어온다.

예를 들어 system() 함수는 운영체제 상에서 명령어를 실행하며, 성공한 경우 0을 반환한다. 그리고 파이썬 인터프리터에서 system("calc")하면 계산기 프로그램이 실행된다.

```
>>> import os
>>> os.system("calc")
```

os.getcwd()와 os.chdir(path) 같은 함수들은 현재 작업 디렉토리 위치를 변경하거나 가져올 때 사용한다.

```
>>> os.getcwd()
'C:\\Users\\kim\\AppData\\Local\\Programs\\Python\\Python311'
>>> os.chdir("D:\\tmp")
>>> os.getcwd()
'D:\\tmp'
```

os.listdir(path) 함수는 해당 경로에 존재하는 파일과 디렉토리들을 리스트로 만들어서 반환한다.

```
>>> os.listdir(".")
['chap01', 'chap02', 'chap03', 'chap04', 'chap05', 'chap06', 'chap07', 'chap08',
'chap09', 'chap10', 'chap11', 'chap12', 'chap13', 'chap14', 'chap15', 'chap16',
'chap17', 'chap18', 'chap19', 'chap20']
```

os.mkdir(path)는 <path>에 해당하는 디렉토리를 생성한다.

```
>>> os.mkdir("myfiles")
>>> os.listdir(".")
['chap01', 'chap02', 'chap03', 'chap04', 'chap05', 'chap06', 'chap07', 'chap08',
'chap09', 'chap10', 'chap11', 'chap12', 'chap13', 'chap14', 'chap15', 'chap16',
'chap17', 'chap18', 'chap19', 'chap20', 'myfiles']
```

예제

이 예제를 실행하면 해당 디렉토리 안에 있는 모든 파일의 이름이 출력된다. os 모듈을 사용하면 디렉토리의 파일들을 검색하거나 파일의 속성을 확인하고 처리하는 등 다양한 파일 관련 작업을 쉽게 수행할 수 있다.

ostest2.py 디렉토리 파일 처리

```python
import os

def list_files_in_directory(directory) :
    # 주어진 디렉토리가 유효한지 확인
    if not os.path.isdir(directory) :
        print(f"'{directory}'은 유효한 디렉토리가 아닙니다.")
        return
    # 디렉토리 안의 파일 목록 출력
    print(f"디렉토리 '{directory}' 안의 파일: ")
    for filename in os.listdir(directory) :
        file_path = os.path.join(directory, filename)
        if os.path.isfile(file_path) :
            print(filename)

# 예제를 위한 특정 디렉토리 경로 설정
target_directory = 'c:\\python\\'

# 디렉토리 안의 파일 목록 출력
list_files_in_directory(target_directory)
```

```
디렉토리 'c:\python\' 안의 파일:
fibo.py
```

이 예제에서 `list_files_in_directory()` 함수는 특정 디렉토리 안의 파일들의 이름을 출력하는 기능을 한다. `os.listdir(directory)` 함수를 사용하여 주어진 디렉토리 내의 파일과 하위 디렉토리의 이름들을 리스트로 반환하고, `os.path.isfile(file_path)` 함수를 사용하여 파일인지 확인한다. 파일이면 파일 이름을 출력한다.

sys 모듈

sys 모듈은 파이썬 인터프리터에 대한 다양한 정보를 제공하는 모듈이다.

```
>>> import sys
>>> sys.prefix        # 파이썬이 설치된 경로
'C:\\Users\\kim\\AppData\\Local\\Programs\\Python\\Python312'

>>> sys.executable
'C:\\Users\\kim\\AppData\\Local\\Programs\\Python\\Python312\\pythonw.exe'
```

인터프리터를 종료시키려면 `sys.exit()`를 호출한다. IDLE에서 작동하지 않지만 파일로 실행시킬 때는 인터프리터를 종료시킨다.

현재 설치되어 있는 모듈을 보려면 sys.modules을 입력한다.

```
>>> sys.modules
>>> sys.modules    # 엄청나게 많이 나오므로 주의한다.
{'gettext': <module 'gettext' from 'C:\\Users\\chun\\AppData\\Local\\Programs\\
Python\\Python35-32\\lib\\gettext.py'>, 'builtins': <module 'builtins' (built-
in)>, 'ntpath': <module 'ntpath' from
'C:\\Users\\chun\\AppData\\Local\\Programs\\Python\\Python35-32\\lib\\ntpath.py'>,
'idlelib.ColorDelegator': ...
```

모듈을 참조할 때 사용하는 경로를 보려면 sys.path를 입력한다.

```
>>> sys.path
['', 'C:\\Users\\kim\\AppData\\Local\\Programs\\Python\\Python312\\Lib\\idlelib',
'C:\\Users\\kim\\AppData\\Local\\Programs\\Python\\Python312\\python312.zip', ... ]
```

설치된 파이썬의 버전을 보려면 sys.version을 입력한다.

```
>>> sys.version
'3.12.0 (tags/v3.12.0:0fb18b0, Oct 2 2023, 13:03:39) [MSC v.1935 64 bit (AMD64)]'
```

time 모듈 vs datetime 모듈

파이썬에서 time 모듈과 datetime 모듈은 날짜와 시간을 다루는 데에 모두 사용할 수 있지만, 각각의 특성과 사용 목적에 따라 선택해야 한다.

- **time 모듈:** 단순한 시간 측정이나 시간 간격을 다룰 때, 특히 프로그램의 실행 시간을 측정하는 용도로 유용하다. 시스템 호출과의 상호 작용이 필요한 경우에도 사용할 수 있다.
- **datetime 모듈:** 더 복잡한 날짜와 시간 정보를 다룰 때, 특히 년, 월, 일, 시, 분, 초 등의 상세한 정보가 필요한 경우에 유용하다. 날짜의 산술 계산이나 시간 간의 차이를 계산하는 등의 작업에 적합하다.

따라서 time 모듈과 datetime 모듈은 서로 보완적인 기능을 가지고 있으며 사용 목적에 맞게 적절히 선택하여 사용하는 것이 좋다. 일반적으로 날짜와 시간의 처리가 더 필요한 경우에는 datetime 모듈을 사용하는 것이 더 적합하다.

time 모듈

time 모듈은 시간을 얻어 와서 다양한 형식으로 표시하는 함수들을 가지고 있다. 컴퓨터에서 사용하는 시간의 형식은 다양하다.

```
>>> import time
>>> time.time()
1461203464.6591916
```

time() 함수를 호출하면 이상한 숫자가 나온다. 이것은 컴퓨터에서 시간을 측정하는 하나의 방법으로 1970년 1월 1일 자정 이후, 지금까지 흘러온 절대 시간을 초단위로 출력한 숫자이다. 이것을 UNIX 시간이라고 한다. 사람이 사용하는 방법이 아니어서 많이 이상해 보이지만 상당히 유용하다.

| 뉴욕 | 동경 | 유닉스(UNIX) | 런던 |

예를 들어 어떤 파이썬 프로그램이 실행되는 데 걸리는 시간을 time() 함수를 이용하여 측정할 수 있다.

```
start = time.time()
...
end = time.time()
print(end-start)
```

피보나치 수열을 계산하는 데 시간이 얼마나 걸리는지 측정해 보자.

time2.py 수행 시간 측정

```
import time
def fib(n) :      # 피보나치 수열 출력
    a, b = 0, 1
    while b < n :
        print(b, end="")
        a, b = b, a+b
    print()


start = time.time()
fib(1000)
end = time.time()
print(end-start)
```

```
1 1 2 3 5 8 13 21 34 55 89 144 233 377 610 987
0.03500199317932129
```

fib() 함수를 호출하기 전에 시간을 측정하여 start 변수에 저장한다. fib() 호출이 종료된 후에 다시 시간을 측정하여 end 변수에 저장한다. end에서 start를 빼면 실행 시간이 된다. 위의 실행 결과를 보면 0.035초인 것을 알 수 있다. 물론 이 값은 컴퓨터에 따라서 아주 많이 달라질 것이다.

asctime() 함수는 현재 날짜와 시간을 문자열 형태로 표시한다.

```
>>> import time
>>> time.asctime()
'Sun Aug  6 09:04:46 2023'
```

만약 우리가 특정 날짜를 asctime()에 주고 이것을 출력하려면 특정 날짜를 다음과 같이 튜플 형태로 생성해야 한다.

```
>>> t = (2024, 4, 29, 12, 10, 30, 5, 0, 0)
>>> time.asctime(t)
'Sat Apr 29 12:10:30 2024'
```

튜플은 (년, 월, 일, 시, 분, 초, 요일, 0, 0) 형태로 만들면 된다. 요일은 0이 월요일이고, 1은 화요일, ... , 6은 일요일이다.

localtime()은 현재 날짜와 시간을 튜플 객체 형태로 반환한다.

```
>>> print(time.localtime())
time.struct_time(tm_year=2023, tm_mon=8, tm_mday=6, tm_hour=9, tm_min=5, tm_
sec=37, tm_wday=6, tm_yday=218, tm_isdst=0)
```

time 모듈에 있는 `sleep()` 함수는 현재 동작 중인 프로세스를 주어진 초만큼 정지시킨다. 따라서 현재의 프로그램을 약간 천천히 실행하고자 할 때 사용한다. 예를 들어 우주선을 발사할 때, 사용할 수 있는 스크립트를 작성해 보자.

sleep.py sleep() 함수 사용

```python
import time
for i in range(10, 0, -1) :
    print(i, end="")
    time.sleep(1)
print("발사!")
```

```
10 9 8 7 6 5 4 3 2 1 발사!
```

datetime 모듈

datetime 모듈은 파이썬의 내장 모듈 중 하나로 날짜(date), 시간(time), 날짜와 시간(datetime)을 다루는 클래스와 함수들을 제공한다. 이 모듈은 날짜와 시간을 생성, 조작, 형식화하고, 시간 간의 차이를 계산하고 파싱하는 데 사용한다. datetime 모듈에는 여러 클래스들이 있다.

- **datetime**: 날짜(date)와 시간(time)을 모두 포함하는 클래스로, 년, 월, 일, 시, 분, 초, 마이크로초 등을 다룰 수 있다.
- **date**: 날짜를 표현하는 클래스로, 년, 월, 일 정보를 가지고 있다.
- **time**: 시간을 표현하는 클래스로, 시, 분, 초, 마이크로초 정보를 가지고 있다.
- **timedelta**: 두 개의 날짜 또는 시간 간의 차이를 표현하는 클래스로, 시간 간격을 다룰 수 있다.

datetime1.py datetime 모듈 사용하기

```python
from datetime import datetime, date, time

# 현재 날짜와 시간 가져오기
current_datetime = datetime.now()
print("현재 날짜와 시간:", current_datetime)

# 날짜와 시간 정보 분리
current_date = current_datetime.date()
current_time = current_datetime.time()

print("현재 날짜:", current_date)
print("현재 시간:", current_time)

# 날짜와 시간을 문자열로 변환
formatted_datetime = current_datetime.strftime("%Y-%m-%d %H:%M:%S")
print("형식화된 날짜와 시간:", formatted_datetime)
```

```
# 문자열을 datetime 객체로 변환
date_string = "2023-07-19 14:30:00"
parsed_datetime = datetime.strptime(date_string, "%Y-%m-%d %H:%M:%S")
print("파싱된 datetime 객체:", parsed_datetime)
```

```
현재 날짜와 시간: 2023-07-19 15:12:27.620127
현재 날짜: 2023-07-19
현재 시간: 15:12:27.620127
형식화된 날짜와 시간: 2023-07-19 15:12:27
파싱된 datetime 객체: 2023-07-19 14:30:00
```

datetime 모듈의 strptime() 함수

strptime() 함수는 사용자한테 정해진 형태의 문자열로 시간을 입력받거나 출력할 때 유용하다. strptime() 함수는 문자열로 표현된 날짜와 시간을 파싱하여 파이썬의 datetime 객체로 변환하는 함수이다. 이 함수는 파이썬의 datetime 모듈에 포함되어 있다. strptime() 함수의 형식은 다음과 같다.

```
datetime.strptime(date_string, format)
```

- **date_string**: 변환하려는 날짜와 시간 정보를 포함하는 문자열이다.
- **format**: date_string의 형식을 지정하는 문자열이다. 이 형식 문자열은 날짜와 시간의 구성 요소를 나타내는 지시자로 구성된다. 예를 들어 "%Y-%m-%d %H:%M:%S"는 "2023-08-06 12:34:56"과 같은 문자열을 파싱하는 데 사용할 수 있다. 자주 사용하는 형식 지시자는 다음과 같다.
  - **%Y**: 네 자리 연도(예: 2023)
  - **%m**: 두 자리 월(01부터 12까지)
  - **%d**: 두 자리 일(01부터 31까지)
  - **%H**: 두 자리 24시간 형식의 시간(00부터 23까지)
  - **%M**: 두 자리 분(00부터 59까지)
  - **%S**: 두 자리 초(00부터 59까지)

간단한 예제를 만들어보자.

strptime.py 시간 형식 지정하기

```
from datetime import datetime

# 사용자로부터 날짜 문자열 입력받기
date_string = input("날짜를 입력하세요 (예: 2023-12-10): ")

try :
```

```python
    # strptime() 함수를 사용하여 문자열을 날짜 객체로 변환
    date_object = datetime.strptime(date_string, "%Y-%m-%d")

    # 변환된 날짜 객체 출력
    print("입력한 날짜 객체:", date_object)

except ValueError :
    print("잘못된 형식의 날짜입니다. 올바른 형식으로 다시 입력하세요.")
```

datetime 모듈의 timedelta 클래스

timedelta는 두 개의 날짜 또는 시간 간의 차이를 나타내는 클래스로, 시간 간격을 표현하는 데 사용한다. timedelta 객체를 생성하고 날짜 또는 시간에 시간 간격을 더하거나 빼는 등 다양한 연산을 수행할 수 있다. 아래 예제는 현재 시각으로부터 1시간 30분 후의 시간을 계산하는 간단한 예제이다.

timedelta.py 시간 차이 계산하기

```python
from datetime import datetime, timedelta

# 현재 시간 가져오기
current_time = datetime.now()
print("현재 시간:", current_time)

# timedelta를 사용하여 1시간 30분 후의 시간 계산
time_interval = timedelta(hours=1, minutes=30)
future_time = current_time + time_interval

print("1시간 30분 후의 시간:", future_time)
```

```
현재 시간: 2023-07-19 15:21:21.594629
1시간 30분 후의 시간: 2023-07-19 16:51:21.594629
```

위 예제에서 timedelta(hours=1, minutes=30)은 1시간 30분을 표현하는 timedelta 객체를 생성한다. 그리고 current_time + time_interval 연산을 통해 현재 시각에 1시간 30분을 더한 값을 계산하여 future_time에 저장한다. 이후 future_time을 출력하면 현재 시각으로부터 1시간 30분 후의 시간이 출력된다.

calendar 모듈

calendar 모듈을 이용하면 여러 가지 형태의 달력을 출력할 수 있다. 예를 들어 2023년 8월 달력을 출력하는 코드는 다음과 같다.

calenda.py 캘린더 출력하기

```python
import calendar

cal = calendar.month(2023, 8)
print(cal)
```

```
      August 2023
Mo Tu We Th Fr Sa Su
       1  2  3  4  5  6
 7  8  9 10 11 12 13
14 15 16 17 18 19 20
21 22 23 24 25 26 27
28 29 30 31
```

중간점검

❶ 현재 날짜와 시각을 출력하는 프로그램을 작성할 때 필요한 모듈은?

❷ 1에서 100까지의 난수를 생성하고, 사용자가 이 숫자를 맞출 때까지 사용자로부터 숫자를 입력 받는 '숫자 맞추기' 게임을 만들 때 필요한 모듈은?

❸ 현재 작업 디렉토리를 출력하고, 다른 디렉토리로 이동하는 프로그램을 작성할 때 필요한 모듈은?

LAB 07 파일 확장자 수정

os 모듈을 사용하여 특정한 디렉토리 안에 있는 파일들의 확장자를 .c에서 .py로 변경하는 예제를 작성해 보자.

'lotto.c' 파일의 확장자를 'lotto.py'(으)로 변경했습니다.

SOLUTION

file_name.py 파일 확장자 수정하기

```python
import os

def change_extension(directory, old_ext, new_ext) :
    # 주어진 경로가 유효한 디렉토리인지 확인한다.
    if not os.path.isdir(directory) :
        print(f"'{directory}'는 유효한 디렉토리가 아닙니다.")
        return
```

```python
    # 디렉토리 내의 각 파일에 대해 작업을 수행한다.
    for filename in os.listdir(directory) :
        # 주어진 old_ext로 끝나는 파일만 처리한다.
        if filename.endswith(old_ext) :
            # 기존 파일의 경로와 새로운 파일명을 생성한다.
            old_file_path = directory+'\\'+filename
            new_filename = filename.replace(old_ext, new_ext)
            new_file_path = directory+'\\'+new_filename
            # 파일의 확장자를 변경하고 변경사항을 출력한다.
            os.rename(old_file_path, new_file_path)
            print(f"'{filename}' 파일의 확장자를 '{new_filename}'(으)로 변경했습니다.")

# 예제를 위한 디렉토리 경로 설정
target_directory = 'd:\\test'
old_extension = '.c'
new_extension = '.py'
# 디렉토리 안의 파일 확장자 변경
change_extension(target_directory, old_extension, new_extension)
```

도전문제 파일 이름이 .c로 끝나는 파일들 중에서 특정한 조건을 만족하는 파일들만 .py로 변경해 보자. 예를 들어 파일 내용을 검사하여 특정 문자열이 포함되어 있는 파일만 .py로 변경해 본다.

LAB 08 교환 가능 여부 확인

사용자로부터 물건을 구매한 날짜를 입력받아 교환이 가능한지 여부를 출력하는 파이썬 프로그램을 작성해 보자. 이 프로그램은 datetime 모듈을 사용하여 날짜 계산을 수행한다.

물건을 구매한 날짜를 YYYY-MM-DD 형식으로 입력하세요: 2023-07-10
30일 미만이므로 교환이 가능합니다.

물건을 구매한 날짜를 YYYY-MM-DD 형식으로 입력하세요: 2023-06-15
30일이 넘었으므로 교환이 불가능합니다.

---

exchange.py 교환 가능 여부 검사하기

```python
from datetime import datetime

def check_exchange_eligibility(purchase_date_str) :
    try :                       # 예외가 발생할 가능성이 있는 코드
        purchase_date = datetime.strptime(purchase_date_str, "%Y-%m-%d")
        current_date = datetime.now()               # 현재 날짜를 가져온다.
        delta = current_date - purchase_date        # 날짜 간의 차이 계산

        if delta.days >= 30 :
            print("30일이 넘었으므로 교환이 불가능합니다.")
        else :
            print("30일 미만이므로 교환이 가능합니다.")

    except ValueError :  # 여기서 예외를 처리한다.
        print("올바른 날짜 형식이 아닙니다. YYYY-MM-DD 형식으로 입력해 주세요.")

purchase_date_input = input("물건을 구매한 날짜를 YYYY-MM-DD 형식으로 입력하세요: ")
check_exchange_eligibility(purchase_date_input)
```

도전문제

❶ 사용자로부터 물건을 구매한 날짜와 현재 날짜를 모두 입력받아 교환 가능 여부를 판단하는 프로그램을 작성해 보자. 입력으로 두 날짜를 받아 각각 datetime 모듈을 사용하여 날짜를 파싱한 후, 두 날짜 간의 차이를 계산하여 교환 가능 여부를 출력해 본다.

❷ 사용자로부터 물건을 구매한 날짜와 교환 기한을 입력받아 교환 가능 여부를 판단하는 프로그램을 작성해 보자.

LAB 09   단어 퀴즈 만들기

단순한 단어 퀴즈 게임을 만들어보자. choice() 메소드를 사용하여 무작위로 문제를 출제하는 기능을 구현한다. 사용자는 정답을 입력하여 문제를 맞히는 게임이다.

다음 문제에 대한 답을 입력하세요:
프랑스의 수도는?
답: 파리
정답입니다!

quiz.py 단어 퀴즈

```python
import random

def quiz_game() :
    questions = {
        "프랑스의 수도는?": "파리",
        "Red Planet로 알려진 행성은?": "화성",
        "2 + 2의 결과는?": "4",
        "상대성 이론을 발견한 과학자는?": "아인슈타인",
        "지구상에서 가장 큰 동물은?": "흰수염 고래"
    }

    # 문제를 무작위로 선택하여 출제
    question = random.choice(list(questions.keys()))
    correct_answer = questions[question]

    print("다음 문제에 대한 답을 입력하세요:")
    print(question)

    # 사용자 입력을 받고 정답 확인
    user_answer = input("답: ")

    if user_answer.lower() == correct_answer.lower() :
        print("정답입니다!")
    else :
        print(f"오답입니다. 정답은 '{correct_answer}'입니다.")

# 퀴즈 게임 실행
quiz_game()
```

위 코드에서 questions 딕셔너리에 문제와 해당 문제의 정답을 저장한다. random.choice()를 사용하여 questions 딕셔너리의 키 중에서 무작위로 문제를 선택한다. 그리고 사용자에게 해당 문제를 출력하고 정답을 입력받아 사용자가 맞혔는지 확인한다.

실행 결과는 무작위로 선택된 문제가 출력되며, 사용자가 입력한 답에 따라 정답 또는 오답 여부가 출력된다.

도전문제 단어 퀴즈 게임에서 출제되는 문제와 정답을 모두 리스트로 관리하고, 게임을 반복하여 여러 문제를 풀 수 있도록 반복 루프를 구현해 보자. 사용자가 여러 문제를 푸는 동안 맞힌 문제 수와 틀린 문제 수를 출력해 보자.

파일 작업 프로그램

os 모듈과 tkinter를 함께 사용하여 사용자가 파일 처리 작업을 할 수 있는 간단한 파일 탐색 및 삭제 프로그램을 만들어보자. 이 프로그램은 사용자가 특정 디렉토리를 선택하면 해당 디렉토리 내의 파일 목록을 표시하며, 선택한 파일을 삭제할 수 있는 기능을 제공한다.

이 코드는 tkinter를 사용하여 파일 탐색 및 삭제 기능을 갖는 GUI 프로그램을 생성한다. 사용자가 [디렉토리 선택] 버튼을 클릭하여 디렉토리를 선택하면, 해당 디렉토리 내의 파일 목록이 표시된다. 사용자가 파일을 선택하고 [선택한 파일 삭제] 버튼을 클릭하면 선택한 파일이 삭제된다.

Mini Project 02 통계 GUI 프로그램

여러분은 8장에서 학습한 tkinter를 잊으면 안 된다. 이번 미니 프로젝트에서 사용자가 입력한 숫자들을 대상으로 내장 함수를 적용하여 여러 가지 통계값들을 계산하고, 이것을 GUI 형식으로 출력하는 프로그램을 작성해 본다.

이 코드는 tkinter를 사용하여 GUI를 만들고, 사용자가 쉼표로 구분된 숫자를 입력하면 map() 및 다른 내장 함수를 사용하여 숫자의 총합, 개수, 평균, 최댓값 및 최솟값을 계산한 뒤 메시지로 표시하는 예제이다.

핵심 정리

01 파이썬에는 어떤 객체에도 적용이 가능한 내장 함수가 있다. `len()`이나 `max()`와 같은 함수들을 잘 사용하면 프로그래밍이 쉬워진다.

02 클래스를 정의할 때 `__iter__()`와 `__next__()` 메소드만 정의하면 이터레이터가 된다. 이터레이터는 `for` 문에서 사용할 수 있다.

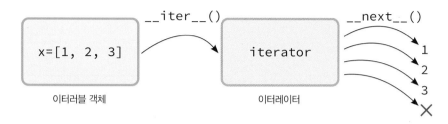

03 모듈은 파이썬에서 코드를 구조화하고 재사용 가능한 단위로 나누는 데 사용하는 중요한 개념으로, 파이썬 소스 파일(.py)로 만들어졌다. 모듈은 함수, 변수, 클래스 등의 코드를 포함할 수 있으며 모든 것을 담을 수 있다. 다른 파이썬 스크립트에서 모듈을 사용하기 위해 `import` 문을 사용한다.

04 파이썬은 많은 내장 모듈을 제공하며, 예시로 math, datetime, random 등이 있다. 내장 모듈을 사용하여 다양한 작업을 수행할 수 있다.

01 주어진 문장에서 각 단어의 빈도수를 사전 형태로 반환하는 함수를 작성하시오.
split(), count() 활용 상 중 하

```
입력 문자열 = "the quick brown fox jumps over the lazy dog the quick brown fox"
실행 결과
{'the': 3, 'quick': 2, 'brown': 2, 'fox': 2, 'jumps': 1, 'over': 1, 'lazy':
1,
'dog': 1}
```

02 주어진 숫자 리스트의 평균을 계산하는 함수를 작성하시오. sum(), len()활용 상 중 하

```
입력 리스트 = [1, 2, 3, 4, 5]
리스트의 평균 = 3.0
```

03 두 개의 리스트를 합쳐서 하나의 정렬된 리스트로 반환하는 함수를 작성하시오.
sorted() 활용 상 중 하

```
입력 리스트 #1 = [ 3, 5, 1]
입력 리스트 #2 = [ 3, 5, 1]
합친 리스트 = [1, 2, 3, 4, 5, 6]
```

04 리스트를 입력으로 받아, 리스트의 요소들을 순차적으로 반환하는 이터레이터를 구현하시오.
이터레이터 상 중 하

```
입력 리스트 = [1, 2, 3, 4, 5]
실행 결과 = 1 2 3 4 5
```

05 1부터 시작하여 짝수만을 생성하는 제너레이터를 구현하시오. 제너레이터 상 중 하

```
2 4 6 8 10
```

06 현재 날짜로부터 n일 이후의 날짜를 계산하는 함수를 작성하시오. DateTime 모듈 상 중 하

```
현재 날짜: 2023-08-06 10:30:00.000000
10일 이후의 날짜: 2023-08-16 10:30:00.000000
```

07 주어진 날짜가 무슨 요일인지 확인하는 함수를 작성하시오. DateTime 모듈 상 중 하

```
2023-08-06은 토요일입니다.
```

08 주어진 파일을 다른 디렉토리로 이동하는 함수를 작성하시오. 예를 들어 example.txt 파일이 현재 작업 디렉토리에 존재하고 new_directory 디렉토리가 이미 생성되어 있다고 가정하면, 실행 결과는 다음과 같다. OS 모듈 상 중 하

```
'example.txt' 파일을 'new_directory'로 이동했습니다.
```

Introduction to **PYTHON**

상속과 다형성

[학습목표]

• 상속의 개념과 사용법을 이해할 수 있다.
• 부모 클래스와 자식 클래스 간의 관계를 이해할 수 있다.
• 다형성 개념과 다형성을 구현하는 방법을 이해하고 응용할 수 있다.

[학습목차]

1 이번 장에서 작성할 프로그램

1 [프로그램 1] 도형 간의 상속 프로그램

상속의 예로 일반적인 다각형을 나타내는 Shape 클래스(x 좌표, y 좌표, area(), perimeter())를 작성하고 이것을 상속받아서 사각형을 나타내는 Rectangle 클래스(x 좌표, y 좌표, 가로 길이, 세로 길이, area(), perimeter())를 작성해 보자.

```
사각형의 면적 20000
사각형의 둘레 600
```

2 [프로그램 2] 운송수단 간의 상속 프로그램

일반적인 운송수단을 나타내는 Vehicle 클래스를 상속받아서 Car 클래스와 Truck 클래스를 작성해 보자.

```
truck1: 트럭을 운전합니다.
truck2: 트럭을 운전합니다.
car1: 승용차를 운전합니다.
```

3 [프로그램 3] 파티클 애니메이션

파티클 시스템을 구현하여 다양한 색상과 움직임을 가진 파티클 애니메이션을 작성해 보자.

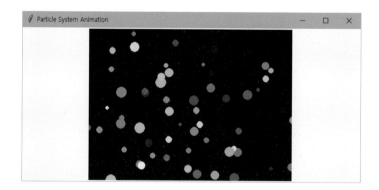

2 상속의 개념

이번 장에서 클래스들의 상관관계에 대하여 생각해볼 것이다. 예를 들어 Animal 클래스, Dog 클래스, Cat 클래스, Bird 클래스가 있다고 하자. 이들 클래스 사이에는 어떤 관계가 있을까? Animal 클래스는 동물을 나타내는 일반적인 클래스이다. Dog 클래스, Cat 클래스, Bird 클래스는 동물 중에서 어떤 특수한 동물을 나타내는 클래스이다. 우리가 이들 클래스들을 그림으로 그린다면, 다음과 같이 계층 관계로 그릴 수 있을 것이다.

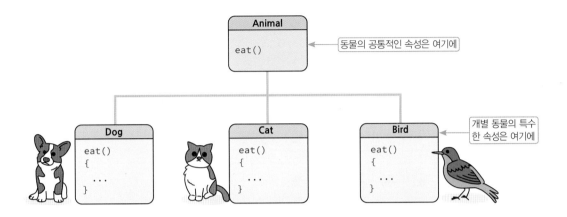

객체지향 프로그래밍에서 **상속(inheritance)**은 기존에 존재하는 클래스로부터 코드와 데이터를 이어받고 자신이 필요한 기능을 추가하는 기법이다. 상속 계층 구조에서 상위 클래스(부모 클래스)와 하위 클래스(자식 클래스)가 존재한다. 상속을 사용하면, 동물의 일반적인 특징에 해당하는 속성과 동작들은 부모 클래스인 Animal 클래스에 넣을 수 있다. 자식 클래스인 Dog 클래스, Cat 클래스, Bird 클래스는 Animal 클래스가 가지고 있는 모든 속성과 동작들을 이어받을 수 있다. 여기에 각 동물들의 특수한 특징들은 자식 클래스에 추가가 가능하다.

이런 식으로 작성하면 공통적인 속성을 여러 번 작성하지 않아도 되는 큰 장점이 있다. 또 코드의 유지보수가 용이해지고, 프로그램의 확장성과 유연성이 높아진다. 상속은 이미 작성되고 검증된 소프트웨어를 재사용할 수 있어 신뢰성 있는 소프트웨어를 손쉽게 개발, 유지보수할 수 있게 해주는 중요한 기술이다. 또한 상속을 이용하면 여러 클래스에 공통적인 코드들을 하나의 클래스로 모을 수 있어 코드의 중복을 줄일 수 있다.

NOTE 부모 클래스는 기저 클래스(Base Class), 슈퍼 클래스(Super Class)라고도 불린다. 자식 클래스는 파생 클래스(Derived Class), 서브 클래스(Sub Class)라고도 한다.

상속의 정의

상속을 구현하려면, 자식 클래스를 정의할 때 소괄호 안에 부모 클래스 이름을 적어주면 된다. 다음과 같은 구조를 사용한다.

자식 클래스 또는 서브 클래스라고 한다.

전체적인 구조   class 자식 클래스 (부모 클래스) :
    생성자 메소드
    일반 메소드

부모 클래스 또는 슈퍼 클래스라고도 한다.

예를 들어보자. 우리는 일반적인 운송수단을 나타내는 Vehicle 클래스를 작성하고, 이를 상속받아서 트럭을 나타내는 Truck 클래스를 생성할 수 있다. 여기서 Vehicle을 **부모 클래스(Parent Class)**라고 하고 Truck을 **자식 클래스(Child Class)**라고 한다. 자식 클래스는 부모 클래스의 특별한 버전이라고 생각해도 된다. 반대로 부모 클래스는 자식 클래스의 일반화된 버전이다. 상속은 아래 그림처럼 자식 클래스에서 부모 클래스로 속이 빈 화살표를 그려서 표시한다. 화살표의 모양과 방향에 주의해야 한다.

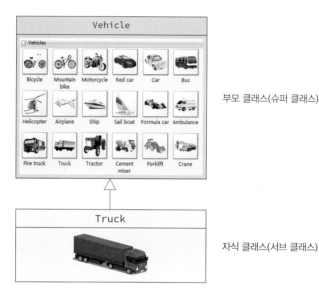

부모 클래스(슈퍼 클래스)

자식 클래스(서브 클래스)

Vehicle 클래스를 파이썬으로 작성해 보면 다음과 같다.

vehicle.py Vehicle 클래스

```python
# 일반적인 운송수단을 나타내는 클래스이다.
class Vehicle :
    def __init__(self, make, model, color, price) :
        self.make = make            # 제조사
        self.model = model          # 모델
        self.color = color          # 차량 색상
        self.price = price          # 차량 가격

    def setMake(self, make) :       # 설정자 메소드
        self.make = make

    def getMake(self) :             # 접근자 메소드
        return self.make

    # 차량에 대한 정보를 문자열로 요약해서 반환한다.
    def getDesc(self) :
        return "차량 = ("+str(self.make)+", "+\
                        str(self.model)+", "+\
                        str(self.color)+", "+\
                        str(self.price)+")"
```

Vehicle의 __init__() 메소드는 생성자 메소드이다. 생성자는 전달된 값을 이용하여 객체 안의 인스턴스 변수들을 초기화하고 있다. Vehicle 클래스의 인스턴스 변수는 다음과 같다.

- **make**: 제조사를 나타내는 인스턴스 변수(문자열)
- **model**: 차량 모델을 나타내는 인스턴스 변수(문자열)
- **color**: 차량 색상을 나타내는 인스턴스 변수(문자열)
- **price**: 차량 가격을 나타내는 인스턴스 변수(정수형)

Vehicle 클래스는 이 자체로 완전한 클래스여서 이 클래스를 가지고 객체를 생성할 수도 있다. 그러나 이 클래스는 운송수단에 대한 일반적인 정보만을 저장하고 있다. 운송수단 중에서 어떤 것인지는 확실하지 않다. 즉, 마차인지, 자동차인지, 배인지가 불확실하다. Vehicle 클래스로부터 상속을 받아서 Truck 클래스를 정의해 보자.

```python
class Truck(Vehicle) :                                    # ❶
    def __init__(self, make, model, color, price, payload) :
        super().__init__(make, model, color, price)       # ❷
        self.payload = payload                            # ❸

    def setPayload(self, payload) :                       # ❹
        self.payload = payload

    def getPayload(self) :
        return self.payload
```

Truck 클래스의 첫 번째 줄에서 상속이 정의되고 있다.

- 문장 ❶은 우리가 Truck이라는 클래스를 정의하는데, Vehicle로부터 상속받는다는 의미이다. 이때는 Truck 클래스는 자식 클래스가 되고 Vehicle 클래스는 부모 클래스가 된다. Truck 클래스는 Vehicle 클래스로부터 모든 인스턴스 변수와 메소드를 상속받는다.
- 문장 ❷에서 부모 클래스인 Vehicle의 생성자를 호출하고 있다. super()가 부모 클래스를 의미한다.
- 문장 ❸에서 Truck 클래스에 트럭의 적재용량을 나타내는 payload라는 인스턴스 변수를 추가하고 있다. 우리는 자식 클래스에 어떤 속성이라도 추가할 수 있다.
- 문장 ❹에서 Truck 클래스에 메소드를 추가하고 있다.

무엇이 상속되는가?

상속을 사용하면 과연 무엇이 상속되는 것인가? 부모 클래스의 인스턴스 변수와 메소드가 자식 클래스로 상속된다. 따라서 자식 클래스는 부모 클래스의 인스턴스 변수와 메소드를 자유롭게 사용할 수 있다. 자식 클래스는 필요하면 자신만의 인스턴스 변수와 메소드를 추가시킬 수도 있고 부모 클래스에 이미 존재하는 메소드를 새롭게 정의하여 사용할 수도 있다. 상속의 강점은 부모 클래스로부터 상속된 속성들을 자식 클래스에서 추가, 교체, 상세화시킬 수 있는 능력으로부터 나온다.

자식 클래스는 부모 클래스가 가지고 있는 모든 멤버들을 전부 상속받고 자신이 필요한 멤버를 추가하기 때문에 항상 자식 클래스가 부모 클래스를 포함하게 된다. 아래 그림에서 Truck 클래스는 Vehicle 클래스의 모든 인스턴스 변수와 메소드를 상속받고 여기에 하나의 인스턴스 변수와 두 개의 메소드를 추가하였다.

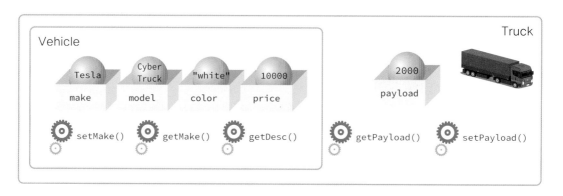

자 이제부터는 Truck 클래스의 객체를 생성해서 상속받은 인스턴스 변수와 메소드를 사용해 보자. 그리고 상속이 올바르게 되었는지를 테스트하는 코드를 작성해 본다.

truck.py Truck 클래스

```
...
myTruck = Truck("Tesla", "Cyber Truck", "white", 10000, 2000)    # 객체 생성
myTruck.setMake("Tesla")              # 설정자 메소드 호출
myTruck.setPayload(2000)              # 설정자 메소드 호출
print(myTruck.getDesc())              # 트럭 객체를 문자열로 출력
```

차량 = (Tesla, Cyber Truck, white, 10000)

자식 클래스는 부모 클래스의 인스턴스 변수와 메소드를 마치 자기 것처럼 사용할 수 있다. 예를 들어 my-Truck은 부모 클래스의 인스턴스 변수인 make를 마음대로 사용할 수 있다. 부모 클래스에 선언된 set-Make() 메소드도 마음대로 사용할 수 있다. 자식 클래스가 정의한 자체 메소드인 setPayload()를 사용할 수 있음은 물론이다.

상속을 이용하지 않고 작성하였다면 Truck 클래스는 5개의 인스턴스 변수와 5개의 메소드를 가진 클래스로 새로 작성해야 했을 것이다. 여기서는 간단하게 설명하기 위하여 Vehicle의 멤버를 대폭 줄였지만, 만약 Vehicle이 100개의 멤버를 가지는 복잡한 클래스였다면 상속 없이 Truck을 작성하는 것도 만만치 않았을 것이다. 여기서 얻은 결론은 아래와 같다.

상속은 시간을 절약하고 버그를
줄여주는 소중한 기법입니다.

왜 상속을 사용하는가?

우리는 왜 상속을 사용하는가? 상속을 사용하는 이유를 잠시 생각해 보자.

1) 상속의 아이디어는 간단하지만 아주 강력하다. 새로운 클래스를 생성해야 한다고 가정하자. 우리가 원하는 코드를 일부라도 담은 클래스가 시장에 있다면 우리는 이 클래스를 상속받아서 새로운 클래스를 정의하면 된다. 이렇게 함으로써 우리는 직접 작성할 필요 없이 이미 존재하는 클래스의 인스턴스 변수와 메소드를 재사용할 수 있다.

2) 상속을 사용하면 중복되는 코드를 줄일 수 있다. 예를 들어 승용차, 트럭, 버스는 모두 속도를 변경하고 방향을 바꾸는 기능을 가지고 있다. 이들은 속도 변경 메소드 setSpeed()와 방향 변경 메소드 turn()으로 구현될 것이고, 이들 클래스를 독립적으로 작성하게 되면 setSpeed()와 turn()은 모든 클래스에 중복해서 포함될 것이다.

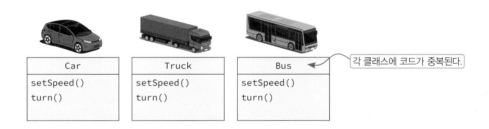

만약 Car, Truck, Bus 클래스의 공통적인 특징을 새로운 클래스 Vehicle로 만들고 Vehicle을 상속받아서 각 클래스를 작성한다면, 다음 그림과 같이 중복되는 부분을 최소화할 수 있다.

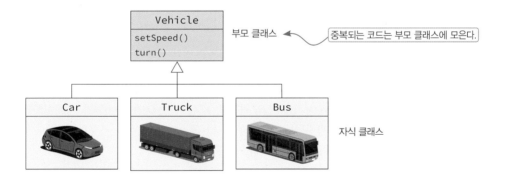

이제 공통부분은 하나로 정리되어서 관리하기 쉽고 유지보수와 변경도 쉬워진다. 메소드뿐만 아니라 인스턴스 변수에 대해서도 마찬가지이다. 중복되는 인스턴스 변수는 한 번만 기술하면 된다.

중간점검

❶ 상속이란 무엇인가? 파이썬에서 상속을 사용하는 이유는 무엇인가?

❷ 부모 클래스와 자식 클래스 간의 관계를 설명해 보자.

3 부모 클래스 생성자 호출하기

자식 클래스의 객체를 생성하는 과정을 잠깐 생각해 보자. 자식 클래스 객체의 인스턴스 변수들은 자식 클래스의 생성자에서 정의되고 초기화된다. 그렇다면 부모 클래스에 속하는 인스턴스 변수들은 어디에서 정의되고 초기화되어야 할까?

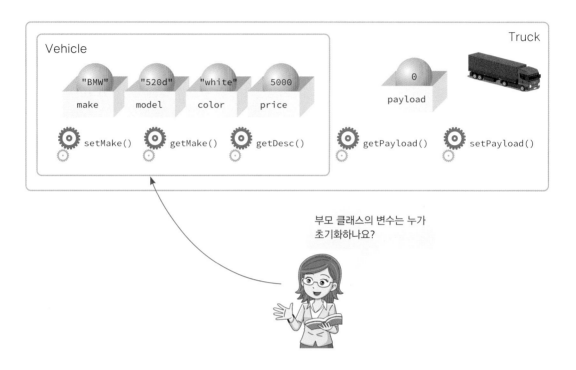

부모 클래스의 변수는 누가 초기화하나요?

부모 클래스의 인스턴스 변수들은 부모 클래스가 책임져야 한다. 변수들의 정의와 초기화는 모두 생성자에서 이루어지기 때문에 부모 클래스의 생성자가 명시적으로 호출되어야 한다. 자식 클래스의 생성자에서 명시적으로 부모 클래스의 생성자를 호출할 수 있다. 그런데, 부모 클래스의 생성자를 호출하기 위하여 __init__()을 사용하면 문제가 된다. 자식 클래스의 생성자 이름도 __init__()이기 때문이다. 부모 클래스의 생성자와 자식 클래스의 생성자를 구분하기 위하여 super()라는 함수를 사용한다. 부모 클래스의 생성자는 super().__init__()과 같이 호출하면 된다.

```
class ChildClass(ParentClass) :
    def __init__(self) :
        super().__init__()          부모 클래스의 생성자를 명시적으로 호출한다.
        ...
```

부모 클래스의 생성자는 자식 클래스가 자신의 인스턴스 변수를 정의하기 전에 호출되어야 한다. 즉, 자식 클래스 생성자의 첫 번째 문장이 되어야 한다. 다음 예제는 Truck 클래스의 생성자에서 부모 클래스 Vehicle의 생성자를 명시적으로 호출하는 예이다. 만약 부모 클래스의 생성자가 인자를 요구한다면 필요한 인자를 제공해야 한다.

```
class Truck(Vehicle) :
    def __init__(self, make, model, color, price, payload) :
        super().__init__(make, model, color, price)
        self.__payload = payload
```

Vehicle 클래스의 생성자를 명시적으로 호출한다.

그림 11.1은 Truck 객체를 생성하고 초기화하는 각 단계를 보여준다.

부모 클래스 생성자 호출 전

부모 클래스 생성자 호출 후

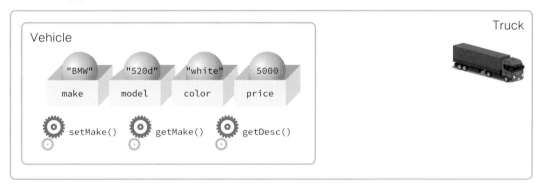

자식 클래스 생성자 호출 후

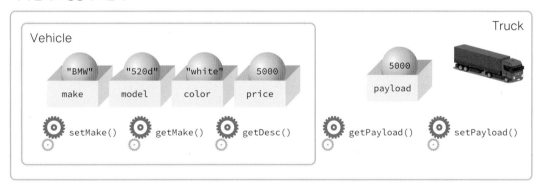

그림 11.1　자식 클래스 객체 초기화하기

4 메소드 오버라이딩

자식 클래스는 부모 클래스의 모든 메소드를 상속받는다. 만약 개발자가 여기에 만족하지 않는다면 자식 클래스에서 부모 클래스의 메소드 중에 필요한 것을 다시 정의할 수 있다. 이것을 **"자식 클래스의 메소드가 부모 클래스의 메소드를 오버라이드(재정의)한다"**고 말한다. 오버라이드(override)는 "무시한다"는 뜻이다. 즉, 부모 클래스의 메소드를 무시하고 다시 정의한다는 의미이다. 메소드 오버라이딩은 상속에서 부모 클래스의 메소드를 변경하는 것이 필요할 때 사용한다. 이때 메소드의 이름이나 매개변수, 반환형은 동일해야 한다.

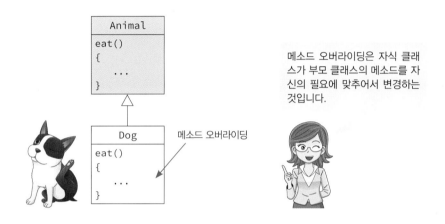

예를 들면 Animal 클래스에 eat()라는 메소드가 선언되어 있다고 하자. Animal 클래스는 특정한 동물을 지칭하지 않으므로 eat() 메소드에서 "동물이 먹고 있습니다."를 출력한다.

```python
class Animal :
    def __init__(self, name="") :
        self.name = name
    def eat(self) :
        print("동물이 먹고 있습니다.")
```

Animal을 상속받아서 Dog 클래스를 선언하였다고 하자. 이제는 eat() 메소드를 오버라이딩해 보자. 그리고 Dog 클래스의 객체를 생성하고 eat()를 호출하였다면 어떤 eat()가 호출될까?

dog.py Dog 클래스

```python
...
class Dog(Animal) :
    def __init__(self) :
        super().__init__()
    def eat(self) :
        print("강아지가 먹고 있습니다.")
```

부모 클래스의 eat()를 오버라이드하고 있다.

```
d = Dog()
d.eat()
```

> 강아지가 먹고 있습니다.

eat()가 Dog 클래스의 객체에 대하여 호출되면 Dog 클래스 안의 eat()가 호출된다. 즉, **"Dog 클래스의 eat() 메소드가 Animal 클래스의 eat() 메소드를 오버라이드한다"**라고 말할 수 있다.

부모 클래스의 메소드도 호출하고 싶을 때

우리가 중고 아파트를 구입하였을 때 항상 고민하는 문제는 아파트를 전면적으로 재시공할 것인지 아니면 부분적으로 리모델링해야 할 것인지이다. 메소드 오버라이딩에서도 비슷한 문제가 발생한다. 부모 클래스의 메소드를 오버라이딩할 때, 부모 클래스의 메소드도 일부 사용하고 싶은 경우가 많다. 이런 경우 부모 클래스의 메소드를 호출해 주는 방법이 있다. 다음 코드를 참조한다.

override2.py 메소드 오버라이딩

```
class Animal :
    def __init__(self, name="") :
        self.name = name
    def eat(self) :
        print("동물이 먹고 있습니다.")


class Dog(Animal) :
    def __init__(self) :
        super().__init__()
    def eat(self) :
        super().eat()    # 부모 클래스의 메소드가 호출된다.
        print("강아지가 먹고 있습니다.")


d = Dog()
d.eat()
```

> 동물이 먹고 있습니다.
> 강아지가 먹고 있습니다.

여기서 반드시 super()를 앞에 붙여야 한다. self.eat()라고 하면 안 된다.

중간점검

❶ 메소드 오버라이딩이란 무엇인가? 어떤 상황에서 메소드 오버라이딩을 사용하면 좋을까?

❷ 자식 클래스에서 부모 클래스의 메소드를 오버라이딩할 때 super() 함수를 어떻게 활용할 수 있는가? super()를 사용하지 않고 오버라이딩하는 경우와 어떤 차이가 있을까?

LAB 01   Sportscar 클래스

구체적인 예를 들어 보자. 스포츠카는 일반적인 자동차의 특징을 모두 가지고 있고 추가로 터보차저(turbo)가 추가되어 있다고 하자. 이런 경우에는 스포츠카를 위한 클래스를 다시 작성하는 것보다는 일반적인 자동차를 나타내는 클래스인 Car 클래스를 상속받아서 스포츠카를 나타내는 클래스인 SportsCar를 작성하는 것이 쉽다. 다음 그림을 참조하여 Car 클래스와 SportsCar 클래스를 작성해 보자.

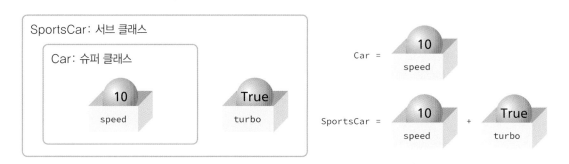

SOLUTION

car.py SportsCar 클래스

```
class Car :
    def __init__(self, speed) :
        self.speed = speed

    def setSpeed(self, speed) :
        self.speed = speed
    def getDesc(self) :
        return "차량 = (" + str(self.speed) + ")"

class SportsCar(Car) :
    def __init__(self, speed, turbo) :
        super().__init__(speed)
        self.turbo = turbo

    def setTurbo(self, turbo) :
        self.turbo=turbo

obj = SportsCar(100, True)
print(obj.getDesc())
obj.setTurbo(False)
```

> Car 클래스를 상속받아서 SportsCar 클래스를 작성한다.

```
차량 = (100)
```

❶ Car 클래스와 SportsCar 클래스를 상속받는 새로운 클래스를 하나 더 만들어보자. 예를 들어 Elec-tricCar 클래스나 SUV 클래스를 만들어본다. 각 클래스는 새로운 속성과 메소드를 추가하여 자동차의 특성을 나타내도록 구현해 보자.

❷ 자동차 클래스 계층 구조를 더 확장하여 연료 타입(휘발유, 디젤, 전기 등)을 나타내는 클래스를 추가해 보자. 각 연료 타입 별로 특징을 가지는 속성과 메소드를 추가하여 다양한 종류의 자동차를 모델링해 보자.

LAB 02 | 도형 간의 상속 프로그램

상속의 예로 일반적인 다각형을 나타내는 Shape 클래스(x 좌표, y 좌표, area(), perimeter())를 작성하고 이것을 상속받아서 사각형을 나타내는 Rectangle 클래스(x 좌표, y 좌표, 가로 길이, 세로 길이, area(), perimeter())를 작성해 보자.

```
사각형의 면적 20000
사각형의 둘레 600
```

SOLUTION

shape.py 도형 간의 상속 프로그램

```python
class Shape :
    def __init__(self, x, y) :
        self.x = x
        self.y = y
    def area(self) :
        print("계산할 수 없음!")
    def perimeter(self) :
        print("계산할 수 없음!")

class Rectangle(Shape) :
    def __init__(self, x, y, w, h) :
        super().__init__(x, y)
        self.w = w
        self.h = h

    def area(self) :
        return self.w*self.h
```

> Shape 클래스를 상속받아서 Rectangle 클래스를 작성한다.

> 부모 클래스의 생성자 호출

> area() 메소드를 오버라이드한다.

```
    def perimeter(self) :
        return 2*(self.w+self.h)
```

Rectangle 클래스의 객체를 생성한다.

```
r = Rectangle(0, 0, 100, 200)
```

```
print("사각형의 면적", r.area())
print("사각형의 둘레", r.perimeter())
```

도전문제 Shape 클래스를 상속받는 다른 다각형 클래스들을 추가로 작성해 보자. 예를 들어 Triangle 클래스나 Circle 클래스를 작성하여 각 클래스 별로 적절한 속성과 메소드를 추가해 보자.

LAB 03 학생과 선생님

일반적인 사람을 나타내는 Person 클래스를 정의한다. Person 클래스를 상속받아서 학생을 나타내는 Student 클래스와 선생님을 나타내는 Teacher 클래스를 정의한다.

- Person 클래스는 name(이름, 문자열), number(주민번호, 정수형)를 가진다.
- Student 클래스는 name(이름, 문자열), number(주민번호, 정수형), classes(수강과목, 리스트), gpa(평점, 실수형)를 가진다.
- Teacher 클래스는 name(이름, 문자열), number(주민번호, 정수형), courses(강의과목, 리스트), salary(월급, 정수형)를 가진다.

모든 클래스에 __str__()을 정의하여 객체를 print() 함수로 출력하면 인스턴스 변수 값들이 출력되도록 한다.

```
이름 = 홍길동
주민번호 = 12345678
수강과목 = ['자료구조']
평점 = 0

이름 = 김철수
주민번호 = 123456790
강의과목 = ['Python']
월급 = 3000000
```

student.py 학생과 선생님 클래스

```python
class Person :
    def __init__(self, name, number) :
        self.name = name
        self.number = number

class Student(Person) :
    UNDERGRADUATE = 0
    POSTGRADUATE = 1

    def __init__(self, name, number, studentType) :
        super().__init__(name, number)
        self.studentType = studentType
        self.gpa = 0
        self.classes = []

    def enrollCourse(self, course) :
        self.classes.append(course)

    def __str__(self) :
        return "\n이름 = "+self.name+"\n주민번호 = "+self.number+\
            "\n수강과목 = "+str(self.classes)+"\n평점 = "+str(self.gpa)

class Teacher(Person) :
    def __init__(self, name, number) :
        super().__init__(name, number)
        self.courses = []
        self.salary = 3000000

    def assignTeaching(self, course) :
```

Person 클래스를 상속받아서
Student 클래스를 작성한다.

상수를 클래스 변수로 정의한다.

생성자로 객체를 초기화한다.
인스턴스 변수도 정의한다.

수강신청을 한다.

Student 클래스의 문자열
표현을 작성한다.

```
            self.courses.append(course)

    def __str__(self) :
        return "\n이름 = "+self.name+"\n주민번호 = "+self.number+\
               "\n강의과목 = "+str(self.courses)+"\n월급 = "+str(self.salary)

hong = Student("홍길동", "12345678", Student.UNDERGRADUATE)
hong.enrollCourse("자료구조")
print(hong)

kim = Teacher("김철수", "123456790")
kim.assignTeaching("Python")
print(kim)
```

도전문제

Person, Student, Teacher 클래스를 사용하여 학교 시스템을 시뮬레이션하는 프로그램을 작성해 보자. 사용자에게 학생 정보와 선생님 정보를 입력받아 객체를 생성하고, 학생과 선생님 각각에 대한 다양한 동작을 구현해 본다. 예를 들어 학생의 평균 평점을 계산하거나, 선생님의 강의를 조회하는 등의 기능을 추가한다.

LAB 04 직원과 매니저

메소드 오버라이드에 대한 간단한 실습을 해보자. 회사에 직원(Employee)과 매니저(Manager)가 있다. 직원은 월급만 있지만 매니저는 월급 외에 보너스가 있다고 하자. Employee 클래스를 상속받아서 Manager 클래스를 작성한다. Employee 클래스의 getSalary()는 Manager 클래스에서 재정의된다.

Employee 클래스는 다음과 같은 인스턴스 변수와 메소드를 가지고 있다.

- **name**: 이름을 나타낸다(문자열).
- **salary**: 월급을 나타낸다(정수형).
- **getSalary()**: 월급을 반환하는 메소드이다.

Manager 클래스는 다음과 같은 인스턴스 변수와 메소드를 가지고 있다.

- **name**: 이름을 나타낸다(문자열).

- **salary**: 월급을 나타낸다(정수형).
- **bonus**: 보너스를 나타낸다(정수형).
- **getSalary()**: 월급과 보너스를 합하여 반환하는 메소드이다. 부모 클래스의 메소드를 오버라이드한다.

이름: 김철수; 월급: 2000000; 보너스: 1000000

SOLUTION

`manager.py` 직원과 매니저 클래스

```python
class Employee :
    def __init__(self, name, salary) :
        self.name = name
        self.salary = salary

    def getSalary(self) :
        return salary


class Manager(Employee) :
    def __init__(self, name, salary, bonus) :
        super().__init__(name, salary)
        self.bonus = bonus

    def getSalary(self) :                       # 부모 클래스의 메소드를 오버라이드한다.
        salary = super().getSalary()
        return salary + self.bonus

    def __str__(self) :                         # 객체를 문자열로 표현하여 반환하는 메소드이다.
        return "이름: "+self.name+"; 월급: "+str(self.salary)+\
               "; 보너스: "+str(self.bonus)


kim = Manager("김철수", 2000000, 1000000)
print(kim)                                      # 객체를 print()로 출력하면 객체의 __str__()이 호출된다.
```

도전문제

Employee와 Manager 클래스 외에도 다른 종류의 직원을 나타내는 클래스를 추가해 보자. 예를 들어 인턴 (Intern) 클래스나 계약직(Contractor) 클래스 등을 작성하여 다양한 직원 유형을 모델링해 본다.

5 다형성

다형성(polymorphism)은 객체지향 프로그래밍의 중요한 특징 중 하나로써, 서로 타입이 다른 객체들을 하나의 컨테이너에 모아 둘 수 있으며 컨테이너에 저장된 이들 객체에 똑같은 메시지가 전달되더라도 객체의 타입에 따라서 서로 다른 동작을 하는 것을 말한다. 앞에서 학습한 메소드 오버라이딩도 다형성의 한 가지 방법이라고 할 수 있다.

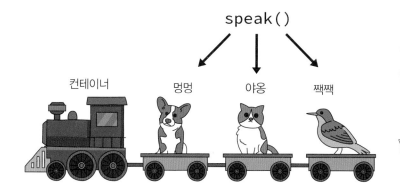

다형성은 동일한 코드로 다양한 타입의 객체를 처리할 수 있는 기법입니다.

구체적인 예를 살펴보자. 하나의 동물원 안에 다양한 타입의 동물들을 모아놓았다. 동물원 안의 동물들에게 speak라는 메시지를 보낸다고 가정하자. 만약 강아지가 speak라는 메시지를 받는다면 "멍멍"이라고 할 것이고 고양이가 speak 메시지를 받는다면 "야옹"이라고 할 것이다. 즉, 똑같은 명령을 내리지만 객체의 타입이 다르면 서로 다른 결과를 얻을 수 있는 것이 다형성이다. 여기서 중요한 것은 메시지를 보내는 측에서 객체가 어떤 타입인지 알 필요가 없다는 점이다. 실행할 때 객체의 타입에 따라서 자동적으로 적합한 동작이 결정된다.

다형성은 어떤 경우에 사용하는 기술일까? 예를 들어 사각형, 삼각형, 원과 같은 다양한 타입의 도형 객체들이 하나의 컨테이너 안에 모여 있다고 하자. 이 도형들을 그리고 싶으면 각 객체에 draw 메시지를 보내면 된다. 각 도형들은 자신의 모습을 화면에 그릴 것이다. 즉, 도형의 타입을 고려할 필요가 없는 것이다.

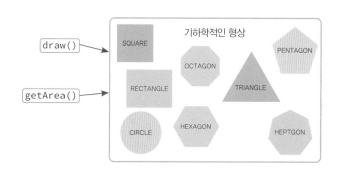

도형의 타입에 상관없이 도형을 그리려면 무조건 draw()를 호출하고, 도형의 면적을 계산하려면 무조건 getArea()를 호출하면 됩니다.

파이썬의 내장 함수들

파이썬은 다형성을 최대로 이용하고 있다. 예를 들어 내장 함수 len()은 타입을 가리지 않고 동작한다.

```
>>> list = [1, 2, 3] # 리스트
>>> len(list)
3

>>> s = "This is a sentense" # 문자열
>>> len(s)
18

>>> d = {'aaa': 1, 'bbb': 2} # 딕셔너리
>>> len(d)
2
```

len()은 리스트나 문자열, 딕셔너리 객체에서 모두 동작한다. 파이썬은 어떻게 모든 타입에서 동작하는 함수를 구현할까? 파이썬은 실제로는 **위임(delegation)**에 의해서 다형성을 구현하고 있다. len() 함수는 실제로 객체의 __len__()을 호출한다. 길이를 계산하는 연산을 객체에 위임시키는 것이다. 따라서 객체 안에 __len__() 함수만 구현되어 있으면 문제없이 동작한다. 정수 타입과 같이 __len__()이 구현되어 있지 않은 객체에 len()을 호출하면 오류가 발생한다.

```
>>> i = 10
>>> len(i)
...
TypeError: object of type 'int' has no len()
```

결론적으로 len()이나 sort()와 같은 내장 함수들은 객체지향의 다형성을 이용해서 충실하게 구현하고 있다고 볼 수 있다.

참고사항 | 위임

위임(delegation)은 하나의 객체가 특정한 작업을 수행할 때, 자신이 직접 하지 않고 다른 객체에 그 작업을 위임하는 것이다.

상속과 다형성

일반적인 의미에서의 다형성은 동일한 부모 클래스를 상속받아서 작성된 자식 클래스들을 동일하게 처리할 수 있다는 것이다. 또 동일한 메소드를 호출해도 메소드는 자식 클래스에 따라 다르게 처리된다. 앞에서 이야기하였던 고양이와 강아지에게 speak()라는 메시지를 보내는 것을 생각해 보자. 우리는 다음과 같이 처리하려고 한다.

```
for a in animalList :
    print(a.name + ": " + a.speak())
```

```
dog1: 멍멍!
dog2: 멍멍!
cat1: 야옹!
```

이것을 위하여 우리는 Animal이라는 클래스를 작성한다. 이 클래스는 추상적인 동물을 나타내는 클래스이다. Animal 클래스 안에서 speak() 메소드를 구현한다.

animal.py Animal 클래스

```python
class Animal :
    def __init__(self, name) :
        self.name = name

    def speak(self) :
        return "알 수 없음"

class Dog(Animal) :
    def speak(self) :
        return "멍멍!"                    ◀── 부모 클래스의 메소드를
                                              오버라이드(재정의)한다.

class Cat(Animal) :
    def speak(self) :
        return "야옹!"

animalList = [Dog('dog1'),
              Dog('dog2'),
              Cat('cat1')]

for a in animalList :
    print(a.name + ": " + a.speak())
```

중간점검

❶ 다형성이란 무엇인가? 다형성을 객체지향 프로그래밍에서 어떻게 사용하는지 설명해 보자.

❷ 다형성을 사용하면 어떤 장점을 얻을 수 있는가? 다형성이 코드의 가독성과 유지보수성에 어떤 도움을 주는가?

LAB 05 Vehicle과 Car, Truck

일반적인 운송수단을 나타내는 Vehicle 클래스를 상속받아서 Car 클래스와 Truck 클래스를 작성해 보자.

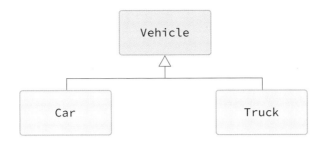

Vehicle 클래스는 다음과 같은 메소드를 가지고 있다. 이들 메소드는 자식 클래스에서 오버라이드해야 한다.

- **drive()**: 자동차를 출발하는 메소드
- **stop()**: 자동차를 정지하는 메소드

리스트 안에 Truck 객체 2개와 Car 객체 1개를 저장하고 각 객체에 대하여 drive()를 호출한다.

```
truck1: 트럭을 운전합니다.
truck2: 트럭을 운전합니다.
car1: 승용차를 운전합니다.
```

SOLUTION

car2.py 자동차 클래스

```python
class Vehicle :
    def __init__(self, name) :
        self.name = name

    def drive(self) :
        raise NotImplementedError("이것은 추상 메소드입니다.")

    def stop(self) :
        raise NotImplementedError("이것은 추상 메소드입니다.")

class Car(Vehicle) :
    def drive(self) :
        return "승용차를 운전합니다."

    def stop(self) :
        return "승용차를 정지합니다."

class Truck(Vehicle) :
```

구현되지 않았다는 예외(오류)를 발생시킨다.

부모 클래스의 메소드를 오버라이드(재정의)한다.

```python
    def drive(self) :
        return "트럭을 운전합니다."

    def stop(self) :
        return "트럭을 정지합니다."


cars = [Truck('truck1'), Truck('truck2'), Car('car1')]

for car in cars :
    print(car.name + ": " + car.drive())
```

도전문제

❶ Vehicle 클래스에 start_engine() 메소드를 추가하고, 각 클래스에서 이 메소드를 오버라이드하여 구체적인 내용을 작성해 보자. 이 메소드를 호출하여 차량의 엔진을 시동하고 그에 맞는 메시지를 출력해 본다.

❷ 각 클래스에 새로운 속성을 추가해 보자. 예를 들어 차량의 연료량(fuel)이나 최대 속도(max_speed)와 같은 속성을 고려하고, 이러한 추가 속성을 활용하여 메소드를 수정하거나 새로운 메소드를 작성해 본다.

LAB 06   파티클 애니메이션 만들기

파티클 시스템을 구현하여 다양한 색상과 움직임을 가진 파티클 애니메이션을 표현하는 프로그램을 만들어보자. 화면에 랜덤한 색상과 속도를 가진 원들이 나타나며, 지속적으로 움직이고 색상이 변화하는 파티클 이펙트를 보여준다.

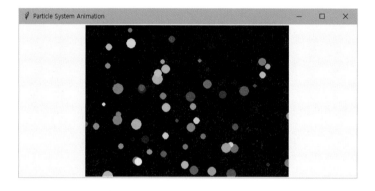

SOLUTION

particle.py 파티클 애니메이션

```python
import tkinter as tk
import random
```

```python
class Particle :
    def __init__(self, canvas, x, y) :
        self.canvas = canvas
        self.x = x
        self.y = y
        self.vx = random.uniform(-1, 1)    # 무작위로 생성된 수로 x 방향 속도 설정
        self.vy = random.uniform(-1, 1)    # 무작위로 생성된 수로 y 방향 속도 설정
        self.size = random.randint(3, 10)  # 무작위로 생성된 크기 설정
        self.color = self.random_color()   # 무작위로 생성된 색상 설정

    # random.randint를 사용하여 각각의 색상 구성 요소(R, G, B)를 개별적으로 생성하고 그 값을 16진
    # 수 문자열로 변환한다.
    def random_color(self) :
        r = random.randint(0, 255)
        g = random.randint(0, 255)
        b = random.randint(0, 255)
        return f"#{r:02x}{g:02x}{b:02x}"

    def move(self) :
        self.x += self.vx  # 파티클 위치 업데이트
        self.y += self.vy

    def draw(self) :
        x1, y1 = self.x - self.size, self.y - self.size  # 타원의 좌표 계산
        x2, y2 = self.x + self.size, self.y + self.size
        self.canvas.create_oval(x1, y1, x2, y2, fill=self.color, outline=self.color)
                                                            # 파티클 그리기


class ParticleSystemApp :
    def __init__(self, root) :
        self.root = root
        self.root.title("Particle System Animation")
        self.canvas = tk.Canvas(self.root, width=400, height=400, bg='black')
        self.canvas.pack()
        self.particles = []
        self.create_particles()                 # 초기 파티클 생성
        self.animate_particles()                 # 애니메이션 루프 시작

    def create_particles(self) :
        for _in range(100) :
            x = random.randint(0, 400)                 # 무작위 초기 위치
            y = random.randint(0, 400)
            particle = Particle(self.canvas, x, y)   # 새로운 파티클 생성
            self.particles.append(particle)          # 파티클 목록에 추가
```

```
    def animate_particles(self) :
        self.canvas.delete("all")                          # 캔버스 지우기
        for particle in self.particles :
            particle.move()                                # 각 파티클 이동
            particle.draw()                                # 각 파티클 그리기
        self.root.after(50, self.animate_particles)        # 다음 애니메이션 프레임 예약

# 메인 애플리케이션 창 생성
root = tk.Tk()
app = ParticleSystemApp(root)
root.mainloop()    # tkinter 이벤트 루프 시작
```

도전문제

❶ 파티클의 이동 경로를 변경하여 더 다양한 움직임을 구현해 보자. 예를 들어 원 형태 대신 다양한 모양의 파티클을 사용하거나, 파티클이 직선 경로 대신 곡선 경로를 따라 이동하도록 수정해 본다.

❷ 파티클의 크기나 색상을 시간이 지남에 따라 점진적으로 변화시켜 보자. 이를 통해 파티클 애니메이션의 변화를 더욱 부드럽게 표현할 수 있다.

6 object 클래스

파이썬에서 클래스를 작성할 때, 부모 클래스를 명시적으로 지정하지 않으면 암묵적으로 object 클래스의 자식 클래스라고 간주된다. 따라서 모든 클래스의 맨 위에는 object 클래스가 있다고 생각하면 된다.

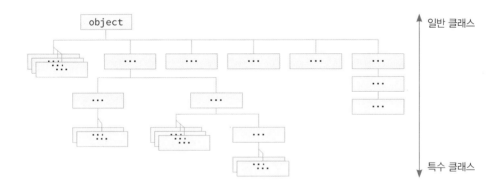

클래스의 상속 계층도를 그려보면 위의 그림과 같이 된다. 모든 클래스는 단 하나의 부모 클래스를 가지며 상속 계층도를 따라서 올라가보면 맨 위에는 항상 object 클래스가 있다. object 클래스는 모든 클래스에 공통적인 메소드를 구현한다. 지금부터 object 클래스가 가지고 있는 메소드들을 살펴보자. 우리가 원한다면 오버라이딩을 통하여 변경할 수 있다. object 클래스가 가지고 있는 메소드들을 요약하면 다음과 같다.

메소드		
__init__(self [,args...])	생성자	예 obj = className(args)
__del__(self)	소멸자	예 del obj
__repr__(self)	객체 표현 문자열 반환	예 repr(obj)
__str__(self)	문자열 표현 반환	예 str(obj)
__cmp__(self, x)	객체 비교	예 cmp(obj, x)

__repr__()

__repr__() 메소드는 object 클래스에서 정의된 메소드이다. 이것은 일반적으로 재정의해야 하는 메소드이다. object 클래스의 __repr__() 메소드는 객체가 가진 정보를 한 줄의 문자열로 만들어서 반환한다. 이것은 디버깅에서 매우 유용하게 사용한다. 객체에 대한 문자열 표현은 전적으로 객체에 따라 달라진다. 따라서 __repr__() 메소드는 재정의해야 할 필요가 있다. 예를 들어 Book 클래스의 경우에는 다음과 같이 __repr__() 메소드를 오버라이드할 수 있다.

book.py Book 클래스

```python
class Book :
    def __init__(self, title, isbn) :
        self.__title = title
        self.__isbn = isbn
    def __repr__(self) :
        return "ISBN: "+self.__isbn+"; TITLE: "+self.__title
```

> 객체의 문자열 표현을 반환한다.

```python
book = Book("The Python Tutorial", "0123456")
print(book)
```

```
ISBN: 0123456; TITLE: The Python Tutorial
```

__str__()

__repr__()은 주로 개발자를 위한 목적으로 사용한다. __str__()은 일반적인 사용자나 출력에 사용한다. 만약 __str__() 메소드가 정의되어 있지 않다면, 파이썬은 __repr__()을 호출하여 대신 사용한다.

mytime.py MyTime 클래스

```python
class MyTime :
    def __init__(self, hour, minute, second=0) :
        self.hour = hour
        self.minute = minute
        self.second = second
    def __str__(self) :
        return "%.2d:%.2d:%.2d" % (self.hour, self.minute, self.second)
```

> 객체의 문자열 표현을 반환한다.

```
time = MyTime(10, 25)
print(time)
```

10:25:00

7 클래스 관계

상속은 is-a 관계

상속에서 자식 클래스와 부모 클래스는 "~은 ~이다"와 같은 is-a 관계가 있다. 따라서 상속의 계층 구조를 올바르게 설계하였는지 알려면 is-a 관계가 성립하는지를 생각해 보면 된다.

- 자동차는 탈 것이다(Car is a vehicle).
- 강아지는 동물이다(Dog is a animal).

만약 "~은 ~을 가지고 있다"와 같은 has-a(포함) 관계가 성립되면 이 관계는 상속으로 모델링하면 안 된다. 예를 들어 다음과 같다.

- 도서관은 책을 가지고 있다(Library has a book).
- 거실은 소파를 가지고 있다(Living room has a sofa).

has-a 관계

객체지향 프로그래밍에서 has-a 관계는 구성 관계(Composition Relationship) 또는 집합 관계(Aggregation Relationship)를 의미한다. 구성 관계에서 하나의 객체가 다른 객체의 부품이 된다. 집합 관계에서 하나의 객체가 다른 객체를 소유하게 된다. UML 다이어그램으로 그리면 다음과 같다.

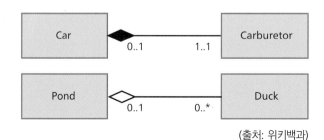

(출처: 위키백과)

다이어그램 상단에서 자동차는 카뷰레터를 가지고 있다. 검정색 다이아몬드 표시는 구성(composition)을 나타낸다. 자동차가 카뷰레터로 구성되었다고 생각해도 된다. 다이어그램 하단에서 연못은 오리를 가지고 있다. 이때는 다이아몬드가 흰색인데 이것은 집합(aggregation)을 의미한다. 집합은 다이아몬드가 있는 객체가 다른 객체를 소유하고 있다는 것을 의미한다. 다이아몬드 옆의 숫자는 개수를 의미한다. 오리에 붙은 0..*는 연못이 오리를 0개에서 무한대 개수까지 가질 수 있다는 것을 의미한다.

has-a 관계가 성립되는 경우에는 상속을 이용하는 것이 아니라 하나의 클래스 안에 다른 클래스의 객체를 포함시키면 된다. is-a 관계 못지않게 has-a 관계를 이해하는 것도 중요하다. 아주 간단한 예제를 들어보면 다음과 같다.

has_a.py has-a와 is-a 관계

```python
class Animal(object) :
    pass          ← 구체적인 코드를 적고 싶지 않을 때
                    pass를 사용한다.

class Dog(Animal) :
    def __init__(self, name) :
        self.name = name


class Person(object) :
    def __init__(self, name) :
        self.name = name
        self.pet = None


dog1 = Dog("dog1")              ← Person 객체의 인스턴스 변수 pet에
person1 = Person("홍길동")         Dog 객체의 참조값을 저장한다.
person1.pet = dog1
```

위의 코드는 아주 간단하지만 is-a 관계와 has-a 관계가 동시에 들어 있다. Dog 클래스와 Animal 클래스의 관계는 is-a 관계이다. 하지만 Person 클래스와 Dog 클래스의 관계는 has-a 관계가 된다. has-a 관계에서 하나의 클래스 안에 다른 클래스를 가리키는 변수가 포함되고 여기에 실체 객체가 생성되어서 대입된다.

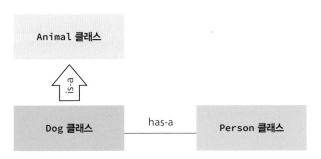

중간점검

❶ 'is-a 관계'란 무엇인가? 예시를 들어 'is-a 관계'를 설명해 보자.

❷ 'has-a 관계'란 무엇인가? 예시를 들어 'has-a 관계'를 설명해 보자.

❸ 'is-a 관계'와 'has-a 관계'를 나타내기 위해 상속과 구성(집합) 중 어떤 것을 선택해야 할까?

LAB 07 　Card와 Deck

has-a 관계가 가장 쉽게 이해되는 예제 중 하나가 카드(Card)와 덱(Deck)이다. 카드 게임장에 가서 보면 카드는 항상 덱 안에 들어 있다.

카드를 나타내는 Card 클래스를 작성하고 52개의 Card 객체를 가지고 있는 Deck 클래스를 작성한다. 각 클래스의 __str__() 메소드를 구현하여 덱 안에 들어 있는 카드를 다음과 같이 출력한다.

```
['클럽 에이스', '클럽 2', '클럽 3', '클럽 4', '클럽 5', '클럽 6', '클럽 7', '클럽 8', '클
럽 9', '클럽 10', '클럽 잭', '클럽 퀸', '클럽 킹', '다이아몬드 에이스', '다이아몬드 2', '다이
아몬드 3', '다이아몬드 4', '다이아몬드 5', '다이아몬드 6', '다이아몬드 7', '다이아몬드 8', '다이
아몬드 9', '다이아몬드 10', '다이아몬드 잭', '다이아몬드 퀸', '다이아몬드 킹', '하트 에이스', '하
트 2', '하트 3', '하트 4', '하트 5', '하트 6', '하트 7', '하트 8', '하트 9', '하트 10', '
하트 잭', '하트 퀸', '하트 킹', '스페이드 에이스', '스페이드 2', '스페이드 3', '스페이드 4', '
스페이드 5', '스페이드 6', '스페이드 7', '스페이드 8', '스페이드 9', '스페이드 10', '스페이드
잭', '스페이드 퀸', '스페이드 킹']
```

card.py Card와 Deck 클래스

```python
class Card :
    suitNames = ['클럽', '다이아몬드', '하트', '스페이드']
    rankNames = [None, '에이스', '2', '3', '4', '5', '6', '7',
                 '8', '9', '10', '잭', '퀸', '킹']

    def __init__(self, suit, rank) :
        self.suit = suit
        self.rank = rank

    def __str__(self) :
        return Card.suitNames[self.suit]+" "+\
               Card.rankNames[self.rank]

class Deck :
    def __init__(self) :
        self.cards = []
        for suit in range(4) :
            for rank in range(1, 14) :
                card = Card(suit, rank)
                self.cards.append(card)

    def __str__(self) :
        lst = [str(card) for card in self.cards]
        return str(lst)

deck = Deck()     # 덱 객체를 생성한다.
print(deck)       # 덱 객체를 출력한다. __str__()이 호출된다.
```

> 생성자로 카드 1장을 나타내는 객체를 초기화한다. suit는 카드의 무늬, rank는 카드의 숫자이다.

> 카드 1장을 문자열로 나타내는 메소드이다. 리스트를 사용하여 카드의 숫자를 문자열로 변환한다.

> cards 리스트에 Card 객체를 생성하여 추가한다.

> cards 리스트에 있는 Card 객체의 문자열 표현을 얻어서 리스트를 만든다. 즉, 덱 안에 있는 카드들을 모두 출력한다.

도전문제

❶ Deck 클래스에 카드를 섞는(shuffle) 메소드를 추가해 보자. 이 메소드는 덱 안의 카드 순서를 무작위로 섞어줄 수 있어야 한다. 섞인 덱을 출력하여 카드들의 순서가 변경되었음을 확인해 보자.

❷ Deck 클래스에 카드를 한 장씩 뽑아내는(draw) 메소드를 추가해 보자. 이 메소드를 호출할 때마다 덱에서 가장 위에 있는 카드를 뽑아내고, 덱에서 해당 카드를 제거한 후 뽑힌 카드를 반환해야 한다. 이를 활용하여 간단한 카드 게임을 구현해 본다.

01 상속은 다른 클래스를 재사용하는 탁월한 방법이다. 객체와 객체 간의 is-a 관계가 성립된다면 상속을
이용하도록 하자.

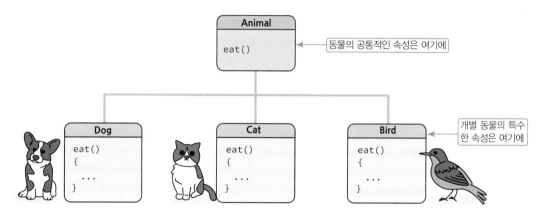

02 상속을 사용하면 중복된 코드를 줄일 수 있다. 공통적인 코드는 부모 클래스에 작성하여 한 곳으로
모으도록 하자.

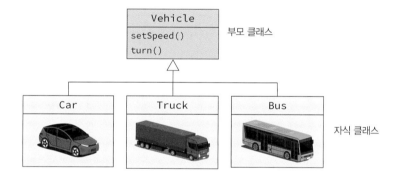

03 상속에서 부모 클래스의 메소드를 자식 클래스가 재정의할 수 있다. 이것을 메소드 오버라이딩이라고
한다.

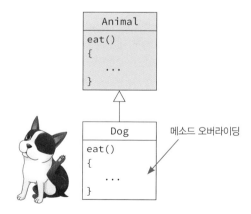

01 기본 도형 클래스에는 밑변과 높이를 가지고 있는데, 이러한 기본 도형 클래스를 상속받아서 삼각형 클래스에 삼각형의 넓이를 계산할 수 있는 기능을 추가하시오. 상속 상 중 하

```
삼각형의 밑변: 4
삼각형의 높이: 6
삼각형의 넓이: 12.0
```

02 이름과 나이를 가지는 포유류 클래스를 작성한 후에 포유류 클래스를 상속하여 사람 클래스를 작성 하시오. 상속 상 중 하

```
포유류: 동물 30
사람: Kim 30 Engineer
```

03 소리를 내는 make_sound() 메소드를 가지는 동물 클래스를 작성하시오. 동물 클래스를 상속받아 make_sound() 메소드를 오버라이딩하여 "멍멍"이라는 소리를 내도록 강아지 클래스를 작성하고, "야옹"이라는 소리를 내도록 고양이 클래스를 작성한다. 메소드 오버라이딩 상 중 하

```
강아지 소리: 멍멍
고양이 소리: 야옹
```

04 calculate_area() 메소드를 가지는 도형 클래스를 작성하시오. 도형 클래스를 상속받아 원과 사각 형을 나타내는 클래스를 정의하고 각각의 면적을 계산하는 calculate_area() 메소드를 오버라이딩 하여 반환한다. 다양한 도형 클래스의 인스턴스를 리스트로 입력받아 calculate_area() 메소드를 호출하여 모든 도형의 넓이를 합산하는 함수를 작성한다. 메소드 오버라이딩 상 중 하

```
Circle의 면적: 78.53981633974483
Rectangle의 면적: 24
도형들의 총 넓이: 102.53981633974483
```

05 음악 플레이어 프로그램을 tkinter와 파이게임(Pygame) 라이브러리를 사용하여 구현하시오. 이 프로그램은 음악 파일을 재생하고 일시정지, 정지, 다음 곡 재생 등의 기능을 가지며, 재생 중인 곡의 정보를 표시한다. MusicPlayer라는 클래스로 작성해 보자. 음악 재생은 파이게임의 다음과 같은 코드로 구현할 수 있다(파이게임은 14장 참조). 상속 상 중 하

```
pygame.mixer.music.load(self.song_list[self.current_song_index])
pygame.mixer.music.play()
```

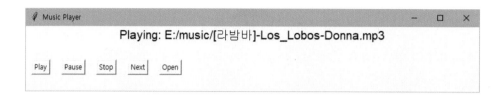

파일과 예외 처리

학습목표

- 파일 입출력을 이해하고 사용할 수 있다.
- 텍스트 파일과 이진 파일을 모두 다룰 수 있다.
- try, except, else, finally 등의 예외 처리 구문을 학습하여 오류를 예방하고
  프로그램의 안정성을 높일 수 있다.

학습목차

1 이번 장에서 작성할 프로그램

1 [프로그램 1] 이미지 파일 복사

하나의 이미지 파일을 다른 이미지 파일로 복사하는 프로그램을 작성해 보자.

> 원본 파일 이름을 입력하시오: dog.jpg
> 복사 파일 이름을 입력하시오: dog1.jpg
> dog.jpg를 복사하여 dog1.jpg로 저장했습니다.

2 [프로그램 2] 시저 암호 구현

시저 암호 방식을 이용하여 파일을 암호화하는 프로그램을 작성해 보자.

> phones.txt(을)를 암호화하여 phones(enc).txt로 저장했습니다.

3 [프로그램 3] 이미지 표시 프로그램

하드 디스크의 이미지 파일을 읽어서 화면에 표시하는 프로그램을 작성해 보자.

4 [프로그램 4] 일기장 프로그램

사용자가 일기를 적으면 파일로 저장하는 프로그램을
작성해 보자.

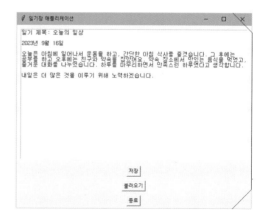

파일의 필요성

프로그램이 종료되면 메모리에서 지워지고 그동안 작업하였던 데이터는 모두 사라진다. 따라서 프로그램을 실행하는 도중에 어떤 데이터를 저장하고자 한다면 우리는 하드 디스크에 파일 형태로 저장해야 한다. 구체적으로 어떤 경우에 파일이 필요할까? 예를 들어 게임에서 사용자의 점수를 scores.txt 파일 안에 저장할 수 있다. 또 게임에서 사용하는 아이템, 색상, 폰트와 같은 사용자의 선택 사항을 파일에 저장할 수도 있다.

객체는 모두 메모리에 만들어지고 전원이 꺼지면 모두 사라진다.

메모리

데이터를 영구히 보존하려면 파일에 저장해야 합니다. 스트림을 사용하면 됩니다.

하드 디스크에 파일 형태로 저장하면 전원이 꺼지더라도 데이터가 보존된다.

프로그램   하드 디스크

이번 장에서 데이터를 파일에 저장하는 방법과 파일에서 데이터 읽는 방법을 학습한다.

파일의 개념

파일(file)은 보조기억장치에서 문서, 소리, 그림, 동영상과 같은 자료를 모아놓은 것이다. 파일은 보조기억장치 상에서 논리적인 정보 단위이다. 즉, 보조기억장치의 물리적인 특성과는 상관없이 프로그래머한테 동일하고 논리적인 인터페이스를 제공한다. 운영체제는 파일 조작에 관련된 기능을 라이브러리로 제공한다.

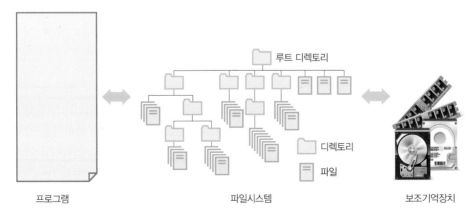

루트 디렉토리

디렉토리

파일

프로그램   파일시스템   보조기억장치

우리는 파일이 다음과 같이 구성되어 있다고 생각하면 된다. 파일 안에는 바이트들이 순차적으로 저장되어 있고 맨 끝에는 **EOF(End-of-File) 마커**가 있다. 모든 파일은 입출력 동작이 발생하는 위치를 나타내

는 파일 포인터를 가지고 있다. 파일을 처음으로 열면 파일 포인터는 파일의 첫 번째 바이트를 가리킨다. 우리가 파일의 내용을 읽거나 쓰면 파일 포인터는 자동적으로 업데이트된다.

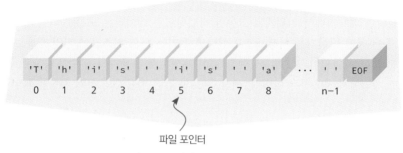

파일 포인터

그림 12.1   파일의 논리적인 구성

파일의 종류

파일에는 다음과 같이 두 가지 종류가 있다.

- 텍스트 파일(Text File)
- 이진 파일(Binary File)

텍스트 파일(Text File)은 인간이 이해할 수 있는 문자열로 이루어진 파일이다. ASCII, UTF-8 등의 문자 인코딩 방식으로 인코딩된 문자열들로 구성된다. 주로 텍스트 편집기로 열어서 내용을 확인하고 수정할 수 있다. 예를 들면 .txt, .csv, .html, .py 확장자를 가진 파일들이 여기에 해당된다.

텍스트 파일: 문자로 구성된 파일   텍스트 파일

이진 파일(Binary File)은 사람이 읽을 수는 없으나 컴퓨터는 읽을 수 있는 파일이다. 즉, 문자 데이터가 아니라 이진 데이터가 직접 저장되어 있는 파일이다. 따라서 텍스트 파일처럼 한 줄이라는 개념이 없기 때문에 줄의 끝을 표시할 필요가 없으며 NULL이나 CR, LF와 같은 문자들도 특별한 의미를 가지지 않고 단순히 데이터로 취급된다. 이진 파일은 특정한 프로그램에 의해서만 판독이 가능하다. 사운드 파일이나 이미지 파일 등이 이진 파일의 예이다. 실행 파일도 이진 파일의 일종이다.

이진 파일: 데이터로 구성된 파일   이진 파일

 중간점검

❶ 파일을 추상적으로 정의한다면 무엇으로 정의할 수 있을까?

❷ 텍스트 파일과 이진 파일의 차이점은 무엇인가?

3 파일 열기 및 닫기

파일 열기와 닫기

어떻게 파일에 저장된 데이터를 읽을 수 있을까? 파일을 사용하려면 먼저 파일을 열어야 한다. 파일을 여는 함수는 open()이다. open()은 파일 이름을 받아서 파일 객체를 생성한 후에 이것을 반환한다. 파일이 열리면 우리는 파일에서 데이터를 읽거나 쓸 수 있다. 파일과 관련된 작업이 모두 종료되면 파일을 닫아야 한다. 파일 객체가 가지고 있는 close()를 호출하면 파일이 닫힌다.

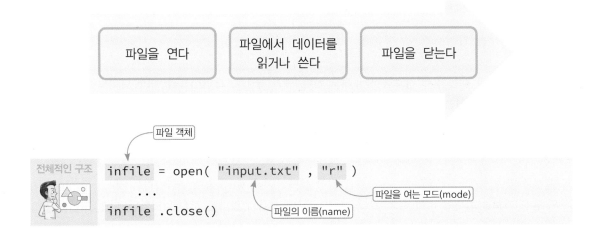

- open()의 첫 번째 매개변수는 파일의 이름이다. open()은 이름이 "input.txt"인 파일을 열고, 파일과 연관된 객체를 생성한 후에, 이 객체를 반환한다. 파일에서 데이터를 읽거나 쓰려면 반드시 이 파일 객체가 필요하다. 만약 open()이 파일을 여는 데 실패하면 None 객체가 반환된다.

• open()의 두 번째 매개변수는 파일을 여는 모드를 의미한다. 파일 모드는 파일과 관련된 여러 가지 선택 사항을 결정하는 문자열이다. 예를 들어 파일 모드가 "r"이면 읽기 작업을 위하여 파일을 여는 것이다.

파일 모드

기본적인 파일 모드로 "r", "w", "a"가 있다. 그 의미는 다음 표와 같다.

파일 모드	모드 이름	설명
"r"	읽기 모드(Read Mode)	파일의 처음부터 읽는다.
"w"	쓰기 모드(Write Mode)	파일의 처음부터 쓴다. 파일이 없으면 생성된다. 만약 파일이 존재하면 기존의 내용은 지워진다.
"a"	추가 모드(Append Mode)	파일의 끝에 쓴다. 파일이 없으면 생성된다.
"r+"	읽기와 쓰기 모드	파일을 읽고 쓸 수 있는 모드이다. 모드를 변경하려면 seek()가 호출되어야 한다.

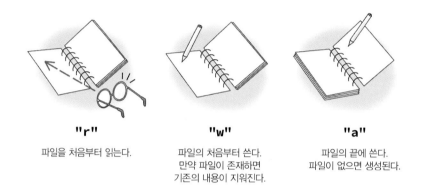

"r"
파일을 처음부터 읽는다.

"w"
파일의 처음부터 쓴다.
만약 파일이 존재하면
기존의 내용이 지워진다.

"a"
파일의 끝에 쓴다.
파일이 없으면 생성된다.

파일 열기 예

현재 디렉토리에 있는 "phones.txt"라는 파일을 읽기 용도로 열려면 다음과 같은 문장을 사용한다.

```
infile = open("phones.txt", "r")
```

윈도우에서 다음과 같은 절대 경로를 사용해도 된다. 예를 들어 C 드라이브의 \tmp 디텍토리 안에 있는 "phones.txt" 파일을 여는 문장은 다음과 같다.

```
infile = open(r"c:\tmp\phones.txt", "r")
```

파일 이름 앞에 붙이는 r 접두어는 문자열을 **원천 문자열(Raw String)**로 취급하라는 것을 의미한다. 즉, "\"와 같은 기호를 특별한 의미(이스케이프 스퀀스)로 해석하지 말라는 것을 의미한다. 다음과 같이 적어 주어도 된다.

```
infile = open("c:\\tmp\\phones.txt", "r")
```

데이터 읽기

데이터 읽기를 실행하려면 텍스트 파일이 필요하다. 다음과 같은 텍스트 파일을 메모장으로 작성하여 저장한다. 엔코딩은 "ANSI"로 하여 저장한다.

---

phones.txt

```
홍길동 010-1234-5678
김철수 010-1234-5678
김영희 010-1234-5678
```

다른 언어에 비하여 파이썬은 입출력이 매우 간단하다(아무래도 객체를 사용하기 때문이다). 파일 전체를 읽으려면 그냥 read()라고 호출하면 된다.

read.py 파일 읽기 #1

```python
infile = open("phones.txt", "r")
s = infile.read()
print(s)
infile.close()
```

```
홍길동 010-1234-5678
김철수 010-1234-5679
김영희 010-1234-5680
```

readline()은 한 줄을 읽는다. phones.txt에서 한 줄만 읽어보자.

read1.py · 파일 읽기 #2

```python
infile = open("phones.txt", "r")
s = infile.readline()
print(s)
infile.close()
```

```
홍길동 010-1234-5678
```

하지만 일반적으로는 파일에 몇 줄이 들어 있는지 미리 알 수가 없다. 파일의 크기가 크고 한 줄씩 읽어서 처리하려면 다음과 같은 방법을 사용하는 것이 좋다.

read2.py 파일 읽기 #3

```python
infile = open("phones.txt", "r")
line = infile.readline()
while line != "" :
    print(line)
    line = infile.readline()
infile.close()
```

```
홍길동 010-1234-5678

김철수 010-1234-5679

김영희 010-1234-5680
```

파이썬은 파일 객체를 문자열의 컨테이너로 간주한다. 따라서 파일에서 문자열을 읽을 때는 for 문을 이용하여 파일 객체에 대해 반복해도 된다.

```
infile = open("phones.txt", "r")
for line in infile :
    line = line.rstrip()
    print(line)
infile.close()
```

```
홍길동 010-1234-5678
김철수 010-1234-5679
김영희 010-1234-5680
```

각 반복에서 line 변수는, 파일에서 다음에 읽을 문자열로 대입된다. 반복 루프의 몸체에서 이 텍스트를 처리하면 된다. 여기서는 단순히 화면에 문자열을 출력하였다. rstrip()은 문자열의 오른쪽 공백 문자를 제거하는 메소드이다. 파일에서 줄 마지막에 붙은 \n을 제거할 때 유용하다.

데이터 쓰기

파일에 데이터를 쓰려면 open()으로 파일 객체를 생성한 후에 write() 함수를 이용하여 데이터를 저장한다. open()을 호출할 때는 파일 모드로 "w"를 주어야 한다. 아래 코드에서 3개의 문자열을 phones.txt 파일에 저장하고 있다.

```
outfile = open("phones.txt", "w")
outfile.write("홍길동 010-1234-5678")
outfile.write("김철수 010-1234-5679\n")
outfile.write("김영희 010-1234-5680\n")
outfile.close()
```

파일에 데이터를 쓰려면 파일을 열 때 "w" 모드를 사용한다. 만약 동일한 이름의 파일이 디스크에 존재하면 기존의 데이터는 없어지고 새로운 데이터가 덮어써진다.

만약 파일이 존재하는지를 미리 검사하려면 다음과 같은 코드를 추가해야 한다.

```
import os.path

outfile = open("phones.txt", "w")

if os.path.isfile("phones.txt") :
    print("동일한 이름의 파일이 이미 존재합니다. ")
```

```
else :
    outfile.write("홍길동 010-1234-5678\n")
    outfile.write("김철수 010-1234-5679\n")
    outfile.write("김영희 010-1234-5680\n")

outfile.close()
```

with 사용하기

with 문은 파이썬에서 파일 처리를 할 때 사용하는 중요한 기능 중 하나이다. 파일을 열고 작업을 마친후 파일을 자동으로 닫아 리소스 누수를 방지하고 코드를 보다 간결하게 작성할 수 있도록 해준다. with문을 사용하면 open() 함수로 파일을 열 때 as 키워드를 사용하여 파일 객체를 생성하고, with 블록 내에서 해당 파일 객체를 사용한다. with 블록을 빠져나오면 파일은 자동으로 닫힌다. with 문의 일반적인 구조는 다음과 같다.

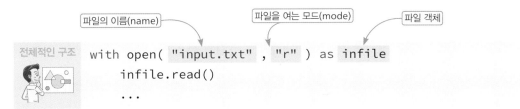

with 문을 사용하면, 몇 가지 장점이 있다.

- **자동으로 파일 닫기**: with 문을 사용하면 파일 작업이 끝났을 때 파일이 자동으로 닫힌다. 따라서 명시적으로 close() 메소드를 호출하지 않아도 된다. 이로 인해 파일을 올바르게 관리하고 리소스 누수를 방지할 수 있다.
- **예외 처리 용이**: with 문을 사용하면 파일 작업 중 예외가 발생해도 파일은 자동으로 닫히므로 예외 처리가 용이하다. 예외가 발생하더라도 파일이 안전하게 닫힌다.
- **간결한 코드**: with 문을 사용하면 파일 열기와 닫기를 한 곳에서 처리할 수 있어 코드가 간결해진다. 또한 파일 작업 코드를 with 블록 내에 적절하게 구성하여 가독성을 높일 수 있다.

예를 들어 텍스트 파일을 읽어서 각 라인을 출력하는 예제를 with 문과 함께 작성해 보자.

with1.py with로 파일 읽기

```
with open("proverbs.txt", "r") as file :
    for line in file :
        print(line.strip())          # 각 라인의 끝에 있는 줄바꿈 기호 제거 후 출력

# with 블록을 빠져나오면 파일이 자동으로 닫힘
```

```
All's well that ends well.
Bad news travels fast.
Well begun is half done.
Birds of a feather flock together.
```

이렇게 with 문을 사용하면 파일 처리를 더욱 안전하고 편리하게 수행할 수 있다. with 문을 활용하여 파일 처리를 하면 파일 관리를 실수로 놓치는 일을 방지하고 코드를 더욱 안정적으로 만들 수 있다. 우리도 with 문을 적극적으로 사용해 보자. 프로그래밍을 잘하려면 실수가 나올 수 있는 소지를 최대한 없애야 한다.

중간점검

❶ 파일을 읽기 위해 어떤 내장 함수를 사용하는가? 이 함수를 사용하여 파일 내용을 어떻게 읽을 수 있는가?

❷ 파일에 데이터를 쓰기 위해 어떤 내장 함수를 사용하는가? 이 함수를 사용하여 파일에 어떻게 데이터를 작성할 수 있는가?

❸ with 문을 사용하여 파일을 다루는 장점은 무엇인가? with 문을 사용한 파일 처리의 일반적인 구문을 예시와 함께 설명해 보자.

LAB 01 매출 파일 처리

입력 파일에 상점의 매출이 저장되어 있다고 하자. 이것을 읽어서 평균 매출과 총 매출을 계산한 후에 다른 파일에 저장하는 프로그램을 작성해 보자. 입력 파일에는 상점의 하루 매출이 한 줄에 정수로 기록되어 있다. 예를 들면 다음과 같다.

```
sales.txt
1000000
1000000
1000000
500000
1000000
```

출력 파일은 다음과 같아야 한다.

```
summary.txt
총 매출 = 4500000
평균 일매출 = 900000.0
```

SOLUTION

sales.py 매출 파일 처리

```
# 입력 파일 이름과 출력 파일 이름을 받는다.
infilename = input("입력 파일 이름: ")
outfilename = input("출력 파일 이름: ")
```

```python
# 합계와 횟수를 위한 변수를 정의한다.
sum = 0
count = 0

# 입력과 출력을 위한 파일을 열고 작업을 수행한다.
with open(infilename, "r") as infile, open(outfilename, "w") as outfile :
    # 입력 파일에서 한 줄을 읽어서 합계를 계산한다.
    for line in infile :
        dailySale = int(line)
        sum += dailySale
        count += 1

    # 총 매출과 일평균 매출을 출력 파일에 기록한다.
    outfile.write("총 매출 = " + str(sum) + "\n")
    outfile.write("평균 일매출 = " + str(sum / count))
```

4 텍스트 입출력 기법

데이터 추가하기

이미 존재하는 파일에 데이터를 추가할 때는 "a" 파일 모드를 사용한다. "a"는 "append"의 약자이다.

```python
outfile = open("phones.txt", "a")

outfile.write("최무선  010-1111-2222")
outfile.write("정중부  010-2222-3333")

outfile.close()
```

줄바꿈 기호 삭제하기

파일에서 텍스트를 읽어서 출력하다 보면 파일에 들어 있는 줄바꿈 기호 때문에 의도치 않게 빈 줄이 추가되는 일이 발생한다. 예를 들어 다음과 같은 파일을 보자.

proverbs.txt

```
All's well that ends well.
Bad news travels fast.
Well begun is half done.
Birds of a feather flock together.
```

proverbs.txt 파일을 읽어서 화면에 출력하는 프로그램을 작성해 보자.

strip.py 줄바꿈 기호 제거하기

```python
infile = open("proverbs.txt", "r")
for line in infile :
    print(line)
infile.close()
```

> All's well that ends well.
>
> Bad news travels fast.
>
> Well begun is half done.
>
> Birds of a feather flock together.

출력 결과를 보면 문장의 사이에 빈 줄이 하나씩 들어 있음을 알 수 있다. 왜 이런 결과가 출력되었을까? 텍스트 파일에서 첫 번째 줄은 다음과 같이 저장되어 있다.

| A | l | l | ' | s | | w | e | l | l | | t | h | a | t | | e | n | d | s | | w | e | l | l | \n | |

여기서 문제가 되는 것은 줄의 끝에 있는 줄바꿈 기호인 '\n'이다. 이것 때문에 빈 줄이 출력된 것이다. 따라서 파일에서 읽을 때 줄의 끝에 있는 줄바꿈 기호를 삭제하고 읽을 수 있으면 좋을 것이다. 파이썬에서 rstrip() 메소드가 이런 작업을 한다.

```python
line = line.rstrip()
```

위의 코드에 해당 문장을 추가하면 빈 줄이 사라지게 된다. rstrip()은 줄바꿈 기호뿐만 아니라 공백 문자도 제거한다. strip()은 줄의 첫 부분과 끝에서 공백 문자를 삭제한다.

파일에서 단어 읽기

텍스트 파일에서 단어를 읽어야 한다면 어떻게 할 것인가? 예를 들어 앞에 나왔던 속담 파일에서 단어를 분리하여 리스트로 만들고 싶다고 하자.

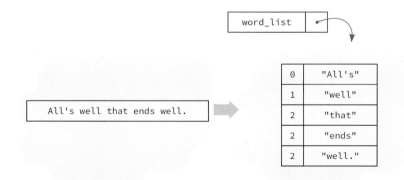

이때 사용할 수 있는 것이 split() 메소드이다. 문자열 객체의 split() 메소드는 공백 문자를 이용하여 문자열에서 단어들을 분리한다.

fsplit.py 파일에서 단어 읽기

```python
infile = open("proverbs.txt", "r")
for line in infile :
    line = line.rstrip()
    word_list = line.split()
    for word in word_list :
        print(word)
infile.close()
```

문자열에서 단어를 분리한다.

```
All's
well
...
...
flock
together.
```

문자열에서 단어를 분리할 때 공백이 아닌 다른 분리자를 사용하고 싶으면 split() 메소드의 인자를 통해 분리자로 사용하는 문자를 주면 된다. 예를 들어 ":"을 사용하여 분리하고 싶으면 다음과 같이 한다.

split2.py 문자열 분리

```python
line = "Bad: news: travels: fast."
word_list = line.split(":")
print(word_list)
```

```
['Bad', ' news', ' travels', ' fast.']
```

숫자 데이터

텍스트 파일에는 텍스트 형태의 데이터만 저장할 수 있다. 따라서 만약 숫자 데이터를 저장해야 한다면 숫자를 문자열로 변환한 후에 저장해야 한다. 숫자를 문자열로 저장하려면 숫자에 " "와 같은 문자열을 + 연산자로 더하면 된다.

fwrite.py 파일에 숫자 쓰기

```python
outfile = open("numbers.txt", "w")

for i in range(10) :
    outfile.write(str(i)+" ")

outfile.close()
```

numbers.txt

```
0 1 2 3 4 5 6 7 8 9
```

위의 코드에서 0부터 9까지의 정수는 str() 함수에 의하여 문자열로 변환된 후 파일에 기록된다.

파일 대화 상자

우리가 윈도우에서 파일을 열 때는 tkinter의 파일 열기 대화 상자를 이용하면 파일을 쉽게 찾을 수 있다.

askopen.py 파일 대화 상자 열기

```python
from tkinter import *
from tkinter.filedialog import askopenfilename
from tkinter.filedialog import asksaveasfilename

readFile = askopenfilename()
if (readFile != None) :
    infile = open(readFile, "r")
    s = infile.read()
    print(s)
    infile.close()
```

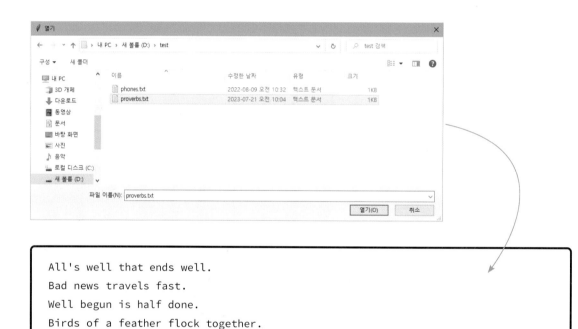

```
All's well that ends well.
Bad news travels fast.
Well begun is half done.
Birds of a feather flock together.
```

 중간점검

❶ 텍스트 파일을 읽는 가장 기본적인 방법은 무엇인가? 파이썬에서 텍스트 파일을 읽기 위해 어떤 함수를 사용하는가?

❷ 텍스트 파일을 읽을 때 줄바꿈 기호를 삭제하려면 어떤 메소드를 사용하는 것이 좋은가?

❸ 텍스트 파일 안의 텍스트를 단어들의 리스트로 분리하려면 어떻게 하는 것이 좋은가?

스페이스와 탭의 개수 세기

텍스트 파일을 열어서 스페이스의 개수와 탭의 개수를 세는 프로그램을 작성해 보자.

```
파일 이름을 입력하시오: proverbs.txt
스페이스 수 = 16, 탭의 수 = 0
```

SOLUTION

count_space.py 스페이스와 탭의 개수 세기

```python
def parse_file(path) :
    # 파일을 읽기 모드로 열어 infile에 저장한다.
    infile = open(path)

    # 스페이스와 탭의 개수를 저장할 변수를 초기화한다.
    spaces = 0
    tabs = 0

    # 파일을 한 줄씩 읽어서 스페이스와 탭의 개수를 센다.
    for line in infile :
        spaces += line.count(' ')      # 현재 줄에서 스페이스의 개수를 세어 spaces에 더한다.
        tabs += line.count('\t')       # 현재 줄에서 탭의 개수를 세어 tabs에 더한다.

    # 파일을 닫는다.
    infile.close()

    # 스페이스와 탭의 개수를 반환한다.
    return spaces, tabs

# 사용자로부터 파일 이름을 입력받는다.
filename = input("파일 이름을 입력하시오: ")

# parse_file 함수를 호출하여 스페이스와 탭의 개수를 계산하고 출력한다.
spaces, tabs = parse_file(filename)
print("스페이스 수 = %d, 탭의 수 = %d" % (spaces, tabs))
```

LAB 03 　 줄 앞에 번호 붙이기

텍스트 파일을 열어서 각 줄의 앞에 번호를 매겨 다시 파일에 쓰는 프로그램을 작성해 보자.

---

output.txt

1: All's well that ends well.
2: Bad news travels fast.
3: Well begun is half done.
4: Birds of a feather flock together.

SOLUTION

fline.py 　 파일에 줄 번호 붙이기

```python
# "proverbs.txt" 파일을 읽기 모드로 열어 infile에 저장한다.
infile = open("proverbs.txt, "r")

# "output.txt" 파일을 쓰기 모드로 열어 outfile에 저장한다.
outfile = open("output.txt", "w")

# 줄 번호를 나타내기 위한 변수 i를 1로 초기화한다.
i = 1

# "proverbs.txt" 파일의 각 줄을 반복하여 처리한다.
for line in infile :
    # 각 줄 앞에 번호를 붙여서 "output.txt" 파일에 쓴다.
    outfile.write(str(i) + ": " + line)

    # 다음 줄 번호를 나타내기 위해 i를 1 증가시킨다.
    i = i + 1

# 파일을 모두 처리했으므로 "proverbs.txt"와 "output.txt" 파일을 닫는다.
infile.close()
outfile.close()
```

LAB 04 　 각 문자 횟수 세기

파일 안의 각 문자들이 몇 번이나 나타나는지를 세는 프로그램을 작성해 보자.

파일명을 입력하세요: **proverbs.txt**
{'A': 1, 'l': 11, '"': 1, 's': 7, ' ': 16, 'w': 3, 'e': 12, 't': 7, 'h': 4,
'a': 7, 'n': 4, 'd': 4, '.': 4, 'B': 2, 'r': 4, 'v': 1, 'f': 5, 'W': 1, 'b': 1,
'g': 2, 'u': 1, 'i': 2, 'o': 4, 'c': 1, 'k': 1}

SOLUTION

`fcount_c.py` 파일의 각 문자 횟수 세기

```python
# 사용자로부터 파일명을 입력받아 파일명을 filename 변수에 저장한다.
filename = input("파일명을 입력하세요: ").strip()

# 입력받은 파일명으로 파일을 읽기 모드로 열어 infile에 저장한다.
infile = open(filename, "r")

# 문자의 빈도수를 저장할 빈 딕셔너리 freqs를 생성한다.
freqs = {}

# 파일의 각 줄에 대하여 문자를 추출한다.
# 각 문자를 딕셔너리 freqs에 추가하며, 이미 있는 문자면 빈도수를 증가시킨다.
for line in infile :
    for char in line.strip() :
        if char in freqs :
            freqs[char] += 1          ← 딕셔너리에 있으면 하나 증가
        else :
            freqs[char] = 1           ← 딕셔너리에 없으면 1로 초기화

# 문자의 빈도수를 출력한다.
print(freqs)
infile.close()
```

LAB 05 · CSV 파일 읽기

CSV(Comma Separated Values) 형식은 엑셀과 같은 스프레드 시트나 데이터베이스에서 가장 널리 사용하는 입출력 형식이다. 파이썬은 CSV 형식을 읽기 위해서 csv라고 하는 모듈을 제공한다. 이 모듈을 이용하면 CSV 파일을 쉽게 읽을 수 있다. 연습 삼아서 CSV 형식의 파일을 읽는 코드를 작성해 보자.

```
data.csv
```

```
1/2/2014,5,8,red
1/3/2014,5,2,green
1/4/2014,9,1,blue
```

위의 파일을 읽어서 다음과 같이 출력하면 된다.

```
1/2/2014,5,8,red
    1/2/2014
    5
    8
    red
1/3/2014,5,2,green
    1/3/2014
    5
    2
    green
1/4/2014,9,1,blue
    1/4/2014
    9
    1
    blue
```

SOLUTION

fcsv.py   CSV 파일 읽기

```python
# 파일을 연다.
f = open("data.csv", "r")

# 파일 안의 각 줄을 처리한다.
for line in f.readlines() :

    # 공백 문자를 없앤다.
    line = line.strip()

    # 줄을 출력한다.
    print(line)
```

```
    # 줄을 쉼표로 분리한다.
    parts = line.split(",")

    # 각 줄의 필드를 출력한다.
    for part in parts :
        print("   ", part)

  f.close()
```

시저 암호를 구현해 보자. 로마의 유명한 정치가였던 줄리어스 시저(Julius Caesar, 100−44 B.C.)는 친지들에게 비밀리에 편지를 보내고자 할 때 다른 사람들이 알아보지 못하도록 문자들을 다른 문자들로 치환하였다. 시저 암호의 규칙을 표로 그려 보면 다음과 같다.

평 문	a	b	c	d	e	f	g	h	i	j	k	l	m	n	o	p	q	r	s	t	u	v	w	x	y	z
암호문	D	E	F	G	H	I	J	K	L	M	N	O	P	Q	R	S	T	U	V	W	X	Y	Z	A	B	C

예를 들어 평문 "come to me"은 "FRPH WR PH"로 바뀐다. 시저 암호 방식을 이용하여 파일을 암호화하는 프로그램을 작성해 보자.

> phones.txt(을)를 암호화하여 phones(enc).txt로 저장했습니다.

암호화는 다음과 같은 문장을 활용해 보자.

```
shifted_char = chr((ord(char) − shift + key) % 26 + shift)
```

각 변수의 의미와 동작은 다음과 같다.

- **char**: 변환할 문자(평문의 각 문자)
- **shift**: 문자의 번호를 얻기 위해, 문자 코드에서 빼는 값(ord('A') 또는 ord('a'))
- **key**: 암호화나 복호화에 사용하는 키값
- **shifted_char**: 변환된 문자(암호문 또는 복호문의 각 문자)

shifted_char에 할당되는 값은 다음과 같은 과정으로 계산된다.

- **ord(char) - shift**: 주어진 문자 char의 유니코드값에서 shift값을 빼면 해당 문자가 대문자인 경우 0~25 범위의 값이, 소문자인 경우에도 0~25 범위의 값이 된다.
- **+ key**: 암호화 시에는 키값만큼 이 값을 오른쪽으로 밀어서 새로운 값을 만든다.
- **% 26**: 알파벳은 26개의 문자이므로, 결과값을 0부터 25 사이의 값으로 만들기 위해 26으로 나눈 나머지를 계산한다.
- **+ shift**: 다시 shift값을 더하면 대문자인 경우에는 해당 문자의 유니코드값이, 소문자인 경우에도 해당 문자의 유니코드값이 된다.

SOLUTION

caesar_enc.py 파일 시저 암호화

```python
def caesar_cipher(text, key) :
    result = ""
    for char in text :
        if char.isalpha() :  # 알파벳인 경우에만 변환
            shift = ord('A') if char.isupper() else ord('a')
            shifted_char = chr((ord(char) - shift + key) % 26 + shift)
            result += shifted_char
        else :
            result += char    # 알파벳이 아닌 경우 그대로 유지
    return result


def encrypt_file(input_file, output_file, key) :
    with open(input_file, "r") as file :
        plaintext = file.read()
    encrypted_text = caesar_cipher(plaintext, key)
    with open(output_file, "w") as file :
        file.write(encrypted_text)


# 예시
input_filename = 'phones.txt'
encrypted_filename = 'phones(enc).txt'
encryption_key = 3
# 파일 암호화
encrypt_file(input_filename, encrypted_filename, encryption_key)
print(f"{input_filename}(을)를 암호화하여 {encrypted_filename}로 저장했습니다.")
```

도전문제   위의 소스 코드에는 암호화 코드만 들어있다. 복호화하는 부분의 코드를 추가해 보자.

5 이진 파일과 임의 접근 파일

이진 파일

이진 파일(Binary File)은 이진 데이터가 직접 저장되어 있는 파일이다. 즉, 정수 123456를 저장한다면, 문자열로 변환되지 않고 이진수 형태 그대로 파일에 기록되는 것이다. 이진 파일의 장점은 효율성이다. 텍스트 파일에서 정수를 읽으려면 먼저 문자열 형태로 읽어서 이것을 int()와 같은 함수를 사용하여 정수로 변환해야 하는데, 이 과정은 시간이 많이 걸리며 비효율적이다. 이진 파일을 사용하면 이러한 변환 과정이 필요 없이 파일에서 바로 정수 데이터를 읽을 수 있으며 텍스트 파일에 비하여 저장 공간도 더 적게 차지한다.

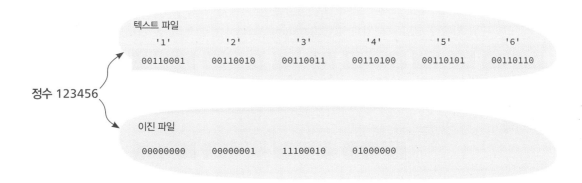

이진 파일의 단점은 인간이 파일의 내용을 확인하기가 힘들다는 점이다. 문자 데이터가 아니므로 모니터나 프린터로 출력하는 것도 불가능하다. 또한 텍스트 파일은 컴퓨터의 기종이 달라도 파일을 이동할 수 있다. 텍스트 파일은 표준인 아스키 코드로 저장되어 있기 때문에, 다른 기종의 컴퓨터에서도 읽을 수 있다. 그러나 이진 파일의 경우, 정수나 부동소수점을 표현하는 방식(순서나 바이트 개수)이 컴퓨터 시스템마다 다를 수 있기 때문에 이식성이 떨어진다. 따라서 이식성이 중요하다면 약간 비효율적이더라도 텍스트 형식의 파일을 사용하는 것이 좋다. 하지만 데이터가 상당히 크고 실행 속도가 중요하다면 이진 파일로 하는 것이 좋을 것이다.

이진 파일에서 데이터를 읽으려면 다음과 같이 파일을 열어야 한다.

```
infile = open(filename, "rb")
```

입력 파일에서 전체 바이트를 읽으려면 다음과 같은 문장을 사용한다.

```
bytesArray = infile.read()
```

bytesArray는 바이트형의 시퀀스로서 0부터 255까지의 값들의 모임이다. 첫 번째 바이트를 꺼내려면 다음과 같은 문장을 사용하면 된다.

```
byte1 = bytesArray[0]
```

이진 파일에 바이트들을 저장하려면 다음과 같이 한다.

```
outfile = open(filename, "wb")
bytesArray = bytes([255, 128, 0, 1])
outfile.write(bytesArray)
```

순차 접근과 임의 접근

지금까지의 파일 입출력 방법은 모두 데이터를 파일의 처음부터 순차적으로 읽거나 기록하는 것이었다. 이것을 **순차 접근**(Sequential Access) 방법이라고 한다. 이 방법은 한 번 읽은 데이터를 다시 읽으려면 현재의 파일을 닫고 파일을 다시 열어야 한다. 또한 앞부분을 읽지 않고 중간이나 마지막으로 건너뛸 수도 없다. 또 다른 파일 입출력 방법으로 **임의 접근**(Random Access) 방법이 있다. 임의 접근 방법은 파일의 어느 위치에서든지 읽기와 쓰기가 가능하다.

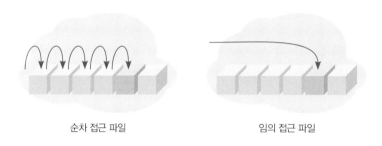

순차 접근 파일   임의 접근 파일

임의 접근의 원리

모든 파일에는 **파일 포인터**(File Pointer)라는 것이 존재한다. 파일 포인터는 읽기와 쓰기 동작이 현재 어떤 위치에서 이루어지는지를 나타낸다. 새 파일이 만들어지면 파일 포인터는 값이 0이고 이것은 파일의 시작 부분을 가리킨다. 기존 파일의 경우, 추가 모드에서 열렸을 때는 파일의 끝을 가리키고, 다른 모드일 때는 파일의 시작 부분을 가리킨다.

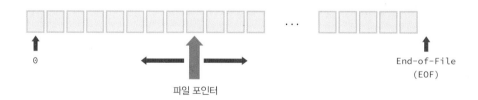

파일에서 읽기나 쓰기가 수행되면 파일 포인터가 갱신된다. 예를 들어 읽기 모드로 파일을 열고 100바이트를 읽었다면, 파일 포인터의 값이 100이 된다. 다음에 다시 200바이트를 읽었다면 파일 포인터는 300이 된다. 우리가 입출력 함수를 사용하면 그 함수의 내부에서 파일 포인터의 값이 변경된다. 사실 프로그래머는 파일 포인터에 대하여 크게 신경 쓸 필요는 없다. 보통 순차적으로 데이터를 읽게 되면 파일 포인터는 파일의 시작 위치에서 순차적으로 증가하여 파일의 끝으로 이동하기 때문이다.

만약 파일의 데이터를 전체 다 읽지 않고 부분적으로 골라서 읽고 싶은 경우에는 파일 포인터를 이동시켜서 임의 접근을 할 수 있다. 임의(random)라는 말은 임의의 위치에서 데이터를 읽을 수 있다는 의미이다. 예를 들어 데이터를 파일의 시작 부분으로부터 1,000바이트 위치에서 읽었다가 다시 시작 위치로부터 500바이트 떨어진 위치에서 읽을 수도 있다는 의미이다. 파일 포인터를 조작하면, 파일을 원하는 임의의 위치에서 읽을 수 있다. 파일 임의 접근을 위해서는 다음과 같은 파일 함수들을 사용한다.

- **seek(offset, whence)**: 파일 포인터를 이동시키는 함수로, offset값에 따라 파일의 어느 위치로 이동할지 결정한다. whence 값은 파일 포인터를 이동할 기준 위치를 지정하는데, 0은 파일의 시작부터, 1은 현재 파일 포인터 위치부터, 2는 파일의 끝부터 이동한다.
- **tell()**: 현재 파일 포인터 위치를 반환하는 함수이다. 파일의 시작부터 얼마나 떨어져 있는지를 나타내는 값이 반환된다.

파일 임의 접근을 사용하여 원하는 위치로 파일 포인터를 이동하고 데이터를 읽거나 쓸 수 있다. 예를 들어 다음과 같은 과정으로 파일 임의 접근을 수행할 수 있다.

seek.py 파일 임의 접근

```python
with open("proverbs.txt", "rb") as file :
    # 파일 포인터를 파일의 10번째 바이트로 이동
    file.seek(10, 0)

    # 파일 포인터의 현재 위치 확인
    position = file.tell()
    print("현재 파일 포인터 위치: ", position)

    # 해당 위치에서 5바이트를 읽음
    data = file.read(5)
    print("읽은 데이터: ", data)      # b'가 앞에 붙은 바이트 배열로 출력된다.
```

```
현재 파일 포인터 위치: 10
읽은 데이터: b' that'
```

객체 입출력

우리는 앞에서 문자열을 파일에 쓰는 방법을 학습하였다. 객체도 파일에 쓸 수 있을까? 예를 들어 리스트나 딕셔너리와 같은 객체를 파일에 쓰고 읽을 수 있다면 상당히 편리할 것이다. 파이썬에서 다양한 방법이 제공된다. 가장 많이 사용하는 모듈은 pickle 모듈이다. pickle 모듈의 dump()와 load() 메소드를 사용하면 객체를 쓰고 읽을 수 있다.

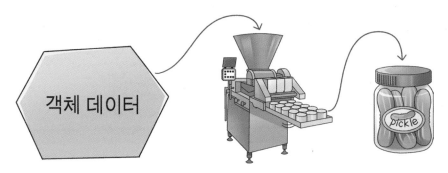

딕셔너리에 저장된 데이터들을 pickle 모듈을 이용하여 파일에 기록하는 예제를 살펴보자.

pickle.py 파일 객체 입출력

```python
import pickle

myMovie = {"Superman vs Batman": 9.8, "Ironman": "9.6"}

# 딕셔너리를 피클 파일에 저장
pickle.dump(myMovie, open("save.p", "wb"))

# 피클 파일에 딕셔너리를 로드
myMovie = pickle.load(open("save.p", "rb"))
print(myMovie)
```

{'Superman vs Batman': 9.8, 'Ironman': '9.6'}

피클 객체는 파이썬 객체 구조를 직렬화하고 역직렬화하는 이진 프로토콜을 구현한다. 피클 객체의 dump()를 호출하면 파이썬 객체 계층 구조가 바이트 스트림으로 변환되고, load()를 호출하면 바이트 스트림이 객체 계층 구조로 변환된다.

중간점검

❶ 이진 파일을 읽고 쓰는 방법을 설명하라. 텍스트 파일과의 주요 차이점은 무엇인가? 이진 파일에서 데이터를 읽고 쓰기 위해 사용하는 파이썬 함수는 무엇인가?

❷ 객체 입출력 기능을 사용하기 위해 파이썬에서 어떤 모듈 또는 라이브러리를 사용하는가?

❸ 텍스트 또는 이진 파일에서 특정 위치로 이동하고 데이터를 읽거나 쓰는 임의 접근(Random Access)이 어떻게 이루어지는가? 어떤 메소드나 함수를 사용하여 임의 접근을 구현할 수 있는가?

❹ 임의 접근은 어떤 상황에서 유용하게 활용될 수 있는가? 예를 들어 특정 레코드를 검색하거나 수정하는 경우에 임의 접근을 어떻게 활용할 수 있는가?

LAB 07 　이미지 파일 복사하기

이미지 파일은 이진 파일이다. 즉, 파일에 데이터가 이진수 형식으로 저장되어 있다. 하나의 이미지 파일을 다른 이미지 파일로 복사하는 프로그램을 작성해 보자.

```
원본 파일 이름을 입력하시오: bridge.jpg
복사 파일 이름을 입력하시오: bridge1.jpg
bridge.jpg를 복사하여 bridge1.jpg로 저장했습니다.
```

SOLUTION

`binary_copy.py` 이미지 파일 복사하기

```python
source_file = input("원본 파일 이름을 입력하시오: ")
destination_file = input("복사 파일 이름을 입력하시오: ")

with open(source_file, "rb") as source :
    with open(destination_file, "wb") as destination :
        while True :
            chunk = source.read(1024)   # 1KB씩 읽음
            if not chunk :
                break
            destination.write(chunk)
    print(f"{source_file}를 복사하여 {destination_file}로 저장했습니다.")
```

위의 코드에서 source_file로 지정한 원본 이미지 파일을 destination_file로 지정한 새로운 파일에 복사한다. 이진 모드로 파일을 열고, read() 메소드로 파일 내용을 읽어서 write() 메소드를 통해 새 파일에 쓰는 방식으로 이미지 파일을 복사한다. 1KB씩 읽고 쓰는 방식을 사용하여 대용량 파일에도 적용할 수 있도록 하였다.

6 예외 처리

우리가 사는 세상은 완벽하지 않다. 사용자들은 잘못된 데이터를 입력할 수도 있고, 우리가 오픈하고자 하는 파일이 컴퓨터에 존재하지 않을 수도 있으며 인터넷이 다운될 수도 있다. 또 프로그래머에 의하여 많은 버그들이 프로그램에 추가된다. 예를 들어 배열의 인덱스가 한계를 넘을 수도 있다. 지금까지는 이러한 문제들을 전혀 고려하지 않았지만, 이번 장부터는 현실을 직시해 보자.

오류는 항상 발생할 수 있습니다.

오류가 발생하였다면 우리는 무엇을 어떻게 해야 하는가? 먼저 침착하게 오류의 내용을 살펴보아야 한다. 파이썬은 상당히 발전된 오류 보고 시스템을 가지고 있어 소스 파일의 몇 번째 문장에서 오류가 발생하였는지를 우리에게 알려준다. 따라서 **해당 문장**으로 가서 살펴보아야 할 것이다. 예를 들어 파일을 열어 데이터를 읽는 프로그램에서 파일이 없다면 당장 오류가 발생되며 종료될 것이다. 또 정수를 0으로 나눈다면 오류가 발생할 것이다.

```
>>> (x, y) = (2, 0)
>>> z = x/y
Traceback (most recent call last):
  File "<pyshell#1>", line 1, in <module>
    z = x/y
ZeroDivisionError: division by zero
```

위의 프로그램에서 ZeroDivisionError 오류가 발생하였고 파이썬 인터프리터는 어디서 오류가 발생되었는지를 자세하게 보고한다. 이러한 오류 메시지를 **역추적(traceback) 메시지**라고 한다.

예외 처리

파이썬에서 실행 도중에 발생하는 오류를 **예외(exception)**라고 부른다. 만약 우리가 만든 프로그램을 사용하던 사용자가 오류를 만났다고 가정하자. 대개의 경우 오류가 발생하면 프로그램이 종료된다. 오류가 발생하여 사용자가 이제까지 작업하던 데이터를 모두 잃어버렸다면 사용자는 절망하게 될 것이다. 따라서 우리는 오류가 발생했을 때 오류를 사용자에게 알려주고 모든 데이터를 저장하게 한 후에 사용자가 **우아하게(gracefully)** 프로그램을 종료할 수 있도록 하는 것이 바람직하다. 또 오류를 처리한 후에 계속 실행이 가능하다면 더 나은 프로그램이 될 수 있다. 파이썬에서 예외 처리를 통하여 이러한 기능을 제공할 수 있다.

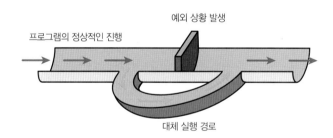

프로그램의 정상적인 진행 → 예외 상황 발생

대체 실행 경로

참고사항

버그와 예외

여기서 한 가지 주의할 점은 버그와 예외는 구별해야 한다. 실행 도중에 버그로 인해서 실행 오류가 발생할 수 있지만, 이러한 버그는 개발 과정에서 모두 수정되어야 한다. 파이썬에서 버그에 의한 실행 오류도 예외로 취급하지만 진정한 의미에서의 예외는 우리가 예상하였던 상황이 아닌 경우를 의미한다. 예를 들면 반드시 존재해야 하는 파일이 없거나 인터넷 서버가 다운된 경우 등을 진정한 의미에서의 예외라고 할 수 있다.

오류의 종류

파이썬에서 나타날 수 있는 오류는 크게 두 가지 범주로 나눌 수 있다. 바로 문법 오류(SyntaxError)와 예외(Exception)이다.

- **문법 오류(SyntaxError)**: 문법 오류는 코드를 파싱(parse)하는 과정에서 발생하는 오류로, 코드가 올바르지 않은 구문을 포함하고 있을 때 발생한다. 이러한 오류는 코드를 실행하기 전에 이미 발생한다.
- **예외(Exception)**: 예외는 코드를 실행하는 동안 발생하는 오류로, 문법적으로 올바른 코드이지만 실행 중에 문제가 생기는 경우에 발생한다. 코드에 따라 예외 처리를 해주지 않으면 프로그램이 비정상적으로 종료될 수 있다.

파이썬에서 흔히 볼 수 있는 몇 가지 주요한 예외들은 다음과 같다.

- **ZeroDivisionError**: 0으로 나누기를 시도할 때 발생하는 예외이다.
- **NameError**: 정의되지 않은 변수를 참조하려고 할 때 발생하는 예외이다.
- **TypeError**: 연산이나 함수의 인자 등의 타입이 잘못되었을 때 발생하는 예외이다.
- **ValueError**: 타입은 올바르지만 값이 적절하지 않을 때 발생하는 예외이다.
- **IndexError**: 리스트, 튜플 등의 인덱스 범위를 벗어날 때 발생하는 예외이다.
- **KeyError**: 딕셔너리에서 존재하지 않는 키를 참조할 때 발생하는 예외이다.
- **FileNotFoundError**: 파일을 찾을 수 없을 때 발생하는 예외이다.
- **IOError**: 파일 입출력과 관련하여 발생하는 예외이다.
- **Exception**: 모든 예외의 기본 클래스이며, 프로그램에서 다른 예외들을 처리하지 못한 경우에 발생한다.

이 외에도 다양한 예외들이 있으며 개발자가 직접 예외를 정의하여 사용할 수도 있다. 따라서 프로그래밍 시에는 예외 처리를 적절하게 구현하여 예외가 발생하더라도 프로그램이 비정상적으로 종료되지 않도록 해야 한다.

예외 처리기 구조

예외를 처리하는 전통적인 방법은 메소드가 오류 코드를 반환하는 것이지만 이 방법이 항상 가능한 것은 아니다. 그리고 상당히 코드가 지저분하게 된다. 파이썬에서는 try-catch 문을 사용하여 예외를 질서정연하게 처리할 수 있다. 예외가 발생하면 프로그램의 정상적인 실행 흐름이 중단되고 예외를 설명하는 **예외(exception) 객체**가 생성되며 이 예외 객체가 오류 처리 코드로 전달된다.

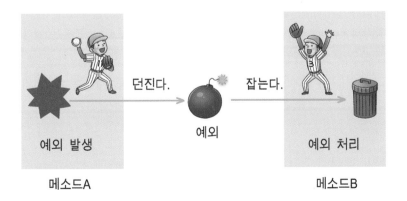

던진다. 잡는다.

예외 발생   예외   예외 처리

메소드A   메소드B

그렇다면 파이썬에서 예외 처리기는 어떻게 작성해야 하는가? 예외 처리기는 try 블록과 except 블록으로 이루어진다. 기본적으로 try 블록에서 발생된 예외를 except 블록에서 처리한다.

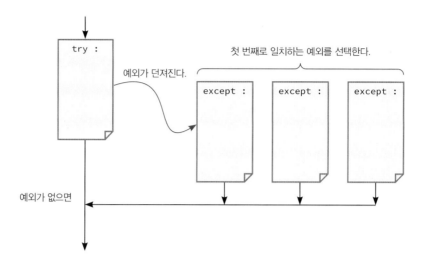

예외 처리기의 기본 형식은 다음과 같다.

```
try :
    # 예외가 발생할 가능성이 있는 코드 블록
except 예외 종류1 as 변수1 :
    # 예외 종류1에 해당하는 예외를 처리하는 코드
    # 변수1은 예외 정보를 담고 있는 변수(옵션)
except 예외 종류2 as 변수2 :
    # 예외 종류2에 해당하는 예외를 처리하는 코드
...
else :
    # 예외가 발생하지 않았을 때 실행되는 코드(옵션)
finally :
    # 예외 발생 여부와 상관없이 항상 실행되는 코드(옵션)
```

try 블록 내에서 예외가 발생하면, 해당 예외 종류와 일치하는 except 블록이 실행된다. 여러 종류의 예외를 처리하려면 각각의 except 블록을 사용하면 된다. 마지막으로, else 블록은 예외가 발생하지 않았을 때 실행되며, finally 블록은 예외 발생 여부와 상관없이 항상 실행된다.

예를 들어 앞에서 등장한 0으로 나누는 예외를 처리하려면 다음과 같이 코드를 작성하면 된다.

except1.py 예외 발생 프로그램

```
(x, y) = (2, 0)
try :
    z = x/y
```

```
    except ZeroDivisionError :
        print("0으로 나누는 예외")
```

만약 시스템이 내보내는 예외 메시지를 출력하고 싶으면 다음과 같이 한다.

except2.py 예외 메시지 출력

```
(x, y) = (2, 0)
try :
    z = x/y
except ZeroDivisionError as e :
    print(e)
```

try-except 문에서의 실행 흐름

try-except 문에서 예외가 발생하는 경우와 발생하지 않는 경우의 실행 흐름을 비교해 보자. 먼저 예외가 발생하지 않는 경우에는 except 블록의 코드는 실행되지 않는다. 반면에 예외가 발생하는 경우에는 except 블록의 코드가 실행된다.

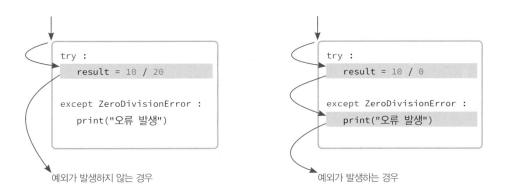

예제

사용자가 숫자를 입력할 때도 오류가 발생할 수 있다. 예를 들어 정수를 입력받아야 하는데 사용자가 실수를 입력하면 다음과 같이 오류가 발생한다.

```
>>> n = int(input("숫자를 입력하시오 : "))
숫자를 입력하시오 :   23.5
...
ValueError: invalid literal for int() with base 10: '23.5'
```

이러한 경우에도 다음과 같이 try-except 문을 사용하여 오류를 처리할 수 있다.

trycatch1.py try-except 문 사용하기

```python
while True :
    try :
        n = input("숫자를 입력하시오 : ")
        n = int(n)
        break
    except ValueError :
        print("정수가 아닙니다. 다시 입력하시오. ")
print("정수 입력을 성공하였습니다!")
```

```
숫자를 입력하시오 : 23.5
정수가 아닙니다. 다시 입력하시오.
숫자를 입력하시오 : 10
정수 입력을 성공하였습니다!
```

예를 들어 파일을 열고 읽는 동작에서 예외 처리를 해보자.

trycatch2.py 파일 처리에서 try-except 문 사용하기

```python
try :
    with open("myfile.txt", "r") as file :
        content = file.read()
    print(content)
except FileNotFoundError :
    print("파일을 찾을 수 없습니다.")
except IOError :
    print("파일을 읽는 중에 오류가 발생했습니다.")
else :
    print("파일 읽기 성공!")
finally :
    print("파일 처리 완료")
```

위 코드 중 try 블록에서 "myfile.txt" 파일을 열어 읽으려고 시도한다. 파일을 찾을 수 없거나 파일을 읽는 동안 오류가 발생하면 각각에 맞는 except 블록이 실행된다. 파일을 정상적으로 읽었을 때는 else 블록이 실행되고, 마지막으로 finally 블록이 항상 실행된다. 이렇게 예외 처리를 통해 프로그램이 오류에 강건하게 동작하도록 할 수 있다.

예외가 기술되지 않은 except 블록

만약 우리가 except 블록을 만들 때 자세한 예외의 내용을 적지 않으면 어떠한 예외라도 처리할 수 있는 except 블록이 된다.

```
try :
    # 예외가 발생할 수 있는 문장
    ....................
except :
    # 어떠한 예외라도 발생하면 여기서 처리한다.
    ....................
else :
    # 예외가 없다면 이 블록이 실행된다.
```

이러한 종류의 try-except 문은 발생하는 어떤 예외라도 붙잡아서 처리할 수 있다. 하지만 이것이 좋은 방법은 아닌데, 그 이유는 발생하는 모든 예외를 잡아서 프로그래머가 문제의 근본 원인을 알 수 없기 때문이다. 프로그래머가 구체적인 문제의 원인을 알 수 있도록 프로그램을 작성해야 한다.

여러 개의 예외를 가지는 except 블록

우리는 하나의 except 블록에서 여러 개의 예외를 처리할 수 있다. 다음과 같은 형식을 사용한다.

```
try :
    # 예외가 발생할 수 있는 문장
    ....................
except(Exception1[, Exception2[,...ExceptionN]]) :
    # 예외 리스트에 있는 예외가 발생하면 여기서 처리한다.
    ....................
else :
    # 예외가 없다면 이 블록이 실행된다.
```

try-finally 문

finally 블록은 오류가 발생한 경우나 아니면 발생하지 않은 경우에도 항상 실행되어야 하는 문장을 두는 블록이다. finally 블록은 항상 실행된다.

```
try :
    # 예외가 발생할 수 있는 문장
    ....................
    # 여기 문장은 예외가 발생하면 실행되지 않을 수 있다.
finally :
    # 항상 실행된다.
    ....................
```

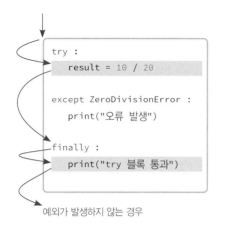

예외가 발생하지 않는 경우

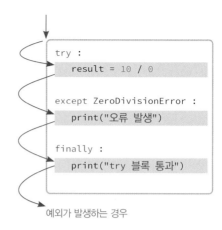

예외가 발생하는 경우

try 블록에서 예외가 발생하면 finally 블록이 먼저 즉시 실행된다. finally 블록의 모든 문장이 실행된 후에 예외가 다시 발생되고 except 블록에서 처리된다.

예외 발생하기

근본적인 질문을 던져보자. 예외 객체는 누가 생성하는 것일까? 예외는 주로 라이브러리에서 많이 발생하지만 사실은 어떤 코드라도 예외를 발생시킬 수 있다. 파이썬에는 예외 객체를 생성하는 키워드가 있다. 바로 raise 키워드이다. 파이썬에서 오류가 감지되면 raise 문을 사용하여 예외를 생성한다.

전체적인 구조

raise [Exception]

위의 형식에서 Exception은 예외의 종류이다. 예외의 종류는 우리가 문자열이나 객체로 정의할 수 있다. 예외의 종류가 반드시 있어야 하는 것은 아니지만 있어야 의미가 있다. 파이썬에서 사용하는 예외는 물론 클래스이다. 간단하게 문자열을 이용하여 예외를 정의하고 발생시켜 보자.

```
>>> raise NameError("Hello")
Traceback (most recent call last):
    File "<stdin>", line 1, in ?
NameError: Hello
```

raise의 인자는 발생되는 예외를 나타낸다. 예외 객체이거나 예외 클래스일 수 있다. 예외 클래스라면 Exception으로부터 상속된 클래스일 것이다.

```
def sub(level) :
    if level < 1 :
        raise "Invalid level!"
```

```
    # 아래의 코드는 예외가 발생하면 실행되지 않는다.
    ...
```

위의 예외를 처리하려면 동일한 문자열을 사용해야 한다. 즉, except 안에 동일한 문자열을 써주면 된다.

```
try :
    # 예외가 발생할 수 있는 문장
except "Invalid level!" :
    # 예외를 여기서 처리한다.
else :
    # 나머지 코드는 여기에 놓는다.
```

중간점검

❶ 예외 처리란 무엇인가? 예외 처리(Exception Handling)의 목적과 중요성에 대해 설명해 보자.

❷ try와 except 블록을 사용하여 예외 처리를 어떻게 구현할 수 있는지 설명하라. try 블록에서 어떤 작업을 수행하는가? except 블록에서 어떤 일이 발생하는가?

❸ 여러 종류의 예외를 처리하려면 어떻게 해야 하는가? except 블록에서 여러 예외를 처리하는 방법을 예시와 함께 설명해 보자.

❹ finally 블록의 역할은 무엇이며, 어떤 상황에서 유용하게 활용되는가?

LAB 08   예외 처리 실습

사용자로부터 두 개의 숫자를 입력받아 나눗셈 연산을 수행하는 프로그램에서 적절한 예외 처리를 통해 0으로 나누는 오류를 방지하고 사용자에게 적절한 메시지를 출력하게 해보자.

```
나눠지는 수를 입력하세요: 8
나누는 수를 입력하세요: 0
0으로 나눌 수 없습니다.
프로그램을 종료합니다.
```

```
나눠지는 수를 입력하세요: abc
정수를 입력해야 합니다.
프로그램을 종료합니다.
```

이 코드에서 사용자로부터 두 개의 숫자를 입력받는다. 이때 입력값은 정수로 변환된다. 사용자가 정수가 아닌 값을 입력하면 ValueError 예외가 발생하고, 0으로 나누는 경우 ZeroDivisionError 예외가 발생한다. try 블록에서 나누기 연산을 수행하고, 이 때 예외가 발생하면 해당 예외 종류와 일치하는 except 블록이 실행된다. 정상적으로 나누기 연산이 수행되면 else 블록이 실행된다. 마지막으로 finally 블록은 예외 발생 여부와 상관없이 항상 실행된다.

try6.py 잘못된 입력 처리하기

```python
try :
    dividend = int(input("나눠지는 수를 입력하세요: "))
    divisor = int(input("나누는 수를 입력하세요: "))
    result = dividend / divisor
    print(f"{dividend}를 {divisor}로 나눈 결과는 {result}입니다.")

except ValueError :
    print("정수를 입력해야 합니다.")
except ZeroDivisionError :
    print("0으로 나눌 수 없습니다.")
except Exception as e :
    print(f"오류가 발생했습니다: {e}")
else :
    print("나누기 연산 성공!")
finally :
    print("프로그램을 종료합니다.")
```

LAB 09 이미지 표시 프로그램 만들기

이번 장에서 파일을 학습하였으니 tkinter를 이용해 이미지 파일을 읽어서 화면에 표시하는 프로그램을 작성해 보자.

imageviewer.py 이미지 표시 프로그램

```python
import tkinter as tk
from tkinter import filedialog
from PIL import Image, ImageTk

def open_image() :
    file_path = filedialog.askopenfilename(filetypes=[("Image files", "*.png;*.jpg;*.jpeg;*.gif")])
    if file_path :
        image = Image.open(file_path)
        photo = ImageTk.PhotoImage(image)
        label.config(image=photo)
        label.image = photo

# 메인 애플리케이션 창 생성
app = tk.Tk()
app.title("이미지 뷰어")

# 이미지를 표시할 레이블 생성
label = tk.Label(app)
label.pack()

# 메뉴 생성
menubar = tk.Menu(app)
app.config(menu=menubar)
file_menu = tk.Menu(menubar, tearoff=False)
menubar.add_cascade(label="파일", menu=file_menu)
file_menu.add_command(label="열기", command=open_image)
file_menu.add_separator()
file_menu.add_command(label="종료", command=app.quit)

app.mainloop()
```

tkinter와 파일 처리를 이용하여 일기장 프로그램을 만들어보자. GUI를 생성하고 사용자가 일기를 작성하고 불러올 수 있는 기능을 구현해야 한다. 아래는 간단한 일기장 애플리케이션의 화면이다.

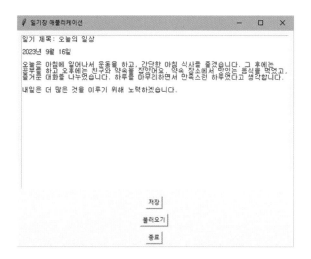

tkinter를 사용하여 일기장 애플리케이션을 만든다. 사용자는 텍스트 위젯을 통해 일기를 작성하고 [저장] 버튼을 눌러 일기를 저장하거나 [불러오기] 버튼을 눌러 저장된 일기를 불러올 수 있다. 저장된 일기는 "diary.txt" 파일에 저장된다. 추가 기능을 구현해 본다.

01 파일 입출력은 다음과 같은 과정을 통하여 이루어진다.

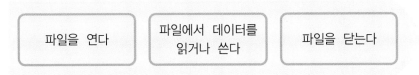

02 파일에서 데이터를 읽거나 쓰는 함수는 read()와 write() 함수이다.

```
infile = open( "input.txt" , "r" )
s = infile .read()
infile .close()
```

03 예외 처리는 오류가 발생했을 때 프로그램을 우아하게 종료하는 방법이다. try 블록과 except 블록으로 이루어진다.

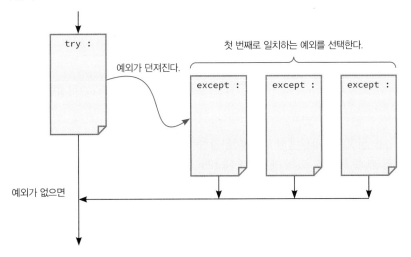

01 텍스트 파일을 열고 내용을 읽어와서 화면에 출력하는 프로그램을 작성하시오. 파일을 열 때 발생할 수 있는 예외(FileNotFoundError)를 처리하는 코드를 추가해 본다.　텍스트 파일 처리와 예외 처리　상 중 하

```
텍스트 파일 이름을 입력하세요: example.txt
이것은 예제 파일입니다.
이것은 예제 파일입니다.
이것은 예제 파일입니다.
```

Hint　read()를 호출하여 파일의 텍스트를 한번에 다 읽어서 화면에 출력한다.

02 주어진 텍스트 파일에서 모든 빈 줄을 제거하는 파이썬 프로그램을 작성하시오.

텍스트 파일 처리와 예외 처리　상 중 하

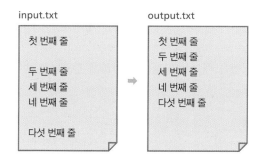

Hint　파일의 텍스트를 for line in input_file : 문장으로 한 줄씩 읽어서 null이 아니면 출력한다.

03 두 개의 파일을 읽고, 각 파일에서 단어를 추출한 다음 공통된 단어를 찾아내는 프로그램을 작성하시오. 파일을 열 때 발생할 수 있는 예외(FileNotFoundError)를 처리하는 코드를 추가해 본다.

텍스트 파일 처리와 예외 처리　상 중 하

```
첫 번째 텍스트 파일 이름을 입력하세요: example1.txt
첫 번째 텍스트 파일 이름을 입력하세요: example2.txt
두 파일에서 공통된 단어:
강아지
고양이
```

Hint　파일의 텍스트를 split()를 이용하여 리스트로 분리하고 리스트를 세트로 바꾸어 교집합을 계산해 본다.

04 텍스트 파일에서 특정 문자열을 검색하고, 해당 문자열이 파일 내에서 몇 번 나타나는지 세는 프로그램을 작성하시오. 텍스트 파일 처리와 예외 처리 상 중 하

```
텍스트 파일 이름을 입력하세요: example.txt
검색 문자열을 입력하세요: 강아지
'강아지'(은)는 파일 내에서 4번 나타납니다.
```

Hint 파일의 텍스트를 read()로 읽어서 문자열로 변환한 후에 문자열 메소드 count()를 사용해 본다.

05 주어진 입력 파일에서 특정 문자를 찾아 다른 문자로 치환하여 출력 파일에 저장하는 프로그램을 작성하시오. 예를 들어 "input.txt" 파일에서 'a'를 'b'로 치환하여 "output.txt" 파일에 저장한다.
텍스트 파일 처리 상 중 하

```
입력 파일 "input.txt"의 내용:
aaabbbccc

"input.txt" 파일에서 'a'를 'b'로 치환한 결과:
bbbbbbccc
```

06 주어진 파일에서 각 단어의 빈도수를 딕셔너리 형태로 계산하는 프로그램을 작성하시오. 주어진 파일의 단어 빈도수를 딕셔너리 형태로 반환하며, 해당 결과를 출력한다. 텍스트 파일 처리와 문자열 처리 상 중 하

```
{
    'this': 1,
    'is': 1,
    'a': 1,
    'file': 1,
...
```

07 주어진 파일의 행을 알파벳순 또는 숫자순으로 정렬하여 출력 파일에 저장하는 프로그램을 작성하시오.

텍스트 파일 처리 상 중 하

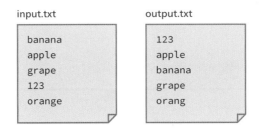

08 두 개의 텍스트 파일을 병합하여 하나의 새로운 파일로 저장하는 프로그램을 작성하시오.

텍스트 파일 처리 상 중 하

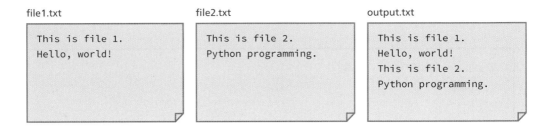

09 try-except 문을 사용하여 사용자로부터 숫자를 입력받아 그 숫자를 제곱하여 출력하는 프로그램을 작성하시오. 숫자가 아닌 다른 값이 입력되었을 때 예외 처리를 해본다. 예외 처리 상 중 하

10 사용자로부터 숫자를 입력받아 해당 숫자의 팩토리얼을 계산하여 출력하는 프로그램을 작성하시오. 음수나 소수가 입력되었을 때 예외를 처리해 본다. 예외 처리 상 중 하

```
숫자를 입력하세요: -2
음수 또는 소수는 팩토리얼을 계산할 수 없습니다.
유효한 정수를 입력하세요. 다시 시도해 주세요.
```

11 tkinter를 사용하여 텍스트 파일에서 데이터를 읽고 해당 데이터를 그래프로 시각화하는 애플리케이션을 만드시오. 이 예제에서는 tkinter와 맷플롯립 라이브러리를 동시에 사용한다. 이 예제 코드를 실행하면 tkinter 창이 나타나며 파일을 선택한 후 그래프가 표시된다. 선택한 텍스트 파일은 각 줄에 하나의 숫자를 포함하고 있어야 한다. 파일과 tkinter 상 중 하

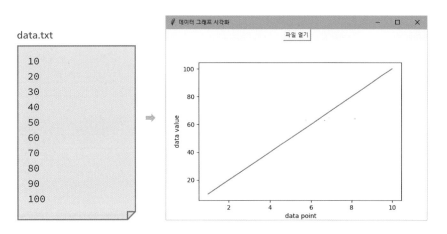

12 tkinter의 캔버스 위에 그리기 도구를 추가하고, 파일 처리를 통해 그림을 저장하고 불러올 수 있는 프로그램을 작성하시오. 캔버스에 마우스 왼쪽 버튼을 누른 상태로 움직이면 펜으로 그림을 그릴 수 있다. [File] 메뉴에서 [Save]를 선택하면 그린 그림을 PNG 파일로 저장하고, [Open]을 선택하면 이미지 파일을 열어서 캔버스에 표시한다. [Draw] 메뉴에서 [Pen], [Line], [Rectangle], [Oval] 중 원하는 도구를 선택하여 다양한 모양으로 그릴 수 있다. [Color] 메뉴에서는 펜의 색상을 변경할 수 있다. 파일과 tkinter 상 중 하

Hint 이미지를 저장할 때는 다음과 같은 코드를 사용한다.

```
filename = filedialog.asksaveasfilename(defaultextension=".png",
    filetypes=[("PNG 파일", "*.png")])
if filename :
    self.canvas.postscript(file=filename, colormode='color')
    print(f"그림을 {filename}으로 저장했습니다.")
```

Introduction to **PYTHON**

넘파이와
판다스를 이용한
데이터 분석

[학습목표]

- 외부 라이브러리를 설치할 수 있다.
- 넘파이를 사용할 수 있다.
- 자료를 차트로 그리기 위하여 맷플롯립을 사용할 수 있다.
- 데이터 분석을 위한 판다스를 사용할 수 있다.
- 데이터베이스를 SQL을 통하여 사용할 수 있다.
- 워드 클라우드를 생성할 수 있다.

[학습목차]

1 이번 장에서 작성할 프로그램

1 [프로그램 1] 키와 몸무게의 회귀 분석

여기서는 키와 몸무게의 상관관계를 시각화해 보자. 코드에서 가상의 데이터로 키와 몸무게를 생성한다.

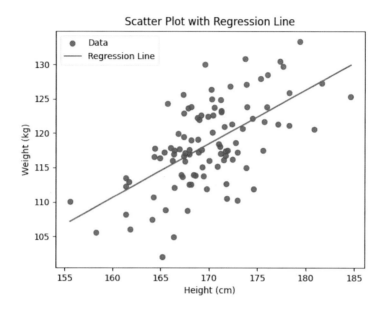

2 [프로그램 2] 워드 클라우드 만들기

가상의 SNS 데이터로 워드 클라우드를 생성해 보자.

2 파이썬 라이브러리

파이썬은 방대한 외부 라이브러리를 자랑한다. 현재 137,000개가 넘는 파이썬 라이브러리가 있다. 파이썬이 단기간에 큰 인기를 얻을 수 있었던 이유는 서드 파티에서 제공하는 엄청난 양의 오픈 소스 라이브러리가 있었기 때문이다. 파이썬 라이브러리는 머신러닝, 데이터 분석, 데이터 시각화, 이미지 처리 응용 프로그램을 개발하는 데 중요한 역할을 한다.

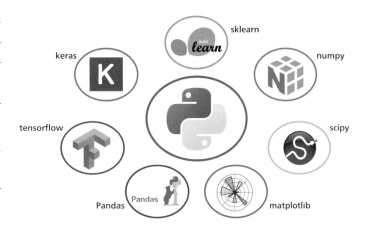

- **파이게임(Pygame):** 파이썬으로 게임을 제작하기 위한 프레임워크이다. 파이게임은 캔버스와 그래픽 그리기, 다채널 사운드 처리, 클릭 이벤트 처리, 충돌 감지 등의 작업을 지원한다. 15장에서 파이게임을 사용하여 간단한 게임을 제작해 보자.
- **맷플롯립(Matplotlib):** 몇 줄의 코드로 그래프, 파이 차트, 산점도, 히스토그램, 오류 차트 등을 그릴 수 있다.
- **시본(Seaborn):** 히트맵과 같은 통계 모델의 시각화와 관련하여 시본은 신뢰할 수 있는 소스 중 하나이다. 이 라이브러리는 맷플롯립에서 파생되었으며 판다스 자료구조와 밀접하게 통합되었다.
- **판다스(Pandas):** 데이터 분석 및 모델링과 같은 작업의 경우, 판다스를 사용하면 R과 같은 도메인별 언어로 전환할 필요 없이 이러한 작업을 수행할 수 있다.
- **사이파이(SciPy):** 과학 컴퓨팅에 사용하는 오픈 소스 소프트웨어이다.
- **리퀘스트(Requests):** 웹에서 데이터를 가져올 때 사용하는 라이브러리이다.
- **뷰티풀수프(BeautifulSoup):** HTML과 XML의 파서를 제공한다. HTML에서 데이터를 추출하는 데 사용할 수 있는 구문 분석 트리를 생성한다. 웹 스크래핑에 유용하다.
- **넘파이(NumPy):** 대규모 다차원 배열 및 행렬에 대한 지원을 제공하는 파이썬의 기본 패키지 중 하나이다.
- **필로우(Pillow):** PIL(Python Imaging Library)과 호환성을 유지하면서 쉽게 사용할 수 있도록 한 라이브러리이다. 파이썬의 tkinter 모듈과의 호환성도 가지고 있다.
- **사이킷런(Scikit-learn):** 머신러닝(기계 학습) 라이브러리이며 분류, 회귀, 클러스터링, 나이브 베이즈, K-means 클러스터링 등의 다양한 응용 프로그램에 효과적으로 사용할 수 있다.
- **텐서플로(Tensorflow):** 가장 인기 있는 딥러닝 프레임워크인 텐서플로는 고성능 수치 계산을 위한 오픈 소스 소프트웨어 라이브러리이다.
- **케라스(Keras):** 심층 신경망을 빠르게 구현할 수 있도록 설계된 오픈 소스 신경망 라이브러리이다. 텐서플로를 백엔드로 사용할 수 있다.

3 넘파이

넘파이(Numpy)는 파이썬에서 고성능의 수치 계산을 위한 라이브러리로, 다차원 배열을 다루는 데 매우 유용한 도구이다. 파이썬의 기본 리스트보다 훨씬 더 빠르고 효율적인 배열 연산을 지원하여 데이터 분석,

과학적 계산, 머신러닝 등 다양한 분야에서 많이 활용한다. 넘파이를 활용하여 빠르고 효율적인 수치 계산을 할 수 있으며 다양한 과학적 연구와 애플리케이션 개발에 유용하게 사용할 수 있다.

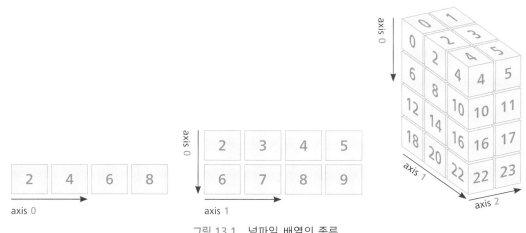

그림 13.1 넘파일 배열의 종류

넘파이의 핵심은 다차원 배열인 ndarray(N-dimensional array)이다. 이 배열은 모든 요소가 같은 자료형이어야 하며, 인덱싱과 슬라이싱을 통해 요소에 접근할 수 있다. 넘파이는 내부적으로 C언어로 구현되어 있어 벡터화 연산을 지원하며, 이로 인해 파이썬의 리스트보다 빠른 연산이 가능하다. 또 서로 크기가 다른 배열들 간에도 산술 연산이 가능한 브로드캐스팅 기능을 지원한다. 넘파이는 무작위 데이터 생성을 위한 난수 생성 함수를 제공하여 시뮬레이션 등에 유용하게 사용할 수 있다. 또한 넘파이는 배열을 다루기 위한 다양한 함수와 기능을 제공한다. 예를 들어 합계, 평균, 표준편차, 정렬, 인덱스 검색 등의 기능을 제공한다. 선형 대수 연산을 위한 다양한 함수를 제공하며, 행렬의 곱셈, 분해, 역행렬 등의 연산을 쉽게 수행할 수 있다. 넘파이는 다음과 같이 설치할 수 있다.

```
C:\> pip install numpy
...
```

넘파이는 딥러닝과 데이터 과학의 핵심 라이브러리이다. 거의 모든 관련 라이브러리들이 넘파이를 사용한다. 넘파이는 상당히 복잡해서 전부 다루는 것은 거의 불가능하다. 여기서는 핵심적인 기능만 설명하도록 한다.

넘파이 배열

넘파이의 ndarray(N-dimensional array)는 다차원 배열을 표현하는 핵심 자료구조로, 파이썬 리스트와 비슷하지만, 훨씬 더 많은 기능과 성능을 제공한다. ndarray는 동일한 타입의 요소들로 구성되며, 인덱스와 슬라이싱을 이용하여 요소들에 쉽게 접근할 수 있다. 이러한 ndarray을 이용하면 벡터, 행렬 등 다양한 다차원 데이터를 효율적으로 다룰 수 있으며 많은 수치 계산 라이브러리에서 ndarray를 기본으로 사용한다.

배열 생성하기

넘파이 배열을 쉽게 생성하려면 넘파이가 제공하는 array() 함수에 파이썬 리스트를 전달하면 된다. 넘파이 배열의 타입은 파이썬 리스트의 요소에서 추론된다.

$$a = np.array([1, 2, 3])$$

배열 객체   생성자 함수   파이썬 리스트

1차원 리스트가 전달되면 1차원 배열이 생성되고, 2차원 리스트가 전달되면 2차원 배열이 생성된다.

np1.py   넘파이 배열 생성하기

```python
import numpy as np

# 1차원 배열 생성
arr1d = np.array([1, 2, 3, 4, 5])
print(arr1d)

# 2차원 배열 생성
arr2d = np.array([[1, 2, 3], [4, 5, 6], [7, 8, 9]])
print(arr2d)
```

```
[1 2 3 4 5]
[[1 2 3]
 [4 5 6]
 [7 8 9]]
```

배열 형상(shape)과 크기(size) 확인

ndarray의 형상(shape)은 배열의 차원을 나타낸다. 예를 들어 n개의 행과 m개의 열이 있는 행렬의 경우, shape 속성은 (n, m)이다. size는 배열 안에 있는 요소들의 총 개수이다.

np2.py   넘파이 속성 출력하기

```python
...
print(arr1d.shape)      # 출력: (5,) - 1차원 배열이며, 5개의 요소를 가짐
print(arr2d.shape)      # 출력: (3, 3) - 3x3 행렬
print(arr2d.size)       # 출력: 9 - 요소 개수가 9개
```

배열 인덱싱과 슬라이싱

넘파이 배열도 기본적으로는 배열(array)이다. 배열의 가장 큰 특징은 인덱스를 이용하여 데이터에 빠르게 접근할 수 있다는 점이다. arr1d[1:4]와 같은 슬라이싱도 가능하다. 리스트의 슬라이싱과 거의 동일하다.

np3.py   넘파이 배열 인덱싱과 슬라이싱

```python
...
# 인덱싱
print(arr1d[0])         # 출력: 1
```

```
# 슬라이싱
print(arr1d[1:4])        # 출력: [2 3 4]
print(arr2d[1, 1])       # 출력: 5
print(arr2d[:, 1])       # 출력: [2 5 8]
```

배열 연산

넘파이 배열에 산술 연산이나 어떤 함수를 적용하면, 배열의 각 요소에 연산이나 함수가 적용된다. 이것은 생각보다 큰 장점이다. 예를 들어 아래의 코드에서 arr * 2라고 하면 arr의 모든 요소에 2가 곱해진다. matrix + 10이라고 하면 matrix의 모든 요소에 10이 더해진다.

np4.py 넘파이 배열 연산

```
import numpy as np

# 배열 간 연산
arr = np.array([1, 2, 3])
result = arr * 2
print(result)

# 배열의 브로드캐스팅
matrix = np.array([[1, 2, 3], [4, 5, 6], [7, 8, 9]])
result = matrix + 10
print(result)
```

```
[2 4 6]
[[11 12 13]
 [14 15 16]
 [17 18 19]]
```

브로드캐스팅

넘파이의 브로드캐스팅(broadcasting)은 다른 형상(shape)을 가진 배열들 간에 산술 연산을 수행할 수 있도록 해주는 강력한 기능이다. 브로드캐스팅은 넘파이에서 배열의 형상(shape)을 자동으로 맞춰주는 기능으로, 명시적으로 반복문을 사용하지 않고도 서로 다른 형상을 가진 배열들 간의 연산을 가능하게 한다. 이를 통해 코드의 간결성과 성능을 향상시킬 수 있다.

broadcast.py 넘파이 브로드캐스팅

```
import numpy as np

# 두 배열 생성
A = np.array([[1, 2, 3, 4],
              [5, 6, 7, 8],
              [9, 10, 11, 12]])
```

```
B = np.array([10, 20, 30, 40])

# 브로드캐스팅을 이용한 배열 간 연산
result = A + B
print(result)
```

```
[[11 22 33 44]
 [15 26 37 48]
 [19 30 41 52]]
```

난수 생성 함수

넘파이가 편리한 것은 무작위 데이터 생성을 위한 다양한 난수 생성 함수를 제공하기 때문이다. 이러한 난수 생성 함수를 사용하면 무작위로 데이터를 생성해서 시뮬레이션, 테스트, 실험 등에 활용할 수 있다. 넘파이의 난수 생성 함수는 시드(seed)를 설정할 수 있다. 따라서 시드가 동일하면, 동일한 난수도 생성할 수 있다. 주요한 넘파이 난수 생성 함수를 살펴보자.

np.random.rand()

0과 1 사이의 균일 분포에서 난수를 생성한다. 인자로 원하는 shape을 지정할 수 있다.

random.py 넘파이 난수 생성

```
import numpy as np

# 0과 1 사이의 난수 생성
random_data = np.random.rand(3, 4)
print(random_data)
```

```
[[0.81151874 0.89082785 0.45396575 0.66053067]
 [0.58510952 0.66409886 0.43019024 0.02050456]
 [0.85876259 0.52813574 0.21891907 0.83000178]]
```

np.random.randn()

표준 정규 분포(평균 0, 표준편차 1)에서 난수를 생성한다.

randn.py 표준 정규 분포 난수

```
import numpy as np

# 표준 정규 분포에서 난수 생성
random_data_normal = np.random.randn(2, 3)
print(random_data_normal)
```

```
[[ 0.16561066 -0.34821725 -0.59530408]
 [ 0.83155103 -0.07170232 -1.50464759]]
```

np.random.randint()

주어진 범위 내의 정수에서 난수를 생성한다.

randint.py 정수 난수 생성

```
import numpy as np

# 1 이상 10 미만의 정수 난수 생성
random_integers = np.random.randint(1, 10, size=(2, 3))
print(random_integers)
```

```
[[6 3 4]
 [5 5 3]]
```

np.random.seed()

시드(seed)값을 설정하여 난수 생성의 재현 가능성을 제공한다. 즉, 시드를 동일하게 설정하면 동일한 난수가 얻어진다.

seed.py 넘파이 난수 시드 설정

```
import numpy as np

np.random.seed(42)
random_data1 = np.random.rand(3)
print(random_data1)            # 출력: [0.37454012 0.95071431 0.73199394]


np.random.seed(42)             # 시드를 동일하게 설정하면 같은 난수를 얻을 수 있음
random_data2 = np.random.rand(3)
print(random_data2)            # 출력: [0.37454012 0.95071431 0.73199394]
```

위와 같은 난수 생성 함수들은 데이터 분석, 머신러닝 모델의 초기화, 실험 등에서 사용될 수 있으며 재현 가능성을 위해 시드를 설정하여 동일한 난수를 얻을 수 있다. 이러한 난수 생성 함수들을 적절히 활용하면 다양한 시나리오에서 유용하게 활용할 수 있다.

다양한 통계 처리 함수 제공

넘파이는 배열을 다루는 다양한 함수와 기능을 제공하여 데이터 분석과 수치 계산을 효율적으로 수행할 수 있도록 도와준다. 이러한 함수들은 데이터 분석, 통계, 머신러닝, 과학적 연구 등 다양한 분야에서 유용하게 사용한다.

합계, 평균, 표준편차

ndarray 상에서 합계를 계산하거나 평균, 표준편차들을 계산할 수 있다.

ndsum.py 넘파이 합계와 평균

```python
import numpy as np

arr = np.array([1, 2, 3, 4, 5])

# 합계
sum_result = np.sum(arr)
print(sum_result)               # 출력: 15

# 평균
mean_result = np.mean(arr)
print(mean_result)              # 출력: 3.0

# 표준편차
std_result = np.std(arr)
print(std_result)               # 출력: 1.4142135623730951
```

정렬

ndarray 안에 저장된 데이터들을 정렬할 수 있다.

ndsort.py 넘파이 배열 정렬

```python
import numpy as np

arr = np.array([3, 1, 5, 4, 2])

# 오름차순 정렬
sorted_arr = np.sort(arr)
print(sorted_arr)               # 출력: [1 2 3 4 5]

# 내림차순 정렬
reverse_sorted_arr = np.sort(arr)[::-1]
print(reverse_sorted_arr)       # 출력: [5 4 3 2 1]
```

인덱스 검색

조건을 만족하는 데이터의 인덱스를 찾을 수 있다.

```python
import numpy as np

arr = np.array([10, 20, 30, 40, 50])

# 최댓값의 인덱스
max_index = np.argmax(arr)
print(max_index)            # 출력: 4(최댓값 50의 인덱스)

# 최솟값의 인덱스
min_index = np.argmin(arr)
print(min_index)            # 출력: 0(최솟값 10의 인덱스)
```

배열 결합

딥러닝에서 주어진 데이터들을 수직이나 수평으로 결합하는 기능도 필요하다. 넘파이에서 hstack()과 vstack()을 제공한다.

hstack.py 넘파이 배열 결합

```python
import numpy as np

arr1 = np.array([1, 2, 3])
arr2 = np.array([4, 5, 6])

# 수평으로 배열 결합
hstack_result = np.hstack((arr1, arr2))
print(hstack_result)

# 수직으로 배열 결합
vstack_result = np.vstack((arr1, arr2))
print(vstack_result)
```

```
[1 2 3 4 5 6]
[[1 2 3]
 [4 5 6]]
```

조건 필터링

조건에 맞는 데이터만을 추려낼 수도 있다.

filter.py 넘파이 조건 필터링

```python
import numpy as np

arr = np.array([10, 20, 30, 40, 50])
```

```
# 조건에 맞는 요소 필터링
filtered_arr = arr[arr > 30]
print(filtered_arr)      # 출력: [40 50]
```

4 맷플롯립으로 그래프를 그려보자

맷플롯립(matplotlib)은 GNUplot처럼 그래프를 그리는 라이브러리이다. 최근에 파이썬의 인기가 아주 높기 때문에 맷플롯립도 많이 사용한다. 또 맷플롯립이 매트랩(MATLAB)을 대신할 수 있다는 점도 장점이다. 매트랩은 비싸고 상업용 제품인 반면에, 맷플롯립은 무료이고 오픈 소스이다.

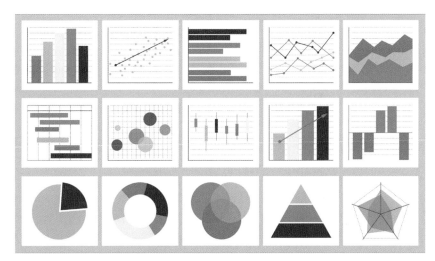

(출처: pixabay)

맷플롯립의 특징

- **사용하기 쉬움:** 맷플롯립은 단순하고 직관적인 API를 제공하여 쉽게 데이터를 시각화할 수 있도록 도와준다.
- **다양한 출력 포맷:** 그래프를 이미지 파일(PNG, JPG 등), PDF 파일, SVG 등으로 저장할 수 있다.
- **다양한 유형의 그래프:** 선 그래프, 산점도, 막대 그래프, 히스토그램, 파이 차트 등 다양한 유형의 그래프를 지원한다.
- **범용성:** 맷플롯립은 주피터 노트북, 스크립트, 웹 애플리케이션 등 다양한 환경에서 사용할 수 있다.

맷플롯립의 설치는 일반적으로 pip를 사용하여 간단히 수행할 수 있다.

```
C:\> pip install matplotlib
```

간단한 선 그래프 그리기

우리는 맷플롯립의 하위 모듈인 pyplot을 사용한다. pyplot은 객체지향적인 인터페이스를 제공한다. mat-
plotlib.pyplot을 plt 이름으로 사용하는 것은 거의 표준 관행이 되었다. 가장 기본이 되는 선 그래프
를 그려보자. 선 그래프를 그리려면 x값과 y값이 필요하다. 우리가 x값과 y값을 리스트 형태로 plot() 함
수로 전달하면, plot() 함수는 이것으로 선 그래프를 그린다. x축값을 별도로 주지 않으면 리스트 y의 인
덱스를 x값으로 간주한다. 주피터 노트북의 경우, %matplotlib inline을 코드에 넣으면 콘솔 안에 그래
프를 표시한다.

line1.py 선 그래프 그리기 #1

```python
import matplotlib.pyplot as plt

X = [1, 2, 3, 4, 5, 6, 7]
Y = [15.6, 14.2, 16.3, 18.2, 17.1, 20.2, 22.4]
plt.plot(X, Y)        # 선 그래프를 그린다.
plt.show()
```

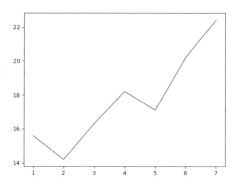

이번에는 좀 더 의미 있는 값을 x축에 표시해 보자.

line2.py 선 그래프 그리기 #2

```python
import matplotlib.pyplot as plt

X = ["Mon", "Tue", "Wed", "Thur", "Fri", "Sat", "Sun"]
Y = [15.6, 14.2, 16.3, 18.2, 17.1, 20.2, 22.4]

plt.plot(X, Y)
plt.show()
```

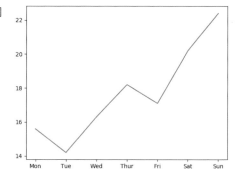

이번에는 x축과 y축에 레이블을 붙여보자. 레이블은 영어만 가능하다.

line3.py 선 그래프 그리기 #3

```python
import matplotlib.pyplot as plt

X = ["Mon", "Tue", "Wed", "Thur", "Fri", "Sat", "Sun"]
```

```
Y = [15.6, 14.2, 16.3, 18.2, 17.1, 20.2, 22.4]

plt.plot(X, Y)
plt.xlabel("day")            # x축 레이블
plt.ylabel("temperature")    # y축 레이블
plt.show()
```

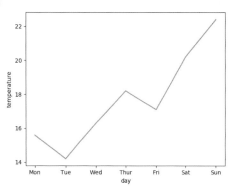

이번에는 하나의 그래프에 2개의 값을 겹쳐서 표시해 보자. y축에 해당하는 값을 추가로 입력하면 된다.

line4.py 선 그래프 그리기 #4

```
import matplotlib.pyplot as plt

X = ["Mon", "Tue", "Wed", "Thur", "Fri", "Sat", "Sun"]

Y1 = [15.6, 14.2, 16.3, 18.2, 17.1, 20.2, 22.4]
Y2 = [20.1, 23.1, 23.8, 25.9, 23.4, 25.1, 26.3]

plt.plot(X, Y1, X, Y2)     # plot()에 2개의 리스트 쌍을 보낸다.
plt.xlabel("day")
plt.ylabel("temperature")
plt.show()
```

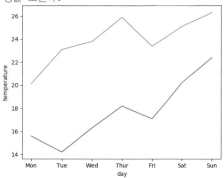

이번에는 레전드(legend)와 제목을 붙여보자. 레전드는 각 y축값이 무엇을 나타내는지를 설명한다.

line5.py 선 그래프 그리기 #5

```
import matplotlib.pyplot as plt

X = ["Mon", "Tue", "Wed", "Thur", "Fri", "Sat", "Sun"]

Y1 = [15.6, 14.2, 16.3, 18.2, 17.1, 20.2, 22.4]
Y2 = [20.1, 23.1, 23.8, 25.9, 23.4, 25.1, 26.3]
```

```
plt.plot(X, Y1, label="Seoul")        # 분리시켜서 그려도 된다.
plt.plot(X, Y2, label="Busan")        # 분리시켜서 그려도 된다.

plt.xlabel("day")
plt.ylabel("temperature")

plt.legend(loc="upper left")          # 레전드
plt.title("Temperatures of Cities")   # 그래프의 제목

plt.show()
```

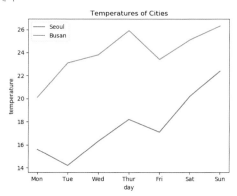

산점도

앞의 그래프를 보면 우리가 전달한 데이터값을 전부 선으로 연결하여 그리는 것을 알 수 있다. 만약 데이터값만을 기호로 표시하고자 한다면 별도의 형식 문자열을 전달하면 된다.

scatter.py 산점도 그래프 그리기

```
import matplotlib.pyplot as plt

plt.plot([15.6, 14.2, 16.3, 18.2, 17.1, 20.2, 22.4], "sm")
plt.show()
```

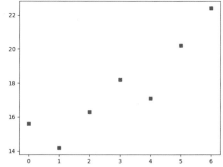

이때 문자열 "sm"에서 "s"는 Square Marker를 나타내고 m은 "magenta"를 나타낸다. 마커의 종류를 먼저 표시하고 나중에 색상을 지정한다. 마커의 종류로는 "s", "-", "*", "o", ".", "D", "v" 등이 있다.

막대 그래프

bar.py 막대 그래프 그리기

```
import matplotlib.pyplot as plt
```

```
X = ["Mon", "Tue", "Wed", "Thur", "Fri", "Sat", "Sun"]
Y = [15.6, 14.2, 16.3, 18.2, 17.1, 20.2, 22.4]
plt.bar(X, Y)    # 막대 그래프
plt.show()
```

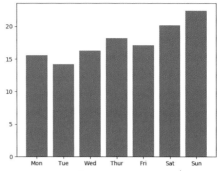

막대 그래프는 bar()를 호출하여 그린다.

파이 차트

파이 차트는 pie()를 호출하여 그린다. 파이 차트 중에서 하나의 파이가 눈에 띄기를 원한다면 explode 매개변수(폭발처럼 떨어져 나가서 그려짐)를 이용한다.

pie.py 파이 그래프 그리기

```
import matplotlib.pyplot as plt

Y = [38, 22, 15, 25]
labels = ["Apples", "Pear", "Strawberry", "Cherries"]
explode = [0.1, 0, 0, 0]                    # 하나의 파이를 분리하여 표시한다.
plt.pie(Y, labels=labels, explode=explode)  # 파이 차트
plt.show()
```

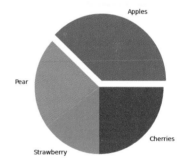

히스토그램

히스토그램은 연속적인 데이터의 분포를 시각화하기 위해 사용하는 그래프 중 하나이다. 각 데이터값을 구간으로 나누고, 각 구간에 속하는 데이터의 빈도(또는 개수)를 막대로 표시한다. 이를 통해 데이터의 분포를 쉽게 파악할 수 있다. 예시로 0부터 100까지의 랜덤한 정수 데이터를 생성하고, 이를 히스토그램으로 그려보자. 앞절에서 학습한 넘파이 함수를 사용해 보자.

histo.py 히스토그램 그리기

```
import random
import numpy as np
import matplotlib.pyplot as plt
```

```python
# 0부터 100까지의 랜덤한 정수 1000개 생성
data = np.random.randint(0, 100, 1000)

# 히스토그램 그리기
plt.hist(data, bins=20, color='skyblue', edgecolor='black')

# 그래프 제목과 축 레이블 설정
plt.title('Histogram of Random Data')
plt.xlabel('Value')
plt.ylabel('Frequency')

# 그래프 표시
plt.show()
```

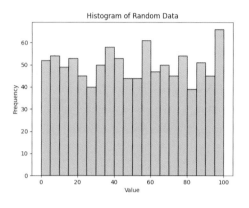

위 코드에서 random 모듈을 사용히여 0부터 100까지의 랜덤한 정수 1,000개를 생성한다. 그리고 plt.hist()를 사용하여 히스토그램을 그린다. plt.hist()의 매개변수 bins는 구간(bin)의 개수를 나타내며, 이를 조절하여 히스토그램의 모양을 조정할 수 있다. 그래프에서 각 막대는 해당 구간에 속하는 데이터의 개수를 나타낸다. 히스토그램을 통하여 데이터 분포를 보기 쉽게 확인할 수 있으며 데이터의 중심 경향과 퍼짐 정도를 파악하는 데 유용하다.

상자 그림

상자 그림(Box Plot)은 데이터의 분포와 이상치를 시각화하여 확인하는 데 사용하는 그래프이다. 주로 수치 데이터의 분포를 표현하며, 데이터의 중앙값, 사분위수(Q1, Q3), 최솟값, 최댓값 등을 시각적으로 표현하여 데이터의 특징을 파악할 수 있다. 예시로 3개의 랜덤한 정규 분포 데이터와 이상치를 생성하고 이를 상자 그림으로 그려보자.

boxplot.py 상자 그림 그리기

```python
import random
import numpy as np
import matplotlib.pyplot as plt

# 3개의 랜덤한 정규 분포 데이터 생성
data1 = np.random.normal(5, 1, 100)     # 평균 5, 표준편차 1의 정규 분포
data2 = np.random.normal(10, 2, 100)    # 평균 10, 표준편차 2의 정규 분포
data3 = np.random.normal(15, 1.5, 100)  # 평균 15, 표준편차 1.5의 정규 분포

# 이상치 추가
```

```
outliers = [30, 35, 40]

# 데이터를 하나로 합치기
data = [data1, data2, data3, outliers]

# 상자 그림 그리기
plt.boxplot(data)

# 그래프 제목과 축 레이블 설정
plt.title('Box Plot of Random Data')
plt.xlabel('Data Distribution')
plt.ylabel('Value')

# 그래프 표시
plt.show()
```

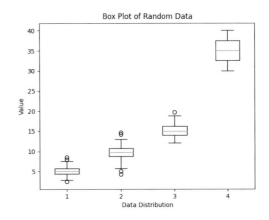

위 코드에서 평균과 표준편차를 지정하여 정규 분포 데이터를 생성한다. 그리고 outliers 리스트에 이상치 데이터를 추가한다. 이상치란, 일반적인 데이터 집합에서 벗어난 극단적인 값들을 의미한다. plt.box-plot()을 사용하여 데이터의 상자 그림을 그린다. 각 상자는 데이터의 사분위수(Q1, Q2(중앙값), Q3)를 표시하며, 수염(whisker)은 데이터의 전체 범위를 나타낸다. 이상치는 개별적인 점으로 표시된다. 상자 그림을 통해 데이터의 중앙값과 분포를 한눈에 파악할 수 있고, 이상치가 있는지 확인할 수 있다. 또한 여러 그룹의 데이터를 상자 그림으로 비교하여 데이터 간의 차이를 시각화하는 데 유용하다.

히트맵

히트맵(heatmap)은 2차원 데이터를 색상으로 표현하여 데이터 패턴을 시각적으로 파악할 수 있는 그래프이다. 히트맵은 주로 행렬 형태의 데이터를 시각화하는 데 사용하며, 각 데이터값에 해당하는 색상을 사용하여 데이터의 상대적인 크기를 나타낸다. 예시로 10x10 크기의 랜덤한 2차원 데이터를 생성하고, 이를 히트맵으로 시각화해 보자.

---

heat.py 히트맵 그리기

```
import random
import numpy as np
import matplotlib.pyplot as plt

# 10x10 크기의 랜덤한 2차원 데이터 생성
data = np.random.rand(10, 10)
```

```
# 히트맵 그리기
plt.imshow(data, cmap='viridis', interpolation='nearest')

# 컬러바 추가
plt.colorbar()

# 그래프 제목과 축 레이블 설정
plt.title('Heatmap of 2D Random Data')
plt.xlabel('X-axis')
plt.ylabel('Y-axis')

# 그래프 표시
plt.show()
```

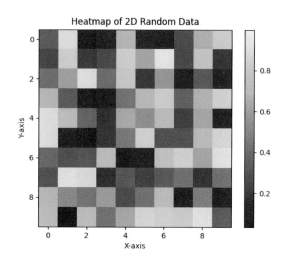

위 코드에서 먼저 넘파이를 사용하여 10×10 크기의 랜덤한 값으로 채워진 2차원 리스트 data를 생성한다. 그리고 plt.imshow()를 사용하여 이 리스트를 히트맵으로 표현한다. cmap 매개변수는 'viridis'를 사용하여 색상 맵을 설정하고, interpolation 매개변수는 'nearest'를 사용하여 픽셀값을 보간(interpolate)하지 않고 그대로 표시하도록 설정한다. 나머지 코드는 컬러바를 추가하고, 그래프의 제목과 축 레이블을 설정하며, 히트맵을 화면에 표시하는 부분이다.

3차원 그래프

맷플롯립은 처음에는 2차원 그래프만을 염두에 두고 설계되었지만 이후 버전에서 3차원 데이터 시각화를 위한 도구 세트도 제공한다. 우리는 아주 간단한 예제만을 살펴보자. 3차원 축은 projection = '3d' 키워드를 전달하여 다음 코드와 같이 생성할 수 있다. 배열 X에 x축 데이터가, 배열 Y에 y축 데이터가, 배열 Z에 z축 데이터가 저장된다. 이 3개의 배열을 사용하여 3차원 그래프를 그리게 된다.

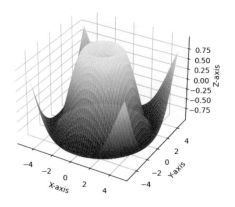

```python
import numpy as np
import matplotlib.pyplot as plt
from mpl_toolkits.mplot3d import Axes3D


fig = plt.figure()                         # 그래프의 틀(figure) 생성
ax = fig.add_subplot(111, projection='3d') # 3D 서브플롯 생성

x = np.linspace(-5, 5, 100)   # x축 데이터 생성: -5부터 5까지 100개의 값을 가진 배열
y = np.linspace(-5, 5, 100)   # y축 데이터 생성: -5부터 5까지 100개의 값을 가진 배열

X, Y = np.meshgrid(x, y)         # x, y값을 조합하여 2차원 그리드 생성

# z축 데이터 생성: sin(sqrt(x^2 + y^2))의 값을 계산하여 2차원 배열로 저장
Z = np.sin(np.sqrt(X**2 + Y**2))

ax.plot_surface(X, Y, Z, cmap='viridis')   # 3D 표면 그래프 그리기
ax.set_xlabel('X-axis')                    # x축 레이블 설정
ax.set_ylabel('Y-axis')                    # y축 레이블 설정
ax.set_zlabel('Z-axis')                    # z축 레이블 설정
ax.set_title('3D Surface Plot')            # 그래프 제목 설정

plt.show()                                 # 그래프 표시
```

LAB 01 회귀 분석

두 변수 사이의 관계를 확인하기 위해 산점도를 그려보고, 해당 데이터에 대한 회귀선을 추가해 보자. 예를 들어 키와 몸무게의 상관관계, 공부 시간과 시험 성적의 관계 등을 시각화할 수 있다.

여기서는 키와 몸무게의 상관관계를 시각화해 보자.

코드에서 가상의 데이터로 키와 몸무게를 생성한다. 키를 평균 170, 표준편차 5의 정규 분포로 생성하고, 몸무게는 키에 비례하도록 생

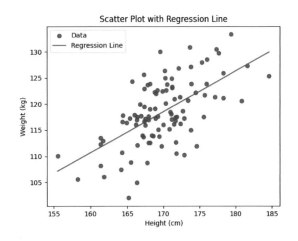

성한다. 그리고 데이터를 산점도로 그린다. np.polyfit() 함수를 사용하여 키와 몸무게 데이터에 대한 1차원(직선) 회귀선의 계수를 계산한다. np.poly1d() 함수를 사용하여 회귀선의 방정식을 생성하고,

x_values를 사용하여 회귀선을 그린다. 산점도와 회귀선을 함께 그려서 키와 몸무게의 상관관계를 확인할 수 있다. 데이터가 양의 상관관계를 갖고 있기 때문에 회귀선이 양의 기울기를 갖고 있는 것을 확인할 수 있다.

SOLUTION

reg.py 회귀 분석

```python
import numpy as np
import matplotlib.pyplot as plt

height = np.random.normal(170, 5, 100)            # 평균 170, 표준편차 5의 정규 분포
weight = 0.7 * height + np.random.normal(0, 5, 100) # 키에 비례하는 몸무게 + 노이즈

plt.scatter(height, weight, label='Data', color='blue', alpha=0.6) # 산점도 그리기

coefficients = np.polyfit(height, weight, 1)      # 1차원(직선) 회귀선 계수 계산
regression_line = np.poly1d(coefficients)         # 회귀선 방정식 생성
x_values = np.linspace(min(height), max(height), 100)

plt.plot(x_values, regression_line(x_values), label='Regression Line',
color='red')
plt.title('Scatter Plot with Regression Line')   # 그래프 제목과 축 레이블 설정
plt.xlabel('Height (cm)')
plt.ylabel('Weight (kg)')

plt.legend()              # 레전드 추가
plt.show()                # 그래프 표시
```

도전문제

❶ 산점도와 회귀선에 더하여 각 데이터 포인트에 레이블을 추가해 보자. 즉, 각 데이터 포인트의 이름을 해당 사람의 이름으로 나타내는 것이 가능하다. 이를 통해 각 데이터가 어떤 사람에 대한 정보인지 시각적으로 파악할 수 있다.

❷ 데이터를 여러 그룹으로 나누고, 각 그룹에 대한 산점도와 회귀선을 그려보자. 예를 들어 성별이나 연령대에 따라 데이터를 그룹화하고, 각 그룹별로 시각화하여 상관관계의 차이를 확인할 수 있다.

LAB 02 정규 분포 시각화

np.random.normal() 함수를 사용하여 정규 분포를 따르는 난수를 생성하고, 히스토그램으로 분포를 시각화해 보자.

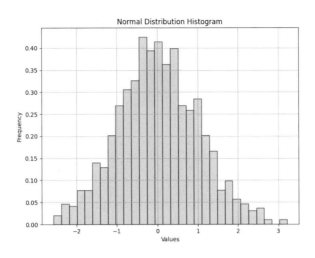

normal.py 정규 분포 그래프 그리기

```python
import numpy as np
import matplotlib.pyplot as plt

# 정규 분포를 따르는 난수 생성
mean = 0              # 평균
std = 1               # 표준편차
num_samples = 1000   # 샘플 개수

data = np.random.normal(mean, std, num_samples)

# 히스토그램으로 정규 분포 시각화
plt.figure(figsize=(8, 6))
plt.hist(data, bins=30, density=True, alpha=0.7, color='skyblue', edgecolor='black')
plt.xlabel('Values')
plt.ylabel('Frequency')
plt.title('Normal Distribution Histogram')
plt.grid(True)
plt.show()
```

위 코드에서 np.random.normal() 함수는 평균 mean과 표준편차 std를 지정하여 정규 분포를 따르는 난수를 생성한다. num_samples는 생성할 난수의 개수를 나타낸다. 이후에 plt.hist() 함수를 사용하여 히스토그램을 그린다. 실행하면 평균이 0이고 표준편차가 1인 정규 분포를 따르는 난수가 생성되고, 해당 분포를 히스토그램으로 시각화하여 확인할 수 있다. 만약 다른 평균과 표준편차를 가지는 정규 분포를 시각화하고 싶다면, mean과 std값을 변경해 보자. 또한 num_samples값을 조정하여 생성할 난수의 개수를 변경할 수도 있다.

도전문제   여러 개의 정규 분포를 생성하고, 서로 다른 평균과 표준편차를 가진 난수 데이터들을 히스토그램으로 시각
화해 보자. 이를 통해 다양한 정규 분포의 형태와 특성을 비교하고 분석할 수 있다.

5 판다스

판다스(pandas)는 파이썬 프로그래밍 언어의 데이터 조작과 분석을 위한 강력한 오픈 소스 라이브러리이
다. 특히, 데이터를 효과적으로 다루고 처리하는 데 매우 유용한 기능들을 제공한다. 판다스는 넘파이를
기반으로 구축되었으며, 데이터 프레임(DataFrame)이라는 자료구조를 중심으로 데이터를 다루는 데 적
합한 도구이다. 판다스의 주요 특징과 기능은 다음과 같다.

데이터 프레임(DataFrame)

판다스의 핵심 자료구조인 데이터 프레임은 행과 열로 이루어진 2차원 데이터를 표현하는 데 사용한다.
엑셀 스프레드시트와 유사한 형태로 데이터를 관리할 수 있으며 데이터베이스의 테이블이나 R의 데이터
프레임과 유사한 개념이다.

데이터 처리와 조작

판다스는 데이터를 불러오고 저장하며, 정렬, 필터링, 그룹화, 변형, 병합 등 다양한 데이터 처리와 조작
기능을 제공한다. 데이터를 원하는 형태로 가공하거나 분석하기 전에 전처리 작업을 할 때 매우 유용하다.

누락 데이터 처리

판다스는 누락된 데이터(NaN 또는 None)를 쉽게 처리할 수 있도록 지원한다. 누락 데이터를 다루는데
있어 편리한 기능들을 제공하여 데이터의 완전성을 유지하고 누락 데이터가 분석 결과에 영향을 미치는
것을 방지하는 데 도움을 준다.

시계열 데이터 지원

판다스는 시계열 데이터를 다루기 위한 다양한 기능들을 제공한다. 시계열 데이터에 대한 인덱싱, 리샘플
링, 이동 평균, 날짜 범위 생성 등을 지원하여 시계열 데이터 분석을 편리하게 할 수 있다.

데이터 시각화

판다스는 내부적으로 맷플롯립과 함께 작동하여 데이터를 시각화하는 데 사용할 수 있는 기능을 제공한
다. 데이터를 쉽게 시각화하여 데이터의 패턴과 관계를 시각적으로 파악하는 데 유용하다.

판다스는 데이터 과학, 데이터 분석, 데이터 처리 등 다양한 분야에서 많이 활용하는 라이브러리로서, 데
이터를 다루는 데 필수적인 도구이다. 데이터 프레임과 강력한 데이터 처리 기능들을 활용하여 데이터 분
석과 관련된 다양한 작업을 보다 쉽게 수행할 수 있다.

우리는 판다스로 무엇을 할 수 있을까? 판다스를 이용하면 CSV 파일, 엑셀 파일, SQL 데이터베이스에서 데이터를 읽어서 스프레드 시트의 테이블과 유사한 데이터 프레임이라는 파이썬 객체로 만들 수 있다. 일단 데이터들이 데이터 프레임 객체로 만들어지면 쉽게 데이터를 처리할 수 있다. 판다스는 명령 프롬프트(또는 터미널)에서 C:\> pip install pandas를 입력하여 설치하면 된다.

판다스 자료구조

판다스의 두 가지 주요 자료구조는 데이터 프레임(DataFrame)과 시리즈(series)이다. 이 두 가지 자료구조를 이해하고 사용하는 것은 판다스를 효과적으로 활용하는 데 핵심적인 부분이다.

데이터 프레임(DataFrame)

- 데이터 프레임은 행과 열로 구성된 2차원 데이터를 다루는 데 주로 사용한다.
- 행과 열의 인덱스를 가지며, 각 열은 서로 다른 데이터 타입을 가질 수 있다.
- 엑셀 스프레드시트나 SQL 테이블과 유사한 형태로 데이터를 저장하고 다루는 데 적합하다.
- 데이터베이스의 테이블이나 R의 데이터 프레임과 유사한 개념이다.
- 판다스의 가장 핵심적인 자료구조 중 하나이며, 데이터 분석과 처리에 가장 많이 활용한다.

시리즈(series)

- 시리즈는 1차원 데이터를 다루는 데 사용하며, 인덱스와 값의 쌍으로 구성된다.
- 시리즈는 각각의 값에 레이블(인덱스)을 붙여주는데, 이 레이블을 통해 값에 접근하거나 처리할 수 있다.
- 시리즈는 데이터 프레임의 하나의 열(column)을 나타내기 위해 사용하기도 한다.
- 데이터 프레임은 여러 개의 시리즈가 열 방향으로 결합한 것이라고 이해할 수 있다.

예를 들어 다음과 같은 2차원 데이터가 있다고 가정하자.

```
     이름    나이   성별
 0   Kim    25    여자
 1   Lee    30    남자
 2   Park   22    여자
```

위 데이터를 데이터 프레임으로 표현하면 행과 열의 인덱스를 가지는 2차원 구조가 된다. 이때, "이름", "나이", "성별" 등 각각의 열은 시리즈로 이루어진 것이다. "이름" 열은 "Kim", "Lee", "Park"과 같은 문자열값을 가지는 시리즈이며, "나이" 열은 25, 30, 22와 같은 정수값을 가지는 시리즈이다. 이렇게 각각의 열은 시리즈로서 독립적으로 다룰 수 있으며 데이터 프레임은 이러한 시리즈들이 결합된 것이라고 이해할 수 있다.

데이터 불러오기

데이터 불러오기 및 저장은 판다스에서 가장 기본적이면서 중요한 기능 중 하나이다. 일반적으로는 판다스 데이터 프레임을 사용자가 직접 생성하는 일은 드물다. 데이터가 저장된 외부 파일을 찾고, 거기서 데이터를 불러오는 것이 일반적이다. 판다스는 많은 형식의 파일을 읽을 수 있다.

CSV 파일 불러오기

CSV(Comma Separated Values) 파일은 쉼표(또는 다른 구분자)로 구분된 텍스트 파일 형식으로, 데이터를 저장하는 데 널리 사용한다. 판다스에서 pd.read_csv() 함수를 사용하여 CSV 파일을 불러올 수 있다.

read_csv.py 판다스 CSV 파일 읽기

```python
import pandas as pd

data = pd.read_csv('data.csv')      # CSV 파일 불러오기
```

엑셀 파일 불러오기

엑셀 파일은 테이블 형식의 데이터를 저장하는 데 사용하며, pd.read_excel() 함수를 사용하여 엑셀 파일을 불러올 수 있다.

pd1.py 판다스 엑셀 파일 읽기

```python
import pandas as pd

data = pd.read_excel('data.xlsx')          # 엑셀 파일 불러오기
data = pd.read_excel('data.xlsx', sheet_name='Sheet1')
                                           # 엑셀 파일 불러오기(첫 번째 시트)
```

데이터 저장하기

판다스는 데이터를 다양한 형식으로 저장하는 기능도 제공한다. 데이터 프레임을 CSV, 엑셀, JSON 등으로 저장할 수 있다. 먼저 Pip Install Openpyxl하여 openpyxl을 설치한다.

pd2.py 판다스 데이터 저장하기

```python
import pandas as pd
```

```python
# 데이터 프레임 생성
data = pd.DataFrame({
    'Name': ['Kim', 'Lee', 'Park'],
    'Age': [25, 30, 22],
    'Gender': ['Female', 'Male', 'Female']
})

# 데이터 프레임을 CSV 파일로 저장
data.to_csv('data.csv', index=False)

# 데이터 프레임을 엑셀 파일로 저장
data.to_excel('data.xlsx', index=False)
```

데이터 정렬

데이터 프레임의 sort_values() 함수를 사용하여 데이터를 원하는 기준으로 정렬할 수 있다. 특정 열을 기준으로 오름차순 또는 내림차순으로 정렬할 수 있다.

pd3.py 판다스 데이터 정렬

```python
import pandas as pd

# 데이터 프레임 생성
data = pd.DataFrame({
    'Name': ['Kim', 'Lee', 'Park'],
    'Age': [25, 30, 22],
    'Gender': ['Female', 'Male', 'Female']
})

# 'Age' 열을 기준으로 오름차순 정렬
data_sorted = data.sort_values(by='Age')
print(data_sorted)
```

```
  Name  Age  Gender
2 Park   22  Female
0 Kim    25  Female
1 Lee    30  Male
```

데이터 필터링

데이터 프레임의 조건을 이용하여 원하는 데이터를 필터링할 수 있다. 특정 조건을 만족하는 행들만 선택할 수 있다.

pd4.py 판다스 데이터 필터링

```python
import pandas as pd
```

```python
# 데이터 프레임 생성
data = pd.DataFrame({
    'Name': ['Kim', 'Lee', 'Park'],
    'Age': [25, 30, 22],
    'Gender': ['Female', 'Male', 'Female']
})

# 'Age' 열이 25 이상인 데이터만 선택
filtered_data = data[data['Age'] >= 25]
print(filtered_data)
```

```
  Name Age Gender
0 Kim 25 Female
1 Lee 30 Male
```

데이터 그룹화

groupby() 함수를 사용하여 데이터를 원하는 기준으로 그룹화할 수 있다. 그룹화된 데이터에 대해 집계 함수를 적용할 수 있다.

pd5.py 판다스 데이터 그룹화

```python
import pandas as pd

# 데이터 프레임 생성
data = pd.DataFrame({
    'Name': ['Kim', 'Lee', 'Park'],
    'Age': [25, 30, 22],
    'Gender': ['Female', 'Male', 'Female']
})

# 'Gender' 열을 기준으로 그룹화하고, 각 그룹의 평균 나이 계산
grouped_data = data.groupby('Gender')['Age'].mean()
print(grouped_data)
```

```
Gender
Female 23.5
Male   30.0
Name: Age, dtype: float64
```

데이터 변형

apply() 함수를 사용하여 데이터에 함수를 적용하거나, map() 함수를 사용하여 열의 값을 다른 값으로 매핑할 수 있다.

pd6.py 판다스 데이터 변형

```python
import pandas as pd
```

```python
# 데이터 프레임 생성
data = pd.DataFrame({
    'Name': ['Kim', 'Lee', 'Park'],
    'Age': [25, 30, 22],
    'Gender': ['Female', 'Male', 'Female']
})

# 'Age' 열의 값을 제곱하여 새로운 열 추가
data['Age_Squared'] = data['Age'].apply(lambda x: x**2)
print(data)
```

```
  Name Age Gender Age_Squared
0 Kim   25 Female 625
1 Lee   30 Male    900
2 Park  22 Female 484
```

데이터 병합

merge() 함수를 사용하여 두 개 이상의 데이터 프레임을 병합할 수 있다. 데이터베이스의 JOIN 연산과 유사한 기능을 제공한다.

pd7.py 판다스 데이터 병합

```python
import pandas as pd

# 첫 번째 데이터 프레임 생성
data1 = pd.DataFrame({
    'Name': ['Kim', 'Lee', 'Park'],
    'Age': [25, 30, 22]
})

# 두 번째 데이터 프레임 생성
data2 = pd.DataFrame({
    'Name': ['Kim', 'Lee', 'David'],
    'Gender': ['Female', 'Male', 'Male']
})

# 'Name' 열을 기준으로 두 데이터 프레임을 병합
merged_data = pd.merge(data1, data2, on='Name', how='inner')
print(merged_data)
```

```
  Name Age Gender
0 Kim 25 Female
1 Lee 30 Male
```

맷플롯립(matplotlib)은 고품질 차트와 그림을 생성하는 파이썬 플로팅 라이브러리로 광범위한 데이터를 시각화하여 더 잘 이해할 수 있도록 도와준다. 판다스(pandas)는 크고 복잡한 데이터를 분석하기 위한 편리하고 유용한 자료구조 도구이다. 이 실습에서 판다스와 맷플롯립를 사용하여 회사의 판매 데이터를 시각화해 보자. 회사의 판매 데이터는 현재 디렉토리에 "sales_data.csv"로 저장되어 있다.

month	tv	laptop	phone
1	363	1624	911
2	549	2493	1500
3	820	2536	1831
4	865	1014	1576
5	943	1146	1468
6	618	1415	835
7	211	1589	1117
8	373	737	1998
9	789	2789	1441
10	82	2180	569
11	880	985	1694
12	102	1757	599

이것을 판다스로 읽어서 각 열들을 리스트로 추출한 후에 다음과 같은 선 그래프를 그려보자.

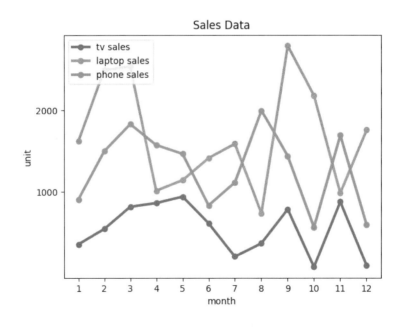

pandas1.py 판매 데이터 그래프 그리기

```python
import pandas as pd
import matplotlib.pyplot as plt

df = pd.read_csv("sales_data.csv")         # CSV 파일을 읽는다.

monthList = df['month'].tolist()           # 'month' 열을 추출하여 리스트로 만든다.
tvData = df['tv'].tolist()                 # 'tv' 열을 추출하여 리스트로 만든다.
laptopData = df['laptop'].tolist()
phoneData = df['phone'].tolist()

# 각 리스트를 하나의 그래프에 중첩해서 그린다. 마커도 사용한다.
plt.plot(monthList, tvData, label='tv sales', marker='o', linewidth=3)
plt.plot(monthList, laptopData, label='laptop sales', marker='o', linewidth=3)
plt.plot(monthList, phoneData, label='phone sales', marker='o', linewidth=3)

# 그래프의 레이블, 레전드, 눈금을 설정한다.
plt.xlabel('month')
plt.ylabel('unit')
plt.legend(loc='upper left')
plt.xticks(monthList)
plt.yticks([1000, 2000])
plt.title('Sales Data')
plt.show()
```

도전문제

❶ 각 제품의 월별 판매량을 누적 막대 그래프(Stacked Bar Chart)로 시각화해 보자. 이를 통해 각 제품의 월별 기여도와 전체 판매 추이를 확인할 수 있다.

❷ 각 제품의 연간 총 판매량을 막대 그래프로 시각화해 보자. 연도별로 제품 판매 추이를 비교하고 분석할 수 있다.

LAB 04 판다스를 이용한 데이터 처리 및 분석

상품 판매 데이터를 다루는 종합 예제를 만들어보자. 이 예제에서 판다스의 데이터 프레임을 생성하고, 데이터 정렬, 필터링, 그룹화, 변형, 병합 등 다양한 데이터 처리와 분석 작업을 수행한다.

```
=== 원본 데이터 ===
        Date Product  Price  Quantity
0  2023-07-01       A   1000         5
1  2023-07-01       B   1500         3
2  2023-07-02       A    800         7
3  2023-07-02       C   2000         2
4  2023-07-03       B   1200         4

=== 데이터 정렬 ===
        Date Product  Price  Quantity
3  2023-07-02       C   2000         2
1  2023-07-01       B   1500         3
4  2023-07-03       B   1200         4
0  2023-07-01       A   1000         5
2  2023-07-02       A    800         7

=== 데이터 필터링 ===
        Date Product  Price  Quantity
0  2023-07-01       A   1000         5
1  2023-07-01       B   1500         3
3  2023-07-02       C   2000         2
4  2023-07-03       B   1200         4

=== 데이터 그룹화와 집계 ===
Product
A    900.0
B   1350.0
C   2000.0
Name: Price, dtype: float64

=== 데이터 변형 ===
        Date Product  Price  Quantity  TotalPrice
0  2023-07-01       A   1000         5        5000
1  2023-07-01       B   1500         3        4500
2  2023-07-02       A    800         7        5600
3  2023-07-02       C   2000         2        4000
4  2023-07-03       B   1200         4        4800

=== 데이터 병합 ===
        Date Product  Price  Quantity  TotalPrice
0  2023-07-01       A   1000         5      5000.0
1  2023-07-01       B   1500         3      4500.0
2  2023-07-02       A    800         7      5600.0
3  2023-07-02       C   2000         2      4000.0
4  2023-07-03       B   1200         4      4800.0
5  2023-07-03       A    900         6         NaN
6  2023-07-04       B   1300         5         NaN
```

pandas2.py 판다스를 이용한 데이터 처리 및 분석

```python
import pandas as pd

# 상품 판매 데이터 생성
data = pd.DataFrame({
    'Date': ['2023-07-01', '2023-07-01', '2023-07-02', '2023-07-02', '2023-07-03'],
    'Product': ['A', 'B', 'A', 'C', 'B'],
    'Price': [1000, 1500, 800, 2000, 1200],
    'Quantity': [5, 3, 7, 2, 4]
})

# 데이터 출력
print("=== 원본 데이터 ===")
print(data)

# ❶ 데이터 정렬
sorted_data = data.sort_values(by='Price', ascending=False)
print("\n=== 데이터 정렬 ===")
print(sorted_data)

# ❷ 데이터 필터링
filtered_data = data[data['Price'] >= 1000]
print("\n=== 데이터 필터링 ===")
print(filtered_data)

# ❸ 데이터 그룹화와 집계
grouped_data = data.groupby('Product')['Price'].mean()
print("\n=== 데이터 그룹화와 집계 ===")
print(grouped_data)

# ❹ 데이터 변형
data['TotalPrice'] = data['Price'] * data['Quantity']
print("\n=== 데이터 변형 ===")
print(data)

# ❺ 데이터 병합
additional_data = pd.DataFrame({
    'Date': ['2023-07-03', '2023-07-04'],
    'Product': ['A', 'B'],
    'Price': [900, 1300],
    'Quantity': [6, 5]
```

```
})

merged_data = pd.concat([data, additional_data], ignore_index=True)
print("\n=== 데이터 병합 ===")
print(merged_data)
```

도전문제

❶ 상품별 월별 판매량을 피벗 테이블로 생성하여 시각화해 보자. 이를 통해 각 상품의 월별 판매량 추이를 확인할 수 있다.

❷ 상품별 가격 대비 총 매출액을 계산하여 새로운 열로 추가해 보자. 이를 통해 각 상품의 수익성을 분석할 수 있다.

LAB 05 주식 데이터 시각화

애플 주식(티커명: AAPL)의 데이터를 가져와서 시계열 그래프, 이동평균선, 거래량 등을 다음과 같이 시각화해 보자.

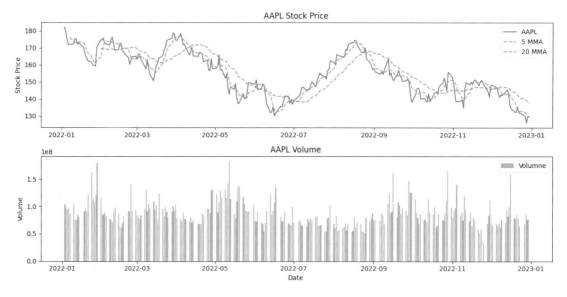

주식 데이터 시각화를 위해 pandas, matplotlib, yfinance 라이브러리를 사용한다. yfinance 라이브러리를 사용하여 주식 데이터를 가져올 수 있다. yfinance 라이브러리는 Yahoo Finance 데이터를 간단하게 가져올 수 있도록 지원한다. 먼저, 해당 라이브러리들을 설치해야 한다. 터미널 또는 명령 프롬프트에서 다음과 같이 설치할 수 있다.

```
C:\> pip install pandas matplotlib yfinance
```

stock.py 주식 데이터 그리기

```python
import pandas as pd
import matplotlib.pyplot as plt
import yfinance as yf

# 주식 데이터 가져오기
def get_stock_data(ticker, start_date, end_date) :
    data = yf.download(ticker, start=start_date, end=end_date)
    return data

# 주식 데이터 시각화 함수
def visualize_stock_data(stock_data, ticker) :
    plt.figure(figsize=(12, 6))
    plt.subplot(2, 1, 1)             # 2x1 그래프 영역 중 첫 번째 영역 선택
    plt.plot(stock_data['Close'], label=ticker)              # 종가 그래프 그리기
    plt.title(f"{ticker} Stock Price")                       # 그래프 제목 설정
    plt.ylabel("Stock Price")        # y축 레이블 설정
    plt.legend(loc='best')           # 레전드 표시

    plt.subplot(2, 1, 2)             # 2x1 그래프 영역 중 두 번째 영역 선택
    plt.bar(stock_data.index, stock_data['Volume'], label='Volume',
color='orange')                                             # 거래량 바 그래프 그리기
    plt.title(f"{ticker} Volume")    # 그래프 제목 설정
    plt.ylabel("Volume")             # y축 레이블 설정
    plt.xlabel("Date")               # x축 레이블 설정
    plt.legend(loc='best')           # 레전드 표시

    # 이동평균선 추가
    ma_5 = stock_data['Close'].rolling(window=5).mean()     # 5일 이동평균 계산
    ma_20 = stock_data['Close'].rolling(window=20).mean()   # 20일 이동평균 계산
    plt.subplot(2, 1, 1)             # 첫 번째 그래프 영역 재사용
    plt.plot(ma_5, label='5 MMA', linestyle='dashed')       # 5일 이동평균 그래프 그리기
    plt.plot(ma_20, label='20 MMA', linestyle='dashed')     # 20일 이동평균 그래프 그리기
    plt.legend(loc='best')           # 레전드 표시

    plt.tight_layout()               # 그래프 레이아웃 조정
    plt.show()                       # 그래프 표시

# 주식 정보 가져오기
ticker = 'AAPL'                      # 애플(AAPL) 주식 데이터를 가져온다.
start_date = '2022-01-01'
end_date = '2023-01-01'
```

```
stock_data = get_stock_data(ticker, start_date, end_date)

# 주식 데이터 시각화
visualize_stock_data(stock_data, ticker)
```

이 코드는 애플(AAPL) 주식 데이터를 가져와서 주가와 거래량을 시계열 그래프와 막대 그래프로 시각화한다. 또한 5일 이동평균선과 20일 이동평균선도 같이 표시하여 주식 가격의 추세를 확인할 수 있다. 해당 코드를 실행하면 주가 데이터와 거래량이 함께 시각화되고, 이동평균선도 추가되어 추세를 살펴볼 수 있다.

도전문제

ticker, start_date, end_date 등을 원하는 주식과 기간에 맞게 변경하여 다른 주식 데이터도 시각화해 보자.

6 SQLite 데이터베이스 사용하기

SQLite는 이름에서도 알 수 있듯이 초경량급의 데이터베이스이다. 자세한 정보는 www.sqlite.org에서 얻을 수 있다. SQLite는 C언어로 작성된 효율적인 SQL 데이터베이스 엔진을 가지고 있다. SQLite는 별도의 서버 컴퓨터 없이 SQL 언어를 사용하여 데이터베이스에 액세스할 수 있는 경량 데이터베이스로, 안드로이드와 아이폰을 비롯한 많은 모바일 장치에서 사용하는 데이터베이스이다. SQLite에서는 데이터를 디스크 파일에 저장하기 때문에 서버/클라이언트 개념을 사용하지 않는다. SQLite는 초경량이지만 SQL을 거의 완전하게 지원하기 때문에 사용하는 방법은 기존의 데이터베이스와 비슷하다. 이제 SQL에 대하여 아주 간단하게 살펴보자.

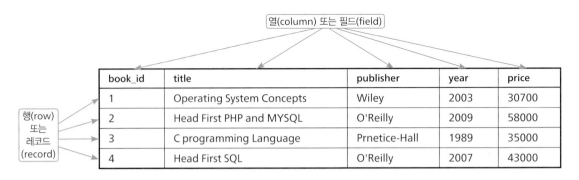

그림 13.2 데이터베이스는 행과 열을 가지는 테이블이다.

SQL이란?

SQL은 관계형 데이터베이스에서 사용하기 위해 설계된 언어이다. 표준적인 SQL 명령어들이 있으며 이 것은 모든 관계형 데이터베이스에 의하여 지원된다. SQL 명령어들은 두 가지의 카테고리로 나누어진다. **데이터 정의 명령어(Data Definition Language)**는 테이블을 생성하거나 변경한다. **데이터 조작 명령어 (Data Manipulation Language)**는 데이터를 추출, 추가, 삭제, 수정한다. 많이 사용하는 SQL 명령어를 요약하면 다음과 같다.

표 13.1 SQL 명령어

구분	명령어	설명
데이터 정의 명령어 (Data Definition Language)	CREATE	사용자가 제공하는 열 이름을 가지고 테이블을 생성한다. 사용자는 열의 데이터 타입도 지정해야 한다. 데이터 타입은 데이터베이스에 따라 달라진다. 이미 테이블이 만들어져 있는 경우가 많기 때문에 CREATE TABLE은 통상적으로 데이터 조작 명령어보다 적게 사용한다.
	ALTER	테이블에서 열을 추가하거나 삭제한다.
	DROP	테이블의 모든 행을 제거하고 테이블의 정의 자체를 데이터베이스로부터 삭제하는 명령어이다.
	USE	어떤 데이터베이스를 사용하는지 지정한다.
데이터 조작 명령어 (Data Manipulation Language)	SELECT	데이터베이스로부터 데이터를 쿼리하고 출력한다. SELECT 명령어들은 결과 집합에 포함시킬 열을 지정한다. SQL 명령어 중에서 가장 자주 사용한다.
	INSERT	새로운 행을 테이블에 추가한다. INSERT는 새롭게 생성된 테이블을 채우거나 새로운 행을 이미 존재하는 테이블에 추가할 때 사용한다.
	DELETE	지정된 행을 테이블로부터 삭제한다.
	UPDATE	테이블에서 행에 존재하는 값을 변경한다.

데이터 저장하기

다음과 같은 테이블을 생성하고 데이터를 저장해 보자.

상품 아이디(id)	상품 이름(name)	가격(price)	재고수량(qty)
1	노트북	1200000	9
2	데스크탑 컴퓨터	1600000	6
3	마우스	20000	100
4	키보드	50000	65
5	CPU	600000	12

테이블의 각 열을 어떤 자료형으로 할지를 결정해야 한다. 정수는 INTEGER, 텍스트는 TEXT라고 정의하면 된다.

SQLite를 설치하려면 다음과 같은 명령어를 사용한다.

```
C:\> pip install sqlite
```

SQLite 모듈을 사용하려면, 먼저 데이터베이스를 나타내는 `Connection` 객체를 만들어야 한다.

```
import sqlite3

con = sqlite3.connect('test.db')
cur = con.cursor()
```

일단 Connection 객체와 Cursor 객체를 얻으면, execute() 함수를 호출하여 SQL 명령을 수행할 수 있다.

```
cur.execute('''CREATE TABLE product
             (id INTEGER, name TEXT, price INTEGER, qty INTEGER)''')
cur.execute("INSERT INTO product VALUES (1, '노트북', 1200000, 9) ")
cur.execute("INSERT INTO product VALUES (2, '데스크탑', 1600000, 6) ")
cur.execute("INSERT INTO product VALUES (3, '마우스', 20000, 100) ")
cur.execute("INSERT INTO product VALUES (4, '키보드', 50000, 65) ")
cur.execute("INSERT INTO product VALUES (5, 'CPU', 600000, 12) ")

con.commit()
con.close()
```

이제부터는 저장된 데이터를 검색하거나 변경할 수 있다.

검색하기

SELECT 문을 실행하여 데이터베이스에서 데이터를 꺼내려면, 커서를 이터레이터로 취급하여 하나씩 가져오면 된다.

sql2.py SQL 검색하기

```
import sqlite3

con = sqlite3.connect('test.db')
cur = con.cursor()

for row in cur.execute('SELECT * FROM product ORDER BY price') :
    print(row)
```

위의 코드에서 가격 순으로 정렬해서 검색하였다.

```
(3, '마우스', 20000, 100)
(4, '키보드', 50000, 65)
(5, 'CPU', 600000, 12)
(1, '노트북', 1200000, 9)
(2, '데스크탑', 1600000, 6)
```

조건을 추가해서 찾을 때는 다음과 같이 할 수 있다.

```
for row in cur.execute('SELECT * FROM product WHERE price > 100000') :
    print(row)
```

```
(1, '노트북', 1200000, 9)
(2, '데스크탑', 1600000, 6)
(5, 'CPU', 600000, 12)
```

업데이트하기

다음 코드는 UPDATE 문을 사용하여 행을 업데이트한 다음 product 테이블에서 업데이트된 행을 가져와 표시하는 방법을 보여준다.

sql3.py SQL 업데이트하기

```
import sqlite3

con = sqlite3.connect('test.db')
cur = con.cursor()
cur.execute("UPDATE product SET price = 2000000 WHERE id = 1")
con.commit()

for row in cur.execute('SELECT * FROM product') :
    print(row)
con.close()
```

```
(1, '노트북', 2000000, 9)
(2, '데스크탑', 1600000, 6)
(3, '마우스', 20000, 100)
(4, '키보드', 50000, 65)
(5, 'CPU', 600000, 12)
```

데이터 삭제하기

다음 코드는 DELETE 문을 사용하여 행을 삭제한 다음 product 테이블에서 나머지 행을 가져와 표시하는 방법을 보여준다.

sql4.py SQL 데이터 삭제하기

```
import sqlite3

con = sqlite3.connect('test.db')
cur = con.cursor()
cur.execute("DELETE FROM product WHERE id = 2")
con.commit()

for row in cur.execute('SELECT * FROM product') :
```

```
    print(row)
con.close()
```

```
(1, '노트북', 2000000, 9)
(3, '마우스', 20000, 100)
(4, '키보드', 50000, 65)
(5, 'CPU', 600000, 12)
```

중간점검

❶ 파이썬에서 sqlite3 라이브러리를 사용하여 SQLite 데이터베이스에 어떻게 연결하는가? 연결 객체를 생성하는 과정을 설명해 보자.

❷ sqlite3를 사용하여 데이터베이스 내에서 어떻게 새로운 테이블을 생성하는가? CREATE 문을 사용한 예시를 들어 설명해 보자.

❸ 파이썬 코드를 이용하여 데이터를 테이블에 삽입하고 조회하는 방법을 설명해 보자. INSERT 및 SELECT 문을 사용한 예시를 포함해 보자.

LAB 06   월별 매출 데이터 시각화

SQLite 데이터베이스와 맷플롯립를 함께 사용하여 실습해 보자. 가상의 회사의 매출 데이터가 SQLite 데이터베이스에 저장되어 있으며 이를 활용하여 월별 매출을 시계열 그래프로 시각화하는 작업을 수행해 본다.

SOLUTION

1. 먼저 월별 매출 데이터를 가상으로 생성하여 SQLite 데이터베이스에 저장해 보자.

database1.py   가상의 데이터를 데이터베이스에 저장하기

```python
import sqlite3
import pandas as pd

# 데이터베이스 파일 이름
db_file = "sales_data.db"

# 데이터베이스 연결
conn = sqlite3.connect(db_file)
cursor = conn.cursor()

# sales 테이블 생성 쿼리
create_table_query = """
```

```
CREATE TABLE IF NOT EXISTS sales (
    date DATE PRIMARY KEY,
    amount FLOAT
)
"""
cursor.execute(create_table_query)
conn.commit()

# 초기 매출 데이터
initial_sales_data = {
    'date': ['2022-01-01', '2022-02-02', '2022-03-03', '2022-04-04', '2022-05-
05'],
    'amount': [1000.0, 1500.0, 1200.0, 1800.0, 900.0]
}

# 초기 매출 데이터 삽입 쿼리
insert_data_query = """
INSERT INTO sales (date, amount)
VALUES (?, ?)
"""

# 초기 매출 데이터 삽입
for i in range(len(initial_sales_data['date'])) :
    date = initial_sales_data['date'][i]
    amount = initial_sales_data['amount'][i]
    cursor.execute(insert_data_query, (date, amount))
conn.commit()

# 테이블 내용 출력
select_query = "SELECT * FROM sales"
df = pd.read_sql_query(select_query, conn)
print(df)

# 데이터베이스 연결 종료
conn.close()
```

```
         date  amount
0  2022-01-01  1000.0
1  2022-02-02  1500.0
2  2022-03-03  1200.0
3  2022-04-04  1800.0
4  2022-05-05   900.0
```

2. 데이터베이스에 연결하여 데이터를 꺼내서 시각화한다.

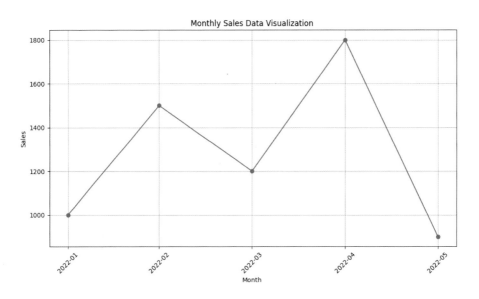

database2.py 데이터베이스 데이터 시각화

```python
import sqlite3
import pandas as pd
import matplotlib.pyplot as plt

# SQLite 데이터베이스 연결
def connect_db(db_file) :
    conn = sqlite3.connect(db_file)
    return conn

# 월별 매출 데이터 조회
def get_monthly_sales(conn) :
    query = """
    SELECT strftime('%Y-%m', date) AS month,
           SUM(amount) AS total_sales
    FROM sales
    GROUP BY month
    ORDER BY month
    """
    df = pd.read_sql_query(query, conn)
    return df

# 월별 매출 데이터 시각화
def visualize_monthly_sales(df) :
    plt.figure(figsize=(10, 6))
```

```python
    plt.plot(df['month'], df['total_sales'], marker='o', linestyle='-')
    plt.xlabel("Month")
    plt.ylabel("Sales")
    plt.title("Monthly Sales Data Visualization")
    plt.xticks(rotation=45)
    plt.grid(True)
    plt.tight_layout()
    plt.show()

db_file = "sales_data.db"  # SQLite 데이터베이스 파일 이름
conn = connect_db(db_file)

# 월별 매출 데이터 조회
monthly_sales_df = get_monthly_sales(conn)

# 월별 매출 데이터 시각화
visualize_monthly_sales(monthly_sales_df)

# 데이터베이스 연결 종료
conn.close()
```

도전문제

❶ 월별 매출에 대한 성장률을 계산하여 월별 성장률을 시각화해 보자. 이를 통해 매출이 어떻게 성장하고 있는지, 성장률이 어떤 패턴을 보이는지 분석할 수 있다.

❷ 월별 매출에 대한 분기(Q1, Q2, Q3, Q4) 정보를 추가하고, 분기별 매출을 시각화해 보자. 이를 통해 매출이 분기별로 어떻게 분포하고 있는지 확인할 수 있다.

7 워드 클라우드 만들어보기

워드 클라우드(Word Cloud)는 패턴과 진화하는 추세를 이해하고 결정하기 위한 시각화 기술로 등장했다. 최근 출시된 제품에 대한 고객 리뷰를 분석할 때 워드 클라우드를 그려서 시각적 표현을 얻을 수 있다.

워드 클라우드 소개

워드 클라우드는 웹사이트에서 키워드를 시각화하는 데 기본적으로 사용하는 텍스트 시각화 기술이다. 이러한 키워드는 웹 페이지 안의 단어이다. 이 단어들이 모여서 워드 클라우드를 형성한다. 이 워드 클라우드의 각 단어에는 다양한 글꼴 크기와 색상이 있다. 워드 클라우드를 사용하면 두드러진 단어를 결정하는 데 도움이 된다. 큰 글꼴 크기의 단어는 클러스터에 있는 다른 단어에 비해 더 중요하다는 것을 나타낸다. 워드 클라우드는 작성자에 따라 다양한 모양과 크기로 구축할 수 있다. 단어의 수는 워드 클라우드를 생성할 때 중요한 역할을 한다. 단어의 수가 많다고 해서 항상 더 나은 워드 클라우드를 의미하지는 않는다. 어수선하고 읽기 어려워지기 때문이다.

워드 클라우드를 생성하는 방법은 여러 가지가 있지만 가장 널리 사용하는 유형은 클러스터에서 단어 빈도를 사용하는 것이다.

워드 클라우드 용용 분야

고객의 피드백

워드 클라우드는 사용자로부터 받은 피드백을 분석하기 위해 업계에서 널리 사용하고 있다. 기업이 제품을 출시하고 고객의 피드백을 알고 싶어서 다양한 사용자로부터 많은 수의 피드백을 받았다고 가정해 보자. 기업이 모든 피드백을 읽고 메모하는 것은 매우 어려울 것이다. 따라서 워드 클라우드는 피드백 중 상위 키워드를 얻는 데 핵심적인 역할을 한다.

후보자의 정치적 안건

종종 선거 후보자들은 선거운동 기간 동안 논의할 의제 체크리스트를 보관한다. 따라서 후보자의 지원 팀은 후보자의 연설을 분석하고 워드 클라우드를 만들어 의제 체크리스트의 균형을 유지하기 위해 다음 연설의 단어를 선택한다.

트렌드 파악하기

광고 대행사는 트렌드 주제와 관련된 다음 광고를 작성하기 위해 워드 클라우드를 만들어 트렌드를 파악한다.

파이썬에서 워드 클라우드를 만드는 방법

워드 클라우드를 만들기 위해서는 필요한 라이브러리를 설치해야 한다.

```
C:\> pip install wordcloud
```

이어서 파이썬 프로그램에서 라이브러리를 포함시켜야 한다.

```
import matplotlib.pyplot as plt
from wordcloud import WordCloud
```

다양한 소스에서 텍스트 데이터를 얻을 수 있다. 가장 기초가 되는 것은 아마도 텍스트 파일일 것이다. 텍스트 파일 "mobydick.txt"를 열어서 모든 줄을 하나로 합친다. modydick.txt는 소스와 함께 제공되는 소설 배경의 텍스트 파일이다.

```
text=""
with open("mobydick.txt", "r", encoding="utf-8") as f :
    lines = f.readlines()
    for line in lines :
        text += line
```

600 × 400 크기의 워드 클라우드 객체를 생성한다.

```
wc = WordCloud(width=600, height=400)
```

generate()를 호출하면 주어진 텍스트를 분석하여 워드 클라우드를 만든다.

```
wc.generate(text)
```

생성된 워드 클라우드를 그림 파일로 저장하거나 화면에 표시할 수 있다.

```
wc.to_file("wc.png")
plt.figure(figsize=(30, 10))
plt.imshow(wc)
plt.show()
```

아무래도 고래에 대한 소설이다 보니 "whale"이라는 단어가 제일 많이 등장한 것을 한눈에 파악할 수 있다. 앞에서 생성한 워드 클라우드는 마스킹, 컨투어링, 클라우드 크기 조정과 같은 고급 기능을 추가하여 커스터마이징할 수 있다.

중간점검

❶ 워드 클라우드란 무엇인가? 워드 클라우드의 주요 목적과 사용 사례를 간단히 설명해 보자.

❷ wordcloud 라이브러리를 사용하여 어떻게 워드 클라우드를 생성할 수 있는가? 텍스트 데이터를 어떤 형식으로 전달해야 하는가?

LAB 07 SNS 게시글 텍스트 워드 클라우드

트위터, 인스타그램, 페이스북 등에서 수집한 사용자들의 게시글 데이터를 워드 클라우드로 시각화해 보자. 사용자들이 어떤 주제에 관심을 가지고 있는지 파악할 수 있다.

SNS 게시글 텍스트 워드 클라우드를 시각화하는 데에는 wordcloud, matplotlib, pandas, nltk 등의 라이브러리를 사용한다. nltk 라이브러리는 자연어 처리를 위해 사용되며, 여기서는 불용어(stopwords) 처리를 위해 활용한다.

```
C:\> pip install nltk
...
```

wc2.py SNS 워드 클라우드 그리기

```python
import pandas as pd
import matplotlib.pyplot as plt
from wordcloud import WordCloud
from nltk.corpus import stopwords
import nltk
nltk.download('stopwords')

# SNS 게시글 데이터 가져오기(가상 데이터)
def get_sns_posts() :
    # 가상의 SNS 게시글 데이터(실제 SNS 게시글 데이터로 대체 필요)
    posts = [
        "Today is a happy day!",
        "Had delicious food",
        "Planning summer vacation",
        "Too hot and dizzy",
        "Studying hard during exam period",
        "The recently released movie is so much fun",
        "Our dog is really cute",
        "Watched a soccer game",
        "The fashion style that is trending these days is impressive",
        "It's a difficult time with COVID-19, but let's stay strong!"
    ]
    df = pd.DataFrame(posts, columns=['post'])
    return df
```

> 판다스 DataFrame을 생성한다. 열의 이름은 'post'로 지정되었다.

```python
# 워드 클라우드 생성 함수
def create_wordcloud(text_data) :
    stopwords_set = set(stopwords.words('english'))  # 영어 불용어 설정
    wordcloud = WordCloud(
        background_color='white',
        stopwords=stopwords_set,
        colormap='viridis',
        width=800,
        height=600
    ).generate(text_data)

    plt.figure(figsize=(10, 6))
    plt.imshow(wordcloud, interpolation='bilinear')
    plt.axis("off")
    plt.tight_layout()
```

```
    plt.show()

# SNS 게시글 데이터 가져오기
sns_posts_df = get_sns_posts()

# 게시글 데이터를 하나의 문자열로 변환
all_posts_text = " ".join(sns_posts_df['post'])

# 워드 클라우드 생성 및 시각화
create_wordcloud(all_posts_text)
```

도전문제

❶ 워드 클라우드 생성 시 사용하는 색상맵(colormap)을 변경하거나, 워드 클라우드의 모양을 다양하게 설정해 보자. 예를 들어 마스크 이미지를 활용하여 워드 클라우드의 모양을 변화시켜보거나, 색상을 사용자 정의로 지정해 보자.

❷ 게시글 텍스트 데이터에 대한 전처리를 추가하여 특정 문자나 이모지를 제거하고 워드 클라우드를 생성해 보자. 이를 통해 불필요한 내용을 제거하고 효과적인 시각화를 시도할 수 있다.

01 넘파이(numpy)는 파이썬에서 수치 연산과 과학적인 계산을 위한 핵심적인 라이브러리 중 하나이다. "Numerical Python"의 줄임말로, 다차원 배열과 행렬을 다루는 기능을 제공하며, 이러한 배열을 다루는 다양한 함수와 도구를 포함하고 있다.

02 판다스(pandas)는 파이썬에서 데이터 분석과 조작을 위한 강력한 라이브러리로, 표 형식의 데이터를 다루는 데 특화되어 있다. "Python Data Analysis Library"의 약자로, 구조화된 데이터를 쉽게 처리하고 분석하는 데 사용한다. 주로 데이터 프레임(DataFrame)과 시리즈(series)라는 두 가지 중요한 자료구조를 제공한다.

03 SQLite는 관계형 데이터베이스 관리 시스템(RDBMS) 중 하나로, 서버 없이 로컬 디스크 파일로 데이터를 저장하고 관리할 수 있는 경량 데이터베이스 엔진이다.

04 워드 클라우드(Word Cloud)는 텍스트 데이터에서 각 단어의 빈도를 시각화하는 방법 중 하나이다. 이를 통해 텍스트에서 주요한 단어나 주제를 쉽게 파악할 수 있다. 워드 클라우드는 단어들을 시각화하면서 빈도에 따라 크기나 색상을 조절하여 특정 단어의 중요도를 시각적으로 나타낸다.

01 2×2 행렬 A = [[1, 2], [3, 4]]와 2×2 행렬 B = [[5, 6], [7, 8]]을 넘파이 배열로 생성한 후, 두 행렬의 곱을 계산하시오. 넘파이 배열 연산 상 중 하

```
[[19 22]
 [43 50]]
```

02 넘파이 배열 [1, 2, 3, 4, 5]의 제곱값을 계산하고, 막대 그래프로 그리시오. 넘파이와 맷플롯립 상 중 하

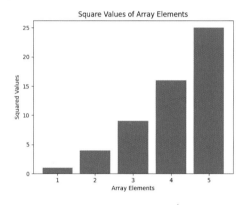

03 아래와 같은 CSV 파일 "students.csv"를 판다스를 사용하여 읽고, 데이터 프레임으로 저장하시오. 파일에는 "Name", "Age", "Grade" 열이 포함되어 있다. 이어서 "students.csv" 파일에서 나이(Age)가 25보다 큰 학생들의 정보만 출력해 보자. 판다스 데이터 프레임 상 중 하

students.csv

```
Name,Age,Grade
Alice,25,A
Bob,30,B
Charlie,22,C
David,28,B
Eva,24,A
```

04 주어진 텍스트 데이터에서 워드 클라우드를 생성하는 파이썬 프로그램을 작성하시오.

워드 클라우드 상 중 하

```
# 주어진 텍스트 데이터
text = """
Python is a popular programming language that is known for its simplicity
    and readability.
It is widely used in web development, data analysis, machine learning,
    and more.
Python's syntax allows programmers to express concepts in fewer lines of code
    compared to languages like C++ or Java.
"""
```

Introduction to **PYTHON**

케라스를 이용한 머신러닝

학습목표

- 머신러닝의 개념에 대하여 살펴본다.
- 선형 회귀 문제를 sklearn 라이브러리를 이용하여 실습해 본다.
- 숫자 인식 프로그램을 keras 라이브러리를 이용하여 실습해 본다.

1 이번 장에서 작성할 프로그램

1 [프로그램 1] 키와 몸무게의 관계 분석

선형 회귀 분석을 이용하여 키와 몸무게의 관계를 분석하는 프로그램을 작성해 보자.

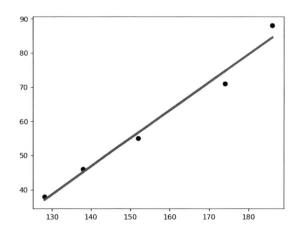

2 [프로그램 2] 필기체 숫자 인식

필기체 숫자 이미지를 인식하는 프로그램을 keras 라이브러리를 이용하여 작성한다.

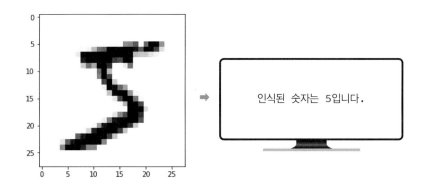

2 머신러닝

컴퓨터가 사람처럼 스스로 배울 수 있다면 어떤 세상이 올까? 현재의 컴퓨터는 스스로 학습할 수 없기 때문에, 우리가 컴퓨터에게 어떤 작업을 시키려면 프로그래머가 프로그램을 작성하여 작업을 지시해야 한다. 하지만 컴퓨터가 스스로 학습할 수 있다면 컴퓨터는 프로그램 없이도 여러 가지 일을 할 수 있을 것이다. 예를 들어 "알파고"처럼 컴퓨터한테 바둑 경기의 규칙만 알려주면, 컴퓨터가 스스로 바둑의 원리를 학습하여 바둑을 둘 수 있을 것이다.

머신러닝(ML: Machine Learning)은 컴퓨터 시스템이 데이터로부터 학습하고 패턴을 인식하여 작업을 수행하는 인공지능 분야의 하위 분야입니다. 전통적인 프로그래밍 방식과는 달리, 머신러닝은 데이터를 통해 스스로 학습하고 결정을 내립니다.

머신러닝(Machine Learning)은 인공지능의 한 분야로, 컴퓨터에 학습 기능을 부여하기 위한 연구 분야이다. "머신러닝"이란 용어는 1959년에 아서 사무엘(Arthur Samuel)에 의해 만들어졌다. 패턴 인식 및 계산 학습 이론에서 진화한 머신러닝은 컴퓨터가 주어진 데이터를 학습하는 알고리즘을 연구한다. 학습할 수 있는 데이터가 많아지면 알고리즘 성능이 향상된다. 이들 알고리즘은 항상 고정적인 의사 결정을 하는 프로그램과는 다르게, 데이터 중심의 예측 또는 결정을 내릴 수 있다. 머신러닝은 어떤 문제에 대하여 명시적 알고리즘을 설계하고 프로그래밍하는 것이 어렵거나 불가능한 경우에 주로 사용한다. 예를 들어 스팸 이메일 필터링, 네트워크 침입자 작동 검출, 광학 문자 인식(OCR), 컴퓨터 비전 등의 분야에서 활발하게 사용한다.

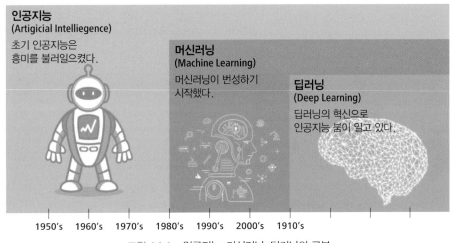

그림 14.1 인공지능, 머신러닝, 딥러닝의 구분

머신러닝이 중요하게 사용되는 분야

머신러닝은 빅데이터(Big Data)와 아주 밀접한 관계가 있다. 학습을 시키려면 많은 데이터가 필수적이기 때문이다. 머신러닝은 어떤 분야에서 필요할까? 머신러닝은 문제를 해결하는 데 많은 경우가 있어 각각의 경우를 정확하게 처리하는 것이 불가능한 경우에 필요하다. 예를 들어 바둑과 같은 복잡한 경기에서 모든 경우를 찾아서 완벽하게 탐색하는 것은 불가능하다. 스팸 이메일을 자동으로 걸러내는 작업에도, 수많은 경우가 있기 때문에 이것을 정확하게 프로그래밍하는 것은 상당히 힘들다. 자율주행 자동차도 주행 중에 마주치는 수많은 장면들이 있기 때문에, 프로그램으로 모든 장면을 정확하게 처리하기는 상당히 어렵다.

이런 경우에 머신러닝이 필요하다. 많은 데이터를 확보한 후에, 이것으로 학습시키면 프로그램이 저절로 어떤 규칙을 학습하는 것이다.

전통적인 프로그램   머신러닝

많은 복잡한 데이터들이 있고 이들 데이터에 기반하여 결정을 내려야 하는 경우, 머신러닝을 이용하면 정확하고도 빠르게 결정을 내릴 수 있다. 머신러닝이 많이 사용되는 분야는 다음과 같다.

- 음성 인식처럼 프로그램으로 작성하기에는 규칙과 공식이 너무 복잡할 때(인간도 잘 모르는 분야이다)
- **컴퓨터를 사용한 금융 - 신용 평가, 주식 거래:** 보안 시스템에서 침입을 탐지하거나 신용 카드 거래 기록에서 사기를 감지하는 경우처럼 작업 규칙이 지속적으로 바뀌는 상황일 때
- 주식 거래나 에너지 수요 예측, 쇼핑 추세 예측의 경우처럼 데이터 특징이 계속 바뀌고 프로그램을 계속해서 변경해야 하는 상황일 때
- 전자 메일이 스팸인지 아닌지 여부를 판단할 때

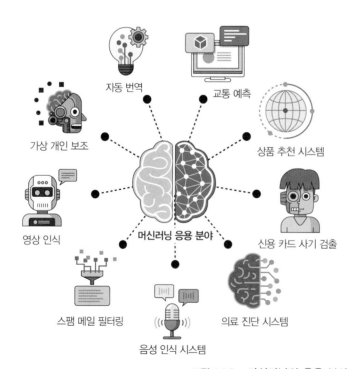

머신러닝은 복잡한 데이터 패턴이나 관계를 발견하고 이해하는 데 사용합니다. 이러한 분야에서는 전통적인 프로그래밍 접근으로는 해결하기 어려운 문제들을 다루기 위해 머신러닝을 활용합니다.

그림 14.2   머신러닝의 응용 분야

- 구매자가 클릭할 확률이 가장 높은 광고가 무엇인지를 알아내고 싶을 때, 사용자가 선호하는 상품이나 비디오를 자동으로 추천하고 싶을 때
- **영상 인식:** 얼굴 인식, 움직임 감지, 객체 감지, 자율주행에 나타나는 다양한 상황을 처리하고 싶을 때, 이미지를 자동으로 분류하고 싶을 때, 이미지 데이터베이스 중에서 특정 이미지를 탐색하고 싶을 때

 중간점검

❶ 머신러닝이 필요한 분야의 특징은 무엇인가?

❷ 인공지능, 머신러닝, 딥러닝을 비교해 보자.

❸ 바둑 프로그램은 왜 if-else 문만 가지고 작성하는 것이 불가능한가?

❹ 머신러닝의 응용 분야는 어떤 것들이 있는가?

3 머신러닝의 분류

머신러닝은 일반적으로 학습을 지도해주는 "교사"의 유무에 따라 크게 지도 학습과 비지도 학습으로 나누어진다.

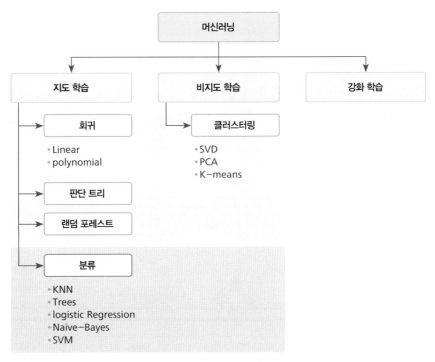

그림 14.3 머신러닝의 분류

- **지도 학습(Supervised Learning):** 컴퓨터는 "교사"에 의해 주어진 예제와 정답(레이블)을 제공받는다. 지도 학습의 목표는 입력을 출력에 매핑하는 일반적인 규칙을 학습하는 것이다. 예를 들어 영상을 주고 컴퓨터가 강아지와 고양이를 구분하는 문제라고 가정하자. 우리는 강아지와 고양이 예제 영상을 컴퓨터에게 제공한 후에, 어떤 영상이 강아지이고 어떤 영상이 고양이인지를 머신러닝 시스템에 알려준다. 컴퓨터는 이것을 바탕으로 새로운 테스트 영상이 강아지인지, 고양이인지를 스스로 구별하게 된다.

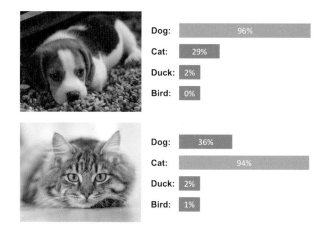

- **비지도 학습(Unsupervised Learning):** 외부에서 정답(레이블)이 주어지지 않고 학습 알고리즘이 스스로 입력 데이터에서 어떤 구조를 발견하는 학습이다. 비지도 학습을 사용하면 데이터에서 숨겨진 패턴을 발견할 수 있다. 비지도 학습의 대표적인 것이 클러스터링(clustering)이다. 예를 들어 구글 뉴스에서 비슷한 뉴스를 자동으로 그룹핑하는 것을 들 수 있다.

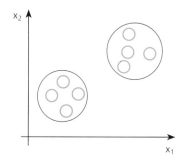

- **강화 학습(Reinforcement Learning):** 보상이나 처벌 형태의 피드백으로 학습이 이루어지는 머신러닝이다. 주로 차량 운전이나 상대방과의 경기 같은 동적인 환경에서 프로그램의 행동에 대한 피드백만 제공된다. 예를 들어 바둑에서 어떤 수를 두어서 승리하였다면 보상이 주어지는 식이다.

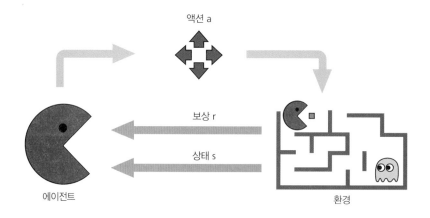

지도 학습

지도 학습은 입력-출력 쌍을 학습한 후에 새로운 입력값이 들어왔을 때 출력값을 합리적으로 예측하는 것이다. 즉, 지도 학습은 입력(x)과 출력(y)이 주어질 때, 입력에서 출력으로의 매핑 함수를 학습하는 것이라 할 수 있다.

$$y = f(x)$$

학습이 종료된 후에 새로운 입력 데이터(x)에 대하여 매핑 함수를 이용해서 출력값(y)을 예측한다.

간단한 예를 들어보자. 입력 데이터로 직선 $y = 10x$ 위에 있는 점 (1, 10), (2, 20), (3, 30), (4, 40)들이 주어져 있다고 하자. 컴퓨터는 이 직선의 방정식을 모르는 상태이다. 컴퓨터는 주어진 데이터만을 학습한다. 학습이 끝난 후에 $x = 5$를 입력하면 컴퓨터가 $y = 50$이라는 답을 할 수 있도록 만드는 것이 지도 학습이다. 이 경우 우리가 함수를 직접 프로그래밍하지 않았지만 컴퓨터가 스스로 함수를 찾아냈다. 이것이 지도 학습이다.

그림 14.4 회귀의 개념

지도 학습을 크게 분류하면 선형 회귀와 분류로 나눌 수 있다.

지도 학습: 회귀

회귀(regression)란, 일반적으로 예제 데이터들을 2차원 공간에 찍은 후에 이 데이터들을 가장 잘 설명하는 직선이나 곡선을 찾는 문제라고 할 수 있다. 학습이 끝난 후에 새로운 데이터가 들어오면 이 직선이나 곡선을 이용하여 출력값을 예측하게 된다.

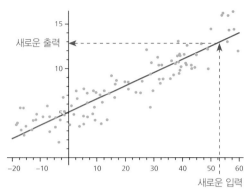

그림 14.5 회귀는 데이터를 가장 잘 설명하는 직선을 찾은 후에 새로운 입력이 들어오면
직선을 이용하여 새로운 출력을 예측한다.

회귀에서는 출력(y)의 형태가 이산적이 아니라 연속적이다. 즉, $y = f(x)$에서 입력 x와 출력 y가 모두 실수이다. 회귀에서 입력과 출력을 보면서 함수 $f(x)$를 예측하게 된다. 예를 들어 출력이 "달러"이거나 "무게"와 같은 실수이다. 회귀 기법은 주식의 추세선을 예측하거나, 흡연과 사망률 사이의 관계, 온도 변화나 전력 수요 변동 등의 연속적인 응답을 예측하는 데 사용한다. 아래 그림과 같이 선형 회귀도 있고 비선형 회귀도 있다.

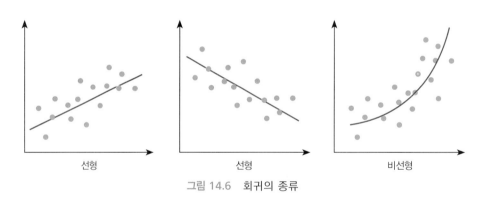

그림 14.6 회귀의 종류

전통적인 선형 회귀(Linear Regression)는 직선만을 사용하는 회귀 방법이다. 선형 회귀는 "머신러닝"으로 생각하기에는 너무 단순하고 단순히 "통계"적 방법이라고 생각하는 사람들도 있다. 하지만 회귀 문제도 $y = f(x)$에서 입력(x)에 대응되는 실수(y)들이 주어지고 함수 $f( )$를 학습하는 것이므로 일종의 머신러닝 문제로 생각할 수 있다.

지도 학습: 분류

$y = f(x)$에서 출력 y가 이산적(discrete)인 경우에 이것을 분류 문제(또는 인식 문제)라고 부른다. 분류 (classification)는 입력을 2개 이상의 클래스로 나눈다. 분류 문제는 우리가 일상에서 가장 많이 접하는 문제 중 하나이다. 예를 들어 사진을 보고 "강아지" 또는 "고양이"로 분류하는 것도 분류 문제이다. 또 이메일에서 스팸 메일을 찾아내는 것도 분류 문제에 속한다. 이 경우, 입력은 이메일 메시지이고 출력은 "spam", 또는 "no spam" 중 하나이다. 병원에서는 머신러닝을 이용하여 종양이 악성인지 또는 양성인지를 판단할 수 있다("disease" 또는 "no disease"). 음성 인식이나 영상 인식도 모두 분류 문제에 속한다.

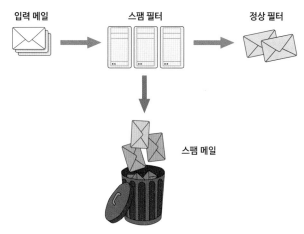

그림 14.7   분류의 개념

분류는 지도 학습의 형태로 이루어지는 것이 일반적이다. 즉, 교사가 만들어놓은 학습 데이터를 가지고 컴퓨터가 지도 학습을 수행한다. 이후에 새로운 데이터가 컴퓨터에 주어지고 컴퓨터는 학습을 바탕으로 분류를 수행한다. 분류를 수행하기 위한 일반적인 알고리즘에는 신경망(딥러닝), kNN(k-Nearest Neighbor), SVM(Support Vector Machine), 의사 결정 트리 등이 있다.

비지도 학습

비지도 학습(Unsupervised Learning)은 "교사" 없이 컴퓨터가 스스로 입력들을 분류하는 것으로, $y = f(x)$에서 정답인 레이블 y가 주어지지 않는 것이다. 어떻게 컴퓨터가 스스로 입력을 분류할 수 있을까? 처음에는 불가능할 것처럼 생각되는데 머신러닝 알고리즘에는 비지도 학습 알고리즘도 존재한다. 비지도 학습은 정답이 없는 문제를 푸는 것과 같으므로 학습이 맞게 되었는지 확인할 수는 없다. 하지만 데이터들의 상관도를 분석하여 유사한 데이터들을 모을 수는 있다.

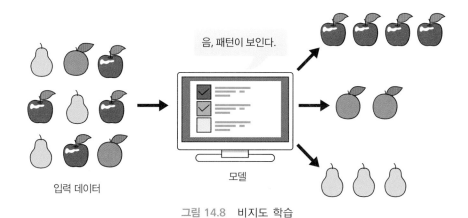

그림 14.8   비지도 학습

가장 대표적인 비지도 학습이 클러스터링(clustering, 군집화)이다. 클러스터링이란, 입력 데이터 간의 거리를 계산하여 입력을 몇 개의 군집으로 나누는 방법이다. K-means 클러스터링이 가장 고전적인 클러스터링 방법이다.

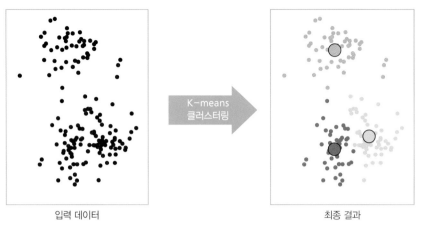

입력 데이터   최종 결과

그림 14.9   클러스터링

중간점검

❶ 머신러닝을 크게 세 가지로 분류해 보자.

❷ 지도 학습은 _____과 _____로 나눌 수 있다.

❸ 데이터들을 2차원 공간에 찍은 후에, 이 데이터들을 가장 잘 설명하는 직선이나 곡선을 찾는 문제를 무엇이라고 하는가?

❹ "교사" 없이 컴퓨터가 스스로 입력들을 분류하는 것을 무엇이라고 하는가?

---

4   머신러닝의 요소들

특징

데이터를 학습시킬 때, 데이터를 원형 그대로 사용하는 때도 있지만 일반적으로는 데이터에서 어떤 특징을 추출하여 이것으로 학습시키고 테스트하게 된다. 그렇다면 특징(features)이란 무엇인가?

특징이란, 우리가 학습 모델에게 공급하는 입력이다. 가장 간단한 경우에는 입력 자체가 특징이 된다. 예를 들어 어떤 사람의 월급을 결정할 때, 성과만 고려한다면 성과가 바로 특징이 된다. 다른 예를 들어보자. 이메일이 스팸인지 아닌지를 결정할 때는 어떤 것이 특징이 될 수 있을까?

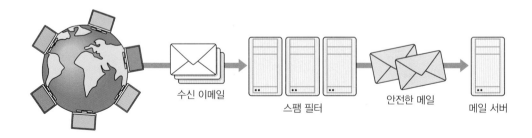

수신 이메일   스팸 필터   안전한 메일   메일 서버

원천 데이터는 이메일의 텍스트, 이메일의 발신자 주소 등이다. 하지만 이것은 그대로 학습시키기에 너무 복잡하다. 우리는 다음과 같은 특징들을 생각할 수 있다.

- 이메일에 "검찰"이라는 단어 포함 여부(yes 또는 no)

- 이메일에 "광고", "선물 교환권"이나 "이벤트 당첨" 단어 포함 여부(yes 또는 no)

- 이메일 발신자의 도메인(문자열)

- 이메일의 제목이나 본문에 있는 '★'과 같은 특수 문자의 개수(정수)

- 이미지로만 이뤄진 이메일(yes 또는 no)

- 임베디드 코드가 삽입된 이메일(yes 또는 no)

학습 데이터와 테스트 데이터

색상과 곡률을 특징으로 사용하여 입력을 "원"과 "사각형"으로 분류하는 머신러닝 시스템을 생각해 보자. 다음과 같이 "원"과 "사각형" 레이블이 붙어 있는 학습 데이터로 시스템을 학습시킨다. 학습 알고리즘은 입력 데이터의 특징에 따라 입력을 "원"과 "사각형"으로 분류할 수 있는 모델을 내부적으로 생성한다.

그림 14.10 학습 단계

학습이 끝나면 한 번도 본 적이 없는 새로운 데이터로 시스템을 테스트한다.

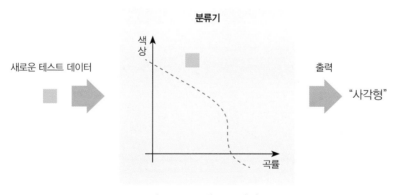

그림 14.11 테스트 단계

예를 들어 알파고도 예전에 바둑의 고수들이 두었던 수많은 기보를 입수하여 학습 데이터로 사용하여 시스템을 학습시켰다. 학습이 끝나면 알파고는 새로운 수에 대해서도 대응할 수 있다.

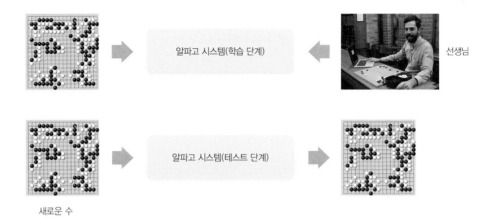

새로운 수

중간점검
❶ 머신러닝에 사용되는 특징이란 무엇인가?
❷ 머신러닝에 사용되는 데이터는 _____와 _____로 분류할 수 있다.

5 선형 회귀 분석

선형 회귀(Linear Regression)는 통계학과 머신러닝에서 사용되는 가장 기본적인 회귀 분석 기법 중 하나로, 두 변수 간의 선형 관계를 모델링하는 방법이다. 주어진 데이터로부터 두 변수 사이의 관계를 나타내는 직선을 찾아내는 것이 목표이다. 선형 회귀는 종속 변수(y)와 하나 이상의 독립 변수(x) 간의 관계를 모델링하는 데 사용한다. 간단한 경우인 단순 선형 회귀에서 하나의 독립 변수만 사용하며, 다중 선형 회귀에서 여러 독립 변수를 사용한다. 여기서는 전통적인 머신러닝 라이브러리인 sklearn을 사용하여 선형 회귀 분석을 구현해 보자.

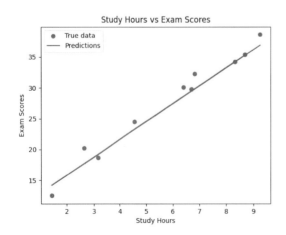

예를 들어 공부 시간과 시험 성적 사이에는 어떤 선형 관계가 있을 것이 예측됩니다. 이런 경우에 실제 데이터를 가지고 이 데이터를 가장 잘 나타내는 직선의 방정식을 찾는 것이 선형 회귀입니다.

선형 회귀 소개

직선의 방정식은 기본적으로 다음과 같다.

$$f(x) = mx + b$$

여기서 m은 직선의 기울기이고 b는 절편이다. 기본적으로 선형 회귀는 입력 데이터를 가장 잘 설명하는 직선의 기울기와 절편을 찾는 문제이다. 직선에서 우리가 제어할 수 있는 값은 기울기(m)와 절편(b)이다. 머신러닝에서 기울기 대신에 가중치(weight)라는 용어를 많이 사용한다. 마찬가지로 절편 대신에 바이어스(bias)라고 한다. 따라서 다음과 같은 식으로 변경하자.

$$f(x) = Wx + b$$

가중치와 바이어스의 값에 따라 여러 개의 직선이 있을 수 있다. 기본적으로 선형 회귀 알고리즘은 데이터 요소에 여러 직선을 맞추어 본 후에 가장 적은 오류를 발생시키는 직선을 찾는다.

하나의 예제로 키와 몸무게 사이에는 어떤 관계가 있는지 알아보자. 키와 몸무게를 나타내는 학습 데이터를 가지고 지도 학습을 시켜보도록 한다.

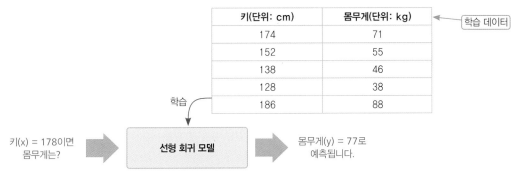

그림 14.12　선형 회귀의 예제

우리는 위의 표에 들어 있는 데이터를 이용하여 선형 회귀 시스템을 학습시킨 후에 새로운 키를 넣었을 때 몸무게를 예측할 수 있는 시스템을 만들고자 한다.

제일 먼저 해야 할 것은 sklearn 라이브러리에서 linear_model 모듈을 가져오는 작업이다. 이어서 linear_model에 포함되어 있는 LinearRegression() 생성자를 호출한다.

linear_reg.py 선형 회귀 분석 프로그램 #1

```
import matplotlib.pylab as plt
from sklearn import linear_model

reg = linear_model.LinearRegression()          # 선형 회귀 객체 생성
```

학습 데이터는 반드시 2차원 배열이어야 한다. 2차원 배열에서 하나의 행은 하나의 학습 예제를 나타낸다. 열은 입력의 특징을 나타낸다. 따라서 입력 특징이 많으면 열의 개수가 증가한다. 우리는 파이썬 리스트의 리스트를 만들어서 다음과 같은 2차원 배열을 생성한다. 학습 데이터에 한 열만 있어도 반드시 2차원 배열 형태로 만들어야 한다. 목표값은 1차원 배열이면 된다.

	키			몸무게
샘플 #1	174			71
샘플 #2	152			55
샘플 #3	138			46
샘플 #4	128			38
샘플 #5	186			88

```
X = [[174], [152], [138], [128], [186]]        # 학습 예제
y = [71, 55, 46, 38, 88]                        # 정답

reg.fit(X, y)                                   # 학습 함수
```

학습시키려면 fit() 함수를 호출하고 X와 y를 전달한다. 학습이 종료되면 발견된 직선의 기울기와 절편을 알 수 있다.

```
>>> reg.coef_              # 직선의 기울기
array([0.82021132])
>>> reg.intercept_         # 직선의 절편
-68.0248807089298
>>> reg.score(X, y)        # 학습 점수
0.9812769231994423
```

score() 함수는 회귀 분석이 얼마나 잘 데이터에 맞추었는지를 반환한다. 어느 정도 선형 데이터를 사용했으므로 1.0에 가까울 것이다.

이제 학습이 완료되었으므로, 새로운 값 178을 넣어서 몸무게를 얼마로 예측하는지를 살펴보자. 즉, 키가 178일 때 몸무게를 예측하여 보는 것이다. 예측 시에는 predict() 함수를 사용한다.

```
>>> reg.predict([[178]])
array([77.97273347])
```

몸무게는 77kg으로 예측되었다. 이것을 그래프로 그려보자.

```
# 학습 데이터를 산포도로 그린다.
plt.scatter(X, y, color='black')

# 학습 데이터를 입력으로 하여 예측값을 계산한다. 직선을 가지고 예측하기 때문에 직선상의 점이 된다.
y_pred = reg.predict(X)

# 예측값으로 선 그래프를 그린다.
# 직선이 그려진다.
plt.plot(X, y_pred, color='blue', linewidth=3)
plt.show()
```

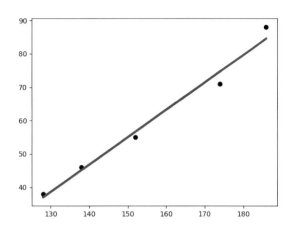

검정색 점으로 그려진 것이 학습 데이터이다. 선형 회귀로 찾은 직선은 파랑색으로 그려져 있다.

LAB 01   선형 회귀 실습

선형 회귀를 이용하여 공부 시간에 따라 학생의 시험 점수를 예측하는 선형 회귀 모델을 만들어보자. 학습 데이터는 앞장에서 배운 넘파이를 사용하여 무작위로 생성한다. 선형 회귀는 sklearn 라이브러리의 LinearRegression 클래스를 이용한다.

```
Mean Squared Error: 2.225952192969643
```

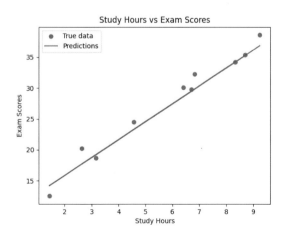

linear_reg2.py 선형 회귀 분석 프로그램 #2

```
import numpy as np
import matplotlib.pyplot as plt
from sklearn.model_selection import train_test_split
from sklearn.linear_model import LinearRegression
from sklearn.metrics import mean_squared_error

# 랜덤 시드 설정
np.random.seed(0)

# 데이터 생성
num_samples = 50
X = np.random.rand(num_samples, 1) * 10                    # 공부 시간       ❶
y = 3 * X + 10 + np.random.randn(num_samples, 1) * 2       # 시험 점수       ❷

# 데이터 분할                                                                  ❸
X_train, X_test, y_train, y_test = train_test_split(X, y, test_size=0.2,
                                                    random_state=42)

# 선형 회귀 모델 생성 및 훈련                                                  ❹
model = LinearRegression()
model.fit(X_train, y_train)

# 테스트 데이터에 대한 예측                                                    ❺
y_pred = model.predict(X_test)

# 평균 제곱 오차 계산                                                          ❻
mse = mean_squared_error(y_test, y_pred)
print("Mean Squared Error:", mse)

# 결과 시각화
plt.scatter(X_test, y_test, label='True data')
plt.plot(X_test, y_pred, color='red', label='Predictions')
plt.xlabel("Study Hours")
plt.ylabel("Exam Scores")
plt.title("Study Hours vs Exam Scores")
plt.legend()
plt.show()
```

위의 코드를 좀 더 자세히 설명해 보자.

① `X = np.random.rand(num_samples, 1) * 10`

0에서 1 사이의 랜덤 값으로 이루어진 공부 시간 데이터를 생성한다. num_samples×1 크기의 2차원 배열이다. 여기에 10을 곱해서 범위를 조정한다. 즉, 학습 시간은 0시간에서 10시간 사이의 랜덤 값이 된다.

② `y = 3 * X + 10 + np.random.randn(num_samples, 1) * 2`

시험 점수 데이터를 생성한다. 공부 시간에 3을 곱하고 기본 점수 10을 더한 뒤, 랜덤한 노이즈를 추가한다.

③ `X_train, X_test, y_train, y_test = train_test_split(X, y, test_size=0.2, random_state=42)`

데이터를 훈련 세트와 테스트 세트로 분할한다. test_size 인자는 테스트 세트의 비율을 지정하며, random_state는 랜덤 시드로 결과를 재현 가능하게 한다.

④ `model = LinearRegression()` → LinearRegression 모델 객체를 생성한다.
`model.fit(X_train, y_train)` → 훈련 데이터로 모델을 학습시킨다. 공부 시간(X_train)을 입력으로, 시험 점수(y_train)를 타겟으로 하여 모델을 학습시킨다.

⑤ `y_pred = model.predict(X_test)`

학습한 모델을 사용하여 테스트 데이터의 공부 시간에 대한 시험 점수를 예측한다.

⑥ `print("Mean Squared Error: ", mse)`

평균 제곱 오차를 출력하여 모델의 예측 정확도를 평가한다.

도전문제

① 학습 데이터와 테스트 데이터의 크기를 변경해 보면서 평균 제곱 오차(Mean Squared Error)의 변화를 관찰해 보자. 학습 데이터와 테스트 데이터의 비율을 조정하거나 데이터의 크기를 변경하여 모델의 성능 변화를 확인해 보자.

② 선형 회귀 모델이 학습한 회귀계수(coefficients)와 절편(intercept)값을 출력해 보자. 모델이 학습한 회귀식을 구체적으로 확인해볼 수 있다.

---

6 신경망

최근에 많은 인기를 끌고 있는 딥러닝(Deep Learning)의 시작은 1950년대부터 연구되어 온 인공 신경망(ANN: Artificial Neural Network, 이하 신경망)이다. 신경망은 생물학적인 신경망에서 영감을 받아서 만들어진 컴퓨팅 구조이다. "스스로 생각하는 기계"는 항상 인간의 꿈이었고 1950년대에 사람들은 인간의 두뇌를 본떠서 기계로 만들려고 시도하였다. 인간의 두뇌는 뉴런(neuron, 신경세포)으로 이루어져 있다. 다음과 같이 뉴런은 수상돌기(dendrite)를 통하여 주위의 뉴런들로부터 신경 자극을 받아 세포체(cell body)에서 어떤 처리를 한 후에 축삭돌기(axon)를 통하여 다른 세포들로 출력을 내보낸다고 한다.

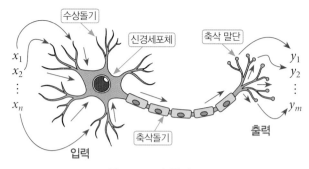

그림 14.13 뉴런의 구조

하나의 뉴런은 아주 단순한 계산만을 하고 속도도 느리지만, 수백만 개를 모아 놓으면 아주 복잡한 작업을 할 수 있다. 현재 우리가 사용하고 있는 컴퓨터는 하나의 강력한 CPU로 되어 있지만, 신경망은 이와는 다르게 아주 간단한 CPU들을 굉장히 많이 사용하여 복잡한 작업을 하려는 시도이다. 신경망의 뉴런들은 병렬로 동작하고 일부가 손상되어도 전체 기능에는 큰 이상이 없다.

구체적으로 다음과 같이 입력층과 출력층 사이에 은닉층(Hidden Layer)을 가지고 있는 신경망을 생각할 수 있다. 아래와 같은 구조의 신경망을 다층 퍼셉트론(MLP: Multi-Layer Perceptron)이라고 부른다.

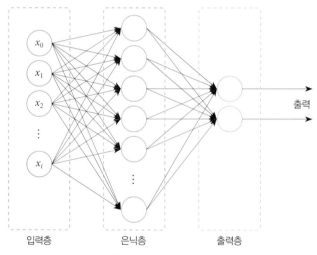

그림 14.14 MLP의 구조

하지만 문제는 학습 알고리즘이었다. 어떻게 학습시킬 것인가? 1970년대에는 여러 분야에서 동시다발적으로 다층 퍼셉트론에 사용할 수 있는 학습 알고리즘이 발견되었다. 이 학습 알고리즘을 역전파(back-propagation) 알고리즘이라고 한다. 이 알고리즘으로 인하여 1980년대에 다시 신경망에 대한 관심이 살아났다. 이 알고리즘이 지금까지도 신경망 학습 알고리즘의 근간이 되고 있다.

딥러닝

딥러닝은 DNN(Deep Neural Networks)에서 사용하는 학습 알고리즘이다. DNN은 MLP(다층 퍼셉트론)에서 은닉층의 개수를 증가시킨 것이다. 즉, 은닉층을 하나만 사용하는 것이 아니고 여러 개를 사용한다.

"딥(deep)"이라는 용어는 은닉층이 깊다는 것을 의미한다. 최근에 딥러닝은 컴퓨터 비전, 음성 인식, 자연어 처리, 소셜 네트워크 필터링, 기계 번역 등에 적용되어서 인간 전문가에 필적하는 결과를 얻고 있다.

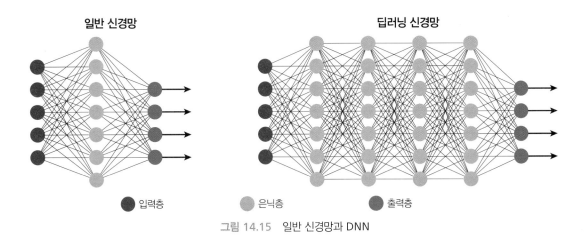

그림 14.15 일반 신경망과 DNN

뉴런의 모델

신경망에서 하나의 뉴런을 다음과 같이 모델링한다.

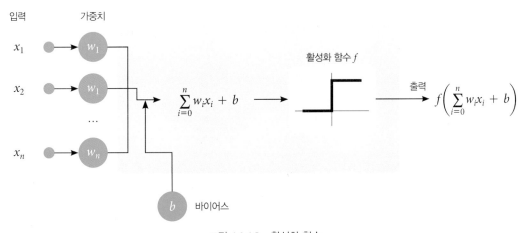

그림 14.16 활성화 함수

그림 14.16에서 연주황색 둥근 사각형으로 표시된 부분이 뉴런이다. x_1, x_2, ...는 입력 신호이고 w_1, w_2, ...는 가중치(weight)이다. b는 바이어스(bias)라고 불리는 임계값이다. $\sum_{i=0}^{n} x_i w_i + b$가 계산되고 이것이 활성화 함수로 입력된다. 활성화 함수(Activation Function)는 입력값의 가중 합계값을 받아서 출력값을 계산하는 함수이다. 일반적으로 사용하는 활성화 함수들은 다음과 같다.

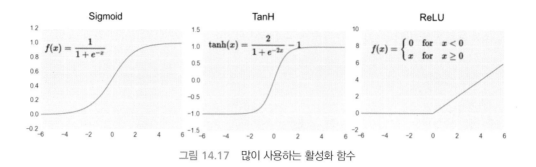

그림 14.17　많이 사용하는 활성화 함수

활성화 함수는 미분 가능하고 연속적이어야 한다. 학습 알고리즘에서 활성화 함수의 일차 미분값을 사용하기 때문이다. 최근에 가장 인기 있고 많이 사용하는 활성화 함수는 ReLU이다.

역전파 알고리즘

역전파 알고리즘은 입력이 주어지면 순방향으로 계산하여 출력을 계산한 후에 실제 출력과 우리가 원하는 출력 간의 오차를 계산한다. 이 오차를 역방향으로 전파하면서 오차를 줄이는 방향으로 가중치를 변경한다.

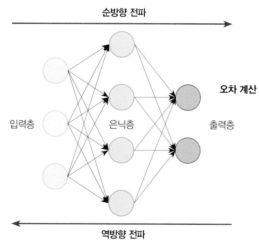

그림 14.18　역전파 학습 알고리즘

MLP에서 입력이 주어지면 출력값을 계산하는 것은 비교적 쉽다. 문제는 학습 알고리즘이다. 만약 출력값이 올바르지 않을 때 어떻게 가중치를 변경해야 할까? 즉, MLP에서 학습 알고리즘은 어떻게 만들 수 있을까? MLP에서 학습을 시킬 때는 실제 출력과 원하는 출력 사이의 오차를 이용한다. 오차를 줄이는 방향으로 가중치를 변경하는 것이다. 이것을 위하여 오차를 계산하는 함수를 정의해야 한다. 이것을 손실 함수(Loss Function)라고 한다.

역전파 알고리즘의 단계

역전파(backpropagation) 알고리즘은 인공 신경망의 학습 알고리즘 중 하나로, 오차를 최소화하는 방향으로 가중치와 바이어스를 조정하여 신경망을 학습시키는 과정을 의미한다. 역전파는 지도 학습에서 주로 사용되며, 입력과 출력 데이터의 대응 관계를 학습하여 모델을 훈련시키는 데 사용한다. 역전파 알고리즘은 다음과 같은 순서로 동작한다.

1) **순전파(Forward Propagation)**: 입력 데이터가 신경망의 입력층으로 들어간다. 각 은닉층의 뉴런은 가중치와 활성화 함수를 통해 가중합과 활성화 값을 계산한다. 출력층까지 순차적으로 계산되며, 최종 출력을 얻는다.
2) **오차 계산**: 실제 출력값과 예측된 출력값을 비교하여 오차를 계산한다. 이 오차는 손실 함수를 통해 측정된다.
3) **역전파(backpropagation)**: 출력층에서부터 시작하여 역방향으로 오차를 전파시킨다. 각 레이어의 뉴런에서 오차에 대한 미분값을 계산하고, 이를 사용하여 가중치와 바이어스를 업데이트한다. 역전파 과정에서 체인 룰(Chain Rule)을 사용하여 미분값을 계산한다.
4) **가중치 및 바이어스 업데이트**: 역전파를 통해 얻은 미분값을 사용하여 가중치와 바이어스를 업데이트한다. 경사 하강법(Gradient Descent) 등의 최적화 알고리즘을 사용하여 손실 함수를 최소화하는 방향으로 가중치와 바이어스를 업데이트한다.
5) **학습 반복**: 위의 과정을 여러 번 반복하면서 신경망이 오차를 줄여가며 학습한다. 데이터의 일부(미니 배치)를 사용하여 반복적으로 역전파를 수행하고 가중치를 업데이트한다. 역전파 알고리즘을 통해 신경망의 가중치와 바이어스를 조정하면, 신경망은 입력과 출력 간의 관계를 더욱 정확하게 학습하게 된다. 이를 통해 신경망은 주어진 데이터에 대한 예측을 더욱 정확하게 수행할 수 있도록 개선된다.

손실 함수

신경망에서 손실 함수(Loss Function)는 모델의 예측값과 실제 타겟값 간의 차이를 측정하는 함수이다. 손실 함수는 모델의 학습을 도와 모델이 최적의 파라미터를 찾을 수 있도록 도와준다. 목표는 이 손실을 최소화하는 것이며, 이를 위해 경사 하강법(GD: Gradient Descent)과 같은 최적화 알고리즘을 사용하여 모델의 파라미터를 조정한다.

다양한 손실 함수가 존재하며 문제의 종류에 따라 선택되는데, 목적은 예측값과 실제값 간의 차이를 어떤 방식으로 계산하느냐에 따라 다르다. 주요한 손실 함수에는 다음과 같은 것들이 있다.

평균 제곱 오차(MSE: Mean Squared Error)

가장 일반적으로 사용하는 손실 함수로, 예측값과 실제값의 제곱 차이의 평균이다. 회귀(regression) 문제에 적합하다.

평균 절대 오차(MAE: Mean Absolute Error)

예측값과 실제값의 절대 차이의 평균이다. 이상치(outliers)에 민감하지 않고 회귀 문제에 사용한다.

교차 엔트로피 손실(Cross-Entropy Loss)

분류(classification) 문제에 사용하며, 예측 확률과 실제 클래스의 원-핫 인코딩(One-Hot Encoding) 간의 교차 엔트로피를 계산한다.

회귀 문제에서 평균 제곱 오차

먼저, 평균 제곱 오차(MSE: Mean Squared Error)를 구체적인 예제를 통해 설명해 보자. MSE는 회귀 문제에서 많이 사용한다. 예를 들어 어떤 학생들의 공부 시간과 시험 점수 데이터가 다음과 같다고 가정하자. 이 데이터로 선형 회귀 모델을 만들어서 공부 시간에 따른 시험 점수를 예측하려고 한다.

공부 시간	시험 점수
1	50
2	60
3	70
4	80

모델의 예측과 실제 시험 점수 간의 차이를 평균 제곱 오차로 계산해 보자. 예측을 위한 선형 모델의 가중치와 바이어스를 아래와 같이 설정해 보자.

- **가중치(weight)**: 10
- **바이어스(bias)**: 20

이 예측 모델로 공부 시간 데이터를 예측해 보면 다음과 같다.

- **1시간 공부**: 예측 점수 = (1 * 10) + 20 = 30
- **2시간 공부**: 예측 점수 = (2 * 10) + 20 = 40
- **3시간 공부**: 예측 점수 = (3 * 10) + 20 = 50
- **4시간 공부**: 예측 점수 = (4 * 10) + 20 = 60

이제 예측값과 실제값 간의 차이를 계산한다.

- **1시간 공부**: 실제 점수 = 50, 예측값 = 30, 오차 = 50 − 30 = 20
- **2시간 공부**: 실제 점수 = 60, 예측값 = 40, 오차 = 60 − 40 = 20
- **3시간 공부**: 실제 점수 = 70, 예측값 = 50, 오차 = 70 − 50 = 20
- **4시간 공부**: 실제 점수 = 80, 예측값 = 60, 오차 = 80 − 60 = 20

이제 오차의 제곱을 구하고 평균을 계산하면 된다.

$$MSE = (20^2 + 20^2 + 20^2 + 20^2) / 4 = 1600 / 4 = 400$$

따라서 이 모델의 평균 제곱 오차(MSE)는 400이 된다. 이 값이 손실 함수로서 사용되며, 우리의 목표는 이 값을 최소화하는 가중치와 바이어스를 찾는 것이다. 이렇게 하면 모델의 예측이 실제 데이터와 더 가까워지게 된다.

분류 문제에서 평균 제곱 오차

최근의 신경망에서는 분류를 위해 교차 엔트로피를 손실 함수로 많이 사용하지만, 설명을 위하여 평균 제곱 오차로 설명해 보자. MLP를 학습시킬 때는 많은 샘플(사례)을 보여주면서 실제 출력과 목표 출력의 차이를 계산할 수 있다. 이 차이를 오차로 사용할 수 있다. 예를 들어 사진을 보고 강아지와 고양이를 구별하는 신경망을 생각해 보자. 출력 노드는 두 개다. 고양이 사진이 주어지면 첫 번째 출력 노드만 1이고 두 번째 출력 노드는 0이어야 한다. 즉, (1, 0)이어야 한다. 강아지 사진이라면 반대로 첫 번째 출력 노드는 0이고 두 번째 출력 노드가 1이어야 한다. 즉, (0, 1)이어야 한다.

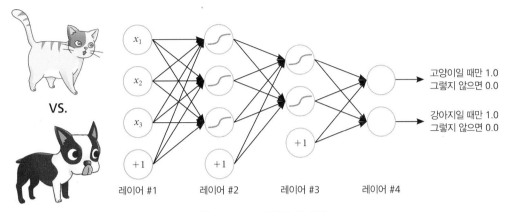

그림 14.19   손실 함수의 개념

예를 들어 고양이 사진을 보여주었는데 출력층의 노드값이 (0, 1)이 나왔다면 잘못 분류한 것이다. (1, 0)으로 나와야 하는데 (0, 1)로 나온 것이므로 오차는 (0−1)**2 + (1−0)**2 = 2.0이 될 것이다. 이것을 모든 훈련 샘플에 대하여 계산한 후에 평균을 취하면 평균 제곱 오차가 된다.

경사 하강법

이번에는 손실 함수가 계산된 후에 어떻게 이 손실 함수의 최솟값을 찾을지를 생각해 보자. 만약 손실 함수로 MSE를 사용한다면, 손실 함수를 다음과 같이 정의할 수 있다.

$$L(w) = \frac{1}{N}\sum_{i}^{N}(Y_i - \hat{Y}_i)^2$$

여기서 w는 가중치이고, i는 학습 샘플의 번호이다. 학습 샘플 i의 목표 출력값이 Y_i이다. 실제로 출력되는 값은 $\hat{Y}_i$이다. 전체 오차는 목표 출력값에서 실제 출력값을 빼서 제곱한 값을 모든 샘플에 대하여 합한 후에 평균을 취한 값이다. 우리는 손실 함수 $L(w)$를 최소로 만드는 가중치 w를 찾으면 된다.

역전파 알고리즘은 손실 함수값을 줄이는 문제를 최적화 문제(Optimization Probelm)로 접근한다. 최적화 문제란, 어떤 함수를 최소로 만들거나 최대로 만드는 값을 찾는 문제이다. 우리는 여기서 이 손실 함수값을 최소로 하는 가중치를 찾으면 된다. 만약 손실 함수값이 0이 되었다면 신경망이 입력을 완벽하게 분류한 것이다. 학습이란 손실 함수를 최소로 만드는 가중치를 찾는 작업이다.

오차값을 최소화하는 가중치를 찾는 데 일반적으로 사용하는 알고리즘 중의 하나가 경사 하강법(Gradient Descent)이다. 경사 하강법은 함수의 최솟값을 찾기 위한 1차 미분(그래디언트)을 사용하는 반복적인 최적화 알고리즘이다. 현재 위치에서 함수의 그래디언트값을 계산한 후에 그래디언트의 반대 방향으로 움직이는 방법이다. 우리는 손실 함수의 최솟값을 찾기 위하여 경사 하강법을 사용할 것이다.

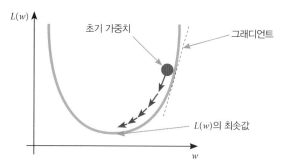

그래디언트는 접선의 기울기로 이해해도 됩니다. 접선의 기울기가 양수이면 반대로 w를 감소시킵니다.

그림 14.20 경사 하강법

어떤 위치에서의 그래디언트는 w를 조금 증가시켰을 때 손실 함수가 얼마나 증가하는가를 나타낸다. 예를 들어 현재 위치에서 그래디언트가 10이 나왔다면 w를 조금 증가시켰을 때 손실 함수는 10만큼 증가한다는 것을 나타낸다. 이때 우리는 w를 감소시켜야 손실 함수가 감소할 것이다. 만약 그래디언트가 −10으로 나왔다면 w를 조금 증가시켰을 때 손실 함수가 감소한다는 의미이므로 우리는 w를 증가시켜야 한다. 즉, 우리는 그래디언트의 반대 방향으로 가면 된다.

중간점검

❶ 일반 신경망과 DNN의 차이점은 무엇인가?

❷ 손실 함수란 무엇인가?

❸ 역전파 학습 알고리즘을 간단히 설명해 보자.

❹ 활성화 함수를 간단히 설명해 보자.

LAB 02 신경망 시뮬레이터

1. https://playground.tensorflow.org에 접속하면 구글이 제공하는 신경망 시뮬레이터가 있다. 이 시뮬레이터는 텐서플로로 구현되어서 웹상에서 제공된다. 우리는 이 시뮬레이터를 이용하여 다양한 실험을 해볼 수 있다. 일단 기본 화면은 다음과 같다.

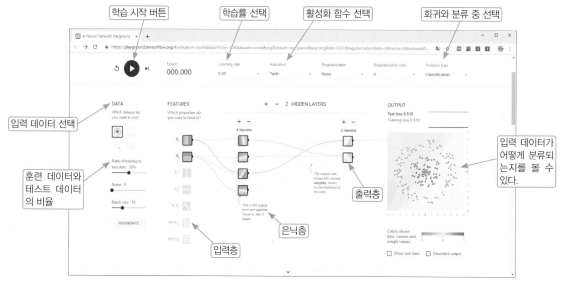

신경망의 입력은 2차원 공간에서의 점(작은 원으로 표시됨)으로서 점의 x, y 좌표이다. 출력층에서 점들은 주황색이나 파란색으로 분류된다.

2. 학습 시작 버튼을 누르면 학습이 시작되며, 출력층의 배경색이 신경망이 특정 영역에 대해 예측하는 것을 보여준다. 색상의 강도는 예측의 신뢰도를 보여준다.

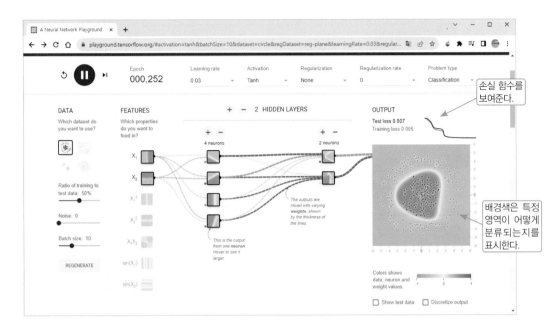

3. 활성화 함수를 Tanh, ReLU, Sigmoid, Linear로 변경하여 학습시키면서 어떤 활성화 함수가 더 좋은 결과를 내는지를 살펴보자.

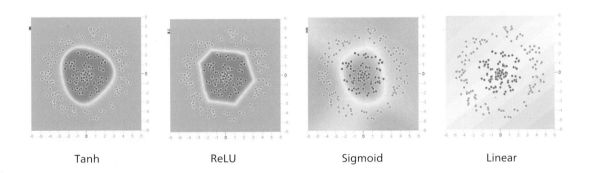

| Tanh | ReLU | Sigmoid | Linear |

4. 입력 데이터의 형태를 변경하면서 어떻게 학습되는지를 관찰해 보자. 어떤 입력이 제일 분류하기 어려운가?

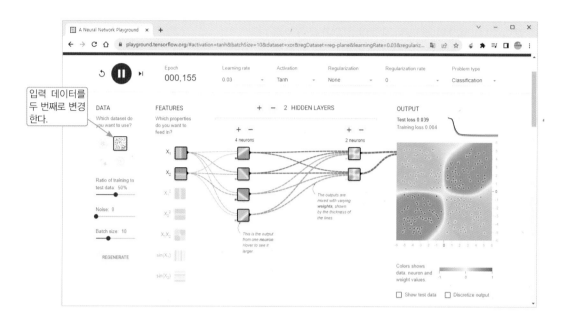

7 케라스

케라스(keras)는 딥러닝 모델을 구축하고 학습시키기 위한 고수준의 오픈 소스 신경망 라이브러리이다. 케라스는 처음에는 독립적으로 개발되었지만, 나중에 텐서플로와 통합되어 텐서플로의 고수준 API로 포함되었다.

케라스는 입문자가 가장 쉽게 접근할 수 있는 딥러닝 라이브러리이다. 케라스의 특징은 다음과 같다.

- 케라스는 직관적이고 간결한 API를 제공하여 딥러닝 모델을 쉽게 개발할 수 있도록 돕는다.
- 순방향 신경망, 컨볼루션 신경망과 반복적인 신경망은 물론 여러 가지의 조합도 지원한다.
- 케라스는 모듈식 구조를 갖추고 있어 다양한 레이어, 활성화 함수, 최적화 알고리즘 등을 조합하여 사용자 정의 신경망 아키텍처를 구성할 수 있다.
- CPU 및 GPU에서 원활하게 실행된다.

텐서플로 설치

터미널 또는 명령 프롬프트에서 다음 명령을 사용하여 텐서플로를 설치할 수 있다. 파이썬의 버전이 너무 높으면 텐서플로가 설치되지 않는 경우도 있다. 이때는 낮은 버전의 파이썬을 설치한다. 텐서플로를 설치하면 케라스는 자동으로 설치된다.

```
C:\> pip install tensorflow          # CPU 버전 설치
```

자신의 PC에 그래픽 카드가 있는 경우에는 GPU 버전을 설치하는 것이 좋다.

```
C:\> pip install tensorflow-gpu      # GPU 버전 설치(CUDA 및 cuDNN이 설치된 경우)
```

케라스 예제

케라스의 핵심 자료구조는 모델(model)이며 이것은 레이어를 구성하는 방법을 나타낸다. 가장 간단한 모델 유형은 Sequential 선형 스택 모델(순방향으로 전파되는 신경망 모델)이다. 케라스를 사용하면 레고 조립하듯이 신경망을 만들 수 있다.

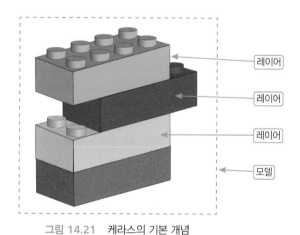

그림 14.21　케라스의 기본 개념

Sequential 모델을 생성하려면 다음과 같은 문장을 사용한다.

```
keras1.py  Sequential 모델

import tensorflow as tf
import numpy as np


model = tf.keras.models.Sequential()
```

모델에 레이어를 쌓으려면 add() 함수를 사용한다.

```
model.add(tf.keras.layers.Dense(units=2, input_dim=2, activation='sigmoid'))  # ❶
model.add(tf.keras.layers.Dense(units=1, activation='sigmoid'))                # ❷
```

Dense 클래스는 하단의 레이어와 완전연결된 레이어를 구현하는 클래스이다. ❶에서 units 매개변수는 현재 레이어에 있는 노드의 개수이다. input_dim은 입력의 개수이다. activation은 활성화 함수이다. 시그모이드 활성화 함수로 설정되었다. ❷에서 노드의 개수가 1인 완전연결된 레이어를 추가한다. 활성화 함수는 시그모이드 함수로 설정하였다. "relu"도 활성화 함수로 사용할 수 있다.

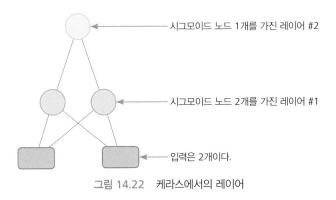

시그모이드 노드 1개를 가진 레이어 #2

시그모이드 노드 2개를 가진 레이어 #1

입력은 2개이다.

그림 14.22 케라스에서의 레이어

케라스의 모델이 완성되면 compile() 함수를 이용하여 학습 과정을 구성한다. 여기서 최적화 방법, 손실 함수, 중요하게 생각하는 척도 등을 알려주어야 한다.

```
model.compile(loss='mean_squared_error', optimizer='sgd', metrics=['accuracy'])
```

- **손실 함수(Loss Function):** 학습 과정에서 모델의 예측값과 실제 레이블 사이의 차이를 측정하는 함수이다. 주어진 코드에서 평균 제곱 오차(MSE: Mean Squared Error)를 사용하도록 설정되었다. MSE는 예측값과 실제값의 차이의 제곱을 모두 더한 후 샘플의 수로 나누어 계산되며, 더 낮은 값이 더 좋은 모델을 나타낸다.
- **옵티마이저(optimizer):** 모델의 가중치를 업데이트하는 알고리즘을 선택하는 것이다. 주어진 코드에서 확률적 경사 하강법(SGD: Stochastic Gradient Descent)을 사용하도록 설정되었다. SGD는 학습 중에 랜덤한 샘플들의 부분 집합을 사용하여 가중치를 업데이트하며, 손실 함수를 최소화하는 방향으로 학습을 진행한다.
- **모델 평가 지표(metrics):** 학습 과정에서 모델의 성능을 평가하는 지표를 설정하는 것이다. 주어진 코드에서 정확도 (accuracy)를 평가 지표로 사용하도록 설정되었다. 정확도는 예측 결과와 실제 레이블이 얼마나 일치하는지를 측정하는 지표로, 높은 정확도는 모델의 성능이 높다는 것을 의미한다.

케라스 모델이 만들어지면 학습을 진행할 수 있다. 학습은 fit() 함수를 호출하면 된다. 우리는 X와 y를 논리적인 OR로 연산하여 본다. 즉, 다음과 같은 입력값과 출력값을 사용하여 학습한다.

	X1	X2		y
샘플 #1	0	0		0
샘플 #2	0	1		1
샘플 #3	1	0		1
샘플 #4	1	1		1

```
X = np.array([[0, 0], [0, 1], [1, 0], [1, 1]])
y = np.array([[0], [1], [1], [1]])
model.fit(X, y, batch_size=1, epochs=5000, verbose=0)
```

여기서 X와 y는 넘파이 배열이다. X에는 입력 데이터가 들어 있고 y에는 목표 출력이 저장되어 있다. ep-ochs는 전체 샘플을 반복하는 횟수이다. 현재 5,000번 반복하도록 설정되어 있다. batch_size를 1로 설정하는 것은 샘플 한 개를 학습할 때마다 가중치가 변경된다는 것을 의미한다. 위 프로그램의 실행 결과는 다음과 같다. 현재 verbose 인자를 0으로 주었기 때문에 다음과 같은 간결한 출력만 생성된다.

```
1/1 [==============================] - ETA: 0s
1/1 [==============================] - 0s 110ms/step
```

학습이 완료되면, 특정 입력을 투입하여 어떤 출력이 나오는지를 관찰할 수 있다. 특정 입력값에 대한 예측값은 다음과 같이 predict()로 테스트한다.

```
print(model.predict(X))
```

```
[[0.19416147]
 [0.8535378 ]
 [0.85020345]
 [0.93563604]]
```

predict() 함수의 출력을 살펴보면, OR과 아주 똑같지는 않지만(정답은 [[0], [1], [1], [1]]이었다) 상당히 유사한 값이 나오는 것을 볼 수 있다. 반복 횟수를 높이면 점점 목표 출력에 가까워진다.

 NOTE 학습률

신경망에서 학습률(Learning Rate)이란, 한 번 학습시킬 때 뉴런의 가중치를 변경하는 비율이다. 학습을 진행할 때 가중치를 한번에 크게 변경하는 것이 아니라, 조금씩 여러 번 변경한다. 학습률이 높으면 학습이 빨리 되지만, 발산이 발생할 수도 있다. 따라서 적절한 학습률을 찾아야 한다.

 중간점검

❶ 케라스 라이브러리에서 데이터를 학습시킬 때 호출하는 함수 이름은?
❷ 학습이 종료된 후에, 새로운 데이터로 테스트할 때 호출하는 함수 이름은?

XOR 연산 학습

XOR 연산을 학습시켜보자. 다음과 같은 입력값과 출력값을 사용하여 학습한다.

	x1	x2		y
샘플 #1	0	0		0
샘플 #2	0	1	⇒	1
샘플 #3	1	0		1
샘플 #4	1	1		0

이 문제는 아주 유명한 문제이다. 이 문제 때문에 1950년대에 잘 나가던 신경망 연구가 전부 중지되었다. XOR 문제는 상당히 어려운 문제라서 5,000번 정도는 학습해야 한다. XOR 문제는 지금도 학습시키기 상당히 어려운 문제이기 때문에, 최신의 기법들을 모두 동원해 보자.

```
1/1 [==============================] - ETA: 0s
1/1 [==============================] - 0s 60ms/step
[[0.00224401]
 [0.9981645 ]
 [0.9982441 ]
 [0.00175497]]
```

keras_xor.py XOR 연산 학습 신경망 프로그램

```python
import numpy as np
import tensorflow as tf
from tensorflow.keras.models import Sequential
from tensorflow.keras.layers import Dense

# ❶ 입력 데이터와 레이블 정의
x_train = np.array([[0, 0], [0, 1], [1, 0], [1, 1]])
y_train = np.array([0, 1, 1, 0])  # XOR 연산 결과

# ❷ 신경망 모델 구성
model = tf.keras.models.Sequential()
model.add(tf.keras.layers.Dense(units=8, input_dim=2, activation='relu')) # 은닉층
model.add(tf.keras.layers.Dense(units=1, activation='sigmoid'))           # 출력층
```

```python
# ❸ 모델 컴파일
model.compile(optimizer='adam', loss='binary_crossentropy', metrics=['accuracy'])

# ❹ 모델 학습
model.fit(x_train, y_train, epochs=5000, verbose=0)

# ❺ 학습된 모델을 통해 예측
predictions = model.predict(x_train)
print(predictions)
```

❶ XOR 연산에 필요한 입력 데이터와 그에 해당하는 출력 레이블을 x_train과 y_train으로 정의한다.

❷ Sequential 모델을 생성하고, add() 메소드를 사용하여 레이어를 추가한다. 첫 번째로 추가한 레이어는 8개의 뉴런을 가진 은닉층이다. 입력 차원(input_dim)은 2로 설정되어 XOR의 입력은 2개이다. 활성화 함수로는 ReLU('relu')를 사용한다. 두 번째로 추가한 레이어는 1개의 뉴런을 가진 출력층이다. 출력값은 0 또는 1로 분류되어야 하므로 활성화 함수로 시그모이드('sigmoid')를 사용한다.

❸ 모델을 컴파일하고 학습할 준비를 한다. compile() 메소드를 사용하여 옵티마이저를 'adam', 손실 함수를 'binary_crossentropy', 평가 지표(metrics)로는 정확도('accuracy')를 설정한다. Adam(Adaptive Moment Estimation)은 경사 하강법 기반의 옵티마이저 중 하나로, 딥러닝 모델의 가중치를 조정하여 손실 함수를 최소화하는 데 사용하는 알고리즘이다. 상당히 성능이 우수하여 자주 사용한다. 'binary_crossentropy'는 신경망의 출력이 0 아니면 1로 나오는 경우에 사용하는 교차 엔트로피 손실 함수이다. 'binary_crossentropy'는 앞에서 사용한 평균 제곱 오차(MSE: Mean Squared Error)보다 성능이 우수하다.

❹ fit() 메소드를 사용하여 모델을 주어진 데이터로 학습시킨다. x_train과 y_train을 사용하며 epochs는 학습 반복 횟수를, verbose는 학습 과정 로그를 출력할지 여부를 설정한다. verbose=0으로 설정하면 로그가 출력되지 않는다.

❺ 학습된 모델을 사용하여 x_train에 대한 예측 결과를 계산하고 predictions에 저장한다. predict() 메소드를 사용하여 예측값을 계산한다.

 도전문제

XOR 문제를 해결하기 위해 딥러닝 모델을 어떻게 설계하였는지 설명해 보자. 모델의 레이어 수, 뉴런 수, 활성화 함수 등을 어떻게 선택하였는지에 대해 자세히 기술해 본다.

8 케라스를 이용한 MNIST 숫자 인식

케라스를 사용하여 필기체 숫자 이미지를 인식하는 MLP 신경망을 작성해 보자. 이 프로그램을 흔히 딥러닝 분야의 "Hello World!" 프로그램이라고 부른다. 미국의 표준 연구소가 만들어서 배포하는 MNIST는 필기체 숫자 이미지를 모아둔 데이터셋이다. 케라스에는 MNIST 데이터셋이 포함되어 있다.

MNIST 데이터셋

그림 14.23 MNIST 데이터셋

우리는 다음과 같은 구조의 MLP를 구성해 보자. 입력은 필기체 숫자 이미지이다. 출력은 10개의 노드로서 숫자 0부터 9까지를 나타낸다. 즉, 숫자 0의 이미지가 신경망에 입력되면 첫 번째 출력의 노드값이 1.0이 되고 나머지 출력 노드들의 값은 0.0이 되어야 한다.

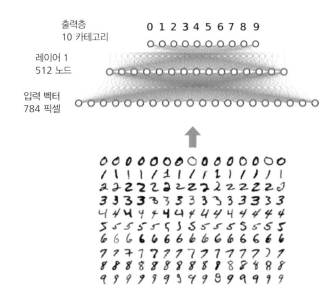

우리는 2차원의 이미지를 받아서 1차원으로 변환한 후에 신경망에 입력한다. 2차원 이미지는 28×28이고 이것을 1차원으로 변경하면 1×784가 된다. 이번 예제는 상당한 학습 시간이 걸리기 때문에 구글의 코랩을 이용해 보자. 물론 사용자의 PC가 우수한 성능의 GPU를 가지고 있다면 PC에서 실습해도 된다.

구글의 코랩

코랩(colab)은 구글이 제공하는 클라우드 기반의 주피터 노트북(Jupyter Notebook) 환경이다. 주피터 노트북은 대화식 코드 작성과 실행, 데이터 시각화, 문서 작성 등을 하나의 문서에서 편리하게 할 수 있는 도구이다. 코랩은 이러한 주피터 노트북의 기능을 온라인에서 무료로 사용할 수 있도록 제공하는 플랫폼이다. 코랩의 주요 특징과 기능은 다음과 같다.

- 코랩은 무료로 GPU 및 TPU를 사용할 수 있어 딥러닝 모델의 학습과 추론을 가속화할 수 있다.
- **클라우드 기반**: 로컬 환경에 종속되지 않고 클라우드에서 작업할 수 있다. 별도의 개발 환경 설정이 필요하지 않다.
- **주피터 노트북 호환**: 코랩은 주피터 노트북과 호환되므로 기존의 주피터 노트북 파일(.ipynb)을 업로드하여 사용하거나, 코랩에서 생성한 노트북을 로컬에서 열어볼 수 있다.

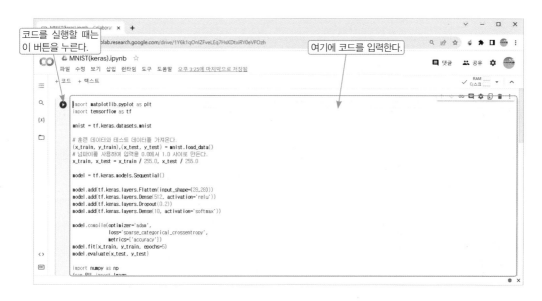

숫자 데이터 가져오기

학습 데이터부터 가져오자. 케라스는 MNIST 데이터셋을 내장하고 있다. 거기에서 숫자 이미지들을 가져와서 훈련 집합과 테스트 집합으로 나누어보자. 훈련 집합과 테스트 집합으로 나누는 이유는 모델의 일반화 능력을 평가하고 검증하기 위해서이다. 이렇게 데이터를 나누는 것은 모델이 실제 상황에서 얼마나 잘 수행하는지를 확인하고, 과적합을 방지하며 모델을 조정하는 데 도움이 된다.

MNIST(keras).ipynb   MNIST 필기체 숫자 인식 프로그램

```
import matplotlib.pyplot as plt
import tensorflow as tf


mnist = tf.keras.datasets.mnist


# 훈련 데이터와 테스트 데이터를 가져온다.
(x_train, y_train),(x_test, y_test) = mnist.load_data()
```

load_data()는 훈련 데이터와 테스트 데이터를 반환한다. 이들을 넘파이 배열인 x_train, y_train, x_test, y_test에 저장한다. 입력 이미지는 다음과 같이 출력해볼 수 있다.

```
plt.imshow(x_train[0], cmap="Greys")
```

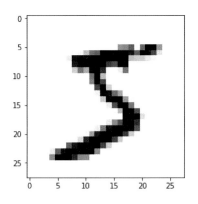

```
# 넘파이를 사용하여 입력을 0.0에서 1.0 사이로 만든다.
x_train, x_test = x_train / 255.0, x_test / 255.0
```

0에서 255 사이의 값을 가지는 픽셀값들을 0.0에서 1.0 사이의 실수값으로 변환한다. 신경망의 입력은 항상 0.0에서 1.0 사이의 값으로 정규화되어야 한다.

모델 구축하기

앞에서와 같이 Sequential 신경망 모델을 생성하고, 여기에 다음과 같은 4개의 레이어를 추가한다.

```
model = tf.keras.models.Sequential()                          # ❶

model.add(tf.keras.layers.Flatten(input_shape=(28, 28)))      # ❷
model.add(tf.keras.layers.Dense(512, activation='relu'))      # ❸
model.add(tf.keras.layers.Dropout(0.2))                        # ❹
model.add(tf.keras.layers.Dense(10, activation='softmax'))    # ❺
```

❶ 이 부분은 Sequential 모델을 생성하는 코드이다. Sequential 모델은 레이어를 순차적으로 쌓아서 만드는 가장 단순한 형태의 딥러닝 모델이다.

❷ 이 코드는 입력 데이터의 형태로, 28×28 픽셀의 2D 이미지에서 1D 형태로 펼치는 Flatten 레이어를 추가한다. 이 레이어는 신경망의 첫 번째 레이어로 사용되어 이미지의 차원을 변경한다.

❸ 이 코드는 512개의 뉴런을 가진 Dense 레이어를 추가한다. 활성화 함수로는 ReLU('relu')를 사용한다. 이 레이어는 중간 은닉층으로서 입력 데이터와 출력 데이터를 연결하는 가중치를 학습한다.

❹ 드롭아웃(dropout)은 학습 과정 중에 무작위로 일부 뉴런을 비활성화하여 과적합을 방지하는 데 사용하는 기법이다. 이 코드는 20%의 확률로 뉴런을 무작위로 비활성화하는 Dropout 레이어를 추가한다.

❺ 이 코드는 10개의 클래스에 대한 확률 분포를 출력하는 Dense 레이어를 추가한다. 활성화 함수로는 소프트맥스('softmax')를 사용한다. 이 레이어는 분류 문제에서 각 클래스에 대한 확률을 계산하여 출력한다. 즉, 주어진 숫자 이미지가 0, 1, 2, 3, ..., 9에 속할 확률을 계산하여 출력한다.

학습시키기

모델이 완성되면 학습을 위하여 옵티마이저와 손실 함수, 지표 등을 정의한다.

```
model.compile(optimizer='adam',
              loss='sparse_categorical_crossentropy',
              metrics=['accuracy'])

model.fit(x_train, y_train, epochs=5)
model.evaluate(x_test, y_test)
```

optimizer='adam'

옵티마이저(optimizer)는 모델의 가중치를 업데이트하는 알고리즘을 선택하는 것이다. 이 코드에서 Adam 옵티마이저를 사용하도록 설정되었다. Adam은 학습률을 자동으로 조절하면서 가중치를 업데이트하며, 모멘텀과 RMSProp을 조합한 방식을 사용하여 효율적인 최적화를 수행한다.

loss='sparse_categorical_crossentropy'

손실 함수(Loss Function)는 모델의 예측값과 실제 레이블 사이의 차이를 측정하는 함수이다. 주어진 코드에서 분류 문제를 다루고 있으며 sparse_categorical_crossentropy 손실 함수를 사용하도록 설정되었다. 이 손실 함수는 다중 클래스 분류 문제에서 사용되며, 레이블이 정수 형태로 주어질 때 사용한다.

metrics=['accuracy']

모델 평가 지표(metrics)는 학습 과정에서 모델의 성능을 평가하는 지표를 설정하는 것이다. 코드에서 정확도(accuracy)를 평가 지표로 설정하도록 되어 있다. 정확도는 모델의 예측 결과와 실제 레이블이 얼마나 일치하는지를 측정하는 지표이다.

이 예제는 학습 샘플이 많기 때문에, 개인용 PC에서 상당한 시간이 걸린다. 구글의 코랩을 이용해 보자. 훨씬 빠른 시간 안에 결과를 얻을 수 있다. 아래는 코랩을 이용한 결과이다.

```
Epoch 1/5
1875/1875 [==============================] - 6s 3ms/step - loss: 0.3635 -
accuracy: 0.8953
Epoch 2/5
1875/1875 [==============================] - 6s 3ms/step - loss: 0.1899 -
accuracy: 0.9442
Epoch 3/5
1875/1875 [==============================] - 5s 3ms/step - loss: 0.1493 -
accuracy: 0.9549
Epoch 4/5
1875/1875 [==============================] - 5s 3ms/step - loss: 0.1275 -
```

```
accuracy: 0.9621
Epoch 5/5
1875/1875 [==============================] - 6s 3ms/step - loss: 0.1125 -
accuracy: 0.9654
313/313 [==============================] - 1s 2ms/step - loss: 0.0880 -
accuracy: 0.9733
[0.08802233636379242, 0.9732999801635742]
```

실행 결과를 보면 5번의 에포크만에 약 98% 정도의 정확도(accuracy)가 얻어지는 것을 알 수 있다.

케라스에서 손실 함수의 종류

케라스에서 다양한 손실 함수를 제공하며, 이러한 손실 함수는 모델의 학습 과정에서 최적화를 위해 사용한다. 각 손실 함수는 다른 종류의 문제에 적합하도록 설계되었다. 아래에 케라스에서 사용할 수 있는 몇가지 손실 함수의 형태에 대해 간단히 설명하였다.

- **평균 제곱 오차(MSE: Mean Squared Error)**: 회귀(regression) 문제에 주로 사용한다. 예측값과 실제값의 차이의 제곱을 평균하여 계산한다. 제곱 오차를 최소화하는 방향으로 모델을 학습시킨다.
- **이진 교차 엔트로피(Binary Cross-Entropy)**: 이진 분류(Binary Classification) 문제에 사용한다. 즉, 출력 뉴런이 하나이고, 0과 1 중 하나로 나오는 경우이다. 실제 클래스와 예측 클래스 간의 교차 엔트로피를 계산한다.
- **카테고리별 교차 엔트로피(Categorical Cross-Entropy)**: 다중 클래스 분류(Multi-Class Classification) 문제에 사용한다. 즉, 입력을 고양이, 강아지, 호랑이 중 하나로 분류하는 문제에 사용한다. 출력 뉴런은 3개가 되고 고양이는 (1, 0, 0), 강아지는 (0, 1, 0), 호랑이는 (0, 0, 1)로 표현된다. 즉, 원-핫 인코딩을 사용한다. 실제 클래스와 예측 클래스 간의 교차 엔트로피를 계산한다. 소프트맥스 함수와 함께 사용한다.
- **희소 카테고리별 교차 엔트로피(Sparse Categorical Cross-Entropy)**: 다중 클래스 분류 문제에서 실제 클래스를 정수로 표현한 경우에 사용한다. 클래스를 원-핫 인코딩으로 변환하지 않아도 되는 장점이 있다. 즉, 학습 데이터에서 고양이를 0, 강아지를 1, 호랑이를 2로 표현하였다면 이것을 사용해야 한다.

테스트하기

정확도가 98%에 육박한다. 사실일까? 우리가 필기체 숫자를 하나 만들어서 테스트해 보자. 윈도우의 그림판을 이용하여 28×28 크기의 숫자 이미지를 하나 그리고 "test.png"라는 이름으로 저장한다. 어떤 크기라도 상관없다. 여러분들이 인터넷에서 다운로드해도 된다.

앞의 코드에 다음 코드를 연결하여 실행시켜보자.

```python
import numpy as np
from PIL import Image

# 이미지 전처리 함수
def preprocess_image(image_path) :
    img = Image.open(image_path).convert('L')      # ❶ 이미지를 흑백으로 변환
    img = img.resize((28, 28))                      # ❷ 28x28 크기로 리사이즈
    img = np.array(img) / 255.0                     # ❸ 0~1 범위로 정규화
    img = img.reshape(1, 28, 28)                    # ❹ 신경망 모델 입력 형태로 변환
    return img

# 구글 코랩에서 실행하였을 경우, 이미지를 업로드하는 코드
# 구글 코랩을 사용하지 않는 경우에는 삭제한다.
from google.colab import files
uploaded = files.upload()

# 사용자가 그린 이미지 파일 경로
user_image_path = 'test.png'

# 이미지 전처리
user_image = preprocess_image(user_image_path)

# 모델 예측
predictions = model.predict(user_image)
predicted_digit = np.argmax(predictions)
print("추정된 숫자 =", predicted_digit)
```

추정된 숫자 = 3

우리가 학습시킨 모델의 `predict()` 함수를 호출하여 예측값을 얻는다. `preprocess_image()` 함수는 이미지 파일을 전처리하는 역할을 한다. 함수는 인자로 이미지 파일의 경로를 받아서 다음 작업을 수행한다.

❶ `Image.open(image_path).convert('L')`: 이미지를 흑백으로 변환한다.

❷ `img.resize((28, 28))`: 이미지 크기를 28×28로 리사이즈한다.

❸ `np.array(img) / 255.0`: 이미지를 넘파이 배열로 변환한 후 0~1 범위로 정규화한다.

❹ `img.reshape(1, 28, 28)`: 신경망 모델의 입력 형태로 변환하기 위해 배열의 형태를 조정한다. 이미지는 한 개이고 크기는 28×28이라는 의미가 된다.

이어서 `from google.colab import files`로 구글 코랩의 files 모듈을 임포트한 후, `uploaded = files.upload()` 코드로 이미지를 업로드하는 대화상자를 띄운다. 사용자가 이미지를 선택하면 업로드된다.

전처리된 이미지 데이터를 사용하여 모델의 예측 결과를 계산한다. `model.predict(user_image)`로 예

측 확률 분포를 얻고, `np.argmax(predictions)`로 가장 높은 확률을 가진 클래스를 추출한다.

중간점검

❶ 필기체 인식 신경망에서 특징은 무엇이라고 할 수 있을까? 즉, 어떤 데이터가 입력되는가?

❷ 필기체 인식 신경망에서 사용된 활성화 함수는 어떤 것들인가?

LAB 04   케라스 실습

https://transcranial.github.io/keras-js/#/mnist-cnn에 접속하면 아주 좋은 시뮬레이션 사이트를 이용할 수 있다. 작성자인 Leon Chen씨께 감사드린다. 우리가 코드를 작성해본 MNIST 숫자 인식부터 각종 이 미지들을 인식할 수 있는 DNN 모델들이 Keras.js로 구현되어 있다.

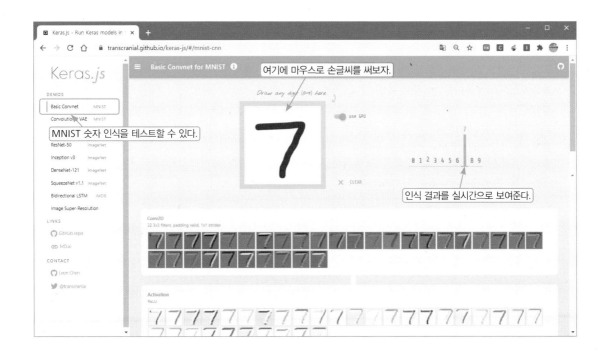

여기에 마우스로 손글씨를 써보자.

MNIST 숫자 인식을 테스트할 수 있다.

인식 결과를 실시간으로 보여준다.

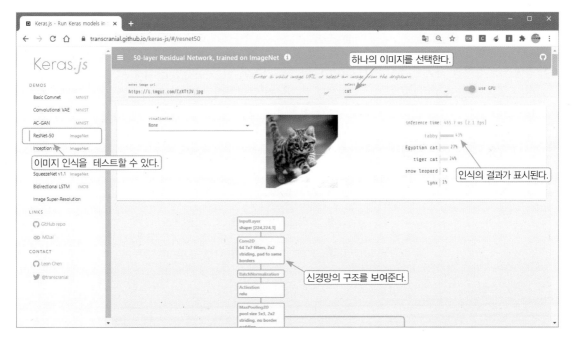

하나의 이미지를 선택한다.

이미지 인식을 테스트할 수 있다.

인식의 결과가 표시된다.

신경망의 구조를 보여준다.

도전문제

이미지 분류 문제에 대한 딥러닝 모델을 시뮬레이션해 보자. RestNet-50을 수행시켜보고 결과를 설명하라.

01 머신러닝은 "교사"의 존재 여부에 따라 크게 지도 학습과 비지도 학습으로 나누어진다. 또 강화 학습도 있다. 지도 학습은 "교사"에 의해 주어진 예제(샘플)와 정답(레이블)을 제공받는다. 비지도 학습은 외부에서 정답(레이블)이 주어지지 않고 학습 알고리즘이 스스로 입력에서 어떤 구조를 발견하는 학습이다.

02 선형 회귀(Linear Regression)는 통계학과 머신러닝에서 사용되는 가장 기본적인 회귀 분석 기법 중 하나로, 두 변수 간의 선형 관계를 모델링하는 방법이다. 주어진 데이터로부터 두 변수 사이의 관계를 나타내는 직선을 찾는 것이 목표이다.

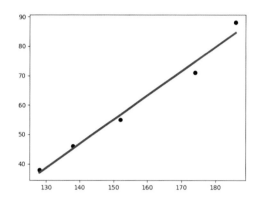

03 입력층과 출력층 사이에 은닉층(Hidden Layer)을 가지고 있는 신경망을 다층 퍼셉트론(MLP: MultiLayer Perceptron)이라고 부른다. MLP를 학습시키기 위하여 역전파(backpropagation) 알고리즘이 재발견되었다. 이 알고리즘이 지금까지도 신경망 학습 알고리즘의 근간이 되고 있다.

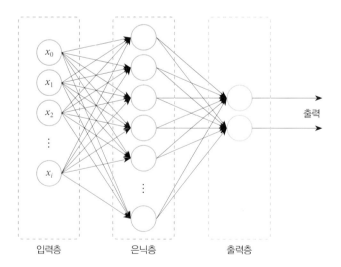

01 주어진 데이터에 노이즈가 있는 상황에서 선형 회귀 모델을 만드시오. 데이터는 x = [1, 2, 3, 4, 5], y = [2.3, 4.5, 5.7, 4.9, 6.2]이다. 선형 회귀 상 중 하

```
실제값: 2.30, 예측값: 2.43
실제값: 4.50, 예측값: 4.51
실제값: 5.70, 예측값: 5.60
실제값: 4.90, 예측값: 4.69
실제값: 6.20, 예측값: 6.17


Mean Squared Error: 0.0819
```

02 주어진 데이터에 대해 다중 선형 회귀 모델을 만들고, 주어진 특성에 따라 결과값을 예측하시오. 데이터 파일은 "data.csv"이고 "X1", "X2", "y"열이 존재한다. CSV 파일을 읽을 때는 판다스를 사용해 본다. 다중 선형 회귀 상 중 하

```
data.csv

X1,X2,y
1.5,2.0,4.3
2.0,2.5,5.2
2.5,3.0,6.0
3.0,3.5,6.8
3.5,4.0,7.5
```

03 본문에서 신경망을 이용하여 XOR, OR 연산을 학습시켜보았다. AND 연산을 학습하도록 프로그램을 변경하시오. 신경망 상 중 하

	x1	x2		y
샘플 #1	0	0		0
샘플 #2	0	1		0
샘플 #3	1	0		0
샘플 #4	1	1		1

04 세 개의 입력을 받아 세 개의 클래스 중 하나를 예측하는 다중 클래스 분류 신경망을 구현하시오. 모
든 학습 데이터는 넘파이의 난수 생성 함수를 이용하여 생성한다. 가상적인 출력은 다음과 같다.

딥러닝, 케라스 상 중 하

```
Epoch 1/50
240/240 [==============================] - 0s 914us/step - loss: 1.0032 -
accuracy: 0.5583
...
Epoch 50/50
240/240 [==============================] - 0s 99us/step - loss: 0.3661 -
accuracy: 0.8208
60/60 [==============================] - 0s 58us/step
Test Loss: 0.4804, Test Accuracy: 0.7333
```

파이게임을 이용한 게임 작성

학습목표

· 파이게임 라이브러리와 객체지향 개념을 이용하여 간단한 게임을 제작할 수 있다.

파이게임(pygame)은 파이썬으로 비디오 게임과 멀티미디어 애플리케이션을 개발할 수 있는 라이브러리이다. 파이게임은 간단하면서도 강력한 기능을 제공하여 2D 게임 개발에 적합하다. 여러 가지 그래픽, 사운드, 입력 관련 기능을 포함하고 있어 게임 프로그래밍에 쉽게 접근할 수 있다. 파이게임의 주요 특징과 기능은 다음과 같다.

- **2D 그래픽 처리:** 파이게임은 그림 그리기, 이미지 로딩, 스프라이트 처리 등 2D 그래픽 처리에 유용한 함수와 기능을 제공한다.
- **사운드 및 음악 처리:** WAV, MP3, Ogg 등 다양한 오디오 형식을 지원하며 사운드와 음악 재생, 제어 등을 할 수 있다.
- **입력 처리:** 마우스, 키보드, 게임 패드 등 다양한 입력 장치를 쉽게 처리할 수 있다.
- **이벤트 처리:** 게임 루프에서 발생하는 이벤트를 처리하고, 화면 갱신과 게임 상태 변화를 제어한다.
- **충돌 감지(Collision Detection):** 스프라이트끼리의 충돌을 감지하여 게임의 상호 작용을 구현할 수 있다.
- **멀티플랫폼:** 파이게임은 다양한 운영체제에서 동작하며, 파이썬 2와 3을 모두 지원한다.

파이게임을 사용하여 게임을 만들 때는 일반적으로 게임 루프, 이벤트 처리, 그래픽 및 오디오 리소스 로딩, 충돌 감지 등을 구현한다. 파이게임은 단순하면서도 강력한 기능으로 개인 프로젝트부터 상업용 게임까지 다양한 게임을 개발할 수 있는 환경을 제공한다. 파이게임을 사용하려면 파이게임 라이브러리를 설치해야 한다. 파이게임은 기본 파이썬에 포함되어 있지 않다. 파이게임을 설치하려면 명령 프롬프트에서 다음 문장을 입력하여 실행한다.

```
C:\> pip install pygame
```

2 게임 설계

게임을 본격적으로 작성하기 전에 우리가 만들 게임을 설계해 보자. 이번 장에서 이제까지 우리가 학습한 모든 것을 사용하여 〈스페이스 인베이더〉와 유사한 게임을 제작해 보자. 〈스페이스 인베이더(Space Invaders)〉는 전통적인 슈팅 게임으로, 1978년에 타이토(Taito)에서 처음 출시되었다. 이후 많은 버전과 변형이 개발되며 전 세계적으로 인기를 얻은 대표적인 아케이드 게임 중 하나이다. 게임의 목표는 플레이어가 우주선을 조종하여 닥치는 외계인들을 처치하는 것이다. 외계인들은 화면 상단에서 아래로 이동하면서 플레이어의 우주선을 공격하려고 한다. 플레이어는 우주선을 좌우로 움직이며, 총알을 발사하여 외계인들을 격파해야 한다.

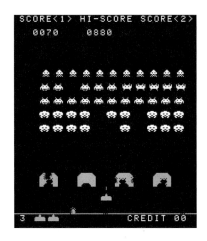

- 게임의 목표는 플레이어 우주선에서 발사되는 총알로 외계인 우주선을 격추하는 것이다.
- 플레이어 우주선은 화면의 하단에서 왼쪽이나 오른쪽으로만 화살표키를 이용하여 이동한다.
- 외계인 우주선은 위에서 아래쪽으로, 랜덤한 속도로 자동으로 이동한다.
- 플레이어 우주선은 스페이스키를 눌러서 총알을 발사할 수 있다.
- 총알이 외계인 우주선에 맞으면 외계인 우주선은 파괴된 후에 새롭게 초기화된다.

어떤 변수가 필요한가?

우리는 객체지향적으로 게임을 작성할 것이다. 주요 클래스는 다음과 같다.

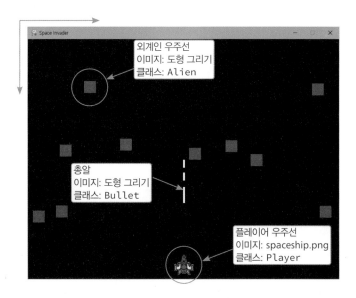

이 책에서 사용한 아이콘들은 모두 www.flaticon.com에서 다운로드받은 것이다. www.flaticon.com에 감사드린다.

구현 단계

게임을 구현하는 과정은 구체적으로 다음과 같은 단계로 설명하고자 한다.

Step #1: 파이게임을 이용하여 빈 화면을 생성한다.

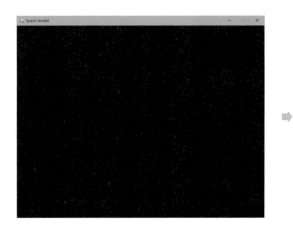

Step #2: 화면에 플레이어 우주선을 추가하고 방향키로 우주선을 움직인다.

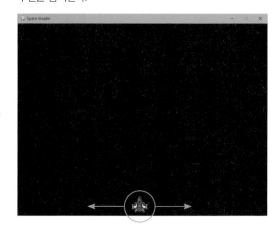

Step #3: 외계인 우주선을 생성하여 자동으로 움직이게 한다.

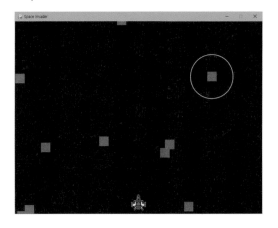

Step #4: 플레이어 우주선에서 총알을 발사하도록 한다.

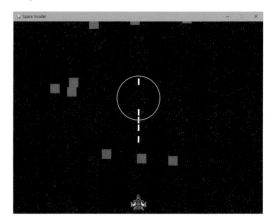

Step #5: 충돌을 감지하여 처리한다.

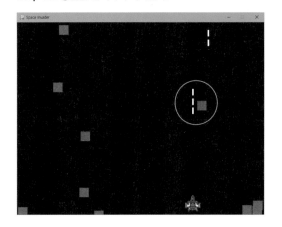

Step #6: 충돌 시 사운드를 재생한다.

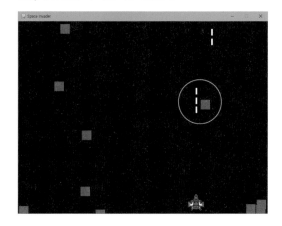

3 Step #1: 윈도우를 생성해 보자

단계적으로 게임을 만들어 보자. 이 프로그램은 검정색의 윈도우만 생성한다.

pygame1.py 윈도우 생성

```python
import pygame
import sys
import random
pygame.init()

# 게임 화면 크기
screen_width = 800
screen_height = 600

# 색상 정의
blue = (0, 0, 255)
black = (0, 0, 0)
white = (255, 255, 255)
green = (0, 255, 0)
red = (255, 0, 0)

# 게임 화면 생성
screen = pygame.display.set_mode((screen_width, screen_height))
pygame.display.set_caption("Space Invader")

# 게임 루프
while True :
    for event in pygame.event.get() :
        if event.type == pygame.QUIT :
            pygame.quit()
            sys.exit()
    screen.fill(black)
pygame.quit()
```

1. **pygame.init()**: pygame 라이브러리를 초기화한다. pygame을 사용하기 전에 항상 초기화해야 한다.

2. **screen = pygame.display.set_mode((screen_width, screen_height))**: 게임 화면을 생성하고 크기를 설정한다. set_mode() 함수는 튜플로 (가로 크기, 세로 크기)를 전달받는다.

3. **pygame.display.set_caption("Space Invader")**: 게임 창의 제목을 설정한다. 여기서는 "Space Invader"로 설정했다.

4. **while True**: 게임 루프를 시작한다. 이 루프는 게임 화면이 닫히기 전까지 계속 실행된다.

5. **for event in pygame.event.get()**: 파이게임 이벤트 루프를 시작한다. 사용자 입력 및 이벤트를

처리하기 위해 이벤트 루프를 사용한다.

6. `if event.type == pygame.QUIT`: 사용자가 창 닫기를 시도하면(게임 창 오른쪽 상단의 [X] 버튼을 클릭하거나 [Alt + F4]를 누르는 등) 이벤트 타입이 pygame.QUIT가 되며, 이 경우에 게임 루프를 종료하고 파이게임을 종료한다.

7. `screen.fill(black)`: 게임 화면을 검은색으로 채운다. 이 부분은 게임 화면을 지속적으로 업데이트하고 이전 화면을 지우는 역할을 한다.

8. `pygame.quit()`: 게임 루프가 종료되면 파이게임을 종료하고 게임을 종료한다.

게임 루프

거의 모든 게임은 반복 루프를 사용하여 게임 플레이를 제어한다. 이것을 게임 루프(Game Loop)라고 한다. 게임 루프는 다음과 같은 네 가지 중요한 작업을 처리한다. 게임 루프의 하나의 사이클을 프레임 (frame)이라고 하며, 사이클을 빠르게 수행할수록 게임 실행 속도가 빨라진다.

- 사용자의 입력을 처리한다.
- 모든 게임 객체의 상태를 업데이트하고 이동시킨다.
- 화면을 다시 그린다.
- 게임의 속도를 조절한다.

현재까지의 코드에서는 사용자가 종료 버튼을 눌렀는지만 검사하고 있다.

4 Step #2: 플레이어 우주선 만들기

각 클래스들은 pygame.sprite.Sprite 클래스를 상속받는다. pygame.sprite.Sprite 클래스는 파이게임에서 스프라이트(sprite) 기반 게임 개발을 쉽게 할 수 있도록 제공되는 클래스이다. 스프라이트는 게임에서 움직이거나 상호 작용하는 개체를 의미한다. pygame.sprite.Sprite 클래스는 스프라이트 기능을 구현하는 데 필요한 기본적인 기능과 속성을 제공한다. pygame.sprite.Sprite 클래스가 제공하는 기능과 속성은 다음과 같다.

- `image`: 스프라이트의 이미지를 나타내는 Surface 객체를 저장하는 속성이다. 스프라이트가 가진 모습을 정의하는 데 사용한다.
- `rect`: 스프라이트의 위치와 크기 정보를 나타내는 Rect 객체를 저장하는 속성이다. 스프라이트가 화면에서 어디에 위치하고 있는지를 나타내는 데 사용한다.
- `update()`: 스프라이트의 상태를 업데이트하는 메소드이다. 스프라이트가 움직이거나 상태가 변할 때 호출되어야 하는 코드를 이 메소드에 작성한다.
- `kill()`: 스프라이트를 스프라이트 그룹에서 제거하는 메소드이다. 스프라이트를 화면에서 제거할 때 사용한다.

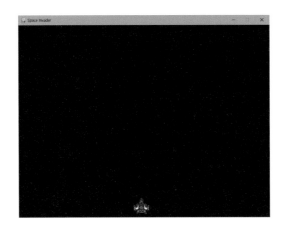

pygame.sprite.Sprite 클래스는 이러한 기능과 속성을 가지고 있으며 이를 상속하여 사용자가 자신만의 스프라이트 클래스를 정의할 수 있다. 스프라이트를 사용하면 게임 객체를 더 쉽게 관리하고 화면에 그리는 작업을 간편하게 처리할 수 있다.

pygame2.py 플레이어 우주선 만들기

```
...
# 플레이어 클래스
class Player(pygame.sprite.Sprite) :
    def __init__(self) :
        super().__init__()
        self.image = pygame.image.load("spaceship.png")
        self.rect = self.image.get_rect()
        self.rect.centerx = screen_width // 2
        self.rect.bottom = screen_height - 10
        self.speed_x = 0

    def update(self) :
        self.rect.x += self.speed_x
        if self.rect.left < 0 :
            self.rect.left = 0
        elif self.rect.right > screen_width :
            self.rect.right = screen_width
```

1. Sprite 클래스를 상속받아서 Player 클래스를 정의한다.

2. 플레이어를 나타내는 이미지를 화면에 표시해 보자. 이미지를 표시하려면 현재 작업 디렉토리에 이미지가 있어야 한다. pygame.image.load() 함수를 호출하여 이미지를 불러와서 self.image에 저장하면 자동으로 그려진다.

3. 오버라이드된 update() 메소드는 플레이어 우주선의 상태를 변경하는 메소드이다. 현재는 speed_x(속도를 나타내는 인스턴스 변수이다)를 rect.x에 더한다. 만약 rect.left가 음수이면 화면의 왼쪽

경계를 벗어난 것이므로 0으로 만든다. 만약 rect.left가 screen_width보다 크면 화면의 오른쪽 경계를 벗어난 것이므로 screen_width로 만든다.

4. 게임에서 사용하는 스프라이트들은 모두 하나의 리스트 안에 저장되어야 한다. 또 Player() 생성자를 호출하여 객체를 생성하고 이것은 all_sprites 리스트 안에 추가한다.

```
# 스프라이트 그룹 생성
all_sprites = pygame.sprite.Group()
# 플레이어 생성
player = Player()
all_sprites.add(player)
```

5. 키보드를 사용하여 플레이어가 화면의 객체를 제어할 수 있게 해보자. 플레이어가 위쪽 화살표키나 아래쪽 화살표키를 누르면 플레이어 우주선을 왼쪽과 오른쪽으로 이동시킨다. 키보드 이벤트를 처리하면 된다. pygame.event.get() 함수를 호출하여 모든 이벤트를 얻은 후에 event.type == pygame.KEYDOWN이면(즉, 키가 눌려지면) 왼쪽 화살표키와 오른쪽 화살표키만을 처리한다. 왼쪽 화살표키라면 플레이어 우주선의 x 방향 속도 speed_x를 −5로 설정한다. 오른쪽 화살표키라면 플레이어 우주선의 x 방향 속도 speed_x를 +5로 설정한다. 만약 키에서 손이 떨어지면(KEYUP이면) speed_x를 0으로 설정한다.

```
# 게임 루프
clock = pygame.time.Clock()
while True :
    for event in pygame.event.get() :
        if event.type == pygame.QUIT :
            pygame.quit()
            sys.exit()
        elif event.type == pygame.KEYDOWN :
            if event.key == pygame.K_LEFT :
                player.speed_x = -5
            elif event.key == pygame.K_RIGHT :
                player.speed_x = 5
        elif event.type == pygame.KEYUP :
            if event.key == pygame.K_LEFT or event.key == pygame.K_RIGHT :
                player.speed_x = 0

    # 화면 업데이트
    all_sprites.update()
    screen.fill(black)
    # 스프라이트 그룹을 화면에 그리기
    all_sprites.draw(screen)
    # 화면 업데이트
```

```
pygame.display.flip()
# FPS 설정(60FPS)
clock.tick(60)
```

전체 소스는 STEP #6에 나와 있다.

5 Step #3: 외계인 우주선 생성

이제는 외계인 우주선을 화면의 상단에 만들어 보자. 외계인 우주선은 사각형으로 만들어본다. 물론 원한다면 앞에서처럼 이미지로 만들어도 된다.

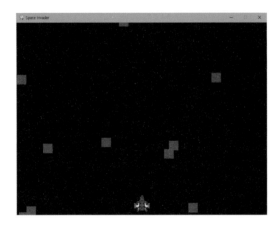

추가된 소스만 설명한다.

```
# 외계인 클래스
class Alien(pygame.sprite.Sprite) :                                         # 1
    def __init__(self) :                                                    # 2
        super().__init__()
        self.image = pygame.Surface((30, 30))                               # 3
        self.image.fill(red)                                                # 4
        self.rect = self.image.get_rect()                                   # 5
        self.rect.x = random.randint(0, screen_width - self.rect.width)     # 6
        self.rect.y = random.randint(-50, -10)
        self.speed_y = random.randint(1, 3)                                 # 7

    def update(self) :                                                      # 8
        self.rect.y += self.speed_y                                         # 9
        if self.rect.top > screen_height :                                  # 10
            self.rect.x = random.randint(0, screen_width - self.rect.width)
            self.rect.y = random.randint(-50, -10)
            self.speed_y = random.randint(1, 3)
```

1. Alien 클래스는 pygame.sprite.Sprite 클래스를 상속한다. 이것은 파이게임 스프라이트 그룹을 사용하여 게임 객체를 관리하기 위한 일반적인 방법 중 하나이다.

2. Alien 객체를 초기화하는 생성자 메소드이다.

3. Alien 객체의 이미지를 생성한다. 여기서는 너비와 높이가 30 픽셀인 정사각형 이미지를 생성한다.

4. 이미지를 채우는 색상을 설정한다. 여기서는 빨간색(red)으로 채운다.

5. 이미지의 사각형 경계를 나타내는 self.rect 속성을 설정한다. 이를 통해 객체의 위치와 충돌을 관리할 수 있다.

6. 외계인 객체의 초기 위치를 무작위로 설정한다. random.randint 함수를 사용하여 x 좌표를 게임 화면 내의 임의의 위치로, y 좌표를 화면 위쪽(−50에서 −10 사이) 임의의 위치로 설정한다.

7. 외계인 객체의 수직 속도를 설정한다. random.randint() 함수를 사용하여 1에서 3 사이의 임의의 속도로 설정한다.

8. Alien 객체의 상태를 업데이트하는 함수이다.

9. 외계인 객체를 수직으로 이동시킨다. self.speed_y값에 따라 아래로 이동한다.

10. 외계인 객체가 화면 아래로 벗어나면, 다시 화면 상단에서 임의의 위치로 초기화하고 새로운 속도를 설정하여 재사용한다.

```python
# 스프라이트 그룹 생성
all_sprites = pygame.sprite.Group()          # 1
aliens = pygame.sprite.Group()               # 2

# 플레이어 생성
player = Player()                            # 3
all_sprites.add(player)                      # 4

# 외계인 생성
for _ in range(10) :                         # 5
    alien = Alien()                          # 6
    all_sprites.add(alien)                   # 7
    aliens.add(alien)                        # 8
```

1. all_sprites는 모든 게임 객체(플레이어와 외계인)를 관리하는 스프라이트 그룹이다. 파이게임에서 게임 객체를 스프라이트 그룹에 추가하여 효과적으로 관리할 수 있다.

2. aliens는 외계인 객체만을 관리하는 스프라이트 그룹이다. 이 그룹은 모든 외계인 객체를 따로 관리한다.

3. Player 클래스의 객체를 생성하여 player 변수에 할당한다. 이것은 플레이어 캐릭터를 나타낸다.

4. 플레이어 객체를 all_sprites 스프라이트 그룹에 추가한다. 이로써 플레이어도 모든 게임 객체의 일부로 관리된다.

5. 반복문을 사용하여 10개의 외계인 객체를 생성한다.

6. 클래스의 객체를 생성하여 alien 변수에 할당한다. 이것은 외계인을 나타낸다.

7. 외계인 객체를 all_sprites 스프라이트 그룹에 추가한다. 이로써 외계인도 모든 게임 객체의 일부로 관리된다.

8. 외계인 객체를 aliens 스프라이트 그룹에 추가한다. 이렇게 하면 외계인만을 따로 관리할 수 있다.

6 Step #4: 총알 만들기

총알은 Bullet 클래스로 작성한다. Bullet 클래스도 Sprite 클래스를 상속받아서 작성한다.

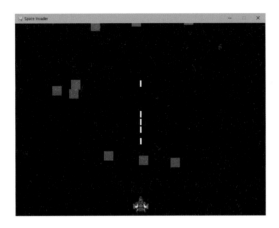

pygame4.py 총알 만들기

```
...
# 총알 클래스
class Bullet(pygame.sprite.Sprite) :          # 1
   def __init__(self, x, y) :                  # 2
      super().__init__()
      self.image = pygame.Surface((5, 20))     # 3
      self.image.fill(white)                   # 4
      self.rect = self.image.get_rect()        # 5
      self.rect.centerx = x                     # 6
      self.rect.bottom = y
      self.speed_y = -2                         # 7

   def update(self) :                           # 8
      self.rect.y += self.speed_y               # 9
      if self.rect.bottom < 0 :                 # 10
          self.kill()

# 스프라이트 그룹 생성                            # 11
```

```
all_sprites = pygame.sprite.Group()
aliens = pygame.sprite.Group()
bullets = pygame.sprite.Group()
```

1. Bullet 클래스는 `pygame.sprite.Sprite` 클래스를 상속하여 스프라이트로 사용한다. 이 클래스는 총알 객체를 나타낸다.

2. Bullet 객체를 초기화하는 생성자 메소드이다. x와 y는 총알의 초기 위치를 나타낸다.

3. Bullet 객체의 이미지를 생성한다. 여기서는 가로 5 픽셀, 세로 20 픽셀 크기의 직사각형 이미지를 생성한다.

4. 이미지를 흰색(white)으로 채운다. 이 부분은 총알의 색상을 나타낸다.

5. 이미지의 사각형 경계를 나타내는 `self.rect` 속성을 설정한다. 이를 통해 객체의 위치와 충돌을 관리할 수 있다.

6. 총알 객체의 초기 위치를 지정된 x와 y 좌표로 설정한다.

7. 총알 객체의 수직 속도를 설정한다. −2는 위쪽으로 움직이는 것을 의미한다.

8. Bullet 객체의 상태를 업데이트하는 메소드이다.

9. 총알 객체를 수직으로 이동시킨다. `self.speed_y`값에 따라 위쪽으로 이동한다.

10. 총알 객체가 화면 위쪽으로 벗어나면(`self.rect.bottom`이 0보다 작으면) 해당 총알을 제거한다 (`self.kill()`). 이렇게 하면 화면을 벗어난 총알을 메모리에서 제거하여 성능을 향상시킨다.

11. `all_sprites`는 모든 게임 객체(플레이어, 외계인, 총알)를 관리하는 스프라이트 그룹이다. `aliens`는 외계인 객체만을 관리하는 스프라이트 그룹이다. `bullets`는 총알 객체만을 관리하는 스프라이트 그룹이다. 이 코드는 게임의 총알 객체를 생성하고, 스프라이트 그룹을 통해 총알들을 관리한다. 이후 게임 루프에서 `all_sprites` 그룹의 객체들을 업데이트하고 화면에 그린다.

```
# 플레이어 클래스
class Player(pygame.sprite.Sprite) :
    def __init__(self) :
        ...
    def update(self) :
        ...
    def shoot(self) :          ← 사용자가 스페이스키를 누르면 호출된다.
        bullet = Bullet(self.rect.centerx, self.rect.top)
        all_sprites.add(bullet)     ← Bullet 객체를 생성하고 all_sprites와
        bullets.add(bullet)              bullets 리스트에 추가하여 관리한다.
...
while True :
    for event in pygame.event.get() :
        if event.type == pygame.QUIT :
            pygame.quit()
            sys.exit()
```

```
        elif event.type == pygame.KEYDOWN :
            if event.key == pygame.K_LEFT :
                player.speed_x = -5
            elif event.key == pygame.K_SPACE :
                player.shoot()
            elif event.key == pygame.K_RIGHT :
                player.speed_x = 5
        elif event.type == pygame.KEYUP :
            if event.key == pygame.K_LEFT or event.key == pygame.K_RIGHT :
                player.speed_x = 0

    all_sprites.update()
    screen.fill(black)
    all_sprites.draw(screen)
    pygame.display.flip()
    clock.tick(60)
pygame.quit()
```

> 사용자가 스페이스키를 누르면 shoot() 메소드를 호출한다.

7 Step #5: 충돌 감지

충돌 감지는 게임에서 아주 중요한 문제이다. 충돌 감지는 객체를 둘러싸는 사각형이 겹치는지 겹치지 않는지를 알고리즘으로 검사하면 된다. 물론 함수 작성도 어렵지는 않지만 우리는 파이게임에 제공하는 함수 pygame.sprite.groupcollide(aliens, bullets, True, True)를 사용하자.

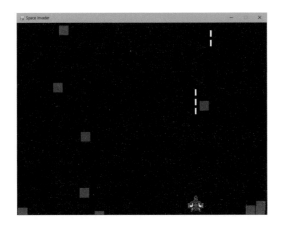

pygame.sprite.groupcollide() 함수는 스프라이트 그룹과 스프라이트 그룹 사이의 충돌을 검사하고, 충돌한 스프라이트를 지정된 방식으로 제거하는 기능을 제공한다. pygame.sprite.groupcollide() 함수의 형식은 다음과 같다.

```
pygame.sprite.groupcollide(group1, group2, dokill1, dokill2)
```

- **group1**: 첫 번째 스프라이트 그룹이다. 여기서는 외계인들의 그룹인 aliens 그룹이 된다.
- **group2**: 두 번째 스프라이트 그룹이다. 여기서는 총알들의 그룹인 bullets 그룹이 된다.
- **dokill1**: True 또는 False값을 가지며, True로 설정하면 충돌한 스프라이트들이 group1에서 제거된다.
- **dokill2**: True 또는 False값을 가지며, True로 설정하면 충돌한 스프라이트들이 group2에서 제거된다.

위의 코드에서 pygame.sprite.groupcollide(aliens, bullets, True, True)는 외계인 그룹과 총알 그룹 사이의 충돌을 검사한다. 충돌한 외계인과 총알은 각각 aliens와 bullets 그룹에서 제거된다. 이렇게 제거된 외계인은 새로운 외계인 객체를 생성해서 다시 aliens 그룹에 추가된다.

pygame5.py 충돌 감지하기

```
...
# 게임 루프
while True :
    ...
    all_sprites.update()
    # 외계인과 총알의 충돌 검사
    hits = pygame.sprite.groupcollide(aliens, bullets, True, True)
    for hit in hits :
        alien = Alien()
        all_sprites.add(alien)
        aliens.add(alien)
    # 충돌 검사
    if pygame.sprite.spritecollide(player, aliens, False) :
        print("플레이어 우주선 피격!!")
    # 배경화면 채우기
    screen.fill(black)
    all_sprites.draw(screen)
    pygame.display.flip()
    clock.tick(60)
...
```

> 외계인과 총알의 충돌을 검사한다. groupcollide() 함수는 충돌한 객체들을 제거하고, hits 변수에 충돌한 외계인 객체들을 저장한다.

> 충돌한 외계인 객체들을 순회하며 새로운 외계인 객체를 생성하고 스프라이트 그룹에 추가한다. 이로써 새로운 외계인이 나타나게 된다.

> 플레이어와 외계인 간의 충돌을 검사한다. 만약 충돌이 발생하면, "플레이어 우주선 피격!!" 메시지를 출력한다.

8 Step #6: 사운드 생성

외계인 우주선이 폭발했을 때, 사운드를 생성하려면 파이게임의 사운드 기능을 사용하면 된다. 파이게임은 사운드를 쉽게 재생하고 제어할 수 있는 함수와 클래스를 제공한다. 사운드를 재생하려면 다음과 같은 단계를 따른다.

- **사운드 파일 준비**: 먼저 폭발 사운드가 담긴 오디오 파일을 준비한다. 예를 들어 "explosion.wav" 파일과 같은 WAV 형식의 사운드 파일을 사용한다.
- **사운드 로드**: pygame.mixer.Sound() 함수를 사용하여 사운드 파일을 로드한다.
- **사운드 재생**: 외계인 우주선이 폭발했을 때 사운드를 재생한다. 폭발 사운드를 재생할 부분에 play() 메소드를 사용하여 사운드를 재생한다.

```python
# 폭발 사운드 준비
explosion_sound = pygame.mixer.Sound("explosion.wav")   # 폭발 사운드를 준비해둔다.
...
# 외계인 클래스
class Alien(pygame.sprite.Sprite) :
    def __init__(self) :
        ...
    def update(self) :
        ...
    def explode(self) :                    # 폭발 사운드를 재생한다.
        explosion_sound.play()
...
while True :
    ...
    hits = pygame.sprite.groupcollide(aliens, bullets, True, True)
    for hit in hits :                      # 외계인이 총알에 맞으면 폭발 사운드를 재생한다.
        alien = Alien()
        alien.explode()
        all_sprites.add(alien)
        aliens.add(alien)
```

9 전체 소스 코드

pygame6.py 스페이스 인베이더 전체 소스 코드

```python
import pygame
import sys
import random
pygame.init()

# 게임 화면 크기
screen_width = 800
screen_height = 600
```

```python
# 색상 정의
blue = (0, 0, 255)
black = (0, 0, 0)
white = (255, 255, 255)
green = (0, 255, 0)
red = (255, 0, 0)

# 폭발 사운드 준비
explosion_sound = pygame.mixer.Sound("explosion.wav")

# 플레이어 클래스
class Player(pygame.sprite.Sprite) :
    def __init__(self) :
        super().__init__()
        # 플레이어의 이미지를 불러온다.
        self.image = pygame.image.load("spaceship.png")
        self.rect = self.image.get_rect()
        self.rect.centerx = screen_width // 2
        self.rect.bottom = screen_height - 10
        self.speed_x = 0
    def update(self) :
        # 플레이어의 위치 업데이트
        self.rect.x += self.speed_x
        # 화면을 벗어나지 않도록 좌우 이동 제한
        if self.rect.left < 0 :
            self.rect.left = 0
        elif self.rect.right > screen_width :
            self.rect.right = screen_width

    def shoot(self) :
        # 플레이어가 총알을 발사하는 함수
        bullet = Bullet(self.rect.centerx, self.rect.top)
        all_sprites.add(bullet)
        bullets.add(bullet)

# 외계인 클래스
class Alien(pygame.sprite.Sprite) :
    def __init__(self) :
        super().__init__()
        # 외계인의 이미지를 생성한다. 여기서는 빨간색 사각형을 사용하고 있다.
        self.image = pygame.Surface((30, 30))
        self.image.fill(red)
        self.rect = self.image.get_rect()
```

```python
        # 외계인의 초기 위치를 랜덤으로 설정한다.
        self.rect.x = random.randint(0, screen_width - self.rect.width)
        self.rect.y = random.randint(-50, -10)
        self.speed_y = random.randint(1, 3)


    def update(self) :
        # 외계인의 위치 업데이트
        self.rect.y += self.speed_y
        # 화면 아래로 벗어나면 다시 위에서 나타나도록 설정
        if self.rect.top > screen_height :
            self.rect.x = random.randint(0, screen_width - self.rect.width)
            self.rect.y = random.randint(-50, -10)
            self.speed_y = random.randint(1, 3)


    def explode(self) :
        # 외계인이 폭발할 때의 처리
        explosion_sound.play()  # 폭발 사운드 재생

# 총알 클래스
class Bullet(pygame.sprite.Sprite) :
    def __init__(self, x, y) :
        super().__init__()
        # 총알의 이미지를 생성한다. 여기서는 하얀색 세로 선을 사용하고 있다.
        self.image = pygame.Surface((5, 20))
        self.image.fill(white)
        self.rect = self.image.get_rect()
        self.rect.centerx = x
        self.rect.bottom = y
        self.speed_y = -2
    def update(self) :
        # 총알의 위치 업데이트
        self.rect.y += self.speed_y
        # 화면 위로 벗어나면 제거
        if self.rect.bottom < 0 :
            self.kill()

# 게임 화면 생성
pygame.init()
screen = pygame.display.set_mode((screen_width, screen_height))
pygame.display.set_caption("Space Invader")

# 스프라이트 그룹 생성
all_sprites = pygame.sprite.Group()
```

```python
aliens = pygame.sprite.Group()
bullets = pygame.sprite.Group()

# 플레이어 생성
player = Player()
all_sprites.add(player)

# 외계인 생성
for _ in range(10) :
    alien = Alien()
    all_sprites.add(alien)
    aliens.add(alien)

# 게임 루프
clock = pygame.time.Clock()
while True :
    for event in pygame.event.get() :
        if event.type == pygame.QUIT :
            pygame.quit()
            sys.exit()
        elif event.type == pygame.KEYDOWN :
            if event.key == pygame.K_SPACE :
                player.shoot()
            elif event.key == pygame.K_LEFT :
                player.speed_x = -5
            elif event.key == pygame.K_RIGHT :
                player.speed_x = 5
        elif event.type == pygame.KEYUP :
            if event.key == pygame.K_LEFT or event.key == pygame.K_RIGHT :
                player.speed_x = 0
    # 화면 업데이트
    all_sprites.update()

    # 외계인과 총알의 충돌 검사
    hits = pygame.sprite.groupcollide(aliens, bullets, True, True)
    for hit in hits :
        alien = Alien()
        alien.explode()
        all_sprites.add(alien)
        aliens.add(alien)

    # 플레이어와 외계인의 충돌 검사
    if pygame.sprite.spritecollide(player, aliens, False) :
```

```python
        print("게임 오버!")
        # 여기서 게임 오버 처리를 할 수 있다.
        # pygame.quit()
        # sys.exit()
    # 배경화면 채우기
    screen.fill(black)
    # 스프라이트 그룹을 화면에 그리기
    all_sprites.draw(screen)
    # 화면 업데이트
    pygame.display.flip()

    # FPS 설정(60FPS)
    clock.tick(60)
```

01 파이게임(pygame)은 파이썬으로 비디오 게임과 멀티미디어 애플리케이션을 개발할 수 있는 라이브러리이다.

- 2D 그래픽 처리: 파이게임은 그림 그리기, 이미지 로딩, 스프라이트 처리 등 2D 그래픽 처리에 유용한 함수와 기능을 제공한다.
- 사운드 및 음악 처리: WAV, MP3, Ogg 등 다양한 오디오 형식을 지원하며, 사운드와 음악 재생, 제어 등을 할 수 있다.
- 이벤트 처리: 게임 루프에서 발생하는 이벤트를 처리하고, 화면 갱신과 게임 상태 변화를 제어한다.

02 게임 루프는 다음과 같은 네 가지 중요한 작업을 처리한다. 게임 루프의 하나의 사이클을 프레임(frame)이라고 하며, 사이클을 빠르게 수행할수록 게임 실행 속도가 빨라진다.

- 사용자의 입력을 처리한다.
- 모든 게임 객체의 상태를 업데이트하고 이동시킨다.
- 화면을 다시 그린다.
- 게임의 속도를 조절한다.

01 새가 날아다니는 게임을 작성하시오. 이 게임에서 플레이어는 화면 안에서 날아다니는 새를 따라가거나 피해야 한다. 파이게임 상 중 하

02 타워 디펜스 게임을 작성하시오. 이 게임에서 적들은 공격하고, 플레이어는 타워를 배치하여 적들을 막는다. 플레이어는 마우스 클릭으로 타워를 배치하고, 적들은 오른쪽에서 왼쪽으로 진행하며 타워가 적을 공격한다. 타워의 개수에는 제한이 있으며 타워가 공격을 받거나 손상될 수 있다고 가정한다. 파이게임 상 중 하

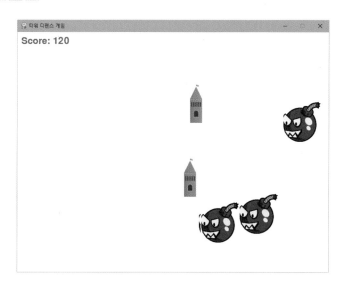

찾아보기